AF873641

LE DROIT INTERNATIONAL DANS UN MONDE EN MUTATION

OUVRAGES DU PROFESSEUR DJIENA WEMBOU

L'ONU ET LE DEVELOPPEMENT DU DROIT INTERNATIONAL, Berger-Levrault International, Paris, 1991, 250 pages.

THE LAW OF THE SEA : PRATICE OF STATES AT THE TIME OF ENTRY INTO FORCE OF THE UNITED NATIONS CONVENTION ON THE LAW OF THE SEA, United Nations, 1994, 243 pages (Collective work).

L'OUA A L'AUBE DU XXIe SIECLE : BILAN, DIAGNOSTIC ET PERSPECTIVES, L.G.D.J., Paris 1995, 411 pages.

MISE EN ŒUVRE DU DROIT INTERNATIONAL HUMANITAIRE EN AFRIQUE, CICR, Abidjan, 1998, 184 pages.

DROIT INTERNATIONAL HUMANITAIRE, Théorie générale et realités africaines, L'Harmattan, Paris, 2000, 432 pages. (en collaboration avec Pr. DAOUDA FALL).

Michel-Cyr DJIENA WEMBOU

LE DROIT INTERNATIONAL DANS UN MONDE EN MUTATION

ESSAIS ECRITS AU FIL DES ANS

L'Harmattan
5-7, rue de l'École-Polytechnique
75005 Paris
France

L'Harmattan Hongrie
Hargita u. 3
1026 Budapest
HONGRIE

L'Harmattan Italia
Via Bava, 37
10214 Torino
ITALIE

Collection Logiques Juridiques

dirigée par Gérard MARCOU

Le droit n'est pas seulement un savoir, il est d'abord un ensemble de rapports et pratiques que l'on rencontre dans presque toutes les formes de sociétés. C'est pourquoi il a toujours donné lieu à la fois à une littérature de juristes professionnels, produisant le savoir juridique, et à une littérature sur le droit, produite par des philosophes, des sociologues ou des économistes notamment.
Parce que le domaine du droit s'étend sans cesse et rend de plus en plus souvent nécessaire le recours au savoir juridique spécialisé, même dans des matières où il n'avait jadis qu'une importance secondaire, les ouvrages juridiques à caractère professionnel ou pédagogique dominent l'édition, et ils tendent à réduire la recherche en droit à sa seule dimension positive. A l'inverse de cette tendance, la collection « Logiques juridiques » des Éditions L'Harmattan est ouverte à toutes les approches du droit. Tout en publiant aussi des ouvrages à vocation professionnelle ou pédagogique, elle se fixe avant tout pour but de contribuer à la publication et à la diffusion des recherches en droit, ainsi qu'au dialogue scientifique sur le droit. Comme son nom l'indique, elle se veut plurielle.

Dernières parutions

Karine MICHELET, *Les droits sociaux des étrangers*, 2002.
Elise FRELON, *Les pouvoir du conseil souverain de la nouvelle France dans l'édification de la norme (1663-1760)*, 2002.
Karine FOUCHER, *Principe de précaution et risque sanitaire*, 2002.
Fabrice RIEM, *La notion de transparence dans le droit de la concurrence*, 2002.
Delphine EMMANUEL ADOUKI, *Droit international public. Tome 1. Les sources*, 2002.
Anne TEISSIER-ENSMINGER, *L'enchantement du droit : légistique platonicienne*, 2002.
Solange NGONO, *Le procès pénal camerounais au regard des exigences de la chartre africaine des droits de l'homme et des peuples*, 2002.s
Michel LASCOMBE, *Le droit constitutionnel de la Vème République*, 2002.
Marie-Dominique CHARLIER-DAGRAS, *La laïcité française à l'épreuve de l'intégration européenne. Pluralisme et convergences*, 2002.
Auguste ILOKI, *Le recours pour excès de pouvoir au Congo*, 2002.

© L'Harmattan, 2003

ISBN : 2-7475-3580-0

REMERCIEMENTS

Nous remercions sincèrement les Editeurs qui nous ont autorisé à reproduire gracieusement les articles contenus dans ce livre.

Nos remerciements s'adressent également à nos collègues de la Société africaine de droit international et comparé, ainsi qu'aux différents auditeurs et étudiants qui ont suivi nos cours à l'Académie de droit international de la Haye et aux Universités de New York, d'Addis-Abeba, de Yaoundé, d'Abidjan et de Bouaké. Leurs questions, observations et commentaires ont largement contribué à enrichir cet ouvrage.

Pour Charlotte

PRINCIPALES ABREVIATIONS

AFDI	:	Annuaire Français de Droit International
AJIL	:	American Journal of International Law
BAD	:	Banque Africaine de Développement
BYBIL	:	British Year Book of International Law
CEA	:	Commission Economique des Nations Unies pour l'Afrique
CELHTO	:	Centre d'Etudes Linguistiques et Historiques par Tradition Orale
CIJ	:	Cour Internationale de Justice
CICR	:	Comité International de la Croix-Rouge
CPJI	:	Cour Permanente de Justice Internationale
CRB	:	Croix-Rouge Béninoise
CRT	:	Croix-Rouge Togolaise
DIH	:	Droit International Humanitaire
FAB	:	Forces Armées Béninoises
FAT	:	Forces Armées Togolaises
HCR	:	Haut Commissariat des Nations Unies pour les Réfugiés
IDHP	:	Institut des Droits de l'Homme et de la Paix
JDI	:	Journal du Droit International (Clunet)
JORC	:	Journal Officiel de la République du Cameroun
JORT	:	Journal Officiel de la République Togolaise
LGDJ	:	Librairie Générale de Droit et de Jurisprudence
ONU	:	Organisation des Nations Unies
OUA	:	Organisation de l'Unité Africaine
PAM	:	Programme Alimentaire Mondial
RADIC	:	Revue Africaine de Droit International et Comparé
RBDI	:	Revue Belge de Droit International
RCADI	:	Recueil des Cours de l'Académie de Droit International de La Haye
RGDIP	:	Revue Générale de Droit International Public
RICR	:	Revue Internationale de la Croix-Rouge
RSA	:	Recueil des Sentences Arbitrales
RTDH	:	Revue Trimestrielle des Droits de l'Homme
RUDH	:	Revue Universelle des Droits de l'Homme
UCAD	:	Université Cheikh Anta Diop de Dakar

TABLE DES MATIERES

INTRODUCTION

Le droit international se définit comme l'ensemble des normes, d'origine coutumière ou conventionnelle, qui s'appliquent à la société internationale. Cette formule admise aujourd'hui par tous les auteurs [1], confirme le lien sociologique, donc nécessaire, entre droit et société. Comme le dit l'adage bien connu, ubi societas – ibi jus. Toute société a besoin du droit et tout droit est un produit social.

Le droit ne peut donc être dissocié de son contexte politique, économique et social. Comme l'a relevé la C.I.J., « une règle de droit international, coutumier ou conventionnel, ne s'applique pas dans le vide ; elle s'applique par rapport à des faits et dans le cadre d'un ensemble plus large de règles juridiques dont elle n'est qu'une partie » [2].

Il convient néanmoins de rappeler que le juridique et le politique, bien que se mêlant inextricablement, gardent chacun sa spécificité. En réalité, la règle de droit n'est réputée établie que si elle découle de l'accord formel des Etats, exprimé selon les procédures requises, ou de la coutume.

En conséquence, et dans le souci du maintien de la clarté et de la sûreté de la règle de droit, seules les normes issues des traités et de la coutume internationale constituent le droit positif, tandis que les normes proclamées de manière unilatérale par un Etat ou par un groupe d'Etats ne peuvent créer des obligations à la charge de l'ensemble des Etats.

---

(1) Voir AGO (R). – « Droit positif et droit international » in A. F. D. I., 1957, P.P. 14-62 ; Consulter aussi SUY (E). – « Sur la définition du droit des des gens » in R. G. D. I. P., 1960, P. P. 762 – 770 et NGUYEN, DAILLIER et PELLET, *Droit international public*, L. G. D. J., Paris, 1987, P. P. 27-32.

(2) Avis consultatif, 20 décembre 1980, Interprétation de l'accord du 25 mars 1951 entre l'OMS et l'Egypte, REC. 1980, p. 76 s.

Le juriste se doit donc de s'interroger sur le degré de normativité des prétendues nouvelles règles de droit international que sont le « droit d'ingérence humanitaire » et le « droit légitime de réaction contre le terrorisme », proclamé par le Président George W. BUSH dès le 12 septembre 2001, car ces deux constructions intellectuelles introduisent la subversion idéologique et la politisation du droit.

Nul ne peut en effet se satisfaire du fait que le droit international devienne aujourd'hui, par la volonté d'un seul Etat, un droit aux fondements incertains, au contenu imprécis et à géométrie variable.(3)

En effet, si un Etat quelconque, si puissant soit-il, peut édicter des normes de comportement pour d'autres Etats, intervenir militairement sur le territoire d'un ou de plusieurs Etats pour les contraindre à respecter ce qu'il a décidé d'ériger en norme internationale, alors, l'on est en droit de réagir face à la grave menace qui pèse sur les principes fondamentaux de la Charte des Nations Unies, l'égalité souveraine des Etats, le non recours à la force et le règlement pacifique des différends, qui constituent à n'en point douter, le socle sur lequel reposent les relations internationales contemporaines.

Il faut craindre en effet que certains comportements de l'administration américaine et ses tentatives unilatérales de révision du droit international par l'affirmation de « nouvelles normes juridiques » ne conduisent à l'émiettement et à l'éclatement de ce droit, voire même, à la banalisation de l'illicite.

L'apparition d'un monde unipolaire et la politique du deux poids deux mesures appliquée par le Conseil de sécurité de l'ONU sous l'influence de la seule superpuissance de ce début du 21e siècle relancent le débat sur l'existence et le contenu du droit international, notamment dans un contexte de pensée unique marqué par le contrôle de la production normative par un seul groupe d'Etats.

Avant de répondre à cette préoccupation à laquelle sont consacrées diverses études contenues dans le présent ouvrage, il convient d'examiner les caractéristiques de la société internationale contemporaine, car « l'ordre juridique international est une composante de l'ordre politique international, c'est à dire, du système des rapports inter-étatiques qui prévaut à un moment donné ».(4)

---

(3) Voir M. C. DJIENA WEMBOU, « le droit d'ingérence humanitaire : un droit aux fondements incertains, au contenu imprécis et à géométrie variable » in R. A. D. I. C., volume 4, 1992, P. 570 – 591.

(4) VIRALLY (M.) – *Panorama du droit international contemporain,* RCADI, 1985, V, p. 32.

I. – UN MONDE UNIPOLAIRE

Avant la disparition de l'URSS en 1991 et l'effondrement du bloc soviétique, trois groupes d'Etats coexistaient dans la société internationale depuis la révolution bolchévique de 1917 : les Etats capitalistes, les Etats socialistes et les pays du tiers-monde. Depuis la fin de la guerre froide, il n'existe plus que deux groupes d'Etats dans la vie internationale : au centre, les Etats Unis avec leurs principaux alliés que sont les pays industrialisés d'Amérique du Nord, d'Europe de l'Ouest et de l'Est et d'Asie ; et à la périphérie, le reste des Etats du monde. Le seul centre de décisions, dans un monde devenu unipolaire est donc l'Amérique triomphante.

A. – Au centre : l'hyperpuissance américaine

Les relations internationales sont aujourd'hui dominées par les Etats Unis qui dictent leur volonté à tous les autres acteurs de la vie internationale. Leur puissance s'exerce sur les plans diplomatique, économique, militaire et culturel. Le monde entier observe impuissant. Les journalistes relatent et commentent ; le malaise s'installe : L'Amérique est désormais une puissance impériale mondiale. Elle l'était sans doute depuis longtemps, mais elle n'est véritablement entrée dans ce rôle que depuis dix ans, après sa victoire sur l'URSS, au terme de la guerre froide, et son succès spectaculaire dans la guerre du golfe.

Les rêves d'empire de l'administration américaine ont durablement pris corps dans la société internationale. Comme le proclamait le sénateur Jesse HELMS en 1996, l'Amérique est au centre, et doit y rester. « Les Etats Unis doivent diriger le monde en portant le flambeau moral, politique, militaire du droit et de la force, et servir d'exemples à tous les peuples » [(5)]. C'est du reste cette volonté impériale que rappelait Charles KRAUTHAMMER en 1999 lorsqu'il affirmait sans détours que « l'Amérique enjambe le monde comme un colosse (...). Depuis que Rome détruisit Carthage, aucune autre grande puissance n'a atteint les sommets où nous sommes parvenus » [(6].

Ces odes à la puissance traduisent le triomphe éclatant de l'unilatéralisme américain qui a effacé le multilatéralisme et installé le monde dans l'unipolarité.

---

(5) HELMS (J) – « Entering the pacific century », Heritage Fondation, Washington D. C. 1996

(6) Voir « the second American century », Time Magazine, New York, 29 décembre 1999.

En effet, depuis 1991, les Etats Unis occupent une position singulière, sans équivalent dans l'histoire moderne. Il n'ont en face d'eux aucun adversaire susceptible, dans un avenir prévisible, de remettre en cause les grands équilibres actuels. Contrairement à l'empire britannique, qui au XIXe siècle devait affronter en Europe l'émergence du rival allemand, ils n'ont à faire face à aucune puissance montante. Leurs concurrents économiques principaux, européens et nippon, sont des alliés stratégiques. L'Amérique dit le droit, fixe les normes économiques, pilote la mondialisation, délimite la frontière entre le bien et le mal : « parvenue au pinacle de la gloire militaire, désormais seule hyperpuissance, elle domine calmement le monde comme nul autre pays dans l'histoire » [(7)].

Sur le plan militaire, la puissance américaine est écrasante et impressionnante. Les Etats Unis sont à la fois la première puissance nucléaire, spatiale et maritime. Ils disposent d'une flotte de guerre pratiquement dans chacun des océans et des principales mers du globe.

Au cours des dix dernières années, les Etats Unis ont dépensé près de 40% de ce que toutes les nations du monde consacrent chaque année à leurs armées et sensiblement plus que l'ensemble des dix pays qui viennent après eux dans ces dépenses. Le Pentagone dépense au titre de la seule recherche militaire, environ 31 milliards de dollars, soit le budget total de la défense française. Il possède en matière d'armement, plusieurs générations d'avance. La guerre d'Afghanistan comparée à celle du golfe a montré aux spécialistes l'étendue des progrès réalisés en si peu de temps.

Comme l'IRAK hier, la menace « terroriste » permet aujourd'hui à la super-puissance américaine de procéder à une mobilisation militaire sans précédent, « qui devrait porter les budgets du Pentagone à 370 milliards de dollars par an, soit plus que les budgets militaires de tous les « adversaires » potentiels des Etats Unis réunis, alors que tous les autres budgets, surtout sociaux, sont mis en cause pour financer une nouvelle réduction d'impôts » [(8)].

Sur le plan diplomatique, l'hyperpuissance américaine régente la politique internationale. Non seulement, elle est seule à décider de l'implication ou non de la communauté internationale dans le règlement d'un conflit, mais elle exerce une influence prépondérante au sein de

---

(7) Ignace RAMONET, « l'Amérique dans les têtes », in le monde diplomatique, N° 554, Mai 2002, p. 1.

(8) Voir l'article de Philip S. GOLUB, Rêves d'empire de l'administration américaine, le monde diplomatique, juillet 2001, p. 5.

toutes les instances multilatérales dont les décisions déterminent la marche du monde : ONU, G.8, FMI, Banque Mondiale, OMC, OTAN, OCDE etc.

Aujourd'hui en Afghanistan, comme hier en Yougoslavie, en Irak ou en Bosnie, l'ONU joue les utilités, s'effaçant quand les Etats Unis décident de se passer d'elle, revenant sur le devant de la scène lorsqu'il s'agit de donner une façade de légalité à une action militaire mise en œuvre sous d'autres auspices.

La manière dont les guerres du Kosovo et d'Afghanistan ont été menées en dehors du cadre de l'ONU démontre que le mécanisme de sécurité collective prévu par la Charte de l'ONU sera désormais ignoré lorsque les intérêts des Occidentaux sont directement en cause dans un conflit armé, le Conseil de sécurité devenant un mécanisme producteur de légitimité pour des actions confiées à un pays, à un groupe de pays, ou à une organisation comme l'OTAN.

Dans le domaine économique, les Etats Unis exercent également une indiscutable suprématie. L'Amérique est en fait la première cyberpuissance. Elle maîtrise les autoroutes de l'information, le web et la « nouvelle économie ». Son produit intérieur brut en 1999 (8683,4 milliards de dollars) représente plus de six fois celui de la France et près de huit fois celui de l'Italie.

Sur le plan culturel, l'Amérique s'est aussi assurée une suprématie écrasante avec ses centres de recherche prestigieux et les productions de ses immenses créateurs dans tous les domaines artistiques ; « partout, on adopte son modèle rénové. Ses méthodes de management, ses dispositifs juridiques, ses techniques commerciales, ses conseils en communication et, bien sûr, ses passions, ses stars et ses mythes. Dans tous les domaines, des firmes américaines – de Microsoft à Yahoo, de Walt Disney à Monsanto – étalent leur fascinante réussite. Et, grâce aussi à d'habiles offensives d'intoxication publicitaire, reconquièrent le monde » [9].

Pérenniser l'unipolarité est devenu depuis 1991 l'objectif premier de toute la politique extérieure américaine. D'où la volonté de privilégier l'action unilatérale et le refus de se soumettre aux traités multilatéraux et au droit international qui, selon M. John BORTON, nouvel assistant de M. Colin POWEL aux Affaires étrangères, « n'existe pas » : remise en cause du traité antibalistique ABM de 1972 par la décision de relancer la guerre des étoiles ; rejet du protocole de Kyoto sur l'environnement ;

---

(9) Ignace RAMONET, article cité, p. 1

refus du traité portant création de la cour pénale permanente internationale ; refus des conclusions de l'OCDE sur le contrôle des paradis fiscaux etc.

L'unilatéralisme est un élément de la stratégie dite « de primauté et de contrôle des relations internationales » articulée au Pentagone en 1992 dans un rapport confidentiel intitulé Defense Policy Guidance 1992-1994. C'est cette stratégie délaissée par l'Administration Clinton que la droite américaine tente aujourd'hui de mettre en œuvre de manière implacable.

Ce texte préconisait « d'empêcher toute puissance hostile de dominer des régions dont les ressources lui permettraient d'accéder au statut de grande puissance », de « décourager les pays industrialisés avancés de toute tentative visant à défier notre leadership où à renverser l'ordre politique et économique établi » et de « prévenir l'émergence future de tout concurrent global » [(10)].

Cette stratégie, dont les points saillants avaient été établis dès février 1991 par M. CHENEY, alors secrétaire à la défense[(11)], a été rédigée par ceux-là mêmes qui aujourd'hui sont chargés de sa mise en œuvre[(12)], et explique les décisions unilatérales prises depuis le 11 septembre 2001 par le gouvernement américain.

En effet, la guerre contre le terrorisme, déclenchée dès le 12 septembre 2001 est une guerre américaine. Comme l'a si bien démontré un excellent internationaliste, « la coalition dont on a tant parlé n'en est que le paravent. Et les Nations Unies, le FMI ou la Banque Mondiale n'en sont que sont les instruments » [(13)].

Les Etats Unis ont décidé et agi seuls. Ni la France, ni la Grande-Bretagne, ni l'Allemagne, ni l'Italie n'ont aidé les américains à faire ce qu'ils ont réalisé en Afghanistan. Ils ont montré leur puissance au monde entier, pulvérisé les talibans dont ils traquent les chefs et les complices. Tous les Etats du monde leur ont manifesté leur soutien et nul n'a osé se dissocier de leur action. Le Président Georges W. BUSH avait clairement affirmé à la télévision américaine, le 12 septembre 2001, « qui n'est pas avec nous est contre nous, avec les terroristes ».

---

(10) Citée par Paul-Marie de la Gorce, « Washington et la maîtrise du monde », in le Monde diplomatique, avril 1992.

(11) Déclaration devant la commission de la défense du Sénat, le 21 février 1991.

(12) Ce texte avait été rédigé par Paul WOLFOWITZ et I. LEWIS LIBRY, aujourd'hui respectivement secrétaire adjoint à la défense et conseiller aux questions de sécurité du vice Président M. CHENEY.

(13) J. A./ l'intelligent, n° 2134, du 4 au 10 décembre 2001, p. 4.

Mais il convient de relever, avec de nombreux observateurs, que cette volonté de suprématie sans partage, cette hégémonie impériale tourne à l'insupportable.

La guerre américaine contre le terrorisme prenant l'allure d'une entreprise unilatérale, des voix se font entendre, aussi bien aux Etats Unis qu'en Europe, qui traduisent l'inquiétude. L'essayiste français Guy SORMAN interroge : « Nous poursuivons les terroristes ? très bien. Mais qui est terroriste ? Qui ne l'est pas ? Par quel critère distinguer la résistance légitime du terrorisme ? La Realpolitik ne l'emporte – t-elle pas sur la morale ? L'alliance avec POUTINE et MUSHARAF conduit à s'interroger ; sommes-nous réellement contraints de renoncer à l'universalité des droits de l'homme au nom de la lutte contre le terrorisme ? Si oui, notre combat anti – terroriste perd beaucoup de sa légitimité »[14].

Dans le même ordre d'idées, l'ancien Premier ministre russe et bon connaisseur du Moyen Orient , Monsieur Evgueni PRIMAKOV, avait lancé une mise en garde dès le 12 Octobre 2001 ; mais bien évidemment, il n'avait pas été entendu à Washington. « Seules les situations de désespoir total, disait-il alors, produisent des fanatiques capables de se muer en kamikazes. S'attaquer aux racines du mal suppose une politique de développement économique plus équilibrée, et il n'y a pas de temps à perdre »[15].

Cet appel traduit une inquiétude croissante devant la politique unilatérale américaine qui risque de conduire à l'insécurité généralisée dans les rapports internationaux et à la mort du droit international.

Comme on le voit, le monde s'est durablement installé dans un système unipolaire. Devant la puissance inégalée des Etats Unis, la très grande majorité des Etats du monde sont impressionnés et intimidés, presque paralysés.

L'hyperpuissance américaine et ses principaux alliés, réunis au sein du G. 8, gèrent les affaires du monde et imposent leur volonté au reste des Etats de la planète, c'est-à-dire aux Etats de la périphérie.

---

(14) Cité par BECHIR BEN YAHMED, Jeune Afrique L'intelligent, N° 2128 – 2129 du 23 octobre au 5 novembre 2001, p. 7.

(15) Voir l'article de BECHIR BEN YAHMED déjà cité, p. 7.

B. – A la périphérie : le reste des Etats du monde

Il s'agit de l'ensemble des Etats en développement d'Asie, d'Afrique et d'Amérique Latine.

Ces pays, qui constituent pourtant l'écrasante majorité des 190 Etats membres de l'ONU, ne jouent qu'un rôle marginal dans les affaires du monde. Certains d'entre eux (Egypte, Nigéria, Afrique du Sud, Brésil, Inde, Mexique) ont fortement milité pour une réforme du Conseil de sécurité qui aurait pu leur accorder un statut de membre permanent ou quasi - permanent, en même temps que ce statut serait reconnu à l'Allemagne, à l'Italie ou au Japon. Mais la réforme a été bloquée par les Etats Unis, la France et le Royaume Uni qui tiennent au droit de véto qui leur permet de maintenir leur influence sur les Nations Unies.

Quelques critères sont utilisés pour caractériser les pays de la périphérie, qui sont tous des pays sous – développés : industrialisation très faible, croissance sans développement, économies extraverties, faible PNB par habitant, forte mortalité infantile, faiblesse des garanties des droits de l'homme, systèmes politiques autoritaires, forte ruralité, faiblesse de la société civile, maladies endémiques, secteur tertiaire archaïque, mauvaise gouvernance, chômage très élevé [(16)].

Avec un tel niveau de développement économique, ces pays ne peuvent pas faire valoir leurs points de vue et leurs intérêts dans les organisations internationales, malgré la « puissance » du nombre. Par ailleurs, les Etats de la périphérie connaissent des conflits récurrents, des guerres civiles ainsi que des troubles et tensions internes, souvent suscités et entretenus par les grandes puissances.

Sur le plan économique, il convient de relever que les Etats de la périphérie subissent la mondialisation, qui est « l'emprise d'un système économique, le capitalisme, sur l'espace mondial » [(17)]. Les pouvoirs économiques réels dans la société internationale sont désormais les marchés financiers et les firmes multinationales. Dans ce contexte, les pays du Sud ne peuvent qu'être réduits à une pure fonctionnalité marchande.

---

(16) I. BREMOND et GELEDAN, op. cit. p. 339 et 343 cité par YAO – NDRE (P) – *Relations internationales,* PUCI, Abidjan, 1999, p. 86.

(17) CHARVIN (R). – « Mondialisation et hégémonisme », in les cahiers de Nord – Sud, XXI, Genève, Avril 1997, p. 1.

La marge de manœuvre des Etats du Sud sur la scène internationale a été réduite de manière dramatique depuis le déclenchement de la guerre d'Afghanistan par les Etats Unis, en riposte à l'attaque qui avait frappé les « twin towers » et le pentagone.

Cette guerre contre le pouvoir taliban, personnifié par le Mollah Oumar, et contre El-Qaïda d'Oussama Ben Laden, qui est du reste présentée comme « la guerre mondiale contre le terrorisme » permet ainsi aux Etats Unis de réaffirmer un leadership politique et militaire incontesté, et d'appliquer avec rigueur le fameux « qui n'est pas avec nous est avec les terroristes ».

Dans un tel contexte, les Etats de la périphérie qui déjà n'avaient pratiquement pas voix au chapitre, ne peuvent qu'exprimer leur soutien à la politique hégémonique des Etats Unis, d'autant plus que les autorités de ce pays annoncent après l'Afghanistan, d'autres cibles qu'elles se réservent le droit d'identifier et d'attaquer.

A partir du moment où l'initiative du recours à la force n'appartient plus au seul Conseil de sécurité de l'ONU, mais à l'un de ses Etats membres, il convient de procéder à un effort de clarification sémantique et juridique et de se poser les seules questions qui importent, d'un point de vue juridique : le droit international peut – il exister dans un monde unipolaire ? Existe-t-il de nouveaux modes de création du droit international, en dehors des sources du droit qui sont énumérées à l'article 38 des statuts de la CIJ ?

II. – LE DROIT INTERNATIONAL DANS UN MONDE UNIPOLAIRE

L'unipolarité qui caractérise la société internationale se traduit sur le plan juridique par les initiatives prises par l'hyperpuissance américaine en vue de modifier unilatéralement le contenu du droit international et d'y introduire de nouvelles normes impératives, ce qui fait renaître le débat sur l'existence et la nature de ce droit.

Comme l'a écrit le Doyen CHARVIN, « le débat porte essentiellement sur la nature des procédures se concluant par une norme créant une obligation ou n'en créant pas » [18]. L'accord entre les Etats étant, comme on le sait, la source fondamentale du droit international, il importe alors de s'interroger sur le mode de création du droit que constitue la

---

(18) BENCHIKH, CHARVIN et DEMICHEL, *Introduction critique au droit international,* Presses universitaires de Lyon, 1986, p. 20.

proclamation unilatérale faite par un Etat, et sur le degré de normativité des normes qui en découlent, d'autant plus que les proclamations et déclarations d'un Etat ne sont, en principe, que des actes unilatéraux qui ne peuvent s'imposer aux autres Etats.

Cette préoccupation est au centre de nombreuses études, et notamment celle du Professeur WEIL [19], qui note fort à propos que « le problème du passage du non droit au droit se retrouve à vrai dire dans tous les systèmes juridiques, notamment sous la forme de la distinction entre l'obligation morale et l'obligation juridique ».

Le droit international étant « l'ensemble des normes juridiques qui règlent les relations internationales » [20], il constitue donc tout à la fois un « ordre normatif » et un « facteur d'organisation sociale » [21]. D'où l'importance de la qualité des normes qui le composent car c'est d'elle que va dépendre, dans une large mesure, « la capacité de l'ordre juridique international à atteindre les objectifs en vue desquels il a été constitué » [22].

Il faut donc dénoncer et résister aux tendances actuelles d'une partie de la doctrine, ainsi qu'aux initiatives de certains Etats tendant à graduer ou à diluer et à relativiser la normativité des règles du droit international.

En effet, à côté d'une hard law, constituée par des normes créatrices de droits et d'obligations juridiques précis, le système normatif comporterait aujourd'hui de nouvelles normes dont la substance est tellement vague que l'obligation de l'un et le droit de l'autre en deviennent presque insaisissables.

Or, cette situation ne peut que rendre le droit international « malade de ses normes », accroissant ainsi le règne du non droit et de la confusion. En raison de l'urgence humanitaire et de la nécessité de la lutte contre les groupes « terroristes », on ne saurait introduire pêle-mêle dans le droit international des normes « nouvelles » telles que « le droit d'ingérence humanitaire » et « le droit de réaction légitime contre le terrorisme », qualifiées tantôt de soft-law ou de droit d'urgence, comme si le seuil de normativité n'existe pas.

---

(19) WEIL (P) – « Vers une normalité relative en droit international » in R. G. D. I. P., 1982, p. 5 à 47.

(20) GUGGEN HEIM (P) – *Traité de droit international public*, T. 1, 2e édition, Genève, 1967, p. 1.

(21) ROUSSEAU (C) – *Droit international public*, Sirey, Paris, 1970, p. 25-26.

(22) WEIL (P) – étude citée, p. 7.

Comme le souligne avec force le Professeur WEIL, ce seuil existe bel et bien : « en aval de la frontière naît une obligation juridique dont il peut être fait état devant un juge ou un arbitre et dont la méconnaissance constitue un acte internationalement illicite générateur de responsabilité internationale ; en amont, il n'y a rien de tel »(23).

En réalité, le processus de remise en cause des principes de la Charte des Nations Unies, et en particulier du principe du non recours à la force a commencé en 1991 après la guerre du golfe.

C'est en effet à la suite de ce conflit que le droit d'ingérence humanitaire a fait son apparition dans le vocabulaire de l'ONU. C'est ainsi qu'un chef d'Etat européen, « voyant l'ingérence sur le point de se pratiquer et la voulant comme arme nouvelle pour son camp (l'Occident) » (24), a cru nécessaire de préciser que « c'est la France qui a pris l'initiative de ce nouveau droit assez extraordinaire dans l'histoire du monde, qui est une sorte de droit d'ingérence à l'intérieur d'un pays, lorsqu'une partie de sa population est victime d'une persécution » (25).

Ces prises de position ont du reste été justifiées par la doctrine, en particulier certains auteurs occidentaux (26), qui hier, refusaient toute valeur juridique aux résolutions de l'Assemblée générale de l'ONU, car aux termes de la charte, elles ne sont que des recommandations, mais qui n'hésitent pas à écrire aujourd'hui que les principes du droit d'ingérence humanitaire ont été posés « par les résolutions d'origine françaises adoptées par l'ONU » qui les auraient ainsi introduits dans le droit positif.

Malgré tout le soin que les Etats Unis, la France et le Royaume Uni ont mis dans la rédaction des diverses résolutions qui se proposaient de « codifier » l'ingérence humanitaire, notamment les résolutions 43/131 du 08 décembre 1988, 45/100 du 14 décembre 1990 et 688 du 05 avril 1991, ces pays n'ont pu introduire dans le droit positif la construction intellectuelle qu'est le droit d'ingérence humanitaire. L'on ne sait toujours pas sur quelle source du droit international se fonde l'intervention pour cause d'humanité. Il en est de même pour le « droit légitime de réaction contre le terrorisme » proclamé le 12 septembre 2001 par le Président des Etats Unis.

---

(23) WEIL (P) – étude citée, p. 13.

(24) Jeune Afrique, N° 1623, 13 –19 février 1992.

(25) Allocution du Président François MITTERAND 14 juillet 1992.

(26) Voir notamment MARIO BETTATI, « un droit d'ingérence humanitaire » in Revue Générale de droit international public, 1991, p. 630-670.

Comme le droit d'ingérence humanitaire, ce nouveau droit autoriserait les interventions militaires en Afghanistan et même dans toutes les régions du monde, et ne constituerait donc pas une violation du principe de non recours à la force inscrit à l'article 2 de la Charte de l'ONU. En outre, cette « nouvelle » norme ferait désormais partie du droit positif, du simple fait de sa proclamation par les Etats Unis et de son application immédiate en Afghanistan.

En réalité, il n'en est rien. L'article 38 du Statut de la CIJ qui précise les sources du droit international applicable mentionne les conventions internationales, la coutume, les principes généraux de droit et, sous certaines conditions, les décisions judiciaires et la doctrine des publicistes les plus qualifiés des différentes nations.

Or, le droit légitime de réaction face au terrorisme ne trouve son fondement juridique ni dans la charte de l'ONU, ni dans la coutume, ni à proprement parler dans les résolutions de l'ONU ou même dans la jurisprudence de la cour internationale de justice.

En outre, il est inquiétant de noter que dans le cas présent, et à la différence de ce qui s'était passé en 1990-1991, les Etats unis n'ont pas fait grand cas de la légalité internationale, même s'ils ont formellement et furtivement invoqué la légitime défense, probablement parce qu'ils savent qu'on ne peut donner aucune définition juridique internationale précise au concept de terrorisme, et que la mise en œuvre de la légitime défense suppose l'identification claire et certaine de l'auteur de l'agression.

Il n'existe pas, dans le droit positif, un droit légitime de réaction contre le terrorisme. La Charte ne reconnaît que deux exceptions au principe de prohibition du recours à la force : la légitime défense et l'action collective mise en œuvre par le Conseil de sécurité face à une menace contre la paix, une rupture de la paix ou un acte d'agression, conformément aux dispositions du chapitre VII. De même, la seule exception reconnue au principe de non ingérence dans les affaires internes des Etats est constituée par les mesures de coercition prévues aux articles 42, 44 et 48 de la Charte.

Il est donc difficile de soutenir que le droit légitime de réaction contre le terrorisme trouve un quelconque fondement dans la Charte. Ce droit n'a pas de base conventionnelle, au moins en l'état actuel du droit international.

Reconnaître à un Etat, ou à un groupe d'Etat, et notamment aux plus puissants, le droit de bombarder à l'intérieur d'un autre Etat des groupes qualifiés de terroristes, ou de s'attaquer aux forces armées régulières des pays déclarés « complices du terrorisme » ou « voyous » par la volonté d'un seul Etat, suivant leurs propres objectifs de politique internationale et en fonction de modalités et de principes imposés au conseil de sécurité constitue « une atteinte directe au principe de non recours à la force qui, non seulement fonde tout le système de sécurité des Nations Unies, mais dont il n'est pas excessif de retenir qu'il constitue la « clé de voûte » de l'ensemble de l'ordre international issu de la seconde guerre mondiale » (27).

En effet, sur quelle base juridique un Etat peut-il se fonder pour arrêter des combattants, les armes à la main, les transférer dans des conditions calamiteuses à la base de Guantanamo à Cuba et refuser en même temps de leur reconnaître le statut de prisonnier de guerre pourtant établi par la troisième Convention de Genève de 1949 ? En vertu de quelle règle de droit international le gouvernement américain s'arroge-t-il le droit de décider quel Etat peut s'armer, quel Etat ne peut acquérir tel type d'armes, alors que lui-même procède dans le même temps à un surarmement sans précédent dans l'histoire ? Quelle disposition de la Charte autorise-t-elle ce pays à décider qu'un Etat représente une menace pour « la communauté » internationale et donc qu'il peut faire l'objet d'une attaque militaire ?

Ce n'est assurément pas le prétendu droit de réaction légitime contre le terrorisme, qui n'existe pas dans le droit positif. Cette construction intellectuelle conduit en fait à la corruption du droit par la politique. Elle introduit l'imprécision et la confusion dans le droit international, sans oublier les risques d'éclatement.

L'opération de « relecture » du droit international, engagée par les puissances occidentales depuis la guerre du golfe en 1991, et qui repose sur les deux constructions intellectuelles que sont le droit d'ingérence humanitaire et le droit légitime de réaction contre le terrorisme peut bien correspondre à une aspiration forte ou à des impératifs moraux, elle peut être répétée solennellement dans toutes les réunions du G. 8 ou de l'OTAN, le vice logique qui la ronge mine ces constructions à la base et se répercute dans les mesures contradictoires de mise en œuvre.

Le droit international « nouveau » ne peut prétendre à la fois être un droit relationnel mais non organique dans sa formation, un droit internationaliste mais non égalitaire dans son contenu.

---

(27) Voir REGOURD (S) – « Raids » anti-terroristes et développements récents des atteintes illicites au principe de non-intervention » in A. F. D. I., XXXII, 1986, p. 81.

Déjà, sur le plan interne, l'on note qu'en vertu du droit légitime de réaction contre le terrorisme, nombre d'Etats ont restreint l'espace des libertés : les Etats Unis ont adopté une législation permettant la détention pendant une période indéfinie des ressortissants étrangers sous le coup d'une menace d'expulsion ; le Royaume Uni a promulgué une législation d'urgence autorisant la détention sans inculpation ni jugement de ressortissants étrangers, créant ainsi une justice pénale parallèle, etc.

Par ailleurs, la « guerre contre le terrorisme » a aussi eu pour conséquence de détourner l'attention des pays où les violations des droits de l'homme sont depuis longtemps coutumières, par exemple la Turquie, la Colombie, le Pakistan, l'Indonésie, Israël et les territoires arabes occupés [28].

En réalité, comme l'a fait observer l'universitaire Stanley HOFFMAN, dans un article publié dans le dernier numéro de la New York Review of Books, la solution aux problèmes du monde ne passe pas par l'affirmation de nouvelles règles du droit international ou par l'unilatéralisme, mais par un changement de la politique américaine et une meilleure prise en compte des injustices et des humiliations subies par les autres peuples.

Dans ce contexte, l'appel lancé par le Groupe Paroles, composé de seize personnalités catholiques de sensibilités et générations différentes, et publié au journal le Monde du 20 novembre 2001 demeure d'actualité, car il pose la seule question qui importe aujourd'hui, celle de l'avenir de tous les peuples de la terre, grands ou petits, riches ou pauvres : « vers quel monde voulons-nous aller ? quelle cité humaine voulons-nous édifier ? Il nous faut contribuer à reconstruire, à frais nouveaux, ces zones de la planète ou germent les haines, les intégrismes et les fanatismes de toutes sortes. La meilleure défense contre le terrorisme n'est ni la guerre, ni la diabolisation de l'autre mais la justice et le respect des diversités. L'avenir de l'humanité ne dépend pas de notre sécurité et de notre bien-être, il dépend des valeurs que nous sommes prêts à défendre et à partager.

(...) Nous lançons un appel à tous les croyants et à tous les hommes de bonne volonté pour qu'ils s'unissent afin d'œuvrer contre tous les fanatismes et les obscurantismes et pour que nous construisions ensemble un nouvel ordre international fondé sur l'équité et le respect. Nous sommes encore dans une culture de la domination. Ensemble nous pouvons entrer dans une culture de la rencontre et de la coopération. » [29].

---

(28) Pour de plus amples détails sur les conséquences de la lutte contre le terrorisme sur le respect des droits de l'homme dans le monde, se reporter à l'Edition 2002 du Rapport annuel d'Amnesty.

(29) Voir le texte dans Jeune Afrique L'intelligent, n° 2130 du 6 au 12 septembre 2001, p. 7.

Comme on le voit, la recherche d'une solution juridique aux défis qui interpellent la communauté internationale ne passe pas par une modification unilatérale du droit international, mais par une application correcte des principes inscrits dans la Charte depuis 1945.

Cette Charte, comme l'ont souligné avec force, les Professeurs PELLET et COT, n'est pas un « papyrus desséché » (30). Le retour à l'esprit de San Francisco s'impose d'autant plus que seules les Nations Unies – et elles seules – ont le droit et le pouvoir de décider et de mener une action coercitive contre un Etat membre et par conséquent, de mettre en œuvre le système de sécurité collective prévu par la Charte.

En dehors des mécanismes de la Charte, le risque est grand, que l'Organisation ne devienne « un magasin d'habillage juridique des projets américains » (31), ou de ceux de toute autre grande puissance, à l'instar de ce qui s'était déjà produit durant la guerre de Corée.

La crise du golfe, les guerres civiles en Afrique, la crise du moyen orient et les attaques du 11 septembre 2001 sur les « tours jumelles » de New York doivent donner aux Etats l'occasion de réaffirmer leur adhésion aux principes de la Charte et de rechercher des solutions concertées et consensuelles fondées sur les deux éléments fondamentaux rappelés par le Pape Jean-Paul II, à savoir, la paix et la justice (32). Comme le remarque à juste titre Claude JULIEN, « l'imagination créatrice dont firent preuve en 1945 les auteurs de la Charte n'est pas moins nécessaire aujourd'hui » (33).

C'est dans le cadre de cet effort de clarification sémantique et juridique que se situe le présent ouvrage qui se propose d'ouvrir quelques pistes de recherche.

III. – OBJECTIF ET PLAN DE L'OUVRAGE

Cette étude se présente comme un manuel destiné à favoriser un débat d'idées sur les notions de base et les concepts clés du droit international et le sur le rôle de ce droit dans la société internationale, par-delà les frontières, les idéologies et les doctrines.

---

(30) COT et PELLET, voir leur article déjà cité dans le Monde Diplomatique, novembre 1990, p. 17.

(31) CHEMILLIER - GENDREAU (M) – « Que vienne enfin le règne de la loi internationals in le Monde Diplomatique, janvier 1991, p. 19.

(32) Voir la déclaration du Saint – Père en date du 4 mars 1991.

(33) Voir l'article de Claude Julien déjà cité dans le Monde diplomatique, novembre 1990, p. 16.

Un manuel n'est pas, comme on le sait, un ouvrage spécialisé ; il n'est pas non plus, un traité théorique consacré aux considérations doctrinales ou aux analyses savantes. Sa principale ambition, qui découle de notre souci de vulgarisation, – même si la quête de l'érudition demeure toujours présente -, est celle de fournir un cadre de réflexion. Ce manuel entend décrire ce qu'est le droit international aujourd'hui, préciser les conditions de sa mise en œuvre, examiner le rôle des organisations internationales dans le maintien de la paix, la promotion des droits de l'homme et du développement. Il se propose aussi de faire apparaître les forces et les faiblesses du droit international dans un monde unipolaire.

La seconde ambition de cet ouvrage est de présenter un exposé clair, concis et précis sur les aspects juridiques des grands problèmes économiques, politiques, militaires et stratégiques qui interpellent aujourd'hui aussi bien les Etats, les organisations internationales que les peuples et les individus.

Il s'en suit donc que le manuel vise autant à informer qu'à former. Sa préoccupation essentielle demeure pédagogique. Il s'agit d'initier à la recherche les étudiants qui abordent les rivages du droit international, notamment ceux du 3e cycle qui ont déjà une certaine maîtrise des outils scientifiques leur permettant de questionner le vécu quotidien de leurs peuples.

Le manuel comporte en plus du cours que j'ai donné à l'Académie du droit international de la Haye en 1990 à l'aimable invitation de l'UNITAR, des articles de revues, des études réalisées pour le compte de la FAO, du Secrétariat Général de l'ONU et du Haut Commissariat aux droits de l'homme, ainsi que des communications et rapports de synthèse présentés dans divers colloques internationaux. Les quinze études sélectionnées pour cet ouvrage portent sur les principaux défis au droit international contemporain à savoir l'ingérence humanitaire, la légalité et la portée des décisions du Conseil de sécurité autorisant le recours à la force dans les relations internationales, le rôle de l'ONU dans la production de la « législation » internationale, le respect des droits de l'homme, la répression des crimes de guerre et des autres graves violations du droit international humanitaire et, enfin, la question du développement et de la réduction de la pauvreté dans le monde.

Ces essais, écrits au fil des ans (entre 1981 et 2001), et qui complètent, précisent et développent les analyses et propositions contenues dans les cinq ouvrages que j'ai déjà publiés, ont été regroupés sous quatre rubriques :

I – Droit International Public

II – Organisations Internationales

III – Droits de l'homme et Droit international humanitaire

IV – Droit international économique.

I

DROIT INTERNATIONAL PUBLIC

L'APPLICATION DU DROIT INTERNATIONAL*

INTRODUCTION

Dans tout ordre juridique, l'application du droit est une question importante en ce sens que ce sont les normes juridiques qui fixent les impératifs auxquels les acteurs sociaux doivent se conformer et déterminent les limites mises à leur liberté de comportement ou à l'exercice de leur droit.

Pour remplir correctement sa fonction, à savoir, la régulation des rapports sociaux, le droit doit garantir que son application sera la plus exacte et la plus complète possible. Une de ses fonctions les plus importantes relatives à son propre fonctionnement est de pouvoir mettre sur pied les mécanismes permettant de remédier à de telles difficultés.

L'application du droit soulève donc des problèmes divers et complexes. Il s'agit en effet, comme le relève le Professeur VIRALLY, « de déterminer et d'organiser les réactions à une éventuelle violation du droit – et elles peuvent être variées – mais aussi d'établir un système de constatation de ces violations (qui peut fonctionner en relation avec le règlement des différends) et de prévention »[1].

C'est ici qu'il faudrait souligner que dans le domaine de la mise en oeuvre du droit, le droit international diffère profondément des droits internes, la société internationale, théâtre premier d'application du droit international n'étant pas aussi organisée et hiérarchisée que les Etats.

---

* Cours donné à l'Académie de Droit International de la Haye en juillet 1990 à l'aimable invitation de l'UNITAR, dans le cadre de son programme de formation et de perfectionnement en droit international.

(1) VIRALLY (M) – « *Panorama du droit international* » cours général de droit international, R.C.A.D.I. 1983 – V., p. 208.

En effet, ces derniers, qui ont la compétence de leur compétence, disposent d'appareils administratif, policier et judiciaire pour faire appliquer le droit ou au moins garantir que sa violation sera réprimée. Par contre, dans la société internationale, l'absence d'un pouvoir unique fait penser à une situation anarchique. Et les organisations internationales ne disposent pas d'appareils comparables à ceux des Etats pour garantir l'application du droit.

Toutefois, il convient de relativiser cette prétendue « anarchie » de la société internationale. Le droit international, dans l'ensemble, est très raisonnablement respecté par les Etats dans leurs rapports mutuels comme dans leur ordre interne.

Certes, le droit international général présente de telles lacunes, sur le fond et quant aux procédures d'élaboration du droit et de contrôle de son respect, que la principale sanction de ce droit reste la responsabilité internationale de l'Etat, lorsque ce dernier adopte des règles contraires à ses engagements internationaux. Et l'effet direct du droit international ne conduit qu'exceptionnellement à une reconnaissance de l'illégalité de la norme interne et à son annulation (2).

Mais il convient de relever que la pratique diplomatique comme la jurisprudence internationale, et même de plus en plus souvent la jurisprudence nationale, postulent que – malgré toutes les violations du droit commises par les Etats –, le droit international ne peut exister sans que soit affirmée sa primauté par rapport aux droits nationaux.

Tous les Etats du monde admettent que leurs relations sont réglées par le droit international, et donc qu'il existe un « état de droit » au sein de la société internationale même entendue au seul sens d'interétatique. Comme l'a démontré le juge DE LACHARRIERE, tous les Etats ont une politique juridique extérieure ; non seulement ils ont tous créé un service juridique au sein de leurs ministères chargés des affaires étrangères, mais ils prétendent toujours agir en conformité avec le droit international, même dans les cas de conflit armé, chaque antagoniste se sentant pratiquement obligé d'invoquer le droit à l'appui de sa cause.

Autrement dit, comme le relève le Professeur CARREAU, « ce n'est pas l'autorité du droit international qui est contestée mais parfois son existence dans un domaine déterminé (et c'est le problème des lacunes

---

(2) Voir les développements consacrés à ce sujet par les Professeurs NGUYEN, PELLET et DAILLIER dans *Droit International Public*, L.G.D.J., Paris, 1987, p. 89 et Sv.

de l'ordre international) ou, le plus souvent, sa portée exacte (degré de précision de la règle en cause, existence d'exceptions...) » (3).

Le but du présent cours est donc d'étudier comment, concrètement, le droit international est mis en œuvre dans les rapports internationaux.

Bien évidemment, le droit international s'applique également dans l'ordre interne, puisqu'il constitue une source de la légalité interne. Et le problème de la pénétration du droit international dans la sphère relativement close des droits étatiques internes demeure une question classique et de grande importance, d'autant plus que les Etats au sein desquels vivent les individus et les personnes privées concernés par certaines normes du droit international sont également les créateurs du droit international, les garants de son application et ceux qui sont en mesure de l'écarter, de le menacer ou de le mettre en échec.

Pour les raisons que nous venons d'évoquer, la question de l'application du droit international dans l'ordre interne revêt un intérêt évident pour les juristes. Mais faute de temps et compte tenu, par ailleurs, du fait que la première vocation du droit international est de régir les rapports entre les divers acteurs de la société internationale, nous consacrerons essentiellement nos développements à l'étude de l'application du droit international dans la société internationale.

Après avoir exposé l'objet de ce cours que nous avons l'honneur de dispenser dans l'institution la plus prestigieuse chargée de l'enseignement, de la recherche et de la diffusion du droit international dans le monde et qui s'adresse à des spécialistes de la science juridique, il convient à présent de préciser notre méthodologie.

Convaincu que l'analyse juridique ne saurait être coupée et isolée des autres méthodes-sœurs d'investigation, il nous semble absolument nécessaire de retenir une approche qui soit globale, et qui situe le phénomène juridique dans une perspective historique et politique.

En effet, une étude juridique qui ne prend en considération les conditions sociales, politiques et idéologiques des règles, les facteurs hétéronomes de leur évolution et encore l'impact des institutions juridiques sur la réalité présente, risque fort d'être incomplète (4).

---

(3) CARREAU (D) – *Droit international*, éd. Pedone, Paris, 1988, p. 54.

(4) Dans le cadre de l'analyse pluridimensionnelle du droit international, il convient de citer POLITIS (M). – *Les nouvelles tendances du droit international 1927.* Charles de VISSCHER, *Théories et réalités en droit international*, V^{e} éd. 1970 ; —>

Il s'agit donc, dans toute recherche portant sur le droit international, « de prendre le droit comme il se présente (comme un ensemble normatif), mais de le replacer dans son environnement socio-historique, sans lequel il n'a pas de réalité, et donc de dépasser les aspects purement formels et d'adopter une approche pluridisciplinaire, sans pour autant se perdre dans le sociologique. »[5].

Comme l'observe le Professeur CHAUMONT, « les normes juridiques ne peuvent avoir aucun sens sans la prise de conscience des contradictions. »[6] Toutes les deux obéissent d'ailleurs à la loi du changement universel et incessant[7].

C'est ainsi qu'on ne saurait étudier le droit international sans étudier la politique internationale, et donc les relations internationales.[8] Pour cerner la question de l'application du droit international dans la société internationale, les blocages à l'application du droit et les problèmes soulevés par la sanction de la violation de la règle de droit, il faudrait rechercher les réalités socio-politiques qui sous-tendent les normes juridiques internationales, car « c'est dans le champ des luttes, des compétitions politiques, économiques et sociales que se forme la norme du droit international. »[9]

Dans l'analyse concrète des bases du droit international et de son application dans la société internationale, on doit se tourner en effet, vers les forces vivantes que sont les Etats, les Nations, les peuples, les mouvements de libération nationale et les firmes multinationales, car « c'est du compromis de leurs intérêts, de la mutation de leurs contradictions que le droit international tire sa raison d'être et sa signification. »[10]

—> *(suite page 19)*
Le Hollandais B.V.A. ROLING qui ouvrit la voie à l'approche « progressiste » du droit international par son livre *International Law in an Expanding World* ainsi que les auteurs américains M. FRIDMAN, L. HENKIN et O.J. LISSITZYN.

(5) VIRALLY (M) – « Panorama du Droit International contemporain », cours général, RCADI 1983, V, tome 183, p. 27.

(6) CHAUMONT (C) – « Les méthodes d'analyse en droit international » in Annales de la Faculté de « Droit et des Sciences Economiques ; Reims 1974 p. 249.

(7) GONIDEC (P.F.) – *Relations internationales*, Paris, éd. Montchrétien, 1974, p. 12.

(8) GIRAUD (E). – « La notion de temps dans le droit international et les relations internationales » in Sritti di more T. Pérassi, tome I, Milano, 1957, p. 466, cité par N.E. GHOZALI in *Mélanges offerts à Charles CHAUMONT*, op. cit. p. 299.

(9) GHOZALI (N.E). – Voir sa contribution in *Mélanges offerts à Charles CHAUMONT*, op. cit. p. 301.

(10) GHOZALI (N.E.) – Voir son étude citée, p. 301.

C'est pourquoi, comme méthode de travail, nous ferons donc un effort pour combiner, plutôt que de fusionner, la méthode des écoles positivistes et normativistes et la méthode dialectique, avec une analyse de la dimension historique du droit international et des motivations politiques et idéologiques qui le sous-tendent[11].

Nous pensons en effet, « que l'on peut utiliser avec profit les différentes méthodes heuristiques, sans nécessairement trahir leur caractère respectif »,[12] d'autant plus que celles-ci sont d'abord « des méthodes de travail, des instruments d'analyse dont la valeur est fonction des possibilités qu'elles offrent d'approcher l'objectif de la recherche. »[13]

C'est ainsi que notre plan s'articulera essentiellement autour de trois axes : tout d'abord, nous analyserons le principe de l'application générale et obligatoire du droit international qui fonde la suprématie du droit international. Ensuite, nous examinerons la sanction de la violation de ce droit de la communauté internationale reconnu comme supérieur aux ordres juridiques internes, et nous terminerons notre propos en relevant les exceptions au principe de la suprématie du droit international.

---

(11) Cette approche réaliste, ouverte et multidisciplinaire des phénomènes juridiques est largement exposée par A. CASSESE dans « *Le droit international dans un monde divisé* », Paris, éd. BERGER -LEVRAULT, 1986, pp. 10-12. Elle est partagée par de nombreux auteurs (VIRALLY, R.J. DUPUY, BENNOUNA, C. CHAUMONT), même si chacun d'entre eux y apporte sa touche personnelle.).

(12) CASSESE (A) – op. cit., p. 11.

(13) BENNOUNA (M) – *Droit International du Développement, Tiers-Monde et interpellation du droit international*, Paris, éd. BERGER-LEVRAULT 1983, p. 30

PREMIERE PARTIE :

LE PRINCIPE DE L'APPLICATION GENERALE ET OBLIGATOIRE DU DROIT INTERNATIONAL OU PRINCIPE DE LA SUPREMATIE DU DROIT INTERNATIONAL

Le droit international l'emporte sur toutes les règles juridiques émises par ses sujets : Etats, organisations internationales, organismes publics internationaux.

En vertu de ce principe de supériorité qui se trouve au fondement même de son existence, le droit international s'impose avec pleine force obligatoire à tous les acteurs des relations internationales dont il délimite par ailleurs l'activité juridique : son application est générale et obligatoire ; sa violation peut engager la responsabilité de l'auteur de l'acte illicite.

En principe, la supériorité du droit international devrait aller « de soi », car comme l'a montré le Professeur VIRALLY, « tout ordre juridique s'affirme supérieur à ses sujets, ou bien il ne l'est pas... Le droit international est inconcevable autrement que supérieur aux Etats, ses sujets. Nier sa supériorité revient à nier son existence » [1].

Mais en réalité, le principe de la suprématie du droit international ne connaît pas la même situation au double plan international et national : en effet, alors que ce principe est intégralement reconnu au niveau international, il ne l'est que de façon inégale et partielle au niveau du droit interne des Etats. Il s'agit là d'une situation qui relève du paradoxe et

(1) VIRALLY (M) – Voir sa contribution in « *Mélanges, ROLIN* » Paris, Pedone, 1984, p. 497.

que nous allons examiner dans nos développements ultérieurs. Mais au préalable, il convient de retracer l'historique du principe et de préciser sa signification.

Paragraphe 1 : Historique et fondement du principe

Le principe de la supériorité du droit international qui fonde son application générale et obligatoire se trouve, – nous l'avons dit – au fondement même de l'existence du droit international. Ce droit ne peut en effet exister sans que soit affirmée sa primauté par rapport aux droits nationaux.

L'historique du principe se confond donc avec celle du droit international qui a été abondamment traitée dans de nombreux manuels et traités consacrés à cette discipline. Nous n'y reviendrons pas dans le cadre de ce cours de perfectionnement.

Soulignons néanmoins que dès l'apparition de l'Etat-nation en Europe au dix-huitième siècle, il s'était posé la question de la hiérarchie entre le droit international et le droit interne édicté par les Etats nationaux.

Ce problème, éminemment pratique, a été diversement résolu par les droits étatiques, mais a fait l'objet de disputes homériques, au plan doctrinal, entre les tenants du dualisme (pour qui ordre juridique étatique et ordre juridique international constituent deux sphères absolument closes et qui ne communiquent pas) et les différentes catégories de monistes (pour lesquels il n'existe qu'un seul ordre englobant droit international et droit interne, le droit international étant supérieur au droit interne).

Evidemment, cette controverse présente un très vif intérêt sur le plan de la théorie du droit, mais du point de vue pratique, on peut en faire l'économie : il suffit en effet d'examiner les solutions apportées par la pratique en fonction des traditions propres à chaque droit étatique :

Dans certains cas, le droit interne admet, dans son propre système de sources, certains modes de formation du droit international. Un autre système consiste, au contraire, à exiger que les règles qui se sont formées au plan international passent par les sources du droit interne pour pénétrer dans celui-ci : par exemple, les dispositions d'un traité devront être incorporées dans une loi pour devenir applicables dans l'ordre interne, dont elles feront partie seulement en tant que règles législatives. Enfin, certains Etats pratiquent la reconnaissance judiciaire qui consiste en une reconnaissance de l'applicabilité dans l'ordre interne de certaines règles de droit international sous réserve qu'elles ne soient pas en conflit avec des lois internes.

Mais dans tous les cas, la supériorité du droit international a été admise, même si la pénétration de ce dernier dans l'ordre interne n'a pas toujours suivi les mêmes modalités. Au niveau international, l'existence du principe n'a jamais fait l'objet d'un doute sérieux : dès 1949, la Commission du Droit International (C.D.I.) avait inclu ce principe dans sa Déclaration des droits et des devoirs des Etats (article 13). Plus près de nous, la Convention de Vienne sur le droit des traités qui est entrée en vigueur à compter du 27 janvier 1980 l'a formellement reconnu dans son article 27 qui dispose que :

> « une partie ne peut invoquer les dispositions de son droit interne comme justifiant la non-exécution d'un traité ».

Après avoir examiné brièvement l'historique du principe de la supériorité du droit international, il convient à présent d'aborder la question du fondement du caractère obligatoire de ce droit.

Comme on le sait, rechercher le fondement du droit revient à se demander quel est, dans ses origines, le facteur qui explique sa force obligatoire. Cette question, qui se pose logiquement à tous ceux qui réfléchissent sur le droit est particulièrement difficile à résoudre en ce qui concerne le droit international, puisqu'il s'agit de déterminer les raisons pour lesquelles il peut s'imposer aux entités souveraines que sont les Etats.

De nombreux auteurs ont essayé de rechercher le fondement du principe de la supériorité du droit international. L'on peut néanmoins résumer la vive controverse doctrinale qui existe sur la question en relevant, avec les Professeurs NGUYEN, PELLET et DAILLIER, que « le principal clivage est entre ceux qui cherchent dans le droit lui-même l'explication du caractère obligatoire de ses règles et ceux qui, récusant ce formalisme juridique estiment que c'est hors du droit que réside le fondement de son caractère obligatoire » (2).

Aucune de ces théories n'est parvenue à donner une explication globale du fondement du caractère obligatoire du droit international.

C'est ainsi que les volontaristes, qui considèrent que l'expression de leur volonté par les Etats les engage, – ce qui établi le caractère obligatoire de la grande majorité de normes existantes du droit des gens contemporain – se montrent incapables de trouver un fondement convaincant aux règles, pourtant indiscutables, qui limitent la compétence internationale des Etats et, surtout, ils n'expliquent pas pourquoi la volonté

---

(2) NGUYEN, DAILLIER et PELLET. op. cit. p. 90.

de ceux-ci les lie. Les thèses objectivistes ont ce mérite, mais au mépris de la méthode sociologique dont la plupart d'entre elles se réclament, elles consistent trop souvent à reconstruire la réalité internationale en fonction des préoccupations morales (jusnaturalisme) et politiques (« militantisme juridique ») ou de présupposés théoriques (G. SCELLE, H. KELSEN).

Si donc, le débat sur le fondement du principe demeure ouvert, quelle est sa signification réelle ?

Paragraphe 2 : La signification du Principe

Le principe de la supériorité signifie que le droit international (c'est-à-dire tout le droit international positif, à savoir les traités, la coutume, les principes généraux de droit et certaines résolutions des organisations internationales) l'emporte sur l'ensemble du droit interne[(3)].

Ce principe de la supériorité du droit international doit être néanmoins apprécié de façon exacte quant à ses implications. Contrairement à ce qui se passe dans le droit interne, la supériorité d'une norme du droit international n'entraîne pas l'annulation de la norme interne contraire. Celle-ci peut continuer à être valable sur le plan interne ; mais elle est « inopposable » au niveau international.

La Cour Internationale de Justice a réglé cette question de compatibilité entre le droit international d'une part et une norme contraire de droit interne de l'autre, dans son arrêt du 06 Avril 1955 dans l'Affaire Notteböhm qui opposa le Liechtenstein au Guatemala.

Notteböhm citoyen d'origine allemande, avait reçu par la suite la nationalité du Liechtenstein. Le Guatemala refusa de reconnaître cette dernière nationalité, la considérant comme purement « fictive ». A ce titre, il procéda, durant la guerre, au séquestre des biens de Notteböhm et l'interna en tant que « sujet ennemi ». Devant la Cour, le Guatemala estima que le Liechtenstein n'avait pas le droit d'exercer sa protection diplomatique à l'égard du Sieur Notteböhm, ce dernier ne possédant pas « réellement » sa nationalité. La Cour donna raison au Guatemala. Mais ce faisant, la C.I.J se garda bien de dire que la loi du Liechtenstein était illégale ou que pour ce pays, Sieur Notteböhm n'était pas un de ses nationaux. Se plaçant exclusivement au niveau du droit international, la Cour estima que la nationalité nouvelle de Notteböhm pouvait être valable

---

(3) CARREAU (D) – Op. cit., p. 42, puis 46 à 48.

au Liechtenstein, mais n'était pas « opposable » au Guatemala qui se trouvait ainsi juridiquement fondé à soutenir son inexistence à son égard.

Cet exemple choisi dans la jurisprudence de la C.I.J permet de mieux cerner les implications du principe de la supériorité du droit international qui est intégralement reconnu au niveau international.

Paragraphe 3 : La reconnaissance du principe au niveau international

La reconnaissance du principe de la suprématie du droit international est largement consacrée dans le droit positif.

A. – Sa consécration dans le droit positif

Les chartes de l'ONU et de l'OUA posent le principe du « respect des obligations nées des traités et autres sources du droit international ».

Il s'agit là d'une consécration générale de la supériorité du droit international et de son caractère obligatoire.

L'article 26 de la Convention de Vienne sur le droit des traités dispose que « tout traité en vigueur lie les parties et doit être exécuté par elles de bonne foi ». Autrement dit, le droit international d'origine conventionnelle l'emporte sur toute autre norme juridique d'ordre interne.

Dans le même ordre d'idées, il convient de mentionner la reconnaissance pleine et entière du principe de l'application générale et obligatoire du droit international par tous les acteurs des relations internationales, qu'il s'agisse des organisations internationales intergouvernementales, des organismes publics internationaux ou des personnes physiques ou morales de droit « privé ».

B. – Sa réaffirmation et son implication par l'arbitre et/ou le juge international

Le principe de la supériorité du droit international a été reconnu et appliqué tant par de nombreux arbitres internationaux que par les tribunaux, dans de nombreuses affaires.

a) La pratique arbitrale

Ce principe a été réaffirmé dans trois affaires célèbres qui méritent d'être citées : l'affaire de l'« Alabama » en 1872 ; l'affaire du « Montijo » (1875) et l'affaire Gorges Pinson (1928).

Cette dernière affaire opposa la France au Mexique et souleva le problème des rapports entre un traité international et la constitution mexicaine dans ses dispositions relatives à la nationalité : l'arbitre Verzjil fit triompher le traité franco-mexicain sur les règles constitutionnelles de ce dernier pays. En effet, il affirma que : « il est incontestable et incontesté que le droit international est supérieur au droit interne… Les dispositions nationales ne sont pas sans valeur pour les tribunaux internationaux, mais ils ne sont pas liés par elles... » (Tribunal Arbitral Mixte Franco-Mexicain, Arbitre Verzjil, R.S.A., V., 327).

b) L'affirmation et l'application du principe, par le juge international

Le juge international a réaffirmé à maintes reprises la supériorité du droit international sur le droit interne, qu'il s'agisse de normes constitutionnelles, législatives, réglementaires ou même des décisions judiciaires.

Dans de nombreux arrêts et avis, la C.P.J.I. a réaffirmé l'inopposabilité des normes internes au droit international. On peut citer entre autres affaires, celle de la **Haute-Silésie Polonaise** (avis consultatif du 25 mai 1926), l'affaire des **Zones franches de Haute Savoie et du Pays de Gex** entre la France et la Suisse (série A/B, n° 46, p. 167) et en particulier l'affaire relative aux « **Questions des communautés gréco-bulgares** » dans laquelle la C.P.J.I. s'exprimait ainsi : « C'est un principe général reconnu du droit des gens que, dans les rapports entre puissances contractantes d'un traité, les dispositions d'une loi interne ne sauraient prévaloir sur celles d'un traité » (Avis consultatif de 1930, Série B, n° 17, p. 13).

De même, la C.I.J, tout comme la Cour de Justice des Communautés Européennes, a réaffirmé le principe de la supériorité du droit international dans de nombreuses affaires. L'on peut citer ici, à titre d'exemples :

- l'affaire du « **Wimbledon** » qui donna lieu au premier arrêt de la C.P.J.I. La cour n'eut aucun mal à affirmer la primauté du droit international. Elle réfuta les prétentions de l'Allemagne en déclarant clairement que celle-ci « ne pouvait opposer aux engagements qu'elle avait pris en vertu du traité de Versailles (c'est-à-dire de l'article 380 garantissant la liberté complète de passage sur le canal de Kiel nouvellement « internationalisé »), ses ordonnances de neutralité... (Voir série A, n° 1, p. 30.)
- l'affaire **Costa C. Enel** (Rec. 1964. 114) dans laquelle la Cour de Luxembourg posa les grands principes régissant les rapports du droit international avec le droit interne. La cour s'exprima en ces termes : « A la différence des traités internationaux ordinaires, le

traité CEE a institué un ordre juridique propre, intégré au système juridique des Etats membres... Issu d'une source autonome, le droit né du traité ne pouvait donc, en raison de sa nature spécifique originale, se voir judiciairement opposer un texte interne quel qu'il soit, sans perdre son caractère communautaire et sans que soit mise en cause la base juridique de la communauté elle-même... ». On ne saurait être plus net quant à l'affirmation de la supériorité totale du droit international né du traité instituant la C.E.E.

Le principe de la supériorité du droit international est donc intégralement reconnu au niveau international ; toutefois, au niveau national, cette reconnaissance n'est pas aussi générale et n'emporte pas toujours les mêmes conséquences.

Paragraphe 4 : La reconnaissance du principe au niveau national

En principe, tous les Etats reconnaissent la supériorité du droit international. Son caractère obligatoire et général n'est contesté par aucun Etat, quelque soit par ailleurs les positions des divers groupes d'Etats quant au contenu du droit international.

Le problème, c'est que les Etats ne tirent pas toujours toutes les conséquences de la supériorité du droit international au niveau de leur ordonnancement juridique interne. En d'autres termes, toutes les constitutions ne reconnaissent pas la primauté des normes du droit international, notamment en cas de conflit entre ce dernier et les normes internes.

Si l'on examine la reconnaissance de la supériorité du droit international du point de vue du droit positif interne des Etats, il est loisible de distinguer trois grandes catégories de systèmes :

- d'abord, ceux qui permettent une reconnaissance totale du principe de la supériorité du droit international : il s'agit en Europe, des constitutions des Pays Bas, de la France, de l'Italie, de la Grèce et de l'Espagne. En Afrique, l'on pourrait citer toutes les constitutions des pays francophones qui s'inspirent largement de la Constitution française de 1958.

- ensuite, ceux qui ne lui reconnaissent qu'une supériorité partielle : dans ce cas, la supériorité du droit international par rapport aux lois ordinaires est reconnue, mais celui-ci demeure inférieur par rapport à la constitution. On trouve cette situation en Autriche, en Belgique, en Birmanie, en R.D.A. et aux Philippines,

– enfin, ceux qui la nient : il s'agit des cas où le droit international est mis sur le même pied d'égalité que le droit interne ; cette pratique s'observe dans les pays qui relèvent d'une tradition de « common law » et dans de nombreux pays d'Amérique Latine. Pour ces pays, un traité international contraire à la constitution locale n'a aucune validité interne. De plus, le droit international n'a qu'une autorité égale à celle des lois nationales, ce qui veut dire qu'une loi nationale subséquente peut fort bien modifier, voire, abroger un traité antérieur.

Mais il faut signaler ici qu'une telle solution affirmant l'absence de validité d'un traité international contraire à la constitution locale n'a qu'une simple valeur interne et qu'elle est dénuée de toute portée internationale. Dans une hypothèse semblable, un traité international peut être frappé d'invalidité interne par des tribunaux nationaux, mais il garde sa pleine validité internationale. Autrement dit, l'Etat dont l'ordre juridique interne refuse de reconnaître l'effet d'un traité international sera susceptible de voir sa responsabilité internationale engagée par un pays tiers cocontractant pour violation de ses engagements internationaux.

En raison du principe de l'application générale et obligatoire du droit international, les acteurs des relations internationales qui violent le droit international sont donc susceptibles de voir leur responsabilité internationale engagée : d'où l'importance de l'étude de la théorie et de la pratique de la responsabilité internationale.

DEUXIEME PARTIE :

LA SANCTION DE LA VIOLATION DE LA REGLE DE DROIT : THEORIE ET PRATIQUE DE LA RESPONSABILITE INTERNATIONALE

La responsabilité internationale constitue l'un des chapitres les plus classiques du droit international ; certains auteurs la considèrent d'ailleurs comme une institution clé : elle remplace en effet à leurs yeux, la sanction pour établir hors de toute discussion la juridicité du droit international.

La responsabilité internationale s'applique à tous les acteurs de la société internationale (Etats, institutions internationales et personnes privées) avec des mécanismes différents mais selon des règles de base communes : il doit s'agir d'une violation du droit international imputable à un sujet de droit international, et ayant causé un préjudice entraînant en conséquence une obligation de réparer.

Avant l'étude de ces règles de base, il convient à titre liminaire, de faire quelques remarques d'ordre général.

Paragraphe 1 : Remarques préliminaires

La responsabilité constitue l'épicentre de tout système juridique. Comme le relève le Professeur Pierre-Marie DUPUY, « un droit se dit, avoue ses fondements, trahit ses lacunes, démontre son efficacité et son degré d'intégration, à travers son système de responsabilité.[1] »

---

(1) DUPUY (P.M) – Voir son cours devant cette institution in R.C.A.D.I. 1984 – V, p. 21.

Par ailleurs, la responsabilité est inhérente à l'existence d'un « état de droit ». La C.I.J. l'a reconnu expressément dans l'affaire de la **Barcelona Traction** en 1970 : « La responsabilité est le corollaire nécessaire du droit » (rec. 1970, p. 34).

La question de la responsabilité a retenu depuis longtemps l'attention des Etats, de la doctrine et des Nations Unies tant au niveau de la Sixième Commission qu'à celui de la Commission du Droit International.

Mais force est cependant de constater que si la théorie de la responsabilité semble bénéficier d'un accord très général en droit international, comme on vient de le dire, les efforts de codification dont elle a été l'objet ont fait apparaître une situation assez différente. La première tentative de codification effectuée en 1930 n'a pas donné les résultats escomptés. Et la codification en cours, limitée aux règles secondaires, continue de soulever des controverses assez sérieuses, malgré les excellents travaux du Professeur Roberto Ago.

La réalité est que la notion de responsabilité est particulièrement complexe et historiquement très « située ».

a) Origine du concept et évolution de l'institution

Etymologiquement, responsabilité vient du latin « respondere » : « répondre de ». Le terme « responsabilité » n'existait pas en droit romain. Mais on y connaissait dés l'époque ancienne le « sponsor », c'est-à-dire le débiteur et le « responsor » qui était la caution du débiteur, celui qui « répondait » de lui, qui en était le garant. A l'origine de la notion, il n'y a donc nulle trace de référence à la faute, ou « culpa », mais une signification purement matérielle.

Tout change avec le Moyen âge, le droit canon et la substitution du théologien au juriste dans l'énonciation de l'ordre social. La responsabilité devient alors transcendante, mettant face à face non plus les parties au procès, mais l'homme face à son Créateur. La faute joue désormais un rôle fondamental ; l'obligation change de nature, car elle lie désormais l'homme à Dieu, avant de l'unir aux autres hommes. C'est alors que le concept d'imputation à l'individu des actes qu'il a commis prend une part déterminante.

Cette conception de la responsabilité sera reprise ensuite, avec des nuances diverses, par l'école du droit naturel et à la fin du XIXe siècle, par toute la doctrine positiviste.

Comme on le voit, chaque époque a tenté de projeter dans la notion de responsabilité la conception qu'elle veut retenir des rapports entre le sujet de droit, ses actes, et la collectivité à laquelle il appartient.

C'est ainsi que la responsabilité, qui a été maintenue pendant un temps dans la fonction principale de réparation du dommage matériel, se trouve aujourd'hui sollicitée pour remplir des fonctions qui, d'un côté, l'incitent au châtiment des « crimes » de l'Etat, et de l'autre, à la garantie absolue des risques que ses activités nouvelles engendrent.

b) Définition

Il est difficile, d'un point de vue technique, de donner une définition généralement acceptée de la responsabilité ; certains auteurs l'envisagent comme la conséquence de la violation d'une obligation internationale : elle est ainsi définie par rapport au caractère illicite de son fait générateur. D'autres la désignent aussi d'après son contenu et sa relation avec la victime.

Toutefois, la définition adoptée par la C.D.I. nous semble très ouverte et propre à faire endosser à la responsabilité une pluralité de fonctions, non seulement réparatoires, mais aussi, éventuellement, pénales et autres. Cette définition figure au commentaire fait par la C.D.I., sur l'article premier de la première partie du projet. Il y est dit que la Commission entendait par responsabilité internationale :

> « toutes sortes de relations nouvelles qui peuvent naître, en droit international, du fait internationalement illicite d'un Etat, que ces relations se limitent à un rapport entre l'Etat auteur du fait illicite de l'Etat directement lésé, ou qu'elles s'étendent aussi à d'autres sujets de droit international... »

La responsabilité internationale, dont nous venons de présenter l'historique et la définition, est régie par un ensemble de règles fondamentales qui sont très abondamment analysées dans la doctrine, et pratiquement par tous les manuels et traités de droit public.(2) Nous serons donc brefs sur cette question dans le cadre de ce cours, nous efforçant de nous en tenir à l'essentiel.

---

(2) On peut notamment consulter DE VISSCHER (C) – *La responsabilité des Etats*, Bibliotheca Visseriana, Leyde, 1926, tome II, pp. 89-119 ;
REUTER (P) – *La responsabilité internationale*, Paris, 1955-1956 ;
ROUSSEAU (ch). – « la responsabilité internationale », cours de droit, Paris, 1962-1963 ;
NGUYEN et autres, *Droit international public*, LGDJ, Paris, 1986 ; ILLICH (R.B.) – *International Law of State Responsibility for Injuries to Aliens*, N.P. J. Virginia, Charlottesville, XI, 412 p ; BROWNLIE (J) – *System of the Law of Nations : State responsibility*, Vol. I, Oxford, Clarendon Press, 1983, XVI, 302 p.

Paragraphe 2 : Le fait international illicite

Le fait générateur de la responsabilité peut consister soit dans la violation d'une obligation internationale soit dans une abstention coupable.

a) La violation d'une obligation internationale

Il peut s'agir d'une obligation conventionnelle ou de nature coutumière. Dans tous les cas, la violation d'une obligation constitue un fait internationalement illicite. Il suffit que le comportement en question soit « non conforme » à une règle internationale de caractère coutumier ou conventionnel.

Il y a là un principe qui a été établi depuis longtemps par la Cour de la Haye : toute violation d'un engagement international implique l'obligation de réparer. (Voir les arrêts Usine de Chorzow du 13 septembre 1928, Oscar Chinn ; du 12 décembre 1934, pour la C.P.J.I. ; pour la C.I.J., voir entre autres, l'arrêt du 05 Février 1970 relatif à la Barcelona Traction et tout récemment, l'arrêt du 24 mai, 1980, dans l'affaire du personnel diplomatique et consulaire américain à Téhéran).

Précisons ici qu'un acte interne conforme au droit national, donc licite au regard de ce dernier, peut être considéré comme étant internationalement illicite, s'il est contraire au droit international ; d'autre part, en l'état actuel du droit international, l'illicéité demeure une notion unique qui n'est pas susceptible de degrés.

b) L'abstention coupable

Le comportement coupable n'est pas toujours une action : il peut être une omission : c'est le cas où un Etat manque de prévenir les Etats tiers des dangers existant sur son territoire, ou ne prend aucune disposition pour assumer ses obligations découlant du droit international.

Ainsi, dans l'affaire du détroit de Corfou de 1949, l'abstention de l'Albanie, qui n'avait pas signalé la présence de mines dans ses eaux territoriales, entraîna sa responsabilité internationale à l'égard de la Grande Bretagne en raison des dommages causés à sa flotte de guerre. De même, les Etats-Unis ont été condamnés par la C.I.J. dans l'affaire des activités militaires et paramilitaires au Nicaragua (arrêt du 27 Juin 1986) pour n'avoir pas signalé l'existence et l'emplacement des champs de mines posés dans les eaux nicaraguayennes.

c) La responsabilité pour risque

La gravité des dommages que certaines activités, rendues possibles par les progrès de la science et de la technique, peuvent causer à l'homme et à son environnement conduit, en droit international comme en droit interne, à admettre des cas de responsabilité pour risque.

En droit positif, ce sont des conventions spécifiques à certaines activités qui organisent des régimes particuliers de responsabilité, en l'absence d'un régime général. Trois domaines sont concernés.(3)

Il s'agit tout d'abord du domaine nucléaire : d'assez nombreuses conventions internationales établissent un régime de responsabilité objective de l'exploitant de l'installation ou du navire nucléaire au cas ou celui-ci causerait un dommage. Il en est également ainsi dans le domaine de la pollution des mers par hydrocarbure ainsi que dans le domaine spatial.

Paragraphe 3 : L'attribution à un sujet du droit international

L'acte illicite peut être imputé à un Etat (A) ou à une organisation internationale (B).

A. – Attribution à un Etat

L'attribution à un Etat est très largement admise dès lors que le comportement dénoncé émane des personnes ou d'organes sous son autorité effective.

L'Etat peut voir sa responsabilité internationale engagée à raison de tout fait illicite imputable à l'un quelconque de ses organes constitutionnels, législatifs, administratifs ou juridictionnels : en tout cas, un Etat ne peut invoquer les particularités de son organisation constitutionnelle ou les difficultés de sa vie politique pour échapper à l'engagement de sa responsabilité internationale.

Il convient de relever que l'activité administrative est celle qui comporte le plus de contacts entre l'Etat et les particuliers, donc le plus d'occasions d'engager la responsabilité de l'Etat à l'égard des ressortissants étrangers. Les nombreuses décisions juridictionnelles et arbitrales dans ce domaine retiennent notamment la responsabilité de l'Etat pour :

---

(3) Sur cette question, voir NGUYEN. – op. cit., pp. 692-694 et CARREAU (D) – op. cit., pp. 408-409.

- des actes qui portent atteinte aux contrats bénéficiant aux étrangers et qui mettent en cause non seulement le principe du respect des obligations contractuelles, mais aussi celui du rapport des droits acquis (affaire Martini entre l'Italie et le Venezuela, affaire Mavrommatis) ;
- des actes d'arrestation arbitraire suivis de mauvais traitements (Voir l'affaire Chevrau, entre la France et le Royaume Uni, CPA, sentence du 9 Juin 1931, R.S.A., vol. II, p, 1113 ou encore les affaires Torrey et Underhill soumises à la commission des réclamations Etats Unis Venezuela de 1903, R.C.A., vol IX, p. 225 et 155) ;
- des actes d'expulsion arbitraire ;
- des actes accomplis par les autorités militaires en temps de guerre.

En outre, l'Etat se doit d'accorder aux ressortissants étrangers une certaine protection juridictionnelle. Tout manquement à cette obligation coutumière constitue un déni de justice. Et comme on le sait, le principal acte juridictionnel internationalement illicite est précisément le déni de justice.

La responsabilité internationale de l'Etat sera donc engagée en cas de refus opposé aux étrangers d'accéder aux tribunaux administratifs et judiciaires, de retard excessif ou à l'inverse d'une conduite inhabituellement expéditive de la procédure, d'un comportement manifestement xénophobe des magistrats, d'un jugement définitif incompatible avec les obligations internationales de l'Etat ou manifestement injuste, du refus d'assurer l'exécution d'un jugement favorable à un étranger (voir à titre illustratif les affaires Martini et Barcelona Traction déjà citées).

Enfin, soulignons que l'Etat n'est pas tenu responsable du fait des particuliers qui ne sont pas ses agents ou n'ont pas agi sur son ordre. Il s'agit là d'un principe général qui a été posé par Max HUBERT dans l'affaire des biens britanniques au Maroc espagnol (R.S.A. Vol. II, p. 615 et sv.)

Toutefois, ce principe peut être remis en question si l'Etat territorial a failli à son devoir de prévention et de protection, car tout Etat est soumis à une obligation générale de protection et de sécurité à l'égard de tous les ressortissants étrangers qui résident sur son territoire.

B. – Attribution à une organisation internationale

Comme les Etats, les organisations internationales voient leur responsabilité internationale engagée du fait des comportements illicites qui leur sont imputables. Ces faits illicites peuvent aussi bien émaner de leurs organes que de leurs agents.

C'est ainsi que l'Organisation des Nations Unies vit sa responsabilité internationale engagée à propos des dommages causés à des ressortissants belges au Congo par les forces d'urgence qu'elle avait instituées. L'ONU accepta d'indemniser ces ressortissants (Voir les Accords Speak/U Thant, commentaire par J.J. Salmon dans l'annuaire français de droit international, 1965, p. 468 et sv.)

Paragraphe 4 : L'existence d'un préjudice

Pour qu'il y ait mise en jeu de la responsabilité internationale, il faut qu'il y ait eu violation d'un droit et que celle-ci ait causé un préjudice à la victime.

A. – Caractères du dommage

Le préjudice auquel il sera accordé réparation sur le plan du droit international doit, nous l'avons dit, porter sur la violation d'un droit et non d'un simple intérêt. Il doit être individualisé et direct ; enfin, il peut être de type matériel ou moral.

a) distinction du droit et de l'intérêt

Un manquement à une règle de droit peut ne porter préjudice aux droits d'aucun sujet de droit ou ne porter préjudice qu'à certains sujets de droit.

Dans le premier cas, la responsabilité ne peut être engagée parce qu'aucun sujet du droit international ne peut invoquer un dommage. Dans le second, seuls les sujets lésés pourront chercher à engager la responsabilité de l'auteur du fait illicite (ou du préjudice s'il s'agit d'une responsabilité pour risque). Sur ce point, la jurisprudence de la C.I.J. est constante : outre l'affaire de la **Barcelona Traction** précitée, on peut également citer l'affaire du Cameroun septentrional de 1963 et l'affaire du Sud-Ouest africain de 1966.

b) un préjudice direct, matériel et/ou moral

En droit international comme du reste en droit interne, le seul type de préjudice qui soit pris en considération est le préjudice direct. Autrement dit, il doit exister un lien de causalité étroit entre la violation du droit international et le préjudice qui en résulte.

Ce principe essentiel du droit international que seul le préjudice direct est indemnisé a été posé par un arbitrage célèbre, celui de l'Alabama en 1872. Le tribunal arbitral accepta alors d'indemniser les seules pertes directes subies par les Etats Unis du fait des activités de ce navire armé illégalement en Grande Bretagne. En revanche, il refusa d'indemniser les dommages indirects, par exemple les dommages inhérents à la prolongation de la guerre, à la hausse des primes d'assurance etc.

Par ailleurs, le préjudice indemnisable couvre désormais le préjudice matériel et le préjudice moral, depuis la sentence dite des veuves du Lusitania du premier novembre 1923 où les arbitres acceptèrent d'inclure le préjudice moral parmi les préjudices indemnisables à l'échelon international (R.S.A, vol. VII, p. 32 et sv).

B. – La protection des droits de la victime

Les Etats et les organisations internationales disposent de très nombreux moyens diplomatiques et juridictionnels pour assurer le respect de leurs droits éventuellement violés par un autre Etat. Par contre, si une personne privée subit un préjudice de la part d'un Etat ou d'une institution internationale, le contentieux doit être « évoqué » soit par l'Etat national qui va exercer sa « protection diplomatique », soit par l'institution internationale qui va alors exercer sa « protection fonctionnelle » au profit de ses agents.

1. La protection diplomatique

a) les conditions de la protection diplomatique

Il existe trois conditions fondamentales à l'exercice de la protection diplomatique par l'Etat : la victime doit avoir la nationalité de l'Etat qui a décidé d'exercer sa protection diplomatique en sa faveur ; elle doit avoir les « mains propres » (règles des « clean hands ») ; elle doit enfin avoir épuisé tous les recours internes ;

– un Etat ne peut exercer sa protection diplomatique qu'au profit de ses nationaux, c'est-à-dire des personnes physiques et morales qui sont rattachées à lui par un lien de nationalité – ou par le lien d'immatriculation –, car l'exercice de cette protection diplomatique est liée aux compétences personnelles de l'Etat. La jurisprudence internationale est catégorique sur ce point : « En l'absence d'accords particuliers, c'est le lien de nationalité entre l'Etat et l'individu qui seul donne à l'Etat le droit de protection diplomatique » (C.P.J.I., 28 février 1939, affaire des chemins de fer de Panevezys-

Saldutiskis qui opposa l'Estonie à la Lituanie, série A ; B, n° 76, p. 16) ;

- cette nationalité doit être effective pour être opposable à l'Etat tiers à l'encontre duquel un autre Etat prétend exercer sa protection diplomatique (cf., exemple de l'affaire Nottebõhm) ; – un Etat peut également exercer sa protection diplomatique au profit de personnes morales et des sociétés, pourvu que cet Etat soit le lieu d'incorporation et celui du siège social de la société en question, comme l'a affirmé la C.I.J. dans l'affaire de la Barcelona Traction, en éliminant le critère du contrôle effectif de la société ;
- l'individu pour qui l'Etat exerce ou prétend exercer sa protection diplomatique ne doit pas lui même avoir eu une conduite blâmable. S'il en est ainsi, ce type de conduite va atténuer la responsabilité de l'Etat tiers à qui une violation du droit international est reprochée, soit même elle va l'exonérer complètement en rendant la protection diplomatique non fondée. C'est la règle dite des « clean hands » ;
- enfin, un Etat ne peut, au titre de la protection diplomatique, introduire une réclamation internationale avant que le particulier, victime de l'acte illicite, ait épuisé tous les recours internes – gracieux et contentieux – prévus et mis à sa disposition par l'ordre juridique de l'Etat dont la responsabilité est recherchée. La C.I.J, l'a rappelé à plusieurs reprises : affaire de l'Anglo-Iranian Oil Company, Rec. 1952, p. 93 ; affaire Ambaticlos, Rec. 1953, p. 10, et affaire Interhandel, Rec. 1959, p. 27).

b) les modalités d'exercice de la protection diplomatique

- Tout d'abord, il convient de relever le libre choix de l'Etat dans le déclenchement de la protection diplomatique. La C.I.J. l'a clairement rappelé dans l'affaire de la Barcelona Traction : « L'Etat, dit la Cour, doit être considéré comme seul maître de décider s'il accordera sa protection, dans quelle mesure il le fera et quand il y mettra fin. Il possède à cet égard, un pouvoir discrétionnaire dont l'exercice peut dépendre de considérations, d'ordre politique notamment, étrangères au cas d'espèce. » (Rec. 1970, p. 44).
- Ensuite, l'Etat est totalement libre dans le choix des moyens d'exercice de la protection diplomatique ; ceci veut dire que ces moyens peuvent être des procédures diplomatiques ou le recours à la juridiction internationale (arbitrage ou juge international).

– Enfin, il faudrait souligner les cas où, conventionnellement, les personnes privées s'engagent auprès d'un Etat tiers à ne pas invoquer la protection diplomatique de leur Etat national.

Cette situation est née d'une pratique latino-américaine, imaginée par un professeur de droit et ministre des Affaires Etrangères argentin de la fin du XIXe siècle, le Professeur CALVO (1824-1906), d'où le nom générique de « clause Calvo ». Elle consiste à insérer dans un contrat de concession, à la demande de l'autorité concédante, une disposition selon laquelle le concessionnaire étranger s'engage à ne pas demander la protection diplomatique de son Etat d'origine en cas de litige. L'investisseur étranger accepte de n'utiliser que les voies de recours internes. Cette clause avait évidemment pour but de protéger les nations d'Amérique Latine contre les puissances Européennes qui avaient commis de nombreux abus dans l'exercice de la protection diplomatique en faveur de leurs nationaux installés dans cette région.

Certes, la Cour de la Haye n'a jamais reconnu cette clause, puisqu'elle s'en tient à la théorie classique en matière de responsabilité internationale. Mais de nombreux Etats du Tiers Monde et d'Amérique Latine en particulier y tiennent et l'ont même insérée dans leurs constitutions comme étant une arme contre les abus des nations riches et puissantes.

2. La protection fonctionnelle

Elle peut être exercée par toute institution internationale dont l'agent a été lésé par un manquement au droit international imputable soit à un Etat, soit à une autre institution internationale. La C.I.J. l'a affirmé dans son célèbre avis consultatif de 1949, affaire Bernadotte : elle a reconnu que l'ONU avait qualité pour « exercer dans une certaine mesure une protection fonctionnelle de ses agents... » et que celle-ci était « nécessairement impliquée dans la Charte ».

Et comme pour l'Etat, cette compétence de protection fonctionnelle au profit de leurs agents, qui est reconnue aux institutions internationales, trouve son fondement dans le droit propre des institutions internationales ; en appliquant un raisonnement par analogie, on peut donc affirmer que les institutions internationales disposent de la même liberté que l'Etat dans la mise en œuvre de leur protection fonctionnelle à l'égard de leurs agents, sauf si des dispositions particulières du statut de ces agents leur font obligation d'intervenir aux fins de les protéger.

Paragraphe 5 : Les effets de la responsabilité

Lorsque la violation d'une obligation internationale a été commise, elle donne naissance à une obligation correspondante de réparer ; elle peut aussi entraîner d'autres conséquences.[4]

a) L'obligation de réparer

L'obligation de réparer tout manquement au droit est impliquée par toute règle juridique ; elle présente d'ailleurs un caractère d'automaticité. C'est ce que la C.P.J.I. exprimait déjà en ces termes :

« La cour constate que c'est un principe de droit international, voire une conception générale du droit, que toute violation d'un engagement comporte l'obligation de réparer » (13 septembre 1928, Usine de Chorzow, série A, n° 17).

En principe, la réparation devrait consister en la remise des choses en l'état, ou « restitutio in integrum ». Mais dans la pratique, l'acte illicite produit généralement des effets irréversibles et la remise en l'état n'est plus concevable. Il faut alors chercher une autre modalité de réparation.

C'est ainsi que la réparation revêt aujourd'hui deux formes principales selon qu'il y a eu ou non dommage matériel : elle prendra alors une forme pécuniaire ou non pécuniaire. Dans un cas, il y aura simple satisfaction et dans l'autre, versement d'une indemnité en argent.

b) les modalités de la réparation

- la satisfaction ou réparation morale.

  C'est le mode de réparation le plus indiqué quand il n'y a pas dommage matériel et lorsqu'il y a atteinte aux seuls intérêts moraux ou politiques de l'Etat ou de l'institution internationale. Il s'agit par exemple des regrets exprimés ou des excuses présentées par l'Etat responsable. Il peut s'agir aussi de sanctions internes (mesures administratives et disciplinaires) contre l'agent public auteur de l'acte illicite, ou encore dans certains cas, d'actes symboliques comme le salut au drapeau lorsque l'acte dommageable consiste essentiellement dans une offense ou un outrage à l'Etat victime.

---

(4) Des développements intéressants ont été faits sur la question par les auteurs suivants : NGUYEN et autres. – op. cit., pp. 708-709 ; CARREAU (D) – op. cit. pp. 434-440 et par le Professeur VIRALLY dans son cours déjà cité, pp. 227-228.

– la réparation par équivalence : l'indemnisation.

Dans l'affaire de **l'usine de Chorzow** citée, la C.P.J.I a reconnu que « c'est un principe de droit international que la réparation d'un dommage peut consister en une indemnité » (Série A, n° 17 précitée p. 27).

Le problème qui se pose à ce niveau est celui du calcul du montant de l'indemnité. Les règles suivantes servent généralement à l'effectuer :

– le calcul doit toujours être fait sur la base des règles du droit international ; les règles nationales doivent être écartées dans tous les cas, y compris dans l'hypothèse d'un préjudice médiat (C.P.J.I., Usine de Chorzow, Série A, n° 13) ;

– tout dommage direct, fût-il transitif, est indemnisable, y compris le pretium doloris ; la réparation doit prendre en compte le damnum emergens (perte réalisée) et le lucrum cessans (gain manqué) (Voir sentence Asser du 29 novembre 1902, R.S.A. vol IX, p. 65 et C.P.J.I., 13 septembre 1928, Usine de Charzow, Série A, n° 17) ;

– l'importance du préjudice doit être appréciée au moment de la fixation de l'indemnité.

Dans, tous les cas, l'indemnité allouée sera alors versée à l'Etat ou à l'institution internationale et non directement à la personne privée victime du dommage, à charge pour ces entités « publiques » de procéder à son reversement ou à sa répartition au profit des intéressés.

Après l'étude de la responsabilité internationale, il convient à présent d'examiner les cas et les circonstances dans lesquelles la violation d'une règle de droit n'est pas susceptible d'entraîner la responsabilité internationale du sujet de droit international concerné ; il s'agit des exceptions à l'application générale et obligatoire du droit international.

TROISIEME PARTIE :

LES EXCEPTIONS AU PRINCIPE DE LA SUPREMATIE DU DROIT INTERNATIONAL

Il existe des circonstances qui excluent l'illicité : dans ce cas, la responsabilité internationale du sujet de droit international qui est accusé d'avoir violé la règle de droit ne peut être engagée. Le principe de l'application générale et obligatoire du droit international connaît donc des exceptions et de sérieuses limites.

Paragraphe 1 : Les exceptions et les limites au principe de l'application générale et obligatoire du droit international

Il s'agit des faits qui peuvent dégager la responsabilité internationale de l'auteur de l'acte illicite ayant causé un préjudice à un sujet du droit international. [1]

a) la force majeure

La force majeure ou le cas fortuit peut annuler le caractère illicite du comportement à la condition que le responsable n'ait pas contribué par sa négligence à la survenance de la situation de force majeure ou de cas fortuit. En effet, par définition, il doit s'agir de comportements véritablement involontaires.

La force majeure a souvent été invoquée devant les juridictions internationales comme cause d'exonération. Mais cette prétention a rarement été accueillie car les conditions sont difficiles à respecter et à

(1) Pour de plus amples détails, consulter CARREAU (D) – op. cit., pp. 389-403.

établir : la situation de force majeure doit tout à la fois être irrésistible, imprévisible et extérieure à l'auteur du comportement contraire au droit international (C.P.A. affaire de **l'indemnité russe**, sentence de 1912 R.S.A. vol, XI, p, 401 ; C.P.J.I., affaire des **emprunts serbes**, série A, n° 20).

b) L'inexécution d'une obligation en raison de sa violation par l'une des parties (exceptio non adimpleti contractus)

Il s'agit ici d'un principe général du droit des obligations tel qu'il est bien connu et reconnu dans l'ordre interne pour les contrats synallagmatiques. Le principe existe également dans l'ordre international. En effet, dans son Avis consultatif de 1971 sur la Namibie, la Cour confirma l'existence « du principe juridique général selon lequel le droit de mettre fin à un traité comme conséquence de sa violation doit être présumé exister pour tous les traités » (Rec., 1971, p. 47 et sv.).

Cependant, la violation en question doit être « substantielle » pour justifier la non application de règles juridiques entre des parties contractantes, ce qui limite la portée du principe en vertu duquel toute partie est fondée à mettre fin à l'une quelconque de ses obligations internationales si l'autre partie cesse de son côté de respecter ses engagements correspondants.

c) le changement fondamental de circonstances (la clause dite rebus sic stantibus)

Le droit romain connaissait déjà ce principe selon lequel toute convention devait se comprendre, « toutes choses égales par ailleurs », c'est-à-dire en fonction des conditions qui avaient prévalu à sa conclusion (« omnis conventio intelligitur rebus sic stantibus »).

Cette clause de changement fondamental de circonstances qui a été codifiée dans la Convention de Vienne de 1969 sur le droit des traités est reconnue par tous les Etats qui d'ailleurs l'invoquent très souvent dans leurs argumentations présentées aux juges de la Haye. Mais elle n'a jamais été reconnue applicable, certainement parce qu'un tel principe est très dangereux pour la stabilité des relations juridiques.

Certes le changement fondamental de circonstances constitue une des exceptions au principe de l'application générale et obligatoire du droit international. Mais il importe tout de suite d'ajouter que dans la pratique, les conditions qui entourent cette cause d'exonération sont plutôt difficiles à remplir : « Les changements de circonstances qui doivent être considérés comme fondamentaux ou vitaux sont ceux qui mettent en péril l'existence ou le développement vital de l'une des parties » (affaires des pêcheries, arrêt du 2 février 1973).

d) Les exceptions dues aux « lacunes » du droit international

Un Etat peut invoquer les lacunes du droit international ou d'un traité pour se dégager de l'exécution de ses obligations internationales, et ce d'autant plus que le droit international est bien souvent de qualité très imparfaite.

Cette imperfection est encore accentuée par le rôle du juge qui dans l'ordre international demeure essentiellement un juge d'attribution : il ne possède de compétence qu'en vertu du consentement explicite des parties, à commencer bien entendu, par les Etats. Et c'est d'ailleurs pourquoi il lui arrive de refuser de statuer et de recourir au « non liquet » (voir affaire souvent très citée du Comte Bernadotte ; voir également l'affaire du droit d'asile entre la Colombie et le Pérou ou affaire Haya Della Torre décidée le 13 juillet 1951).

Toutefois, il convient de relever que ce problème des « lacunes » en droit international est essentiellement contingent. Il n'est nullement inhérent à la société internationale et à son ordonnancement juridique. Il est fonction de l'état du développement de la société internationale ; et il faut espérer que ces lacunes reculeront avec le développement progressif de l'interdépendance des Etats.

Paragraphe 2 : circonstances particulières excluant l'illicéité

Il s'agit des circonstances dans lesquelles le comportement reproché à un sujet du droit international ne peut plus être considéré comme illicite, à cause des actes illicites posés par la victime.

a) la légitime défense

Lorsque l'acte illicite n'est qu'une réponse à un autre acte illicite, dans des conditions justifiées par la légitime défense, le sujet de droit qui est à l'origine du processus ne pourra pas invoquer l'illicité du comportement qui lui est opposé. La C.I.J. a nettement admis le principe dans l'affaire des activités militaires et paramilitaires au Nicaragua tout en considérant qu'en l'espèce les faits reprochés par les Etats-Unis au Nicaragua ne justifiaient pas l'exercice du droit de légitime défense (arrêt du 27 juin 1986, voir notamment les paragraphes 127 et 193).

b) les « contre-mesures »

Une action non conforme aux exigences d'une obligation internationale perd son caractère d'acte illicite si elle constitue une « contre mesure légitime » à l'encontre d'une infraction commise par un sujet du droit international.

En effet, l'existence d'une telle clause exonératoire a été admise depuis longtemps par la jurisprudence arbitrale, puis confirmée par la suite dans le projet d'articles de la C.D.I. (article 30). Mais il sied de souligner ici qu'en réalité, la mise en oeuvre des contre-mesures relève au premier chef du domaine des intérêts et plus précisément, de la réciprocité des intérêts étatiques. Et les conséquences de cette pratique sont évidentes : c'est l'escalade susceptible d'être déclenchée par une contre-mesure provoquant à son tour une réaction de l'Etat contre lequel elle est dirigée, celle-ci étant suivie à son tour par une nouvelle réaction du premier Etat, dans une spirale ascendante qui peut conduire plus ou moins rapidement au recours à la force.

En fin de compte, l'intervention du droit dans toute action destinée à obtenir la réparation d'un préjudice est toujours souhaitable.

BIBLIOGRAPHIE

1. Ouvrages

- BROWNLIE (I) : *Principles of Public International Law* Oxford, Clarendon Press, 3rd éd. 1979.
- CARREAU (D) : *Droit International,* éd. Pedone, Paris, 1988, 618 p.
- DUPUY (R.J.) : *Le Droit International,* P.U.F. « Que sais-je ? », Paris, 1976, 128 p.
- NGUYEN (Q.D.) et autres : *Droit International Public,* L.G.D.J. Paris, 1987, 1189 p.
- OPPENHEIM (L) et LAUTERPACHT (H) : *International Law,* London Green Co, 1955.
- REUTER (P) : *Droit International Public,* P.U.F. 1983, 595 p.
- THIERRY (H) et autres : *Droit International Public,* Montchrestien, Paris, 1984, XVII, 799 p.

2. Cours généraux publiés dans le recueil des cours de l'Académie de droit international de la Haye

- ARECHAGA (E.J.). : *International Law in the Past Third of a century,* 1978, vol. 159, pp. 1-208.
- CHAUMONT (C) : *Cours général de droit international public,* 1970. I, vol. 129, pp. 333-528 ;
- SCHACHTER (O) : *International Law in Theory and Practice,* 1982, V, vol. 178, pp. 1-395
- VIRALLY (H) : *Panorama du droit international contemporain,* 1983, V, vol. 183, pp. 1-382 .

3. Consulter les excellents travaux de la Commission du droit international sur la responsabilité internationale, et notamment les divers rapports du Professeur AGO.

LE DROIT D'INGERENCE HUMANITAIRE : UN DROIT AUX FONDEMENTS INCERTAINS, AU CONTENU IMPRECIS ET A GEOMETRIE VARIABLE *

INTRODUCTION

Depuis la guerre du golfe, le droit d'ingérence humanitaire a fait son apparition dans le vocabulaire de l'ONU. Et comme tout phénomène à la mode, les médias s'en sont emparés, utilisant sans aucune rigueur juridique des notions voisines mais distinctes, telles que le devoir d'ingérence, le droit d'intervention, le droit d'assistance humanitaire, etc.

Face à ce tintamarre journalistique générateur de confusions conceptuelles et aux déclarations non moins dénuées d'arrières pensées des leaders politiques, il convient peut-être de procéder à un effort de clarification sémantique et juridique et de se poser les seules questions qui importent, d'un point de vue juridique : le droit d'ingérence humanitaire existe-t-il ? Si oui, quels en sont les titulaires et les prestataires ? Et comment le met-on en œuvre ?

Certes, des représentants de pays membres du Conseil de sécurité ont déclaré à l'ONU que « les interventions d'humanité étaient reconnues depuis la nuit des temps » (1) ou même, à l'instar de Jean-Marc Rochereau de La Sablière parlant au nom de la France, que « les violations des droits de l'homme deviennent d'intérêt international lorsqu'elles prennent de telles proportions, atteignant la dimension de crime contre l'humanité » (2).

---

* Paru à la *Revue Africaine de Droit International et Comparé*, Tome 4, n° 3, octobre 1992, pp. 570-591.

(1) Discours du Délégué américain au Conseil de Sécurité, le 5 avril 1991.

(2) *Le Monde*, 8 avril 1991.

Dans le même ordre d'idées, il convient de relever, qu'un grand homme politique de cette fin du vingtième siècle, « voyant l'ingérence sur le point de se pratiquer et la voulant comme arme nouvelle pour son camp (l'occident) » (3), a cru nécessaire de préciser que « c'est la France qui a pris l'initiative de ce nouveau droit assez extraordinaire dans l'histoire du monde, qui est une sorte de droit d'ingérence à l'intérieur d'un pays, lorsqu'une partie de sa population est victime d'une persécution »(4).

Ces prises de position ont du reste été justifiées par la doctrine, en particulier certains auteurs français (5), qui, hier, refusaient toute valeur juridique aux résolutions de l'Assemblée Générale de l'ONU, car, aux termes de la Charte, elles ne sont que des « recommandations » mais qui n'hésitent pas à écrire aujourd'hui que les principes du droit d'ingérence humanitaire ont été posés « par les résolutions d'origine française adoptées par l'ONU » (6) qui les auraient ainsi introduits dans le droit positif.

Or, l'examen minutieux de la pratique récente du Conseil de sécurité, des dispositions pertinentes de la Charte de l'ONU, du contenu des résolutions de l'Assemblée Générale de cette Organisation ainsi que des déclarations de l'écrasante majorité des Etats membres de l'Organisation mondiale révèle que le prétendu droit d'ingérence humanitaire, qui serait désormais reconnu tant aux organisations non-gouvernementales qu'aux Etats et aux organisations intergouvernementales, apparaît plutôt comme un droit aux fondements incertains, au contenu imprécis et à géométrie variable.

I. – UN DROIT AUX FONDEMENTS INCERTAINS

Le désormais célèbre article 38 du Statut de la Cour Internationale de Justice mentionne, comme sources du droit international applicable, les conventions internationales, la coutume internationale, les principes généraux de droit et, sous certaines conditions, les décisions judiciaires et la doctrine des publicistes les plus qualifiés de différentes nations.

---

(3) *Jeune Afrique*, n° 1623, 13-19 février 1992.

(4) Allocution du Président François Mitterrand, 14 juillet 1992.

(5) Voir notamment Mario BETTATI, *Un droit d'ingérence humanitaire*, in Revue Générale de Droit International Public, CNRS, 1991, pp. 639-670.

(6) *Ibid.*, p. 651.

Les normes qui constituent le droit positif et s'imposent de ce fait aux Etats sont essentiellement d'origine conventionnelle ou coutumière. Dans certains cas, elles découlent de résolutions de l'Organisation universelle. Or, le droit d'ingérence humanitaire ne trouve son fondement juridique ni dans la Charte de l'ONU, ni dans la coutume, ni, à proprement parler, dans les résolutions de l'ONU ou même dans la jurisprudence de la Cour internationale de justice.

A. – L'absence de base conventionnelle

De nombreuses dispositions de la Charte de l'ONU sont consacrées aux questions d'ordre humanitaire et aux problèmes sociaux. Dès le préambule, la Charte proclame la foi des membres de l'ONU « dans les droits fondamentaux de l'homme, dans la dignité et la valeur de la personne humaine... » [7] et l'article premier précise que l'un des buts de l'Organisation consiste à « réaliser la coopération internationale en résolvant les problèmes internationaux d'ordre économique, social, intellectuel ou humanitaire, en développant et en encourageant le respect des droits de l'homme et des libertés fondamentales pour tous, sans distinction de race, de sexe, de langue ou de religion » [8]. Toutefois, aucune disposition de la Charte ne consacre un quelconque droit d'ingérence humanitaire.

Certes, dans certains cas l'ingérence humanitaire peut sembler légitime, même si les actions humanitaires ont toujours exigé, pour être licites, l'autorisation de l'Etat sur le territoire duquel elles étaient entreprises. Dans certaines situations, la souveraineté sert d'*alibi* à une dictature établie. Comme le relève le Professeur BETTATI, elle « condamne parfois des pans entiers d'une des composantes de l'Etat, sa population, à la non-assistance, lorsque victime de catastrophes naturelles ou politiques, elle est privée de secours étrangers pourtant disponibles » [9].

Les violations massives de droits de l'homme perpétrées avec la complicité de dirigeants de certains Etats contre une partie de leurs peuples revêtent parfois une ampleur telle que les organisations humanitaires non-gouvernementales ont un besoin urgent d'agir, et surtout, d'accéder librement aux victimes. Comme le souligne un organisme aussi prestigieux que l'*Interaction Council*, [10] « l'incorporation au droit international

(7) Préambule de la Charte, Paragraphe 2.
(8) Article 1, Paragraphe 3 de la Charte.
(9) BETTATI, M., étude citée, *supra*, n° 5, p. 652.
(10) L'Interaction Council est présidé par Helmut Schmidt. Son siège se trouve au 821, United Nations Plaza, 7th Floor, New York, NY 10017, USA.

du droit d'assistance humanitaire, c'est-à-dire du droit des organisations humanitaires d'assister, du droit de demander une assistance et du droit de la recevoir »[11] devrait figurer parmi les mesures qui devront être prises pour la définition d'un ordre mondial où l'interdépendance serait mieux gérée.

Dans le même sens le Président MITTERRAND a déclaré, à l'inauguration de la session de Paris de la Conférence sur la sécurité et la coopération en Europe, le 30 mai 1989, que « l'obligation de non-ingérence s'arrête à l'endroit précis où naît le risque de non-assistance »[12].

Toutefois, il convient de relever que toutes ces déclarations généreuses posent néanmoins un problème juridique redoutable : la remise en cause des principes de non-intervention et de non-ingérence au nom des exigences de la lutte menée par la communauté internationale – ou certain de ses membres – en faveur des droits de l'homme.

Toutes paraissent passer outre aux prescriptions de l'article 2, paragraphe 4 de la Charte selon lequel : « les membres de l'Organisation s'abstiennent dans leur relations internationales de recourir à la menace où à l'emploi de la force, soit contre l'intégrité territoriale ou l'indépendance politique de tout Etat, soit de toute autre manière incompatible avec les buts des Nations Unies ». Elles ignorent superbement l'interdiction faite aux Nations Unies, aux termes du paragraphe 7 du même article, d'intervenir dans les affaires qui relèvent essentiellement de la compétence nationale d'un Etat.

Or, en réalité, la Charte ne reconnaît que deux exceptions au principe de prohibition du recours à la force : la légitime défense et l'action collective mise en œuvre par le Conseil de sécurité face à une menace contre la paix, une rupture de la paix ou un acte d'agression, conformément aux dispositions du Chapitre VII. De même, la seule exception reconnue au principe de non ingérence est constituée par les mesures de coercition prévues aux articles 42, 44 et 48 de la Charte.

Il est donc difficile de soutenir que le droit d'ingérence humanitaire trouve un quelconque fondement dans la Charte. Ce droit n'a pas de base conventionnelle, au moins en l'état actuel du droit international, tel qu'il ressort de l'interprétation et de l'application de la Charte.

Reconnaître à un Etat, ou à un groupe d'Etats, et notamment aux plus puissants, le droit d'intervenir dans les affaires intérieures d'autres Etats pour des raisons humanitaires, suivant leurs propres objectifs de politique internationale et en fonction de modalités et de principes décidés

---

(11) Déclaration de Lisbonne du 11 mars 1990.

(12) Cité par BETTATI, M., étude citée, *supra*, note 5, p. 659.

directe au principe de non-recours à la force, principe qui, non seulement fonde tout le système de sécurité des Nations Unies, mais dont il n'est pas excessif de retenir qu'il constitue la « clé de voûte » de l'ensemble de l'ordre international issu de la seconde guerre mondiale »[13].

Si les promoteurs du droit d'ingérence humanitaire ont bien ressenti la nécessité de procéder à la codification de ce droit, c'est-à-dire de l'introduire dans le droit positif, c'est justement parce que ses bases se sont révélées être incertaines. Les tentatives de codification, opérées par les résolutions 43/131 du 8 décembre 1988 et 45/100 du 14 décembre 1990 marquent, s'il en était encore besoin, le caractère juridiquement central et indépassable de la double prohibition formulée aux paragraphes 2 et 7 de l'article 2 de la Charte.

Il convient toutefois de préciser que ce qui est le plus inquiétant ici, ce n'est pas la prise de conscience, par la communauté internationale, de la nécessité de se soucier des « malheurs des autres »[14], pour reprendre le titre du dernier ouvrage de Bernard KOUCHNER, qui est un véritable hymne à l'humanité et au devoir d'ingérence. Personne ne peut soutenir le terrorisme ou certains régimes corrompus du Tiers-Monde qui massacrent impunément des minorités, détournent l'aide humanitaire et violent les droits les plus élémentaires de leurs citoyens.

Mais l'on se doit de dénoncer la tendance actuelle qui consiste à mettre entre parenthèses le droit de Genève, alors qu'il conviendrait plutôt de le renforcer, afin de faciliter la tâche aux organisations non gouvernementales qui se consacrent à l'action humanitaire dans le monde. De même, l'on ne peut qu'être frappé par la quasi-indifférence de la plupart des opinions publiques et même de la doctrine, face aux violations de deux principes fondamentaux de la Charte, « comme si les juristes eux-mêmes, confrontés à la réalité des faits, avaient retiré leur crédit à ces dispositions et évitaient un sujet n'autorisant plus désormais que commentaires ingénus ou critiques incantatoires »[15].

Certes, d'aucuns ont pu soutenir que l'obligation de non-ingérence ne devrait pas faire oublier le risque de non-assistance. Mais tout le problème, c'est que les promoteurs du droit d'ingérence humanitaire ne disent pas à partir de quel moment on peut déceler ce risque, et quels en sont les critères objectifs.

---

(13) Voir REGOURD, S., Raids « anti-terroristes » et développements récent des atteintes illicites au *principe de non-intervention*, in AFDI, XXXII, 1986, p. 81.

(14) KOUCHNER, B., *Le malheur des autres*, éditions Odile Jacob, Paris, 1991.

(15) REGOURD, S., étude citée, n.13, p. 81.

D'autres auteurs relèvent, avec quelque pertinence d'ailleurs, que « l'intervention d'humanité » n'est pas concernée par l'article 2 paragraphe 4 de la Charte, car elle n'est pas dirigée, comme le précise cet article, contre « l'intégrité territoriale ou l'indépendance politique » de l'Etat visé.(16) Et ils citent entre autres le paragraphe 7 de la résolution 688 du Conseil de sécurité, qui mentionne « l'engagement pris par tous les Etats membres de respecter la souveraineté, l'intégrité territoriale et l'indépendance politique de l'Iraq et de tous les Etats de la zone ».

Ainsi donc, le devoir d'ingérence ne toucherait pas à la substance de la souveraineté, mais à son exercice en cas de situation exceptionnelle. Il n'y aurait donc aucune violation de la Charte et le problème des fondements juridiques de ce nouveau droit serait alors réglé.

Le moins que l'on puisse dire, c'est que les défenseurs du droit d'ingérence humanitaire oublient trop vite de mentionner le paragraphe 3 de la même résolution 688 aux termes duquel le Conseil de sécurité « insiste pour que l'Iraq permette un accès immédiat des organisations humanitaires internationales à tous ceux qui ont besoin d'assistance dans toutes les parties d'Iraq... ».

Certains membres de l'ONU, et en particulier la France, les Etats Unis et le Royaume Uni, tous membres permanents du Conseil de sécurité, avaient créé des « couloirs d'urgence » en territoire irakien, avant de s'aviser et de les placer rapidement sous la supervision de l'ONU. Il y avait donc, en tout état de cause, violation de la souveraineté de l'Etat irakien, puisque son accord n'avait pas été requis.

Par ailleurs, le texte le plus autorisé en matière d'interprétation de la Charte, à savoir, la Déclaration de l'Assemblée Générale adoptée en 1970, précise clairement : « Aucun Etat ni groupe d'Etats n'a le droit d'intervenir, directement ou indirectement pour quelque raison que ce soit, dans les affaires intérieures ou extérieures d'un autre Etat. En conséquence, non seulement l'intervention armée, mais aussi toute autre forme d'ingérence ou toute menace, dirigée contre la personnalité d'un Etat ou contre ses éléments politiques, économiques et culturels, sont contraires au droit international »(17).

---

(16) Voir les opinions doctrinales actuelles dans *Humanitarian Intervention and the United Nations*, édité par Charlotteville University Press of Virginia 1973 ; voir aussi TESSON, F.R., *Humanitarian Intervention : An Inquiry into Law and Morality*, New York, 1988, p. 272 et BETTATI, M., étude citée, n° 5.

(17) Résolution 2625 (XXV) du 24 octobre 1970.

Quelque soit le critère d'analyse et d'interprétation de la Charte retenu, il parait tout à fait impossible d'admettre que le droit d'ingérence humanitaire trouve son fondement dans ce texte, ou qu'il ne viole pas les paragraphes 4 et 7 de son article 2.

Il ne faudrait pas oublier que la Charte elle-même aborde longuement, les problèmes humanitaires et sociaux qu'elle considère comme des menaces potentielles contre la paix et la sécurité internationales et engage tous les Etats membres à coopérer afin de favoriser le progrès économique et social de tous les peuples.[18]

Le Conseil économique et social a été institué à l'ONU afin de contribuer au développement de la coopération dans les domaines économique, social, de la culture intellectuelle, de l'éducation, de la santé, etc. L'option des pères fondateurs de l'ONU était de privilégier la coopération internationale et le développement économique pour tous, et non le blocage actuel des négociations globales qui auraient pourtant permis d'assurer une véritable recherche de solutions aux menaces non-militaires qui pèsent sur la survie de nombreux peuples, à savoir, la faim, la misère, la pauvreté, la maladie, l'absence de libertés, la détérioration des termes de l'échange, etc.

L'on ne peut qu'observer, avec le Professeur Pierre-Marie Dupuy, que « l'amplification du thème humanitaire aux Nations Unies et dans d'autres enceintes de la politique internationale inciterait à observer qu'il s'est pour l'instant largement substitué à celui de l'aide au développement, du moins dans sa dimension Nord Sud... Il ne s'adresse cependant pas aux mêmes besoins, visant le court et non le long terme. La question de la relance internationale, notamment normative, des politiques de développement demeure ainsi posée »[19].

La pratique actuelle du Conseil de sécurité visant à assurer la survie de minorités menacées est défendable d'un point de vue moral. Mais elle s'écarte du schéma originel de la Charte et des résolutions antérieures de l'Organisation qui privilégient l'action en profondeur sur les causes de la dictature, de la misère et de la souffrance au lieu des initiatives ponctuelles actuelles, prises en vertu d'un prétendu droit d'ingérence humanitaire qui, comme nous l'avons démontré, ne repose sur aucun article de la Charte.

---

(18) Voir le chapitre IX de la Charte : coopération économique et sociale internationale.
(19) Dupuy, P. M., *Après la guerre du golfe*, RGDIP, CNRS, Paris, 1991, p. 631.

B. – Droit d'ingérence humanitaire et coutume internationale

Comme on le sait, la coutume internationale suppose l'existence d'une pratique générale, acceptée par tous comme étant le droit.

Or, l'histoire récente des peuples d'Amérique Latine, d'Asie et d'Afrique démontre un rejet de toutes formes d'intervention ou d'ingérence, quels qu'en soient les motifs.

L'on connaît toute la contribution de ces Etats à la promotion du principe de non recours à la force aussi bien dans le cadre de l'OUA, de l'OEA qu'aux Nations Unies, et notamment lors de l'élaboration de la résolution 2625 (XXV) du 24 octobre 1970 qui demeure l'interprétation la plus autorisée de la Charte, parce que élaborée et adoptée par l'ensemble des Etats membres de l'Organisation.

Sans revenir sur l'historique des « interventions d'humanité » qui ont marqué le XIXe siècle et dont la légalité a toujours été contestée,[(20)] rappelons simplement que la doctrine a toujours été divisée sur la question du recours à la force en vue de la protection de l'individu.

Il n'existe pas, dans la communauté internationale, une coutume internationale pouvant fonder en droit le droit d'ingérence humanitaire. Depuis le siècle passé, les Etats ont des pratiques diverses et différentes sur la question, ce qui a empêché le développement d'une « pratique générale » qui aurait pu être acceptée par tous comme étant le droit.

Comme l'observe Serge REGOURD, « même lorsque le mobile humanitaire est établi, la légalité des interventions qui s'en réclament est fortement controversée »[(21)]. Et il cite à ce sujet l'exemple du raid israélien sur Entebé où une large majorité d'Etats membres (y compris la France et le Royaume Uni) avaient estimé, au Conseil de sécurité, qu'une telle intervention n'était pas conforme à l'article 51 et constituait ainsi une violation de la Charte.[(22)]

Tout récemment encore, les membres de l'OEA, dont les traditions juridiques non-interventionnistes sont bien connues, ont adopté un texte multilatéral relatif à l'assistance humanitaire qui néglige toute prise en

---

(20) Voir SCELLE (G.), *Précis du droit des gens*, Vol. 2, Sirey, Paris, 1934, p. 50 ; BONDE (A.), *Traité élémentaire de droit international public*, Dalloz, Paris, 1926, p. 245 ; THOMAS and THOMAS, *Non-intervention, the Law and it's impact in the America, Dallas, 1956 et BROWNLIE, Humanitarian intervention in Law and Civil War in the Modern World*, Moore éd. 1974, p. 219.

(21) REGOURD, (S.), étude citée, n° 13, p. 91.

(22) Sur les analyses françaises et britanniques dans cette affaire ; S/PV 1940, p. 48 ; S/PV 1939, p. 88.

compte des résolutions 43/131 et 45/100 et organise la coopération interétatique sur des bases strictement volontaristes.

En effet, la « convention interaméricaine pour faciliter l'assistance en cas de désastres naturels », approuvée lors de la XXIe session de l'Assemblée générale de l'OEA le 12 juin 1991 « est marquée d'un consensualisme particulièrement prégnant » (23). Dès son article II, elle précise que « les demandes, les offres et les acceptations d'assistance dirigées par un Etat vers un autre, seront transmises par les canaux diplomatiques ou par l'autorité nationale coordinatrice conformément aux circonstances... ».

On ne saurait donc invoquer, à l'appui du droit d'ingérence humanitaire, la coutume internationale, puisqu'il n'existe pas de pratique générale dans ce domaine, pratique qui serait reconnue par tous les Etats, ou même, par la majorité d'entre eux, comme étant le droit.

C. – Droit d'ingérence humanitaire et jurisprudence internationale

Après l'examen des rapports entre le droit d'ingérence humanitaire et les deux principales sources du droit international que sont le traité et la coutume internationale, il conviendrait de se demander si ce nouveau droit trouve sa source dans la jurisprudence internationale.

Dans son arrêt du 27 juin 1986, la C.I.J. a posé le principe selon lequel l'aide humanitaire doit être assurée sans discrimination aucune ; elle doit se limiter à « prévenir et alléger les souffrances des hommes et protéger la vie et la santé (et) faire respecter la personne humaine... » (24).

La Cour admet, dans le même arrêt, « que la fourniture d'une aide strictement humanitaire à des personnes ou à des victimes se trouvant dans un autre pays... ne saurait être considérée comme une intervention illicite » (25), mais elle ne la considère pas comme un droit des victimes à être secourues ou comme un droit d'ingérence humanitaire reconnu aux Etats ou aux organisations intergouvernementales en mesure d'apporter une aide d'urgence.

Au contraire, la cour avait déclaré, dans son arrêt du 9 avril 1949 en l'*affaire du Détroit de Corfou*, et poursuivant en cela une tradition bien ancrée dans la jurisprudence de la C.P.J.I., que « le droit d'intervention

---

(23) BETTATI, M., étude citée, p. 668.

(24) CIJ, *Aff des activités militaires et para-militaires au Nicaragua*, Arrêt du 27 juin 1986, paragraphe 243.

(25) *Ibid.*, paragraphe 242.

ne peut être envisagé que comme la manifestation d'une politique de force », et qu'il correspond « à une politique qui, dans le passé, a donné lieu aux abus les plus graves ».[(26)]

L'intervention, poursuit la Cour, « est peut-être moins acceptable encore dans la forme particulière qu'elle présenterait ici, puisque réservée par la nature des choses aux Etats les plus puissants, elle pourrait aisément conduire à fausser l'administration de la justice internationale (...) entre Etats indépendants, le respect de la souveraineté territoriale est l'une des bases essentielles des rapports internationaux...»[(27)].

Déjà dans son arrêt du 7 novembre 1927 en l'affaire du Lotus, la cour permanente de justice internationale avait clairement établi que « les limitations de l'indépendance des Etats ne se présument... pas »[(28)].

La haute autorité judiciaire internationale n'a donc jamais reconnu aux Etats et aux organisations internationales un droit d'intervention dans les affaires intérieures des Etats, un tel droit étant d'ailleurs « réservé, par la nature des choses, aux Etats les plus puissants »[(29)].

D. – Droit d'ingérence humanitaire et résolutions de l'ONU

Sur proposition de la France, appuyée par d'autres Etats membres du Conseil de sécurité, l'Assemblée Générale et le Conseil ont adopté les résolutions 43/131 du 8 décembre 1988, 45/100 du 14 décembre 1990 et 688 du 5 avril 1991 qui portent respectivement sur le nouvel ordre humanitaire international, sur l'assistance humanitaire aux victimes des catastrophes naturelles et, enfin, sur l'assistance aux Kurdes en Iraq.

La question qui se pose pour les juristes, est celle de savoir, si ce faisant, l'ONU a élaboré de nouvelles règles du droit international. Autrement dit, ces résolutions peuvent-elles être considérées comme la source du nouveau droit d'ingérence humanitaire ?

Cette question nous semble liée à une problématique plus large, celle qui porte sur les méthodes et techniques d'élaboration du droit international ou plus exactement, sur les procédés de formation de ce droit. Elle nous conduit nécessairement au problème de la valeur juridique des résolutions élaborées et adoptées par les organisations internationales. »[(30)]

---

(26) Voir à ce sujet, commentaires de Marc BONNEFOUS dans son étude, *L'ingérence, droit et politique,* in défense nationale, avril 1992, p. 73.

(27) C.I.J., Recueil 1949, p. 35.

(28) C.P.J.I., *Série* A, N°.10, p. 18.

(29) C.I.J. *Recueil,* 1949, p. 35.

(30) Sur la valeur juridique des résolutions des Nations Unies, —>

L'œuvre normative de l'ONU ne fait l'unanimité ni entre les Etats, ni au sein de la doctrine : elle se situe au cœur d'un climat théorique « grinçant » de contradictions [31] : d'un côté, les auteurs et Etats du Tiers monde, qui ont toujours soutenu que les résolutions de l'ONU, du moins certaines d'entre elles, celles relatives au nouvel ordre économique international, sont des moyens valables de création de normes juridiques. De l'autre, les pays occidentaux qui dénient toute valeur juridique aux résolutions de l'Assemblée Générale.

L'on ne saurait reprendre ici tous les éléments versés par les uns et les autres au dossier de cette controverse entre deux grands groupes d'auteurs [32] qui appartiennent d'ailleurs, sauf quelques rares exceptions, aux deux grands groupes d'Etats qui s'affrontent dans de nombreux domaines des relations internationales. [33] Les arguments développés par chaque tendance sont bien connus.

Il convient simplement de rappeler que pour la doctrine occidentale dominante, la règle de droit n'est établie que si elle découle de l'accord formel des Etats. Les pays occidentaux ont toujours soutenu à l'ONU que dans le souci de la clarté et de la sûreté de la règle de droit, seules les normes issues des traités et de la coutume doivent être considérées comme constituant du droit positif, tandis que les résolutions appartiennent, dans le meilleur des cas, à un « pseudo-droit » d'intérêt plus ou moins négligeable. Ces Etats n'ont jamais admis que la résolution puisse être considérée comme un mode valable de création d'obligation à la charge des Etats, c'est-à-dire, comme une source formelle du droit international.

Lorsqu'au terme de sa sixième session extraordinaire, le 1er mai 1974, l'Assemblée Générale des Nations Unies adopta, par consensus,

---

—> *suite de la page 56*

on pourrait consulter :

CASTENADA, J., *Valeur juridique des résolutions des Nations Unies*, RCADI, 1970, Vol.29, pp.203-332 ; VIRALLY, M., *La valeur juridique des recommandations des organisations internationales*, AFDI, 1936, p. 66 ; DUPUY, R.J., *Coutume sage et coutume sauvage*, in Mélanges Rousseau, Paris, Pédone, 1974.

(31) BENCHIKH, CHARVIN et DEMICHEL, Introduction critique au droit international, presses Universitaires de Lyon, Lyon, 1986, p. 51.

(32) Ceux qui défendent les exigences scientifiques du droit classique sont généralement les originaires des pays industrialisés. Par contre, sauf quelques exceptions, (les professeurs Charvin et Gonidec), la tendance inverse est surtout représentée par des auteurs du tiers-Monde.

(33) Il s'agit des pays développés à l'économie de marché d'une part, et, d'autre part, les pays du tiers-Monde.

deux résolutions portant sur le nouvel ordre économique international,[34] les pays occidentaux et de nombreux auteurs soutinrent que ces résolutions ne pouvaient créer des obligations à la charge des Etats, dans la mesure où l'Assemblée Générale, conformément aux articles 10 et 13 de la Charte, ne peut adopter que des recommandations et non des décisions obligatoires pour les Etats.

La doctrine occidentale fut extrêmement critique sur le contenu même des normes ainsi élaborées, qui portaient sur le droit international du développement. On pourrait citer à cet effet, l'opinion de M. FOCSANEAUNU selon laquelle la confusion créée au sujet de l'élaboration du droit international provient du fait que « souvent on a pris pour des règles du droit international des slogans rhétoriques de l'Assemblée Générale des Nations Unies... Il suffit que l'Assemblée Générale proclame la souveraineté permanente sur les ressources naturelles pour que les écrivains de thèse se précipitent sur le sujet comme si c'était du droit... or, la souveraineté permanente ne veut rien dire, c'est un pur pléonasme... »[35].

Dans le même sens, le Professeur François BORELLA affirma même qu'une bonne partie de l'œuvre normative de l'ONU, qui repose sur la construction intellectuelle qu'on appelle NOEI[36] « peut bien correspondre à une aspiration forte, qualifiée de nécessité impérieuse, elle peut être répétée cent fois dans cent réunions solennelles, le vice logique qui la ronge mine la construction à la base, et se répercute dans le mécanisme que l'on veut mettre en œuvre »[37].

Enfin, il convient de relever la position du Professeur WEIL selon laquelle le juriste se doit de réagir devant la corruption du droit par la politique, qui entraîne ainsi l'effacement du seuil de normativité. On ne saurait introduire pêle-mêle dans le droit international des règles qualifiées tantôt de soft-law,[38] de pré-droit, de droit vert, de droit mou, comme si le seuil de normativité n'existe pas.

---

(34) Il s'agit des résolutions 3201 (X-VI) et 3202 (S.VI) du 1er mai 1974 intitulées « Déclaration concernant l'instauration d'un nouvel ordre économique » et « Programme d'action concernant l'instauration d'un nouvel ordre économique international ».

(35) Voir son intervention au colloque de la SFDI de Nice in l'ONU et le droit international économique, Pédone, Paris, 1986, p. 366.

(36) Nouvel Ordre Economique international (NOEI).

(37) BORELA, F., Le nouvel ordre international et le formalisme juridique, in Mélanges offerts à Charles Chaumont, Paris, éditions Pédone, 1986, pp. 73-87.

(38) Le terme de soft-law n'est pas utilisé seulement pour exprimer le caractère peu contraignant d'une norme juridique ; il l'est aussi parfois pour évoquer la —>

Pour l'éminent juriste, les résolutions peuvent constituer une étape importante dans le processus d'élaboration de normes internationales, en tant qu'expression sociologique et politique de tendances, d'intentions et de souhaits. Mais elles ne sauraient se muer en droit positif, même à force d'être répétées : « pas plus qu'avec trois fois rien on ne fait quelque chose, l'accumulation de non droit ou de pré-droit ne suffit à elle seule à créer du droit » (39).

Ce bref rappel de l'argumentation des pays et des auteurs occidentaux contre la force juridique des résolutions nous a semblé utile et nécessaire en ce moment précis de l'histoire contemporaine marquée par l'hégémonie des pays occidentaux sur la scène internationale.

En effet, l'on ne peut qu'être frappé par le silence des auteurs qui, hier encore, avaient procédé à un examen fort critique des sources du droit international du développement et du contenu même de ce droit, mais qui ont choisi de se taire aujourd'hui, négligeant la question autrement plus importante des sources du droit d'ingérence humanitaire, de son contenu et de sa portée. De même, l'on voit mal comment les Etats qui avaient toujours méprisé l'œuvre normative de l'ONU, cherchent à présent à démontrer que les résolutions 43/131 et 45/100 de l'Assemblée Générale ont créé le droit d'ingérence humanitaire, c'est-à-dire en d'autres termes, que les résolutions peuvent donc être admises comme sources formelles du droit international.

En réalité, les résolutions ne sont pas des sources distinctes et autonomes du droit international, à l'instar des conventions, de la coutume et des principes généraux de droit. Il suffit, pour s'en convaincre, de se reporter aux dispositions pertinentes de la Charte des Nations Unies.

Les résolutions 43/131 et 45/100 de l'Assemblée Générale ont, assurément, permis d'inclure l'assistance humanitaire dans le cadre général des Nations Unies en matière de droits de l'homme. Elles ont « fait reconnaître par l'ONU que les ONG humanitaires devaient bénéficier de facilités d'accès et d'intervention comparables à celles qui sont actuellement accordées aux organismes de secours visés dans les conventions de Genève de 1949 et les protocoles additionnelles de 1977 » (40).

—> *suite de la page 58*
valeur pré-juridique de certains actes non normatifs, telles certaines résolutions des organisations internationales, les déclarations internationales des Etats, etc.

(39) WEIL, P., Vers une normativité relative en droit international, in RGDIP, 1982, p. 12.

(40) BETTATI, M., étude citée, n.5, p. 654.

Enfin, elles ont consacré le principe selon lequel l'accès aux victimes est indispensables en cas d'urgence.

Toutefois, elles ne sauraient être considérées comme ayant créé un droit nouveau ou des obligations à la charge des Etats, pour les raisons évidentes développées depuis de nombreuses années par la doctrine occidentale, et que nous avons exposées plus haut.

Quant à la résolution 688 du Conseil de sécurité, qui demeure limitée à un cas spécifique et exceptionnel, à savoir, l'exode massif de Kurdes dans un Iraq vaincu, elle contribue à renforcer la capacité d'intervention des organisations humanitaires non gouvernementales. Mais il convient de déplorer le fait que sa pratique ait « démontré son amplification, voire son dépassement, dans la mesure où les Etats alliés eux-mêmes et non plus les ONG, ont estimé pouvoir s'appuyer sur elle pour établir, unilatéralement, des « enclaves humanitaires » en territoire irakien, avant d'en transmettre la gestion à l'ONU »[41].

Lorsqu'on examine cette résolution, il ne faut pas perdre de vue, comme le souligne le Professeur Pierre-marie DUPUY, que la situation dépendante du pays vaincu (l'Iraq) était cependant très exceptionnelle. « Elle n'autorise nullement à ce qu'on voit dans la résolution 688 un précédent suffisant pour autoriser désormais par voie coutumière les Etats souverains à intervenir à titre humanitaire sur le territoire d'un autre sans l'accord de ce dernier, ressuscitant de la sorte l'ambiguïté des « interventions d'humanité » dont le siècle dernier offrit notamment bien des illustrations »[42].

La résolution 688, comme du reste la 687, constitue un précédent notable dans l'histoire des Nations Unies, par la gravité des décisions qu'elle comporte et des compétences que s'y octroie le Conseil de sécurité, « au nom d'une conception indubitablement extensive des compétences qu'il possède en matière de rétablissement et de maintien de la paix »[43]. Mais, d'un point de vue strictement juridique elle ne peut être admise comme un procédé valable de création de normes du droit international.

Comme on le voit, le nouveau droit d'ingérence humanitaire que certaines grandes puissances cherchent à promouvoir avec une vigueur inégalée par le biais d'un Conseil de sécurité soudainement suractivé repose sur des bases juridiques incertaines. Qu'en est-il de son contenu ?

(41) DUPUY, P.M., étude citée, n.19, p. 630.
(42) DUPUY, P.M., étude citée, n.19, p. 630.
(43) Ibid., p. 626.

II. – UN DROIT AU CONTENU IMPRECIS

Le droit international étant « l'ensemble des normes juridiques qui règlent les relations internationales »[(44)], il constitue donc tout à la fois un « ordre normatif » et un « facteur d'organisation sociale »[(45)]. D'où l'importance de la qualité des normes qui le composent car c'est d'elle que va dépendre, dans une large mesure, « la capacité de l'ordre juridique international à atteindre les objectifs en vue desquels il a été constitué »[(46)].

Il convient donc de rechercher la signification de cette nouvelle norme internationale qu'est le droit d'ingérence humanitaire : quel est le contenu de ce droit ? Quels en sont les titulaires et les prestataires ?

A. – Les ambiguïtés du droit d'ingérence humanitaire

Les promoteurs du devoir d'ingérence cherchent assurément à englober le droit de la Haye comme celui de Genève dans celui de San Francisco, « tout au moins lorsque l'ampleur de leur violation risque de mettre en péril la paix et la sécurité internationales »[(47)]. Mais lorsqu'on examine les diverses résolutions adoptées par l'ONU à cet effet, l'on constate qu'elles ne précisent pas à quel moment précis apparaît le « risque de mettre en péril la sécurité internationale », ni même quelle est la signification du devoir d'ingérence ou encore, quels sont les droits et les obligations juridiques qui en découlent. Bien plus, elles ne permettent pas de connaître le moment précis à partir duquel l'urgence humanitaire peut justifier l'illicité.

Dans la résolution 43/131, l'Assemblée Générale, après avoir souligné, conformément au principe de subsidiarité, « la souveraineté des Etats affectés et le rôle premier qui leur revient dans l'organisation, la coordination et la mise en œuvre de l'assistance humanitaire sur leurs territoires respectifs »[(48)], reconnaît que les ONG humanitaires devraient bénéficier, en cas d'urgence, de larges facilités d'accès et d'intervention.

La résolution 45/100 consacre quant à elle le droit des victimes à être secourues et le principe de libre accès aux victimes, au besoin par la mise en place de couloirs d'urgence humanitaire en concertation avec tous les Etats intéressés.

---

(44) GUGGENHEIM. P., *Traité de droit international public*, T-1, 2e édition, Genève, 1967, p. 1.

(45) ROUSSEAU, C., *Droit international public*, Sirey, Paris, 1970, pp. 25-26.

(46) WEIL. P., étude citée, n° 39, p. 7.

(47) DUPUY, P.M., étude citée, n° 19, p. 628.

(48) Paragraphe 2 du dispositif de la Résolution 43/131 du 8 décembre 1988.

Enfin, la résolution n° 688 du 5 avril 1991 du Conseil de sécurité impose à un Etat membre, l'obligation de permettre un accès immédiat des organisations humanitaires internationales à tous ceux qui ont besoin d'assistance dans toutes les parties de son territoire national.

Il ressort donc de ces trois résolutions que le droit d'ingérence humanitaire est à la fois le droit des victimes d'être secourues et le droit des organisations humanitaires internationales d'accéder librement aux mêmes victimes pour leur apporter la nourriture, les médicaments ou les soins médicaux dont elles ont besoin.

Le droit d'ingérence humanitaire a ainsi deux titulaires : les victimes et les ONG humanitaires. Il implique pour l'Etat victime de catastrophes naturelles ou pour celui qui est coupable de violations massives des droits d'une partie de sa population, l'obligation de coopérer avec le Secrétaire Général de l'ONU, les ONG et les Etats voisins pour l'établissement, en cas de besoin, de « couloirs d'urgence humanitaires » ou de « relais humanitaires », et, en tout cas, l'obligation de mettre à la disposition des ONG les facilités dont elles ont besoin, en cas d'urgence, pour apporter les secours aux victimes des catastrophes naturelles ou des décisions politiques.

Il faudrait relever ici que ces trois résolutions ne permettent pas de cerner tous les aspects de la nouvelle norme internationale. Mais elles constituent un début de codification des principes du nouvel ordre humanitaire international que l'ONU engagera certainement dans un avenir proche sous la pression des pays occidentaux membres permanents du Conseil de sécurité.

Il est toutefois intéressant de noter qu'aucun de ces trois textes n'établit un droit d'intervention au profit des Etats et des OIG sur le territoire d'autres Etats pour des raisons humanitaires. Pourtant, ils ont servi de prétexte aux alliés pour créer des centres humanitaires dans le Nord de l'Iraq, notamment à Zakho, avant de les transférer progressivement sous l'autorité de l'ONU.

Le contenu du droit d'ingérence humanitaire doit faire l'objet d'une codification par l'Assemblée Générale. Non seulement le Conseil de sécurité n'a pas pour mission le développement progressif du droit international et sa codification, mais il n'est pas à lui tout seul toute l'Organisation. Comme le souligne le Professeur Pierre-Marie DUPUY, « il reste sans doute à donner également à l'Assemblée Générale une nouvelle vivacité, ce qui suppose entre autre qu'on accorde à la majorité de ses membres, désormais dépourvue de ses automatismes hier encore si décriés, une attention elle-même renouvelée » (49).

---

(49) DUPUY, P.M., étude citée, n° 19, p. 627.

Outre les difficultés politiques qu'affronteront nécessairement toutes les tentatives de codification éventuelle du droit d'ingérence humanitaire, il faudrait également souligner que celle-ci ne semble pas opportune dans le cadre d'une organisation internationale revigorée certes, mais subissant comme tous les autres acteurs des relations internationales, la position internationalemment hégémonique actuelle des Etats-Unis.

Les incertitudes du droit d'ingérence humanitaire ne concernent pas seulement la détermination du contenu de la notion et l'identification des titulaires et des prestataires de ce droit. Elles ont aussi trait à sa mise en œuvre.

B. – Le problème de la mise en œuvre du droit d'ingérence humanitaire

L'un des problèmes juridiques redoutables que devront résoudre les Etats engagés dans la codification du droit d'ingérence humanitaire est celui de sa mise en œuvre : qui déclenche le processus d'ingérence ? A quel moment et selon quels critères l'intervention peut-elle être déclenchée ?

L'examen de l'histoire récente du Conseil de sécurité démontre que le droit d'ingérence a été mis en œuvre à la demande, non des victimes, ou même des ONG, mais de certains membres permanents du Conseil de sécurité et de leurs alliés dans la région du golfe. Or ceux-ci ne rentrent pas dans la catégorie des titulaires de ce nouveau droit, tel que cela ressort des trois résolutions que nous avons analysées dans nos développements précédents.

Il faudrait déterminer les modalités d'entrée en jouissance de ce droit par les victimes. En outre, il conviendrait aussi de préciser les modalités d'exercice de ce droit par les ONG, ainsi que le rôle du Conseil de sécurité dans sa mise en œuvre.

Certes, l'on pourrait penser que la réponse à ces préoccupations est aisée, dans la mesure où le Conseil de sécurité agissant dans le cadre du Chapitre VII de la Charte, est habilité à prendre des décisions pouvant déboucher sur des mesures d'ingérence matérielle licites. Et en ratifiant la Charte de l'ONU, tous les Etats membres se sont engagés à accepter et à appliquer les décisions du Conseil, conformément à l'article 25.

Mais ce que l'on oublie souvent de relever, c'est que le Conseil de sécurité est tenu, aux termes de l'article 24, « d'agir conformément aux buts et principes des Nations Unies ». Et ces buts et principes figurent bel et bien au préambule ainsi qu'au chapitre premier de la Charte.

Le Conseil n'est donc pas juridiquement fondé à pendre des mesures qui vont à l'encontre des buts et principes de l'ONU, au nom de la conception indubitablement extensive de ses compétences qui est désormais celles des Etats-Unis. Les mesures qu'il décide doivent être conformes à la mission de l'Organisation mondiale qui, selon sa Charte, consiste « à préserver les générations futures du fléau de la guerre... et à créer les conditions nécessaires au maintien de la justice... »(50).

Certes, aucun mécanisme n'est prévu dans le système de l'ONU, pour veiller à la « constitutionnalité » des décisions des divers organes principaux. En raison de la configuration actuelle de la communauté internationale et des règles fondamentales inscrites dans la Charte, le « contrôle de la constitutionnalité » des décisions du Conseil de sécurité est impossible. Peut-être, la solution serait-elle de procéder à un recours plus systématique à la Cour internationale de justice pour régler les différends internationaux ou au moins, pour solliciter un éclairage technique sur les questions de droit présentées devant le Conseil ou soulevées par ses décisions, à défaut d'un véritable contrôle juridictionnel de la légalité des actes du Conseil.(51)

Comme on le sait, le droit n'a jamais été neutre. Depuis la nuit des temps, une relation intime existe entre la politique et le droit. Mais il convient de dénoncer une évolution qui conduit à la subversion du droit par la politique, au règne de la confusion et des incertitudes. L'article 25 n'est pas une sorte de blanc-seing donné au Conseil de sécurité par les Etats membres, qui pourrait ainsi étendre à souhait ses compétences et la gamme des mesures à prendre, au point de dépasser, voire même, de violer les buts et principes de la Charte.

La mise en œuvre du droit d'ingérence humanitaire apparaît donc comme un problème complexe et délicat ; le contenu de ce droit demeure imprécis. Ceci révèle sans doute que la voie juridique empruntée par certains membres du Conseil de sécurité pour résoudre les questions humanitaires d'urgence, en créant le devoir d'ingérence humanitaire, est erronée, car au-delà de ses contradictions, cette construction juridique est incertaine dans ses bases et se prête trop facilement aux manœuvres des grandes puissances.

---

(50) Préambule de la Charte des Nations Unies.

(51) Sur l'absence de contrôle juridictionnel de la légalité des actes du Conseil de Sécurité, voir Géraud de la PREDELLE, *L'ONU, le droit et la poigne américaine*, in le Monde Diplomatique, mai 1992. Voir également Marcel GUERIN, *La Charte et le Gendarme*, in le Monde Diplomatique, juillet 1992.

III. - UN DROIT A GEOMETRIE VARIABLE

L'observation des faits internationaux et de la pratique du Conseil de sécurité nous amène à conclure que le droit d'ingérence humanitaire en gestation a été marqué, dès sa conception, par des considérations politiques et stratégiques, dans la mesure où les réactions des Etats, tout comme celles du Conseil, n'ont pas toujours été constantes face aux divers cas de violations massives des droits de l'homme opérées dans le monde.

Comme le souligne le professeur BETTATI, « nul n'ignore l'interférence des intérêts stratégiques dans l'application du droit international ».(52) Il faut donc craindre, en reconnaissant une certaine légitimité à l'intervention d'humanité, de « fournir un prétexte juridique à des ruptures de la paix suscitées par des motivations de politique nationale plutôt que par des considérations humanitaires »(53).

Il convient de relever que les nombreuses interventions humanitaires qui ont été effectuées au cours du siècle qui s'achève ont toujours masqué « les ambitions politiques et stratégiques qui les sous-tendent, dès lors que ceux qui les entreprennent se saisissent (généralement) de quelques manquements aux droits de l'homme et au droit humanitaire »(54).

La pratique récente de l'ONU et les comportements des Etats qui ont entrepris de mettre en œuvre le droit d'ingérence humanitaire démontrent en tout cas que ce droit a justifié les comportements fort sélectifs des Etats devant l'urgence humanitaire et qu'il contribue à la corruption du droit international par la politique.

A. – Le triomphe des comportements sélectifs des Etats les plus puissants

La réaction de la communauté internationale devant les massacres de minorités et l'urgence humanitaire, en d'autres termes, la mise en œuvre du droit d'ingérence humanitaire, dépend des intérêts stratégiques

---

(52) BETTATI, M., étude citée, n° 5, p. 650.

(53) BROWNLIE, I., *International Law and the Use of Force by States*, Oxford, 1963, p. 301.

(54) SINKONDO, M.H., *Principe de souveraineté, droit des peuples et sécurité en droit international contemporain*, in Revue PENANT, 100e Année, n° 802, janvier-mai 1990, pp. 26-27. Cet auteur cite à l'appui de sa thèse le cas de l'intervention française de 1979 dans l'empire centrafricaine qui visait non seulement à faire cesser les crimes perpétrés sous Bokassa, mais à « accompagner » le coup d'Etat selon les propres termes du communiqué officiel français, en installant David Dacko à la présidence de la République.

des Etats, et notamment des plus puissants d'entre eux. De nombreux exemples peuvent être cités pour illustrer notre propos.

En 1965, environ 300 000 personnes d'origine chinoise furent assassinées en Indonésie. Les faits furent rapportés dans la presse. Mais aucune « intervention d'humanité » ne fut organisée en leur faveur. De même, les Kmers rouges massacrèrent au vu et au su de tout le monde des millions de leurs compatriotes. Le Conseil de sécurité ne prit aucune mesure en vue de faire cesser ces massacres ou même de créer en territoire cambodgien des « centre humanitaires » destinés à accueillir les victimes de la folie meurtrière de Pol Pot.

En 1991, la guerre du golfe a eu notamment comme conséquence un afflux massif de plus de 1,5 millions de personnes vers les montagnes qui séparent l'Iraq de la Turquie et de l'Iran. Le Conseil de sécurité a dénoncé les violations massives des droits de l'homme perpétrées par le Président Saddam Hussein et décidé, de manière unilatérale, de créer des relais humanitaires au profit des populations Kurdes.

L'on ne peut s'empêcher de constater l'inaction du même Conseil devant les crimes perpétrés par Siad BARRE en Somalie, par Samuel DOE au Libéria ou par la Chine au Tibet.

Comme le relève Xavier EMMANUELI, l'un des fondateurs et Président d'honneur de *Médecins sans frontières*, « lorsque l'aviation alliée a bombardé l'Iraq, on a occulté que le gros du boulot avait été effectué par les B52, comme au Vietnam... il n'a jamais été question d'ouvrir le moindre corridor humanitaire, de déclencher la moindre action. Il y a eu des dizaines de milliers de civils morts en Irak. Et jamais le moindre embryon d'effort pour leur porter secours. C'est un renoncement inacceptable. L'humanitaire ne peut pas être à géométrie variable » (55).

Le Conseil de sécurité a même décidé, à la fin de la guerre, de prolonger l'embargo contre l'Iraq, condamnant ainsi tout un peuple à la misère et au chômage parce qu'il voulait satisfaire les Etats-Unis qui cherchent à maintenir la pression sur ce pays pour obtenir la chute de son leader.

Malgré le rapport du Prince Sadruddin AGA KHAN à l'issue de sa visite de travail à Bagdad en septembre 1991, les membres du Conseil n'ont consenti qu'à autoriser l'Irak à vendre quelques milliers de tonnes de pétrole, et sous contrôle international. 80 % de la population de ce pays, selon l'agronome René DUMONT, est condamnée au chômage et

(55) Interview de Xavier EMMANUELI, *L'express*, n° 2112 du 3 janvier 1992, p. 49.

à la maladie. « En application de quel article de la Charte des Nations Unies ? »[56], s'interroge le célèbre humaniste.

Selon une enquête dirigée par des universitaires de Harvard, d'Oxford et de London School of Economics, et citée par l'hebdomadaire Jeune Afrique, « la mortalité infantile a augmenté de 380 % en Irak en une vingtaine de mois. Vingt-quatre mille enfants sont déjà morts de faim. On prévoit la mort de 170 000 dans les prochains mois. Neuf cent mille enfants de moins de cinq ans sont sous-alimentés et atteints de troubles physiques et psychiques liés à la malnutrition. 40 % de nouveau-nés accusent un poids largement inférieur à la normale...[57].

Comment expliquer le silence des promoteurs du droit d'ingérence humanitaire devant un tel désastre ? A l'indifférence des opinions publiques et des hommes politiques s'ajoute le silence de certains juristes occidentaux qui ont pourtant proclamé, pour justifier peut être l'intervention en Irak, qu'il fallait absolument développer le droit d'ingérence humanitaire parce que l'on ne saurait rester indifférent devant la détresse et la mort d'un être humain faute de secours ou parce que les secours sont arrivés trop tard »[58].

Une autre illustration du « deux poids, deux mesures », c'est la situations en Somalie. Depuis le 17 novembre 1991, une guerre civile de factions ravage la ville de Mogadiscio. La quatrième en dix mois ; le bilan, dressé par des ONG aussi sérieuses qu'*Africa Watch et Médecins du Monde*, s'élève à 14 000 morts et 27 000 blessés. Mais la Somalie est un pays pauvre, sans pétrole, qui ne représente plus un intérêt stratégique pour les grandes puissances.

Après bien de tergiversations, le Conseil de sécurité n'a décidé d'aucune véritable intervention humanitaire en faveur des civils somaliens. Aucun couloir d'urgence humanitaire n'a été créé. L'ONU, l'OUA et la Ligue Arabe s'activent sur le plan diplomatique, mais rien n'a été entrepris pour faire cesser la souffrance des femmes, enfants et vieillards qui subissent des combats d'une rare violence depuis la fuite de Siad BARRE le 28 janvier 1992.

Avec l'apparition du droit d'ingérence humanitaire triomphent également, au Conseil de sécurité, les intérêts stratégiques de la seule super-puissance de ce temps. Le Conseil a désormais deux poids et deux

(56) DUMONT, R., *Etrange conception du « nouvel ordre mondial », la population irakienne punie par Embargo*, le Monde Diplomatique, décembre 1991, p.15.
(57) *Jeune Afrique* n° 1619, 16-22 janvier 1992, pp. 34-37.
(58) BETTATI, M., étude citée, n° 5, p. 668.

mesures. Et son attitude est confortée par un nouveau droit que certains Etats puissants n'hésiteront pas à forger, puisqu'il repose sur des motifs louables, mais qui, en réalité, est un instrument juridique redoutable aux mains des membres permanents du Conseil de sécurité. La construction juridique qu'est le droit d'ingérence humanitaire introduit fatalement, dans le droit international, l'imprécision et la confusion, sans oublier les risques d'éclatement.

B. – Quel nouvel ordre international ?

Comme le note à juste titre Hervé BOURGES dans un article paru à *Libération* en mai 1992, « les stratèges de la géopolitique recherchaient une alternative aux relations Est-Ouest héritées de la guerre froide. L'idée d'un nouvel ordre mondial a donc été immédiatement adoptée – à la quasi-unanimité – parce qu'elle était conceptuellement satisfaisante... »[(59)].

Il fallait donc, poursuit cet auteur, « frapper les esprits, identifier les intérêts stratégiques – et sans doute pétroliers – de l'Amérique aux intérêts communs de l'humanité et surtout accréditer la vocation des Etats Unis à défendre la légalité onusienne, en présentant cette vocation comme une adaptation nécessaire aux bouleversements du monde. Tout ce que les Etats Unis avaient jusque-là si souvent méprisé serait désormais respecté, parce que les temps avaient changé » [(60)].

C'est ainsi qu'est né le droit d'ingérence humanitaire qui consacre l'effacement du seuil de légalité dans le droit international contemporain.

1. La corruption du droit par la politique

La construction intellectuelle qu'est le droit d'ingérence humanitaire introduit la subversion idéologique et la politisation du droit. Certes, il n'existe pas d'antinomie entre droit et politique, car « l'ordre juridique international est une composante de l'ordre politique international, c'est-à-dire du système des rapports interétatiques qui prévaut à un moment donné » [(61)]. Mais il faut rester vigilant face aux graves périls que des postulats politiques et moraux érigés en normes juridiques font peser sur la science du droit international.

(59) BOURGES, H. *Nouvel ordre Mondial : les continents oubliés*, Libération, 11 mai 1992 p. 39.

(60) *Ibid.*

(61) VIRALLY, M., *Panorama du droit international contemporain*, RCADI, 1985, V. p. 32.

Dans le domaine humanitaire, et notamment dans le cas des secours d'urgence, la frontière entre le politique et le juridique y est particulièrement indécise. A quel endroit précis naît le risque de non-assistance qui a alors pour effet de faire cesser l'obligation de non-ingérence ?

C'est tout le problème du passage du non droit au droit, qui à vrai dire, se retrouve dans tous les systèmes juridiques, notamment sous la forme de la distinction entre l'obligation morale et l'obligation juridiques.(62)

La règle de droit international découle de sources bien connues que sont les traités et la coutume internationale. Sa mise en œuvre dépend de la volonté des Etats, et le consentement de ceux-ci doit être expressément donné. Telle est la théorie fondamentale du droit international contemporain. Il est donc curieux de constater que les alliés aient décidé de mettre en œuvre, en Iraq, une règle juridique qui ne découle pas des sources formelles du droit international et dont le contenu demeure imprécis. L'on ne sait à partir de quel moment le droit d'ingérence humanitaire a été introduit dans le droit positif, et comment est-ce qu'il est devenu exécutoire. Le Conseil de sécurité aurait-il donc le pouvoir de modifier les sources du droit international, de même que son fondement et son contenu ? Assurément, non. Du moins en l'état actuel du droit international positif.

Il faudrait éviter l'introduction dans le droit international de normes non consensuelles qui surgissent subitement du néant et qui accroissent le règne du non-droit et de la confusion, rendant ainsi le droit international « malade de ses normes ».(63) Et il faut craindre également que certaines règles, comme le droit d'ingérence humanitaire, ne puissent conduire qu'à l'émiettement et à l'éclatement du droit international, ou même, à la banalisation de l'illicite. Cette situation est d'autant plus préoccupante que la mise en œuvre du droit d'ingérence humanitaire ne peut que conforter la logique de substitution aux organes de l'ONU des Etats les plus puissants.

2. Les risques d'une logique de substitution aux organes de l'ONU

Les résolutions 43/131, 45/100 de l'Assemblée Générale ainsi que la résolution n° 688 du Conseil de sécurité ont été initiées par les alliés qui se sont ensuite chargés de les appliquer, au nom de l'Organisation mondiale, en installant unilatéralement en territoire irakien des « centres

---

(62) WEIL, P., étude citée, n° 39, p. 9.
(63) WEIL, P., étude citée, n° 39, p. 7.

humanitaires » et des « relais humanitaires » pour permettre le retour des Kurdes déplacés.

La définition même de la notion d'urgence humanitaire, en voie de codification par l'Assemblée Générale, renferme ce risque de voir les Etats les plus puissants s'ériger, selon leur propre appréciation unilatérale, en défenseurs non de leurs droits, mais du droit international tout entier ainsi que du droit des victimes qu'elles auraient choisi de protéger.

Sous le couvert du combat contre la souffrance humaine en cas d'urgence, la problématique de l'ingérence humanitaire risque de « fournir un habillage juridique à de purs rapports de force et à l'expression la plus manifeste du primat du politique et des intérêts stratégiques ».[64]

L'attitude actuelle des grandes puissances, qui sont à la fois juges, parties et gendarmes, illustre parfaitement les dangers qui avaient si bien été soulignés par le Professeur WEIL, et qui découlent du fait que « le pouvoir normatif nominalement conféré à la communauté internationale se trouve confié à un directoire de cette communauté, à une oligarchie de fait »[65]. Dans ces conditions, poursuit l'éminent juriste, « l'égalité souveraine des Etats risque de ne plus être qu'un vain mot ».

L'Organisation universelle apparaît de plus en plus, non comme un acteur autonome des relations internationales, mais comme une véritable chambre d'enregistrement de décisions prises à la maison Blanche, en consultation avec certaines capitales occidentales.

Cette logique de substitution de certains Etats aux organes de l'ONU conduit également à la modification des priorités au sein de l'organisation. En effet, celles-ci ne reflètent plus les préoccupations de la majorité, mais celles de la nouvelle minorité hégémonique. Le développement économique, du moins celui du Sud, n'est plus vraiment parmi les urgences à l'ordre du jour.

Certes, « c'est la première fois qu'un africain, l'Egyptien BOUTROS BOUTROS GHALI, un homme de grande qualité, accède au Secrétariat Général des Nations Unies ». Mais, en même temps, relève Hervé BOURGES, « la direction, n° 2 de l'ONU, celle du développement est supprimée, et la CNUCED, réunie à Carthagène tire un trait sur le Tiers-Monde. Les PMA – pays les moins avancés – se retrouvent plus ou moins sur la touche »[66]. Bref, le dialogue Nord-Sud et la lutte contre le sous-développement ont cédé la place à d'autres priorités, celles définies par les Etats les plus puissants.

---

(64) REGOURS, S., étude citée, n° 13, p. 102.
(65) WEIL, P., étude citée, n° 39, p. 45.
(66) BOURGES, H., article cité, n° 59, p. 39.

Il convient enfin de souligner que si l'ONU sort grandie de la guerre du golfe, l'on ne peut s'empêcher de noter que les grandes puissances tentent de l'utiliser, voire de se substituer à elle dans de nombreux domaines de relations internationales : maintien et rétablissement de la paix, assistance humanitaire d'urgence, etc.

Les conditions dans lesquelles s'amorce le dialogue israélo-arabe, pour ne citer que cet exemple, « permettent de constater que la solution d'une conférence internationale sous les auspices des Nations Unies, conformément à la résolution 681 du Conseil de sécurité, a été écartée au profit d'une formule placée sous le contrôle non plus de l'ONU, mais des Etats Unis, associés, mais parce que telle fut leur volonté, à l'Union Soviétique, ou à ce qu'il en restera... »(67).

Au-delà des équilibres internes à l'ONU, la question demeure posée « de savoir quel rôle lui sera assigné dans une situation momentanément dominée par la position internationalement hégémonique des Etats Unis »(68).

---

(67) DUPUY, P.M., étude citée, n° 19, p. 627.
(68) *Ibid.*

REFLEXIONS SUR LA VALIDITE ET LA PORTEE DE LA RESOLUTION 678 DU CONSEIL DE SECURITE*

Depuis le 2 août 1991, date de l'invasion du Koweït par l'Irak, le Conseil de sécurité de l'ONU a adopté une vingtaine de résolutions visant le rétablissement de la paix en application des dispositions du Chapitre VII de la Charte. Le plus important de ces textes, la résolution 678 (1990) du 29 novembre 1990 autorise pour la première fois un groupe d'Etats à recourir à la force contre un Etat membre pour le contraindre à respecter les décisions du Conseil. S'agissant donc d'un précédent grave et historique qui mérite un examen attentif, il convient d'étudier aujourd'hui, avec le recul que permet le temps, les conditions dans lesquelles la résolution 678 a été adoptée, ainsi que sa validité et ses implications socio-politiques.

I. – LES CONDITIONS D'ADOPTION DE LA RESOLUTION 678

L'examen des conditions dans lesquelles les résolutions mentionnées ci-dessus ont été adoptées par le Conseil de sécurité est important, parce qu'il permet de comprendre comment et pourquoi les objectifs définis dans la résolution 660 ont été progressivement abondonnés et à quel point l'Organisation aura été manipulée par la seule super-puissance de ce temps.

A. – Le détournement des buts de l'action du Conseil de sécurité

L'objectif recherché par le Conseil de sécurité en adoptant diverses résolutions sur le conflit du Golfe était de libérer le Koweït, c'est-à-dire de faire cesser l'agression irakienne.

---

* Paru à la *Revue Juridique et Politique, Indépendance et Coopération*, n° 4, Paris, Oct. Déc. 1992, pp. 432-457.

Mais comme le relève si justement Ignacio RAMONET, « à peine les hostilités engagées, cet objectif unique et clair – le seul légitime – fut pourtant relégué au second plan et remplacé, au nom de prétendus impératifs militaires, par deux autres : le renversement du régime de M. Saddam HUSSEIN et la destruction de l'Irak »(1).

Comme l'avait observé le Président des Etats Unis le 17 janvier 1991, l'action du Conseil avait pour but de faciliter la construction d'un nouvel ordre mondial, « un monde où le droit et non la loi de la jungle, gouvernera la conduite des Nations » (2).

La noble mission ainsi définie découlait du droit élaboré par le Conseil dans les douze résolutions adoptées sur la question, et que toutes les nations se devaient de faire appliquer. Mais en fait l'autorisation accordée par l'ONU a servi de prétexte à certains Etats pour réaliser d'autres buts de guerre conçus dès le 2 août 1990 (3), à tel point que l'on peut s'interroger, avec le Professeur FALK, sur le degré d'autonomie de l'ONU par rapport aux États-Unis, sa crédibilité, sa fidélité à sa propre Charte et aux fins de justice et de paix pour lesquelles elle a été créée. (4)

La mobilisation générale observée à l'ONU, et notamment au Conseil de sécurité, avait théoriquement pour but de garantir le respect du droit. « La France, avait déclaré le Président MITTERRAND, ne poursuit pas d'autres objectifs que ceux définis avec précision par le Conseil de sécurité, et d'abord, la libération du Koweït ». Le Président américain devait renchérir le 17 janvier en précisant que « notre but n'est pas la conquête de l'Irak, c'est la libération du Koweït » (5).

Trois jours après le déclenchement des bombardements alliés sur l'Irak, d'autres buts de guerre, sensiblement différents de ceux de l'ONU, ont été définis par les responsables des pays membres de la coalition, sans consultation avec l'Organisation et en violation du mandat reçu: dès le 19 janvier, les autorités américaines déclaraient que « l'Irak doit être détruit militairement, indépendamment du fait qu'il se retire du Koweït » (6). Dans son discours sur l'état de l'Union, le Président des

---

(1) RAMONET, I., *Nouvel Ordre*, in Le Monde diplomatique, n° 444, mars 1991, p. I.

(2) *International Herald Tribune*, 17 janvier 1991.

(3) Comme le démontrent Pierre SALINGER et Eric LAURENT dans leur ouvrage, *Guerre du Golfe*, le *dossier secret*, Oliver Orban, 1991, les véritables buts de guerre des Etats Unis avaient été décidés au cours d'une réunion tenue à la *Situation Room* à la Maison Blanche, (voir notamment les pages 120 à 127).

(4) Richard FALK, *Les Nations Unies sous la coupe de Washington*, in Le Monde Diplomatique, février 1991, p. 3.

(5) *International Herald Tribune*, 17 janvier 1991.

(6) *New York Times*, 20 janvier 1991.

Etats-Unis réaffirmait que son pays cherchait à détruire la capacité de l'Irak à soutenir une guerre » et à l'occasion d'une rencontre avec la presse, le Président de la République Française admit « qu'il faut naturellement détruire le potentiel militaro-industriel de l'Irak » [7].

Au lendemain du déclenchement des hostilités, l'objectif fixé par la Maison Blanche n'était plus le respect du droit international et des résolutions de l'ONU, mais la destruction des « infrastructures militaires, des usines d'armements, de sites de missiles et autant de tanks, d'avions et de pièces d'artillerie que possible »... afin « de rendre ce pays incapable de projeter sa force au-delà des frontières dans les prochaines années » [8].

Il y a là un détournement manifeste des buts de l'action, pourtant autorisée par l'ONU, au profit des objectifs de politique étrangère d'un seul pays puissant et de ses alliés.

L'usage excessif et démesuré de force brute effectué dans le Golfe par les Etats-Unis visait en fait sous couvert de la défense du droit international, à écraser l'Irak et à asseoir le rôle futur de l'Amérique dans le monde.

C'est ce que confirme clairement le Secrétaire à la défense de ce pays :

> « nous pensons que les Etats-Unis ont des exigences durables. Nous devons maintenir notre capacité à contrôler les océans du monde, à remplir nos engagements en Europe et dans le pacifique, à être capables de déployer des forces, que ce soit en Asie du Sud-Ouest ou au Panama, pour faire face aux imprévus afin de défendre les vies et les intérêts américains. » [9]

On ne saurait être plus clair sur le sens à donner à l'impressionnante démonstration de force dans le Golfe ; il s'agit comme le souligne Ignacio RAMONET « d'un message d'ambition hégémonique » [10].

C'est d'ailleurs ce qui explique, selon l'Amiral SANGUINETTI, qu'au prétexte de limiter les pertes américaines, les militaires ont poursuivi, pendant plus d'un mois, et au risque d'un anéantissement de l'Irak, une campagne de bombardements dévastateurs, quand la libération du Koweït

---

(7) Voir Le Monde Diplomatique, n° 443, février 1991, p. 1.

(8) FRIEDMAN, T.L., *When War is Over : Planning for Peace and US Rote in Enforcing it*, International Herald Tribune, 21 janvier 1991.

(9) Voir la Déclaration de M. Dick CHENEY, citée par *Le Monde Diplomatique*, 6 février 1991.

(10) RAMONET, I., article cité, p. 1.

suggérait l'application, d'emblée, de la doctrine « Air-Land Battle », une guerre-éclair moins coûteuse.[11]

Soulignons enfin que deux documents importants permettent de mieux comprendre les enjeux de la guerre et les véritables buts poursuivis par les pays de la coalition anti-irakienne.

Il s'agit tout d'abord du rapport final d'un groupe d'études de haut niveau : le « Continental Combat 2002 Project », qui a été réuni en mai 1990 par le Centre d'études stratégiques internationales[12] pour examiner les objectifs de politique étrangère des Etats-Unis dans les prochaines années et suggérer les meilleurs moyens de les atteindre.

Ce document s'inspire par ailleurs des conclusions d'un autre rapport intitulé Discriminate Deterence (Dissuation selective) rédigé en 1988 par la commission sur la stratégie intégrée à long terme[13], qui jetait les bases de ce que Michael KLARE appelle « la nouvelle doctrine d'intervention américaine »[14] et qui a été mise en œuvre, pour la première fois, dans le Golfe, sous le couvert des Nations Unies.

Après avoir noté « qu'au cours des prochaines années, beaucoup de petites puissances disposeront d'arsenaux d'envergure... » qui « rendront beaucoup plus risquées et complexes les interventions des grandes puissances dans des guerres régionales », le document de 1988 préconisait le renforcement des moyens américains de mener des guerres de haute technicité dans des zones du tiers-Monde situées hors du champ couvert par l'OTAN.

Se situant dans la même logique, le groupe d'experts de haut niveau réuni en 1990 à Washington commence par relever que :

> « le déclin des ambitions impériales soviétiques et de la menace de type conventionnel soviétique en Europe ne signifie pas la fin de l'histoire, mais seulement la fin d'une étape de l'histoire... La prochaine étape sera sans doute centrée sur des conflits de moyenne intensité. »[15]

---

(11) SANGUINETTI, A., voir son article paru dans le *Monde Diplomatique*, n° 444, mars 1991, p. 7.

(12) *Continental Combat Priorities : An Approach for trie New Strategic Era.* Centre for Strategic and International Studies, rapport final du Conventional Combat 2002 Project, Washington, mai 1990.

(13) Ce document a été Commenté par Michael KLARE dans un article au *Monde Diplomatique* en mai 1988.

(14) Lire Michael KLARE, *La nouvelle doctrine d'intervention militaire américaine*, Le Monde Diplomatique, mars 1986.

(15) *Conventional Combat Priorities*, doc. cité, pp. 23-35.

La pérennité de statut de grande puissance, d'après le groupe d'études, repose sur les capacités des Etats-Unis à affronter et défaire les puissances hostiles dans le tiers-Monde.[16] Cette doctrine, approuvée par les plus hautes autorités américaines, a été développée par le Président BUSH dans son discours à la US *Coast Guard Academy* à New London le 24 mai 1989.

Les défis à la sécurité auxquels nous faisons face aujourd'hui, déclarait alors le Président américain, ne viennent pas seulement de l'Est. L'émergence de puissances régionales modifie rapidement le paysage stratégique. Les Etats-Unis se doivent donc de réagir, en luttant contre la dissémination des armes modernes et, si nécessaire, en allant « à l'encontre des ambitions agressives de régimes renégats ».

En d'autres termes, il s'agit pour les Etats-Unis, auto-proclamés gendarme international, de se préparer à défaire – et non à négocier –, toute puissance du Tiers-Monde susceptible de menacer les intérêts américains ou de remettre en question l'ordre établi. Dans cette stratégie, le droit international ou les sanctions économiques qui pourraient réduire un agresseur n'ont pratiquement pas de place. L'essentiel, comme l'avait écrit le Général Carl E. VUONO, Chef d'Etat Major de l'armée de terre américaine, c'est qu'étant donné que « les Etats-Unis ne peuvent ignorer la puissance militaire croissante des pays en développement qui menace leurs intérêts et parfois, leurs alliés, l'armée de terre doit demeurer à même de vaincre des dangers potentiels où qu'ils se situent. Ce qui pourrait signifier un conflit avec une armée bien équipée du Tiers-Monde »[17].

Le deuxième texte qu'il convient de mentionner ici est un document étrange remontant au 22 novembre 1989, qui apporte un éclairage surprenant sur la crise du Golfe.

Ce document, découvert par les Irakiens, n'a fait l'objet d'aucun démenti du gouvernement Koweïtien ni du gouvernement américain. Il s'agit d'un compte-rendu de mission adressé au Ministre de l'Intérieur du Koweït par le Brigadier Fahd Ahmad Al Fahd, Directeur de la Sûreté nationale. Le paragraphe 5 de ce mémorandum est libellé ainsi qu'il suit :

« Nous sommes tombés d'accord avec la partie américaine pour estimer qu'il était important de profiter de la détérioration économique de l'Irak afin de mettre la pression sur le gouvernement de ce pays dans le but de provoquer une tension sur la frontière commune. La C.I.A. nous a formulé son point de vue sur les meilleurs moyens de maintenir

(16) KLARE, M., article cité, p. 9.
(17) Carl, E. VUONO, *Versatile, Deployable, Lethal*, Sea Power, avril 1990.

cette pression. Ses responsables nous ont dit qu'une large coopération devrait être instaurée à la condition que ses activités soient coordonnées au plus haut niveau. » (18)

Le directeur de la sécurité d'Etat sollicitait de son ministre, dans la même note, des instructions sur les points principaux qu'il avait traités avec le juge William WEBSTER, directeur de la CIA américaine, au cours de leur entretien privé du mardi 14 novembre 1989.

Ces documents confidentiels mettent en relief les véritables buts de guerre des puissances alliées contre l'Irak en même temps qu'ils expliquent pourquoi et comment l'action du Conseil de sécurité a été détournée par une super-puissance.

B. – Le contrôle des initiatives diplomatiques par un seul Etat

Toutes les résolutions adoptées par le Conseil de sécurité sur l'agression koweïtienne ont été élaborées par les Etats-Unis qui ont déployé une activité diplomatique intense pour garantir leur adoption et leur mise en œuvre. Quelques exemples permettent d'illustrer notre propos.

C'est au cours de la réunion tenue toute la nuit du 2 août dans la *Situation Room* de la Maison Blanche que furent préparés les documents relatifs au gel des avoirs irakiens aux Etats-Unis ainsi que le projet de texte qui allait être adopté à quatre heures trente du matin par le Conseil de sécurité en tant que résolution 660 (1990). (19)

Le principe même de l'adoption d'un blocus contre l'Irak fut négocié directement par MM. BAKER et CHEVARDNAZE du 19 au 24 août 1990. Malgré les hésitations du Soviétique dues à l'opposition des militaires russes, la partie soviétique finit par donner son accord le 24 août 1990 au projet de résolution américain, qui avait été remis le 23 août à M. Sergei CHETVERIKOV, Chargé d'Affaires soviétique à Washington. Le 25 août, à quatre heures du matin, le projet américain visant à autoriser l'usage de la force afin de faire respecter l'embargo était voté au Conseil de sécurité par treize voix contre zéro et deux abstentions (Cuba et Yemen).

De même, l'ont sait que c'est au cours du sommet de la CSCE tenu à Paris du 18 au 21 novembre 1990 que le Président des Etats-Unis et

(18) Voir le texte intégral de ce mémorandum « ultra secret et privé » dans l'ouvrage de Pierre SALINGER et Eric LAURENT, op. cit., pp. 290-291.

(19) Pour de plus amples détails, se reporter à l'ouvrage de Salinger et Eric Laurent déjà cité, pp. 123-125.

son Secrétaire d'Etat obtinrent l'accord des Soviétiques et des Français pour la présentation, au Conseil de sécurité, d'une nouvelle résolution abandonnant les sanctions imposées jusque là pour autoriser une action militaire contre l'Irak.[20]

Par ailleurs, l'action de l'ONU se situe dans un contexte international caractérisé désormais par l'existence d'un seul centre de décisions, l'Amérique triomphante.

C. – Un monde unipolaire

La crise du Golfe a éclaté dans un monde devenu unipolaire, suite à l'effacement de l'Union Soviétique et à « l'éclatante démission de la diplomatie européenne », dénoncée par Paul Marie DE LA GORCE dans une étude parue au Monde Diplomatique en février 1991.

Cette démission d'une Europe impuissante à imaginer une autre solution que la guerre a atteint son point culminant lorsqu'à la réunion ministérielle européenne des 14 et 15 décembre 1990, toute suggestion de dialogue euro-irakien fut écartée et que dans la conférence qu'il tint quelques jours plus tard, le Président MITTERRAND justifia pleinement ce refus.

En tout cas, le moins que l'on puisse dire, c'est qu'en décidant au cours de leur réunion du 14 au 15 décembre « de ne rien faire et de ne voir personne tant que le gouvernement américain n'aurait pas décidé ce qu'il ferait ou ne ferait pas avec Bagdad, les Etats européens reconnaissaient publiquement, et de façon spectaculaire, qu'ils laissaient au Président Georges BUSH la conduite exclusive de la crise ».[21]

L'Amérique apparaît, tout au long de cette crise, comme la seule superpuissance du monde, capable de dicter sa loi à l'ONU, d'imposer ses buts de guerre à l'ensemble de la communauté internationale, à tel point que S.E. Sid Ahmed GHOZALI, Ministre des Affaires Etrangères d'Algérie a pu déclarer que :

> « l'effacement de l'URSS, qui laisse un seul pays à la direction des affaires de la planète, risque de nous conduire, au plan mondial, aux mêmes risques que ceux qui, à un plan national, existent dans un régime qui n'aurait pas de contre-pouvoir. »[22]

---

(20) Pour plus de détails sur cet aspect du dossier, consulter l'ouvrage de Salinger et Laurent déjà cité, ainsi que *Le Monde Diplomatique*, n° 441, 442 et 443 de décembre 1990, janvier et février 1991, et le *New York Times*, 30 novembre et 2 décembre 1990.

(21) Paul Marie DE LA GORCE, *L'éclatante démission de la diplomatie européenne*, in le Monde Diplomatique, février 1991.

(22) Jeune Afrique, n° 1576, 13-19 mars 1991, p. 33.

Telles sont, présentées de manière succincte, les conditions dans lesquelles ont été adoptées, par le Conseil de sécurité, les douze résolutions appelées à dire le droit international dans le conflit du Golfe, dont l'une, la résolution 678, autorise le recours à la force contre l'Irak. Quelle est la portée juridique de cette résolution ?

II. – VALIDITE DE LA RESOLUTION 678 (1990)

La résolution 678 est indiscutablement en contradiction avec la lettre de la Charte, et d'abord de manière flagrante avec les articles 39 et 42.

Elle implique qu'en dehors du mécanisme transitoire de l'article 106, le Conseil peut mener une action coercitive par d'autres forces armées que celles prévues par l'article 43 et sans l'assistance du Comité d'Etat-Major (articles 45 et 47).

La résolution est aussi en opposition avec la lettre et l'esprit du préambule de la Charte et de son chapitre VII qui prévoit notamment, en ses articles 39 et 42, que les mesures coercitives doivent être prises par voie de décision et non de recommandation et que « c'est l'organisation elle-même qui non seulement décide de recourir à la force, mais la met en œuvre ».[23]

Enfin, l'abstention de la Chine lors de l'adoption de cette résolution crée un vice de procédure qui accentue son inconstitutionnalité originale, malgré l'argumentation développée depuis le précédent de Corée en 1950 tant par les partisans de la révision coutumière des traités que ceux de la théorie des pouvoirs implicites.[24]

A. – Examen de la procédure d'adoption de la résolution 678

La procédure d'adoption des décisions par le Conseil de sécurité est fixée par l'article 27 de la Charte qui dispose :

> ... les décisions du Conseil de sécurité sur toutes autres questions sont prises par un vote affirmatif de neuf de ses membres dans lequel sont comprises les voix de tous les membres permanents, étant entendu que dans les décisions prises aux termes du chapitre VI et du paragraphe 3 de l'Article 52, une partie à un différend s'abstient de voter.

---

(23) NGUYEN, DALLIER et PELLET, *op. cit.*, p. 859.
(24) *Ibid.*, p. 858.

L'article 27, paragraphe 3 *in fine* ne prévoit l'abstention – obligatoire du reste – que pour les membres du Conseil parties à un différend et lorsqu'il s'agit de l'adoption d'une décision dans le cadre du chapitre VI. Cet article ne traite pas de l'abstention volontaire des membres permanents.

Dans le cas d'espèce, la République Populaire de Chine ayant décidé de s'abstenir lors du vote de la résolution par le Conseil de sécurité, la résolution n'a donc pas été adoptée par un « vote affirmatif » de tous les membres permanents du Conseil, comme l'exige l'article 27 de la Charte. Certes, depuis que l'URSS a eu recours à l'abstention pour la première fois le 29 avril 1946 dans l'affaire espagnole, « des membres permanents se sont volontairement abstenus lors du vote sur une partie ou l'ensemble des dispositions de cent-cinq résolutions du Conseil de sécurité. La Chine s'est volontairement abstenu quinze fois environ, les Etats-Unis trente et une fois, la France soixante dix-huit fois, le Royaume Uni trente et une fois et l'Union Soviétique cent quarante-huit fois ».[25]

Mais l'on ne saurait invoquer cette pratique de l'abstention volontaire par les membres permanents du Conseil de sécurité pour soutenir que l'abstention de la Chine est sans effet sur la résolution 678, car ce serait admettre, comme l'affirme le Professeur VIRALLY, « qu'il y a là un cas remarquable d'une coutume modificative d'un traité ».[26] Or, il n'en est rien.

Tout d'abord, pour que l'on parle de coutume internationale, il faut qu'il y ait une pratique constante et acceptée par tous les Etats membres comme créant le droit. A l'exception des membres permanents du Conseil eux-mêmes, de nombreux Etats, notamment ceux du Tiers Monde, ont critiqué violemment à l'Assemblée Générale, le droit de veto accordé aux grandes puissances, et l'utilisation qu'elles en font. Plusieurs propositions ont été présentées par les pays non-alignés au comité spécial de la Charte au sujet de la procédure au sein du Conseil de sécurité, dans lesquelles ce groupe d'Etats rappelle que « le système de sécurité collective repose sur l'accord unanime des cinq grands et exclut l'abstention d'un ou de plusieurs membres permanents du Conseil. »[27]

(25) C.I.J., Mémoires, *Conséquences juridiques pour les Etats de la présence continue de l'Afrique du Sud en Namibie nonobstant la résolution 276 (1970) du Conseil de Sécurité.* Vol. I, exposé écrit du Secrétaire Général des Nations Unies, Etude des débats de l'Assemblée Générale et du Conseil de Sécurité. Annexe concernant les effets de l'abstention volontaire des membres permanents du Conseil de Sécurité (pp. 346-349).

(26) VIRALLY, M., *op. cit.*, p.105.

(27) Rapport du Comité Spécial de la Charte des Nations Unies et du raffermissement du rôle de l'organisation, années 1979-1982 et 1985.

Les mêmes idées avaient déjà été exposées, par l'Inde, le Brésil, l'Indonésie et le Nigéria à l'occasion de l'affaire rhodésienne et notamment à propos des résolutions 221 et 232 du Conseil de sécurité adoptées avec l'abstention de la France et de l'Union Soviétique. (28)

La pratique de l'abstention volontaire des membres permanents ne saurait être considérée comme une coutume internationale parce qu'elle est contestée par la majorité des Etats, et en conséquence, elle ne peut être considérée comme modifiant l'article 27 de la Charte.

D'autre part, si l'on se refère aux travaux préparatoires, l'on relève qu'aucun accord n'était intervenu sur la question au sein du Comité IV/I chargé de l'examen de la procédure de vote au Conseil de Sécurité. Le document présenté au Comité le 7 juin 1945 et intitulé *Exposé des délégations des quatre puissances sur la procédure de vote au Conseil de sécurité* (29) auquel s'est associé la France le 8 juin, (30) ne mentionne nullement les cas d'abstention pour les membres permanents. (31) Au contraire, les puissances invitantes entendaient contrôler, ensemble, (32) tout processus décisionnel pouvant conduire à l'emploi de la force contre un Etat membre de l'Organisation. L'abstention d'un membre permanent n'avait donc pas été envisagée dans la Déclaration de San Francisco de 1945.

Certes, comme le remarque justement le Professeur TAVERNIER, « cette pratique a certainement évité un blocage du Conseil de sécurité dans l'examen de nombreuses questions, et elle a eu, à cet égard, des effets heureux ». (33) Mais il n'en demeure pas moins vrai, poursuit l'éminent juriste « qu'elle va à l'encontre des termes mêmes de l'article 27 qui prévoit un « vote affirmatif » et n'envisage nullement le cas de l'abstention ».

Il convient de relever ici que la Cour Internationale de Justice, fidèle à la théorie des pouvoirs implicites, a estimé dans ses avis consultatifs du 20 juillet 1962 et du 21 juin 1971 (34) que l'abstention volontaire d'un

---

(28) Voir Document S/7271 et S/7735 ; Lettres du Portugal du 28 avril 1966 et du 14 février 1967 dans lesquelles le Portugal avait également posé le problème de la validité de cette « pratique ».

(29) UNCIO, vol. XI, p. 754, (Doc. 852, 111/1/37).

(30) UNCIO, Vol. XI, p. 753.

(31) L'historique des travaux préparatoires est présentée dans un ouvrage de P.F. BRUGIERE, le règle de l'unanimité des membres permanents au Conseil de sécurité « Droit de Veto », Pédone, Paris, 1952.

(32) C'est nous qui soulignons.

(33) Voir son commentaire de l'article 27 de la Charte in Cot et Pellet, La Charte des Nations Unies, p. 506.

(34) Avis consultatif ; Certaines dépenses des Nations Unies, 20 juillet 1962, C.I.J. Recueil 1962 ; Avis consultatif ; Effet juridique pour les Etats membres de la présence continue de l'Afrique du Sud en Namibie, 21 juin 1971, Recueil 1971.

membre permanent ne pouvait pas empêcher l'adoption d'une résolution exigeant l'unanimité des membres permanents, puisqu'elle ne signifie pas forcément que le membre permanent qui s'abstient s'oppose au texte proposé.

Mais cette position de la Cour, quel que soit par ailleurs l'angle sous lequel on l'examine, ne peut justifier la légalité de la résolution 678. Trois objections majeures peuvent être soulevées à l'encontre de cette interprétation fort extensive qui d'ailleurs ne lie pas juridiquement les Etats membres, malgré son immense poids moral : en premier lieu, les travaux préparatoires, la Charte et le Règlement intérieur du Conseil n'autorisent pas une interprétation si large; deuxièmement, l'article 27 de la Charte prévoit seulement deux options possibles pour les membres permanents, en cas de vote : soit émettre un « vote affirmatif », soit s'opposer au texte sous examen. Aucune autre alternative ne figure dans ce texte. Enfin, l'abstention pourrait alors conduire à une situation curieuse, dans laquelle une résolution serait adoptée sans qu'aucun des membres permanents ne lui apporte un vote positif.

Compte tenu de tout ce qui précède, il apparaît clairement que l'abstention volontaire d'un membre permanent du Conseil de sécurité n'est nullement prévue par l'article 27 de la Charte ; elle ne figure ni dans la Déclaration de San-Francisco du 7 juin 1945, ni dans le Règlement intérieur provisoire du Conseil. Enfin, non seulement aucun accord n'existe, dans la doctrine, sur l'interprétation de l'article 27, mais le moins que l'on puisse dire, c'est que bon nombre d'Etats contestent le droit de veto et l'utilisation qui en est faite par les membres permanents (utilisation abusive et sélective, abstention volontaire etc.).

Il s'ensuit donc que le processus décisionnel prévu par la Charte pour le Conseil de sécurité a été vicié par l'abstention de la Chine, ce qui invalide la résolution 678 qui soulève par ailleurs d'énormes difficultés quant à son contenu.

B. – Examen du contenu de la résolution

Aux termes du deuxième paragraphe du dispositif de la résolution 678, le Conseil :

> « autorise les Etats membres qui coopèrent avec le Gouvernement Koweïtien, si au 15 janvier 1991 l'Irak n'a pas pleinement appliqué les résolutions sus-mentionnées conformément au paragraphe 1 ci-dessus, à user de tous les moyens nécessaires pour faire respecter et appliquer la résolution 660 (1990) et toutes les résolutions pertinentes ultérieures et pour rétablir la paix et la sécurité internationales dans la région. »

Comme en 1950 et à l'initiative du même pays, le Conseil met en place un mécanisme différent de celui qui est inscrit dans les articles 42 et 43 de la Charte ; mais alors qu'en 1950, il avait invité par la résolution 82 du 25 juin 1950, certains Etats membres à prêter leur concours à l'ONU pour obtenir la cessation des hostilités et le retrait des troupes nord-coréennes, cette fois, le Conseil franchit un pas historique : non seulement il constate l'agression irakienne au sens de l'article 39, – comme il l'avait fait jusque-là, uniquement dans l'affaire de Corée – mais il décide « d'autoriser » l'utilisation de la force sans son contrôle, par un groupe d'Etats contre un Etat membre ayant violé le droit international.

Par ailleurs, ce texte ne fixe aucune limite à la durée du conflit, aucune obligation de tenir informé le Conseil de sécurité, aucune contrainte quant aux moyens de destruction ou des dommages causés aux cibles civiles.(35) Il s'agit d'un véritable blanc-seing donné aux Etats-Unis et à leurs partenaires dans la coalition anti-irakienne, un précédent grave, illégal et en totale contradiction avec la mission de l'ONU qui, selon sa Charte, consiste à « préserver les générations futures du fléau de la guerre... » et à « créer les conditions nécessaires au maintien de la justice... »(36)

D'après l'article 39, dont le texte anglais est d'ailleurs plus clair, le Conseil de sécurité peut soit faire des recommandations pour maintenir ou rétablir la paix et la sécurité internationales, soit décider quelles mesures seront prises à cet effet, conformément aux articles 41 et 42, ce qui veut dire que le Conseil ne peut jamais agir par voie de recommandation dans le cadre de l'article 42.

Et lorsque le Conseil estime que les mesures coercitives, non militaires sont inadéquates, il peut entreprendre au moyen de forces navales, aériennes ou terrestres toute action qu'il juge nécessaire au rétablissement de la paix (article 42), par le biais des forces armées mises à sa disposition par les Etats membres suivant des accords spéciaux (article 43) et avec l'assistance du Comité d'état major qui en assure la direction stratégique (article 47).

Tel est le mécanisme prévu par la Charte en cas de recours à la force contre tout Etat ayant violé le droit international.(37) Contrairement

---

(35) FALK, R., *Les Nations Unies sous la coupe de Washington*, in Le Monde Diplomatique, février 1991, p. 3.

(36) Préambule de la Charte des Nations Unies.

(37) Il s'agit bien sûr des Etats membres ou non de l'ONU, à l'exception des membres permanents du Conseil de Sécurité contre lesquels aucune action coercitive n'est possible puisqu'ils disposent du droit de veto qu'ils n'hésiteraient pas à utiliser pour bloquer le vote de toute décision qui leur serait hostile.

au Pacte de la SDN, la Charte prévoit que désormais, c'est l'Organisation elle-même qui décide de recourir à la force et la met en œuvre.

La Charte consacre l'idée de sécurité collective déjà présente dans le Pacte de la SDN ; mais pour éviter les difficultés de la SDN qui découlaient surtout du respect scrupuleux de l'égalité des membres, la Charte n'hésite pas à établir juridiquement leur inégalité en confiant aux cinq grands la responsabilité principale du maintien de la paix et de la sécurité internationales : c'est là toute l'originalité du système de la Charte par rapport à l'époque de la SDN.

En effet, le Conseil de la SDN recommandait la nature et l'importance des contingents à fournir par les Etats concernés. Dans le cas des Nations Unies, c'est le Conseil de sécurité qui entreprend l'action militaire. Il s'agit d'un système centralisé par souci d'efficacité.

La Charte ne prévoit pas que le Conseil puisse déléguer la responsabilité de la conduite des opérations militaires qu'il a décidées, à un Etat ou à un groupe d'Etats. Le Conseil, qui a reçu délégation de pouvoirs des Etats membres suivant l'article 25, pour décider en leur nom doit cependant agir conformément aux buts et principes des Nations Unies (article 24). A cet effet, il établit les plans pour l'emploi de la force armée avec l'aide du Comité d'état major (article 46).

Or dans la résolution 678, le Conseil de sécurité a décidé d'autoriser les gouvernements qui coopèrent avec le Gouvernement Koweïtien à « user de tous les moyens nécessaires... ». Ce faisant, le Conseil a délégué sans fondement juridique sa responsabilité à un groupe d'Etats, en violation des articles 39, 42 et 47 de la Charte.

L'on pourrait tirer argument du fait que l'article 42 confère au Conseil de sécurité une grande liberté d'appréciation des conditions dans lesquelles l'action visée par ce texte devrait être engagée, pour tenter de donner un fondement juridique à cette délégation de pouvoirs opérée par le Conseil au profit des Etats membres de la coalition anti-irakienne.

Et certains auteurs ont souligné à maintes reprises[38] que le Conseil avait pleine compétence pour choisir le procédé qu'il estimait être le plus approprié, eu égard aux circonstances auxquelles il avait à faire face, à condition de ne pas s'écarter de sa fonction et des buts de la Charte.

---

(38) Voir Charles CHAUMONT, *L'équilibre des organes politiques des Nations Unies et la crise de l'Organisation*, AFDI, 1965, pp. 436-442 ; GUGGENHEIM, P., *Traité de droit international public*, Genève, 1954, Vol. 11; SEYRSTED, F., *United Nations Forces, Some Legal Problems*, BYBIL, 1961, pp. 359-362.

Mais une analyse juridique plus fine permet de démontrer que cette argumentation ne résiste pas à la critique : d'abord, parce qu'aucun article de la Charte n'autorise le Conseil à déléguer à certains Etats des pouvoirs spécifiques qu'il détient dans le domaine du maintien de la paix et de la sécurité internationales, et qui lui ont été délégués par tous les Etats membres afin d'assurer l'action rapide et efficace de l'organisation (article 24). Ensuite, parce que les pères fondateurs, dans un esprit de sagesse et de réalisme, ont prévu non pas une armée internationale, mais une force qui serait composée des contingents mis à la disposition du Conseil sur la base d'accords spéciaux librement consentis.

Comme chacun le sait, les accords spéciaux prévus à l'article 43 qui auraient permis au Conseil de disposer en cas de besoin de forces militaires nécessaires n'ont pas été conclus jusqu'alors parce que l'entente fondamentale entre les grands, qui avait du reste permis de gagner la guerre, n'a pas survécu à leurs rivalités politico-militaires et idéologiques. La course effrénée aux armements et la guerre froide qui s'est instaurée au lendemain de la seconde guerre ont empêché tout effort sérieux dans la mise en œuvre du mécanisme pourtant prévu par les cinq grands eux-mêmes à San Francisco. Ce n'est pas l'opérationalité des articles 43, 46 et 47 qui est en cause, mais la volonté délibérée de certaines grandes puissances d'ignorer les mécanismes prévus par la Charte.

Le Conseil n'est donc pas juridiquement fondé à couvrir de son autorité toutes les mesures prises par les Etats membres dans le cadre des actions qu'il décide, contrairement à ce que soutient le Professeur CHAUMONT en invoquant le précédent de la Corée en 1950. (39)

Selon cet auteur, « l'armée internationale prévue à l'article 43 de la Charte n'existant pas, le Conseil de sécurité ne peut entreprendre lui-même d'opération de contrainte militaire au sens de l'article 42 ; par contre il peut et il est le seul à pouvoir couvrir de son autorité, par application de l'article 39 ou de l'article 42 *in fine* des mesures prises par des Etats membres, comme il l'a fait dans la guerre de Corée » (40). Cette argumentation quelque peu confuse ne tient pas la route : elle repose sur la séparabilité des articles 39 et 42, et entretient l'imprécision sur la nature exacte des forces prévues à l'article 43 de la Charte.

---

(39) CHAUMONT, C., *L'équilibre des organes politiques des nations Unies et la crise de l'Organisation*, AFDI, 1965, pp. 436-437 et 442.

(40) Ibid., p. 442.

L'article 43 écarte la notion même « d'armée internationale ». Son objectif est moins ambitieux. Il précise simplement que les forces qu'utilisera le Conseil de sécurité pour rétablir la paix ne sont que l'addition de contingents nationaux mis à la disposition du Conseil, sur son invitation et conformément à un accord spécial ou à des accords spéciaux conclus entre le Conseil et des membres de l'Organisation.

Par ailleurs, l'exemple choisi, à savoir le précédent constitué par l'affaire de Corée, ne se rapporte pas en réalité au conflit du Golfe : la résolution 678 autorise le recours à la force, alors que la résolution 82 du 25 juin 1950 invitait les Etats à apporter leur appui au Conseil. Hier, c'était une recommandation au sens de l'article 39 ; aujourd'hui, il s'agit d'une décision prise suivant l'article 42. En outre, les circonstances de leur adoption ne sont pas du tout les mêmes car si la résolution 678 a été votée avant l'intervention des forces de la coalition contre l'Irak, il convient de relever avec Monsieur GOODRICH que dans la guerre de Corée, l'effet de la décision du Conseil a été de légitimer plutôt que d'obliger dans un sens juridique :[41] les résolutions adoptées le 27 juin et le 7 juillet avaient pour objet de régulariser l'action des forces américaines qui avaient dû intervenir dès le 25 juin 1950 avant d'avoir reçu un quelconque mandat de l'ONU.

Le seul élément commun entre les résolutions adoptées par le Conseil en 1950 sur l'Affaire de Corée et en 1990 sur la crise du Golfe, c'est la constatation à laquelle toutes les deux procèdent conformément à l'article 39 de la Charte.[42] Mais ces résolutions diffèrent profondément quant à la nature des mesures préconisées et aux circonstances de leur adoption et de leur mise en œuvre. Le précédent de la guerre de Corée ne peut donc servir d'élément de référence pour démontrer la validité de la résolution 678 du Conseil de sécurité qui demeure illégale, même si l'on prend en considération la théorie des pouvoirs implicites.

La Cour Internationale de Justice a confirmé à maintes reprises les vastes pouvoirs du Conseil, lorsqu'il agit conformément aux buts et principes de la Charte. C'est ainsi que dans son avis consultatif de 1962, elle affirme :

> « La Cour ne peut accepter une vue aussi limitée des pouvoirs que le Conseil de sécurité détient de la Charte. On ne peut pas dire que la Charte ait laissé le Conseil de sécurité impuissant en

---

(41) GOODRICH, L.M., *The UN in a Changing World*, Columbia University Press, New York, 1974, p. 128.

(42) Il s'agit des résolutions 82, 83 et 84 des 27 juin et 7 juillet 1950 et de la résolution 678 du 29 novembre 1990.

> face d'une situation d'urgence en l'absence d'accords conclus en vertu de l'article 43. »[43]

En d'autres termes, et selon la Cour,

> « lorsque l'Organisation prend des mesures dont on peut dire à juste titre qu'elles sont appropriées à l'accomplissement des buts déclarés des Nations Unies, il est à présumer que cette action ne dépasse pas les pouvoirs de l'Organisation. »[44]

L'élément important ici, c'est la conformité de l'action entreprise avec les buts et principes de l'Organisation. C'est du reste ce qui ressort de la jurisprudence de la Cour suprême des Etats-Unis, élaborée sous l'impulsion de Juge MARSHALL, et que la doctrine considère comme étant à l'origine de la théorie des pouvoirs implicites qui a été ensuite transportée dans les relations internationales par la C.P.J.I.[45] et développée par la C.I.J. dans son célèbre avis de 1949.[46]

Dans une affaire qui portait sur la répartition des compétences entre l'Etat fédéral et les Etats fédérés, le tribunal avait reconnu à l'Etat fédéral le droit d'adopter des actes qui n'étaient pas expressément autorisés par la Constitution fédérale :

> « pourvu que les fins soient légitimes, qu'elles soient dans la sphère de la Constitution, tous les moyens qui sont appropriés à ces fins, qui ne sont pas interdits, mais qui sont compatibles avec la lettre et avec l'esprit de la Constitution, sont constitutionnels » (1819, Mc Culloc V. Maryland).

Comme le notent NGUYEN, DAILLIER et PELLET, « en elle-même, cette construction jurisprudentielle n'est pas contestable; encore faut-il en respecter le postulat ».[47] Elle repose sur l'idée que l'on doit toujours se référer aux buts et principes des textes constitutifs, parce que comme l'a si bien souligné le juge HACKWORTH dans son opinion dissidente sous l'avis consultatif de la C.I.J. de 1954, « la doctrine des pouvoirs implicites a pour rôle de donner effet, dans les limites raisonnables, aux pouvoirs explicites et non de les supplanter ou de les modifier ».

Or, dans le cas d'espèce, l'on ne saurait soutenir, sans hésitation, que le Conseil ait agit conformément aux buts et principes de la Charte.

---

(43) *Avis consultatif ; Certaines dépenses des Nations Unies*, C.I.J. Recueil, 1962, p.167.

(44) Ibid., p.168.

(45) Avis de la C.P.J.I. du 23 juillet 1976, compétences de l'O.I.T., Série B, n° 13, p.18.

(46) Voir notamment C.I.J., *Recueil*, 1949, . pp. 182-184.

(47) NGUYEN, DAILLIER et PELLET, *Droit international public, op. cit.*, p. 538.

La résolution 678 se contente d'autoriser certains Etats à mener la guerre au nom du Conseil de sécurité, en l'absence de tout contrôle de l'Organisation et selon les modalités définies librement par les Etats engagés dans le conflit. Les dispositions de la Charte ont été abandonnées et la mission de l'Organisation qui est de « préserver les générations futures du fléau de la guerre » et de « créer les conditions nécessaires au maintien de la justice » a été trahie dans le Golfe.

Comme le relève à juste titre Ignacio RAMONET « en lançant l'offensive terrestre le 24 février, à l'heure où le Conseil de sécurité poursuivait (pourquoi à huis-clos ?) ses délibérations en vue d'un cessez-le-feu, les Etats-Unis et leurs Alliés ont infligé à l'ONU un infligeant camouflet »,[48] administrant par là-même la meilleure preuve que dans cette affaire, les buts et principes de l'ONU n'ont joué qu'un rôle secondaire, par rapport aux buts de guerre définis par les Etats-Unis conformément à leurs intérêts nationaux.

Quelque soit l'argument utilisé, comme nous venons de le démontrer, il est difficile de soutenir que le contenu de la résolution 678 est conforme à la lettre et à l'esprit de la Charte de l'ONU. La procédure d'adoption de ce texte souffre de l'abstention de la Chine. Son contenu viole les articles 42 et 47 de la Charte et ignore les principes, buts et objectifs que cette même Charte confère à l'organisation. Une telle situation ne saurait laisser le juriste indifférent et neutre : elle appelle quelques commentaires et observations.

III. – LES IMPLICATIONS SOCIO-POLITIQUES DE LA RESOLUTION 678

A. – Observations sur le glissement actuel de l'action du Conseil de Sécurité

L'action décidée par le Conseil de sécurité contre l'Irak visait de nobles objectifs dans la mesure où la timidité et la passivité devant l'agression ne peut que favoriser un état de jungle et autoriser pour l'avenir d'autres ambitions conquérantes.

Et les hommes d'Etat qui, dans leur grande sagesse, ont légitimé le recours à la force pour faire respecter le droit international ont eu raison

(48) Ignacio RAMONET, *Gagner la paix*, Le Monde Diplomatique, n° 443, février 1991, p. l.

(49) Voir *Guerres saintes* et *Un gendarme ambigu*, le Monde Diplomatique, septembre et octobre 1990.

de rechercher avec le Président BUSH, à élaborer un « nouvel ordre mondial »[49].

Mais la belle unanimité que révèle la crise du Golfe ne doit pas faire illusion. Face au recours à la force qui a été autorisé dans les conditions que nous avons examinées dans nos développements précédents, de nombreuses questions doivent être posées : quelle force assurera désormais le règne de la loi internationale ? De quelle loi s'agit-il ? Et quelle aurait été la réaction des Etats-Unis et du Conseil de sécurité si un Etat nettement plus puissant que l'Irak avait effacé la souveraineté d'un autre Etat sans toutefois compromettre les intérêts économiques ou stratégiques du monde industrialisé ?[50]

La crise du Golfe doit être l'occasion de réfléchir à toutes ces questions afin de mieux comprendre les enjeux de la situation pour préparer le monde de l'après guerre-froide au sein duquel les Nations Unies joueront un rôle déterminant si l'objectif est vraiment de servir la cause de la paix et de la justice pour tous.

Les conditions douteuses dans lesquelles le Conseil a travaillé et la conduite même des opérations sur le terrain en dehors de tout contrôle de l'Organisation illustrent les graves difficultés soulevées par toute action militaire menée par d'autres forces que celles prévues à l'article 43 de la Charte, qu'il s'agisse de la violation de la Charte ou de la transformation de l'Organisation en véritable chambre d'enregistrement de décisions prises ailleurs.

Le retour à l'esprit de San Francisco s'impose d'autant plus que seules les Nations Unies – et elles seules – ont le droit et le pouvoir de décider et de mener une action coercitive contre un Etat membre, et, par conséquent, de mettre en œuvre le système de sécurité collective prévu par la Charte.

En dehors du mécanisme de la Charte, le risque est grand, comme le souligne le Professeur CHEMILLIER-GENDREAU,[51] que l'Organisation ne devienne un « magasin d'habillage juridique des projets américains »[52] ou de ceux de toute autre grande puissance, à l'instar de ce qui s'était déjà produit durant la guerre de Corée.

---

(50) COT, J.P. et PELLET, A., Les Nations Unies ? mais encore ?, in le Monde Diplomatique, novembre 1990, p. 17.

(51) CHEMILLIER-GENDREAU, M., Que vienne enfin le règne de la loi internationale, Le Monde Diplomatique, janvier 1991, p. 19.

(52) Mohamed Saloh MOHAMED MALMOND, Le droit international disqualifié, Libération, 6 novembre 1990.

En effet, l'un des faits les plus troublants dans l'affaire du Golfe c'est la précipitation de l'ONU à autoriser l'usage de la force en faisant fi des sanctions qui pourtant, selon la déclaration de Mr. William WEBSTER, (Directeur de la CIA) au Congrès en décembre 1990, avaient eu pour effet de priver l'Irak de la quasi-totalité de ses exportations et de 90 % de ses importations.[53]

Alors que l'amiral William CROWE, ancien président du Comité des chefs d'Etat-Major de l'armée américaine reconnaissait que « le problème n'est pas de savoir si l'embargo sera efficace, mais si nous avons la patience de le laisser produire ses effets »,[54] l'ancien Secrétaire d'Etat, Henry KISSINGER, estimait pour sa part que « les sanctions pourraient amener à des négociations mais, elles ne nous permettront pas d'atteindre nos objectifs. »[55] Quelque temps après cette déclaration, le concept de sanctions disparaissait du discours officiel américain et le Conseil décidait par suivisme, d'abandonner un blocus efficace, sans explication satisfaisante.

Comme chacun le sait, les décisions importantes relatives au déclenchement des hostilités ont été prises à Washington le 16 janvier 1990. L'ordre de lancer la bataille terrestre a été donné au Général SHWARZKOPF le 24 février par le Président BUSH qui a décidé tout seul et en tout cas sans l'avis des Nations Unies, de suspendre la bataille le 27 février, en fixant des conditions que le Conseil s'est contenté d'entériner dans sa résolution 686 (1991) du 2 mars 1991.

Le conflit du Golfe démontre clairement que l'aval du Conseil de sécurité à une action militaire conduite par certains Etats et sans son contrôle ne peut que conduire à la mise à l'écart de l'Organisation : dans ce cas, même l'action diplomatique est menée par le Ministre des Affaires Etrangères du leader de la coalition et non par le Secrétaire Général de l'ONU, sauf bien sûr au tout dernier moment lorsque tout était d'ailleurs joué comme dans le cas d'espèce.

B. – Quel nouvel ordre international ?

La crise du Golfe fournit aux Nations Unies une occasion de jouer leur rôle non seulement au Proche-Orient, mais aussi sur l'ensemble de la planète. Comme le remarque à juste titre Claude JULIEN, « l'imagination créatrice dont firent preuve en 1945 les auteurs de la Charte n'est pas moins nécessaire aujourd'hui »[56].

---

(53) Time, 17 décembre 1990.

(54) *Newsweek*, 10 décembre 1990.

(55) Ibid.

(56) Claude JULIEN, *le risque et la raison*, le Monde Diplomatique, novembre 1990, p.16.

Les Etats membres doivent saisir l'occasion offerte par la crise du Golfe pour « remettre en vigueur, dès maintenant et pour l'avenir, les mécanismes prévus par la Charte de l'ONU en vue d'assurer le maintien de la paix aux divers points du globe ».[57]

Pour que le nouvel ordre international dont parle le Président BUSH soit crédible, il doit prendre en considération toutes les menaces à la paix et à la sécurité des Etats, qu'il s'agisse de menaces militaires ou de menaces non militaires que sont les famines, le poids de la dette, la misère, le manque de démocratie et de liberté, et un incroyable chaos économique.

Un des grands mérites des auteurs de la Charte est d'avoir compris l'importance des menaces non militaires à la sécurité des Etats et de les avoir par conséquent évoquées au chapitre IX qui parle des menaces qui peuvent surgir « dans les domaines économique, social, de la santé publique » comme « dans la violation des droits de l'homme ». C'est ainsi que le chapitre X a institué le Conseil économique et social qui aurait pu veiller à ce que l'humanité ne parvienne à la situation actuelle, où un désordre économique aggravé risque de devenir « la source directe de conflits entre Etats ou de conflits internes qui, à tout instant, peuvent se propager à travers les frontières. »[58]

Comme le chapitre VII de la Charte, les chapitres IX et X ont été victimes de la guerre froide et des dures réalités économiques : les pays industrialisés ont laissé s'éclipser le rôle de l'ECOSOC et la loi du plus fort s'est imposée dans les relations économiques internationales, à tel point, comme le souligne la Banque mondiale dans son rapport de septembre 1990 que les pays pauvres du sud ont fourni aux riches du nord la bagatelle de 42.9 milliards de dollars en 1989. Combien de temps peut durer une telle situation ? Combien de conflits armés sont en germe dans cette gigantesque spoliation ?[59]

Les principes susceptibles de permettre aux Etats de trouver une solution aux divers défis de la communauté internationale sont inscrits depuis 1945 dans la Charte qui, il faudrait le réaffirmer ici, n'est pas un « papyrus desséché ».[60]

---

(57) *Ibid.*

(58) Voir l'article de Claude JULIEN déjà cité, *Le Monde Diplomatique*, novembre 1990, p.16.

(59) *Ibid.*

(60) COT et PELLET, voir leur article déjà cité dans *Le Monde Diplomatique*, novembre 1990, p.17.

La Charte a institué des organes et des mécanismes qui peuvent favoriser un développement économique et social pour tous les Etats. Elle permet en outre à l'Organisation « d'avoir le plein contrôle de la riposte à la violation du droit international et d'encadrer efficacement la légitime défense collective de ses membres. [(61)]

La guerre froide, affirment les dirigeants de principaux pays industrialisés, est finie. Les accords prévus à l'article 43 qui permettraient la création d'une véritable armée de la paix constituée par des contingents mis par les Etats à la disposition de l'ONU devraient pouvoir enfin être négociés et signés. De même, il est temps de sortir le comité d'Etat-major de sa léthargie, comme l'a du reste proposé le Ministre soviétique des Affaires Etrangères dans son discours à la quarante-cinquième session de l'Assemblée Générale. [(62)]

Pour que le Conseil de sécurité puisse pleinement assumer ses fonctions dans une Organisation des Nations Unies rénovée et fonctionnant selon les principes de la Charte, il doit offrir les garanties requises d'objectivité, « et c'est de cette exigence là que toute réforme devra tenir compte » [(63)].

La réforme du Conseil de sécurité, affirme Madame CHEMILLER-GENDREAU, « ne devra en aucun cas être seulement un réaménagement de la place des Occidentaux (sièges offerts à l'Allemagne ou à la CEE en tant que telle et au Japon) » [(64)].

A l'aube du troisième millénaire, le moment n'est-il pas venu de prendre en considération les bouleversements et les changements importants intervenus depuis 1945, sur la scène internationale, dans la composition du Conseil de sécurité ? Peut-on continuer à ignorer les géants du Sud (Brésil, Inde, Nigéria) qui peuvent pourtant jouer un rôle irremplaçable dans la mise en œuvre des dispositions du chapitre VIII de la Charte consacrées aux accords et aux organismes régionaux, et qui font en fait de ces institutions les relais des actions décidées par le Conseil de sécurité ?

L'avènement du règne du droit suppose en outre que le Conseil puisse désormais éviter d'appliquer la maxime « deux poids, deux mesures » qui ternit le prestige de l'Organisation.

---

(61) COT et PELLET, voir leur article déjà cité dans *Le Monde Diplomatique*, novembre 1990, p. 16.

(62) Voir *Le Monde* du 27 septembre 1990 ; voir également New York Times, numéros des 27 et 28 septembre 1990.

(63) CHEMILLIER-GENDREAU, M., voir son article cité, *Le Monde Diplomatique*, janvier 1991, p.19.

(64) *Ibid.*

Comme l'observe Claude JULIEN, « le rôle des Nations Unies ne peut se borner à recouvrir du manteau du droit la coalition déployée contre l'Irak. Le geste perdrait toute crédibilité s'il ne s'accompagnait d'initiatives destinées à imposer le respect d'autres résolutions, jusqu'à présent restées lettres mortes, et si l'ONU, conformément à la Charte, n'intervenait dans les domaines non militaires où se joue la paix entre les nations »[65].

Le droit international, a dit le Président MITTERRAND, n'est pas à géométrie variable.[66] Le droit international est indivisible. Or, non seulement les adeptes aujourd'hui de la force à l'appui du droit ont regardé, – et continuent d'ailleurs de le faire – de nombreuses situations (méfaits de l'Apartheid en Afrique australe, lente agonie du Liban, territoires arabes occupés, Chypre, etc.) où les résolutions du Conseil sont bafouées depuis près de vingt-trois ans, s'agissant par exemple des territoires arabes occupés et du problème palestinien, mais encore, la grande coalition assemblée contre l'Irak a accepté d'enrôler sous sa bannière la Syrie qui viole le droit au Liban, la Turquie qui viole le droit à Chypre, et d'autres Etats qui ne sont pas plus respectueux des droits de l'homme à l'intérieur de leurs frontières que l'Irak.

Pour éviter ces dérapages qui jettent le discrédit sur les Nations Unies et le doute sur la légitimité de l'action entreprise par les forces de la coalition anti-irakienne, les Etats membres se doivent de renouveler leur adhésion aux principes et objectifs inscrits dans la Charte, qui seuls peuvent leur permettre de construire un nouvel ordre juste et équitable, dont les éléments fondamentaux, comme l'a rappelé le Pape Jean-Paul II, devront être la paix et la justice.[67]

Et cette action concertée de tous avec tous et pour tous, pour reprendre la belle formule du Professeur VIRALLY, doit être entreprise par les Nations Unies et elles seules, selon les mécanismes prévus par la Charte, car les intérêts d'un Etat ou d'un groupe d'Etats ne sont pas forcément ceux de la communauté internationale. On a bien vu dans la crise du Golfe, que la tentation du recours à la force ou aux pressions de toute sorte, comme l'a déclaré le Saint-Père, existait bien avant les événements d'août 1990. Seule l'action collective des Etats au sein de l'ONU pourra permettre au monde d'échapper à de rudes conflits armés ou économiques qui jalonnent l'histoire de l'humanité.

---

(65) Claude JULIEN, voir son article déjà cité, *Le Monde Diplomatique*, novembre 1990, p.17.

(66) Discours de M. François MITTERRAND à l'Assemblée Générale, *Le Monde*, 26 septembre 1990.

(67) Voir déclaration du Saint Père en date du 4 mars 1991 à la réunion des Patriarches et Présidents des conférences épiscopales des pays du Moyen Orient qui s'est tenue au Vatican du 4 au 5 mars 1991.

VALIDITE ET PORTEE DE LA RESOLUTION 794 (1992) DU CONSEIL DE SECURITE*

L'adoption de la résolution 794 du Conseil de sécurité de l'ONU marque un tournant historique dans l'évolution du droit international : pour la première fois en effet, le Conseil de sécurité décide de recourir à la force armée pour garantir la distribution de l'assistance humanitaire.

Intervenant à la suite des résolutions récentes[1] de l'Assemblée Générale et du Conseil de sécurité sur l'assistance humanitaire aux Kurdes irakiens et sur le nouvel ordre humanitaire international, la résolution 794 constitue assurément une étape dans la codification du droit d'ingérence humanitaire entamée par les Nations Unies depuis la guerre du Golfe, sous l'impulsion des Etats-Unis et de leurs alliés, même si les mécanismes de contrôle et de coordination de l'opération entreprise en Somalie représentent un progrès certain au regard des dispositions de la Charte, par rapport à l'opération menée en Irak aux termes de la résolution 678 du Conseil de sécurité.

Il convient de relever que le Conseil de sécurité, « au nom d'une conception indubitablement extensive des compétences qu'il possède en matière de rétablissement et de maintien de la paix »[2] a de plus en plus tendance à réglementer tous les aspects de la vie internationale, englobant des situations qui intéressent aussi bien les Etats que les individus. D'où l'intérêt de l'étude de la résolution 794 qui marque un

---

* Paru dans *Afrique 2000, Revue Africaine de Politique Internationale* n° 13, avril – mai 1993, pp. 15-79.

(1) Il s'agit des résolutions 43/131 du 8 décembre 1988, 45/100 du 14 décembre 1990 et 688 du 5 avril 1991 qui portent respectivement sur le nouvel ordre humanitaire international, sur l'assistance humanitaire aux victimes de catastrophes naturelles et sur l'assistance aux Kurdes en Irak.

(2) DUPUY, P.M., *Après la guerre du Golfe*, in Revue Générale de Droit International Public, RGDIP, CNRS, Paris, 1991, p. 630.

pas de plus vers la consécration de l'ingérence de l'ONU, pour cause d'humanité, dans des domaines autrefois sacrés tels la souveraineté des Etats et les libertés individuelles.

Certes, comme le reconnaît le Secrétaire général de l'ONU dans sa lettre du 29 novembre 1992 au Conseil de sécurité,[3] la situation en Somalie était devenue intolérable, et l'absence de Gouvernement combinée avec le pillage de l'aide et le chaos orchestré par les chefs de clans somaliens, (assassins et affameurs de leurs peuples, mais, eux, bien nourris),[4] avaient créé une situation exceptionnelle et sans précédent nécessitant alors une réaction exceptionnelle de la communauté internationale « qui ne pouvait plus assister, sans agir avec fermeté, à l'agonie prolongée et extrême du peuple somali »[5], agonie exacerbée du reste par le « refus de plusieurs factions de coopérer avec l'ONUSOM ainsi que par les extorsions, le chantage et le vol à mains armées dont sont victimes les organismes internationaux de secours »[6].

Mais il convient du reste, tout en se félicitant de la dimension humanitaire et de la référence à la conscience universelle que comporte l'opération militaire menée en Somalie, de s'interroger, sur un plan strictement juridique et politique, sur la validité de la résolution 794 au regard du droit positif ainsi que sur ses motivations, ses finalités et la portée qu'elle peut avoir.

La résolution 794 tient compte des préoccupations exprimées par de nombreux auteurs[7] et par les pays non alignés membres du Conseil de sécurité[8] en ce qui concerne le mandat, la durée, le contrôle et la supervision de toute action coercitive internationale menée par les Nations Unies ou sous leurs auspices.

---

(3) Lettre datée du 29 novembre 1992 (S/24868) adressée au Président du Conseil de sécurité par le Secrétaire Général.

(4) Voir commentaires de Bechir Ben YAHMED in *Jeune Afrique*, n° 1665, du 3 au 9 décembre 1992, p. 4.

(5) Voir l'intervention du délégué du Vénézuela à la 3145e séance du Conseil de sécurité tenue à New York le 3 décembre 1992, Doc. S/PV/3145, p. 4.

(6) Intervention du Représentant de l'Inde au Conseil de sécurité, le 3 décembre 1992, voir Doc. S/PV/3145, p. 48.

(7) Voir par exemple DJIENA WEMBOU, M.C., *Le droit d'ingérence humanitaire, un droit aux fondements incertains au contenu imprécis et à géométrie variable*, in 4 RADIC (1991), Londres, pp. 570-591 et Afrique 2000, Revue Africaine de Politique Internationale, n° 11, 1992, pp. 5-24 ainsi que Réflexions sur la validité et la portée de la résolution 678 du Conseil de sécurité, in Revue juridique et politique, indépendance et coopération, n° 4, octobre, décembre 1992, pp. 438-457.

(8) Ces positions ont été exprimées par les Représentants de l'Inde, du Zimbabwe, du Cap Vert, du Maroc et du Vénézuela, voir Doc. S/PV/3145 du 3 décembre 1992.

Mais certaines de ses dispositions sont indiscutablement en contradiction avec la lettre de la Charte, et d'abord de manière flagrante avec les articles 43, 45, 46, et 47. Par ailleurs, la résolution 794 est en opposition avec la lettre et l'esprit du préambule et du chapitre VII qui prévoit notamment en ses articles 39 et 42, que « c'est l'organisation elle-même (et non le Secrétaire général et les Etats concernés),(9) qui non seulement décide de recourir à la force, mais la met en œuvre »(10).

I. – LE PROCESSUS D'ELABORATION ET D'ADOPTION DE LA RESOLUTION 794

La procédure d'adoption des décisions par le Conseil de sécurité est fixée par l'article 27 de la Charte qui dispose :

> « ... les décisions du Conseil de sécurité sur toutes autres questions sont prises par un vote affirmatif de neuf de ses membres dans lequel sont comprises les voix de tous les membres permanents, étant entendu que dans les décisions prises aux termes du chapitre VI et du paragraphe 3 de l'Article 52, une partie à un différend s'abstient de voter. »

La mise au point d'une résolution quant à elle découle de consultations officieuses ou officielles menées au sein du Conseil à l'initiative d'un ou de plusieurs de ses membres ou même du Secrétaire général(11), suivant les dispositions pertinentes de la Charte(12) et du règlement intérieur du Conseil de sécurité(13).

Dans le cas d'espèce, il convient de relever le rôle prépondérant joué par le Secrétaire général tout au long de la préparation et de l'adoption de la résolution, ainsi que le respect de la procédure d'adoption de décision prévue par la Charte.

---

(9) C'est nous qui soulignons.

(10) NGUYEN, DAILLIER et PELLET, *Droit international public*, Paris, 1976, p. 859.

(11) Pour plus de détails sur le processus normatif au sein des Nations Unies, voir DJIENA WEMBOU, M.C., *L'ONU et le développement du droit international*, Paris, Berger-Levrault, 1991, p. 250.

(12) Voir les articles 33, 99 et le chapitre V de la Charte de l'ONU.

(13) Le Secrétaire Général peut attirer l'attention du Conseil de sécurité sur toute situation qui, à son avis, pourrait mettre en danger le maintien de la paix et de la sécurité internationales. En plus de ce droit d'initiative sans précédent, l'article 22 du Règlement provisoire du Conseil de sécurité prévoit :
Le Secrétaire général ou son adjoint agissant en son nom peut présenter des exposés oraux ou écrits au Conseil de sécurité sur toute question faisant l'objet de l'examen du Conseil.

A. – La renaissance du droit d'initiative du Secrétaire Général

L'article 99 de la Charte des Nations Unies donne au plus haut fonctionnaire de l'Organisation un droit d'initiative sans précédent : alors que le Secrétaire général de la Société des Nations ne pouvait convoquer le Conseil de la SDN qu'à la demande de l'un des Etats membres, le Secrétaire général de l'ONU se voit conférer le droit « d'attirer l'attention du Conseil de sécurité sur toute affaire qui, à son avis, pourrait mettre en danger le maintien de la paix et de la sécurité internationales ».

Conscients du fait que les Etats membres pouvaient hésiter, pour diverses raisons, à porter devant le Conseil une affaire quelconque, les rédacteurs de la Charte avaient voulu s'assurer que dans ce cas, il y aurait un organe compétent pour le faire. C'est ainsi que le Secrétaire général s'est vu attribuer « un entier pouvoir d'appréciation sur l'opportunité de porter ou non personnellement une affaire devant le Conseil de sécurité ».(14)

Comme on le sait, en raison de la guerre froide, les Secrétaires généraux de l'ONU ont très peu utilisé l'article 99 de façon explicite, à l'exception des réunions du Conseil tenues à la demande expresse de M.M. Dag HAMMARSKJOLD et WALDHEIM, à l'occasion de la crise congolaise et de la détention du personnel diplomatique américain en Iran.(15)

Par ailleurs, les Secrétaires généraux successifs de l'Organisation ont toujours éprouvé des difficultés à utiliser pleinement les moyens que leur donne la Charte (articles 97 et 99) et à affermir leurs prérogatives face aux Etats membres.

En effet, « conscient d'avoir une vocation très particulière, Dag HAMMARSKJOLD élabora peu à peu une vaste théorie du rôle de l'Organisation et de son Secrétaire général »(16). Il considérait en effet comme un devoir de « développer tout le potentiel de cet instrument de diplomatie unique qu'a créé la Charte avec cette institution appelée le Secrétaire général des Nations Unies ».(17)

---

(14) voir le commentaire de l'article 99 de la Charte des Nations Unies par Marie-Claude SMOUTS in Cot et Pellet, *La charte des Nations Unies*, économica/ Bruylant, Paris, 1985, p. 1318.

(15) Lors de la crise congolaise, le 13 juillet 1960, Dag Hammarskjold demanda au Président du Conseil de sécurité la réunion urgente du Conseil sur la base de l'article 99. En novembre 1979, pour la seconde fois dans son histoire, le Conseil de sécurité fut réuni à la requête urgente du Secrétaire général, en raison de la détention prolongée du personnel diplomatique américain en Iran.

(16) SMOUTS M.C., étude citée, p. 1323.

(17) Discours du 11 septembre 1953, cité par FOOTE, W. dans son Ouvrage : *Servant of Peace*, New York and Evanston, Harper and ROW, 1962, p. 27.

Cette conception du deuxième Secrétaire général de l'ONU a influencé largement l'évolution de la fonction et tous ses successeurs, qui ont assumé des fonctions politiques et cherché à prendre des initiatives dans des domaines relevant de la compétence du Conseil de sécurité, dans le cadre de la « diplomatie préventive ».

Avec l'opération en Somalie, l'on assiste à la renaissance du droit d'initiative du Secrétaire général. Certes, le contexte international a profondément changé, avec la fin de la guerre froide et l'émergence d'une seule super-puissance. Mais ceci ne diminue en rien le rôle personnel joué par M. BOUTROS BOUTROS-GHALI aussi bien pour sensibiliser les membres du Conseil à la tragédie somalienne que pour amener celui-ci à prendre des décisions urgentes sur la base des recommandations contenues dans sa lettre du 29 novembre 1992.

Déjà, dans sa précédente lettre au Conseil, le Secrétaire général avait affirmé que la situation en Somalie était inadmissible et que les méthodes classiques du maintien de la paix employées jusqu'alors par l'Organisation étaient devenues inopérantes dans un Etat sans gouvernement livré aux pillards et aux bandits.

Au cours de consultations officieuses tenues le 25 novembre 1992, les membres du Conseil accueillirent favorablement l'idée du Secrétaire général de revoir les fondements et principes de l'action des Nations Unies en Somalie et lui demandèrent de leur présenter des recommandations précises sur la façon dont les Nations Unies pourraient redresser la situation, « de manière à ce que puissent être créées les conditions permettant d'assurer sans interruption l'acheminement de secours aux somaliens qui meurent de faim ».

Dans sa lettre du 29 novembre 1992, le Secrétaire général a donc présenté au Conseil de sécurité cinq options pour permettre la réalisation urgente des opérations humanitaires en Somalie : la poursuite du déploiement des effectifs de l'ONUSOM en Somalie, le retrait des éléments militaires de l'ONUSOM, une démonstration de force par l'ONUSOM dans la ville de Mogadiscio, une opération coercitive à l'échelle de tout le pays, qui serait entreprise par un groupe d'Etats membres autorisés à cet effet par le Conseil de sécurité et enfin, comme cinquième option, une opération coercitive couvrant le pays tout entier, et qui serait placée sous le commandement et le contrôle des Nations Unies.

Comme on le sait, les membres du Conseil, à l'initiative des Etats-Unis dont le Secrétaire d'Etat par intérim avait clairement indiqué au Secrétaire général, le 25 novembre 1992, la décision de son pays de prendre la tête d'une opération militaire internationale pour acheminer des secours au peuple somalien affamé et meurtri – ont décidé d'adopter la quatrième option présentée par le Secrétaire général, assortie de recommandations précises quant au mandat des forces armées, à leur contrôle par l'ONU ainsi qu'à la durée de l'opération.

Pour la première fois depuis 1945, le Conseil de sécurité et le Secrétaire général ont fait montre d'une coopération sans faille dans le règlement d'une affaire liée au maintien de la paix et de la sécurité internationales : le Secrétaire général sans jamais mentionner de manière explicite l'article 99 de la Charte, a joué un rôle crucial dans la mobilisation de l'opinion internationale et dans l'élaboration de la résolution 794 contenant les décisions du Conseil de sécurité relatives à l'emploi de la force dans un Etat indépendant et souverain, membre de l'Organisation des Nations Unies.

Il s'agit là, à n'en point douter, d'une évolution notable dans la fonction de Secrétaire général de l'ONU. La renaissance du droit d'initiative du Secrétaire général dans un domaine aussi délicat que celui du maintien de la paix constitue un précédent historique dont on n'a pas encore fini de mesurer les effets.

Si l'on peut se féliciter de cette évolution heureuse de la fonction de Secrétaire général, en tant qu'organe « neutre » (par rapport aux Etats, et notamment aux plus puissants d'entre eux) pouvant proposer au Conseil des solutions équitables pour le maintien de la paix et assurer ensuite au nom de l'Organisation, la supervision politique de l'action coercitive engagée, il convient de relever tout de même que ce droit d'initiative du Secrétaire général « est lourd de conséquences car on peut très bien imaginer un Secrétaire général surestimant le poids de son influence auprès du Conseil et portant sur le bureau de celui-ci une affaire dont un des membres permanents refuse de connaître ».[18]

Le Secrétaire général doit donc être prudent aussi bien dans l'application de l'article 99 que dans la prise de toute initiative dans le domaine de la paix et de la sécurité internationales, « parce que cela implique un jugement de valeur sur une situation dont la portée peut être controversée, et parce que cette initiative préjuge une réponse favorable du Conseil, mais aussi parce que le Secrétaire général risque de cautionner de son nom les mesures prises ultérieurement par le Conseil » [19]. Ce fut le cas de Trygve LIE dans l'affaire de Corée, dont la direction des opérations, essentiellement menées par les Etats-Unis, lui échappa entièrement. Plus près de nous, l'on se souvient du conflit entre le

---

(18) Smouts, M.C., étude citée, p.1319.
(19) Smouts, M.C., étude citée, p.1319.

Secrétaire général BOUTROS-GHALI et le Gouvernement américain à propos du mandat des forces armées internationales déployées en Somalie.

Quelle que soit l'évolution future de la fonction de Secrétaire général, l'on ne peut s'empêcher de souligner, à ce stade, que l'adoption de la résolution 794 par le Conseil de sécurité, à l'initiative et suivant les recommandations du Professeur BOUTROS-GHALI, consacre un droit d'initiative considérable de ce dernier dans les affaires relevant essentiellement de la compétence du Conseil de sécurité.

B. – La régularité de la procédure d'adoption de la résolution

La procédure d'adoption de la résolution 794 a été absolument conforme aux dispositions de l'article 27 de la Charte : les quinze membres du Conseil présents à la séance du jeudi 3 décembre 1992 à 17 h 30 ont voté pour le projet de résolution figurant au document S/24880 qui a donc été adopté à l'unanimité en tant que résolution 794 (1992).

Aucun membre permanent du Conseil n'ayant décidé de s'abstenir lors du vote de la résolution par le Conseil de sécurité, la résolution 794 a donc été adoptée, comme l'exige l'article 27 de la Charte, par un « vote affirmatif » de neuf des membres du Conseil, « dans lequel sont comprises les voix de tous les membres permanents... ».

Lors de l'adoption de la résolution 678 autorisant le recours à la force contre l'Irak, la République Populaire de Chine, membre permanent du Conseil de sécurité, avait décidé de s'abstenir, viciant ainsi le processus décisionnel prévu par la Charte pour le Conseil de sécurité, et invalidant du même coup la résolution 678.

Dans le cas d'espèce, la République Populaire de Chine a formulé des réserves expresses, par la voix de son Représentant au Conseil de sécurité, l'Ambassadeur Li DAOYU, eu égard au fait que « le projet de résolution a pris une forme qui autorise certains pays à entreprendre des actions militaires, ce qui pourrait avoir des effets défavorables sur le rôle collectif des Nations Unies ».[20] Mais elle a finalement rejoint le consensus et décidé de voter en faveur de la résolution 794 (1992), car cette résolution « reflète, dans une certaine mesure, les recommandations du Secrétaire général et les préoccupations de la plupart des pays, et prend en compte certaines des opinions fondées de nombreuses délégations, dont la délégation chinoise, quant à des questions telles que

---

(20) Intervention de l'Ambassadeur Li DAOYU à la 3145e séance du Conseil de Sécurité, le 3 décembre 1992, avant l'adoption par le Conseil de la résolution 794 (1992). voir Doc. S/PV 3145, p. 17.

le renforcement du contrôle des Nations Unies en ce qui concerne l'opération qui doit être menée par les pays intéressés ».[21]

Depuis la disparition de l'Union soviétique, le seul membre permanent du Conseil qui aurait pu user de son droit de veto ou s'abstenir comme on l'a vu lors de l'adoption d'autres résolutions précédentes d'inspiration américaine est la Chine. Mais en décidant d'approuver la résolution sous examen, elle a du même coup écarté tout vice de forme et de procédure qui aurait entaché d'irrégularité ladite résolution.

Il s'en suit donc que le processus décisionnel prévu par la Charte pour le Conseil de sécurité a été pleinement respecté lors de l'adoption de la résolution 794. Mais le contenu de celle-ci soulève d'énormes difficultés, aussi bien d'ordre juridique que politique.

II. – LA PORTEE DE LA RESOLUTION 794

Il convient tout d'abord d'examiner le contenu de la résolution (A) avant d'en dégager les implications politiques et stratégiques (B).

A. – Examen du contenu de la résolution

Comme l'avait recommandé le Secrétaire général dans sa lettre du 29 novembre 1992, le Conseil de sécurité commence par faire le constat, conformément à l'article 39 de la Charte, de l'existence d'une menace contre la paix, en raison des répercussions du conflit en Somalie sur l'ensemble de la région. Le Conseil constate également que les mesures non militaires visées au chapitre VII de la Charte n'ont pas permis de donner effet à ses décisions. Puis il décide d'autoriser « le Secrétaire général et les Etats membres qui coopèrent à la mise en œuvre de l'offre visée au paragraphe 8 ci-dessus, à employer tous les moyens nécessaires pour instaurer aussitôt que possible des conditions de sécurité pour les opérations de secours humanitaires en Somalie ».[22]

Dans la résolution 794, le Conseil de sécurité institue un commandement unifié pour la direction et le contrôle des diverses forces qui seront déployées (paragraphe 12), demande au Secrétaire général et aux Etats intéressés d'établir des mécanismes appropriés pour assurer la coordination entre l'ONU et les forces militaires envoyées en Somalie (paragraphe 13), invite le Secrétaire général à détacher un petit groupe de liaison de l'ONUSOM auprès du quartier général du commandement

---

(21) Ibid.

(22) Paragraphe 10, Résolution 794 (1992).

unifié sur le terrain (paragraphe 15), exige que le Secrétaire général et les Etats intéressés lui fassent des rapports périodiques sur la mise en œuvre de la résolution, de manière à ce qu'il soit en mesure de la contrôler et d'y mettre fin le moment venu (paragraphe 18, 19 et 21).

Comme on le voit, l'objectif de l'opération est clairement humanitaire. Le Secrétaire général est au centre de cette opération qui demeure sous le contrôle politique des Nations Unies qui en ont fixé le mandat, l'ampleur et la durée et qui se réservent le droit de déterminer le moment de sa conclusion. Il s'agit là d'un net progrès par rapport au texte de la résolution 678 qui constituait un véritable blanc-seing donné aux Etats-Unis et à leurs partenaires dans la coalition anti-irakienne, car cette résolution ne fixait « aucune limite à la durée du conflit, aucune obligation de tenir informé le Conseil de sécurité, aucune contrainte quant aux moyens de destruction ou des dommages causés aux cibles civiles »(23).

Mais il faudrait toutefois relever que toutes ces mesures de contrôle et de coordination prévues par la résolution 794 demeurent en deçà des dispositions pertinentes du chapitre VII de la Charte.

Comme le souligne Madame CHEMILLIER-GENDREAU, le système de maintien de la paix prévu par la Charte suppose que « les Nations Unies soient bien un sujet nouveau du droit, porteur d'une identité collective des Nations .., d'un bout à l'autre, la compétence des Nations Unies est exprimée par le Conseil de sécurité et le Comité d'Etat-Major qui ne sont à aucun moment dessaisis »(24).

En effet, l'action coercitive des Nations Unies comporte, conformément au Chapitre VII, « une succession de décisions et d'actions – toutes collectives – et qui ne sont jamais transférées à tel ou tel partenaire singulier »(25).

D'après l'article 42 de la Charte, lorsque le Conseil estime que les mesures coercitives non militaires sont inadéquates, il peut entreprendre au moyen de forces navales, aériennes ou terrestres toute action qu'il juge nécessaire au rétablissement de la paix, par le biais des forces armées mises à sa disposition par les Etats membres suivant des accords spéciaux (article 43) et avec l'assistance du Comité d'Etat-Major qui en assure la direction stratégique (article 47).

---

(23) FALK R., *Les Nations Unies sous la coupe de Washington*, in *Le Monde Diplomatique*, février 1991, p. 3.

(24) CHEMILLIER-GENDREAU, M., Ingérence, charité et droit international, in Le Monde Diplomatique, janvier 1993, pp. 4-5.

(25) Ibid.

Tel est le mécanisme prévu par la Charte – et le seul – en cas de recours à la force par l'ONU, pour rétablir la paix et la sécurité internationales.

Comme l'avait souligné le représentant du Zimbabwe au Conseil de sécurité, la Charte est très précise sur ce point :

> « dans toute action coercitive internationale, c'est l'Organisation des Nations Unies qui doit définir le mandat ; c'est l'Organisation qui doit suivre et superviser son exécution ; et c'est elle qui doit décider quand le mandat est achevé. »[(26)]

La même opinion avait du reste été exprimée, avec raison, par les délégués de la Belgique,[(27)] de l'Inde,[(28)] de la Chine,[(29)] du Cap Vert,[(30)] et de l'Equateur[(31)] car la Charte ne prévoit pas que le Conseil puisse déléguer la responsabilité de la conduite des opérations militaires qu'il a décidées, au Secrétaire général et/ou à un groupe d'Etats. Le Conseil, qui a reçu délégation de pouvoirs des Etats membres suivant l'article 25, pour décider en leur nom, doit cependant agir conformément aux buts et principes des Nations Unies (article 24). A cet effet, il établit lui-même les plans pour l'emploi de la force armée avec l'aide du Comité d'Etat-Major (article 46).

Or, dans la résolution 794, le Conseil a autorisé le Secrétaire général et les Etats intéressés à « user de tous les moyens nécessaires... ». Ce faisant, le Conseil a délégué sans fondement juridique sa responsabilité à un groupe d'Etats, en violation des articles 39, 42, 43, 46, et 47 de la Charte.

Certes, l'urgence de la situation en Somalie, les difficultés pratiques soulevées par le Secrétaire Général et les réticences américaines face à un commandement non américain sous lequel auraient été placées leurs troupes expliquent peut-être le mécanisme retenu par le Conseil pour l'opération internationale en Somalie. Mais le juriste se doit de relever

---

(26) Déclaration du Zimbabwe (Ambassadeur Mumbengegwi, voir Doc. S/PV/3145, p.7).

(27) Déclaration du Représentant de la Belgique, 3145e séance du Conseil de Sécurité voir Doc S/PV/3145.

(28) Déclaration de l'Ambassadeur GHAREKHAN, voir Doc. S/PV 3145.

(29) Intervention avant le vote, par l'Ambassadeur Li DAOYU (Chine) voir Doc. S/PV/3145.

(30) Déclaration avant le vote, faite par M. BARBOSA (Cap Vert) Voir Doc. S/PV/3145.

(31) Explication de la position de l'Equateur présentée par S.E. Ayala LASSO, Représentant de l'Equateur, voir Doc. S/PV/3145.

que ce mécanisme est contraire aux dispositions pertinentes de la Charte de l'ONU.

Il importe en effet, malgré tout le balisage médiatique opéré aujourd'hui autour de certaines situations humanitaires, de transcender l'émotion et la morale afin de réfléchir aux réalités stratégiques qui déterminent la politique internationale, de rechercher les intérêts qui guident les Etats concernés, et surtout, de réfléchir « à l'usage des fictions juridiques et à la force des réalités internationales, et nous placer à la fois sur le court terme et dans le long terme, là où se jouent les transformations sociales essentielles » (32).

Certains auteurs ont souligné à maintes reprises, (33) que le Conseil avait pleine compétence pour choisir le procédé qu'il estimait être le plus approprié, eu égard aux circonstances auxquelles il avait à faire face, à condition de ne pas s'écarter de sa fonction et des buts de la Charte.

Mais une analyse juridique plus fine permet de démontrer que cette argumentation ne résiste pas à la critique : d'abord, parce qu'aucun article de la Charte n'autorise le Conseil à déléguer à certain Etats ou au Secrétaire général des pouvoirs spécifiques qu'il détient dans le domaine du maintien de la paix et de la sécurité internationales, et qui lui ont été délégués par tous les Etats membres afin d'assurer l'action rapide et efficace de l'Organisation (Article 24). Ensuite, parce que les pères fondateurs, dans un esprit de sagesse et de réalisme, ont prévu non pas une armée internationale, mais une force qui serait composée de contingents nationaux mis à la disposition du Conseil sur la base d'accord spéciaux librement consentis.(34)

Comme chacun le sait, les accords spéciaux prévus à l'article 43, qui auraient permis au Conseil de disposer en cas de besoin de forces militaires nécessaires, n'ont pas été conclus jusqu'alors parce que l'entente fondamentale entre les grands, qui avait du reste permis de gagner la deuxième guerre mondiale, n'a pas survécu à leurs rivalités

(32) CHEMILLIER-GENDREAU, M., étude citée, p. 4.

(33) Voir Charles CHAUMONT, *L'équilibre des organes politiques des Nations Unies et la crise de l'Organisation*, AFDI, 1965, pp. 436-437 et 442 ; GUGGENHEIM, P., *Traité de droit international public*, Georg. Genève, 1954, Vol. II et SEYERSTED, F., *United Nations Forces, Some Legal Problems*, BYBIL, 1961, pp. 359-362.

(34) Pour d'amples informations, voir DJIENA WEMBOU, M.C., *L'ONU et le développement du droit international, op. cit., Chapitre 1, et Réflexions sur la validité et la portée de la résolution 678 du Conseil de sécurité, in 5 RADIC (1993)* n° 1, pp. 438-457.

politico-militaires et idéologiques. Ce n'est pas l'opérationnalité des articles 43, 46 et 47 qui est en cause, mais la volonté délibérée de certaines puissances non seulement d'ignorer les mécanismes de la Charte lorsqu'il, ne servent pas leurs intérêts, mais de conserver absolument le commandement de leurs troupes sur le terrain, même lorsqu'elles sont en mission au nom des Nations Unies. Il y a donc une nette ambition hégémonique et un manque de volonté politique.

La guerre froide, affirment les dirigeants des principales puissances industrialisées, est terminée. Les accords prévus à l'article 43, qui permettraient la création d'une véritable armée de paix neutre sous le commandement exclusif de l'ONU et du Comité d'Etat-Major devraient pouvoir enfin être signés, afin que désormais les actions coercitives engagées par l'Organisation soient menées conformément au seul mécanisme de la Charte et placées sous le commandement et le contrôle direct du Conseil de sécurité, comme du reste l'avait proposé le Secrétaire général dans la cinquième option[35] en ce qui concerne le cas de l'opération militaro-humanitaire en Somalie.

Seul un retour aux mécanismes originels de la Charte permettra de restaurer la crédibilité du Conseil de sécurité, et empêchera par là-même que la décision de recourir à la force dans les relations internationales contemporaines ne devienne une arme juridique redoutable aux mains des grandes puissances qui dominent le Conseil de sécurité, et en particulier, les Etats-Unis d'Amérique.

Certes, ce pays n'est pas nommément cité dans le dispositif de la résolution 794. Mais en acceptant « l'offre d'un Etat membre... concernant l'établissement d'une opération en vue de l'instauration des conditions de sécurité... » (en Somalie), le Conseil donne mandat aux Etats-Unis d'intervenir en son nom, même s'il adopte un certain nombre de mesures pour garder le contrôle politique et la direction de toute l'opération.

Quelque soit l'argument utilisé, comme nous venons de le démontrer, il est difficile de soutenir que le contenu de la résolution 794 est conforme à la lettre et à l'esprit de la Charte de l'ONU. La procédure d'adoption de ce texte ne souffre certes d'aucune irrégularité ; mais son contenu viole les articles 42, 43, 46 et 47 de la Charte et ignore les principes buts et objectifs que cette même Charte confère à l'Organisation.

---

(35) Voir lettre du Secrétaire Général du 29 novembre 1992, déjà citée, p. 6.

B. – Les implications juridiques et politiques de la résolution 794

L'adoption de la résolution 794 ne constitue pas une étape significative dans la codification du droit d'ingérence humanitaire. Cette résolution complète les résolutions 43/131, 45/100 et 688 de l'ONU sur l'assistance humanitaire, notamment au niveau de la détermination des titulaires et des prestataires du prétendu droit d'ingérence humanitaire, mais elle manque, de manière dramatique, les éléments juridiques fondamentaux qui auraient pu contribuer à l'introduction de ce nouveau concept dans le droit positif.

Il ressort en effet de la résolution 794 que le droit d'ingérence a trois titulaires : les victimes, les ONG humanitaires et le Secrétaire général de l'ONU. Les résolutions antérieures de l'Organisation avaient déjà précisé que le droit d'ingérence humanitaire est à la fois le droit des victimes d'être secourues et le droit des organisations humanitaires internationales d'accéder librement aux mêmes victimes pour leur apporter la nourriture, les médicaments ou les soins médicaux dont elles ont besoin.

La résolution 794 apporte deux éléments nouveaux : tout d'abord, le Secrétaire général apparaît désormais comme le troisième titulaire du droit d'ingérence humanitaire. Ensuite, le droit d'ingérence humanitaire se présente aussi comme le corollaire du droit international humanitaire, dont la violation engage désormais la responsabilité pénale des intéressés.

Le Conseil de sécurité affirme, dans le paragraphe 5 du dispositif de la résolution sous examen, que « ceux qui commettent ou ordonnent de commettre de tels actes, (il s'agit des "actes qui font délibérément obstacle à l'acheminement des vivres et des fournitures médicales essentielles pour la survie de la population civile"),(36) seront tenus individuellement responsables ». Il s'agit là d'une autre innovation opérée par le Conseil, car jusqu'ici, l'aspect, pénal était absent de la théorie de l'ingérence humanitaire.

L'établissement de la responsabilité internationale des individus ou des groupes de personnes ne saurait toutefois passer inaperçu dans le cadre de la codification de l'ingérence humanitaire: verra-t-on demain la responsabilité de dictateurs qui s'opposent à l'assistance humanitaire, à une partie de leur peuple, être engagée ? Arriverons-nous au point où serait engagée la responsabilité de ceux par la faute de qui des milliers de leurs concitoyens meurent parce qu'ils dilapident le trésor public,

(36) Paragraphe 5 du dispositif de la résolution 794.

truquent les élections et conduisent leur pays au chaos ? Sur quelle base, selon quelles modalités et par quel organe ces personnes seraient-elles jugées ?

Ce serait là une évolution intéressante, lorsqu'on connaît la situation économique critique de certains pays du Tiers-Monde et les lourdes responsabilités que porte le leadership politique dans le marasme économique, le manque de libertés et les souffrances indicibles des populations, notamment en Afrique. Soulignons toutefois qu'il s'agit là d'une simple éventualité et non de la réalité juridique. C'est tout le problème du passage de la *lex ferenda* à la *lex lata*. Ce qu'il convient de noter à ce stade, c'est le but réel de la résolution 794, qui consistait à fournir une base juridique pour engager, en temps opportun, la responsabilité de ceux qui empêchaient la distribution de l'assistance humanitaire en Somalie.

Comme on le voit, la résolution 794 apporte quelques précisions supplémentaires dans la définition du droit d'ingérence humanitaire. Mais elle ne réussit pas à introduire cette construction intellectuelle dans le droit positif, non seulement parce que les résolutions des organes politiques de l'ONU ne sont pas des sources formelles du droit international, mais aussi parce que cette résolution ne contribue ni à clarifier les fondements du devoir d'ingérence humanitaire, ni même à en fixer le contenu.

Malgré tout le soin que les Etats-Unis, la France et le Royaume-Uni ont mis dans la rédaction de la résolution querellée, l'on ne peut que constater qu'elle demeure muette sur les fondements du droit d'ingérence humanitaire. L'on ne sait toujours pas sur quelle source du droit international se fonde l'intervention pour cause d'humanité.

L'article 38 du Statut de la Cour Internationale de Justice, qui précise les sources du droit international applicable, mentionne les conventions internationales, la coutume, les principes généraux du droit et, sous certaines conditions, les décisions judiciaires et la doctrine des publicistes les plus qualifiés de différentes nations.

Or, le droit d'ingérence humanitaire, comme nous l'avons démontré [(37)], ne trouve son fondement juridique ni dans la Charte de l'ONU, ni dans la coutume, ni, à proprement parler dans les résolutions de l'ONU ou même dans la jurisprudence de la Cour Internationale de Justice.

---

(37) Voir notre étude : Le droit d'ingérence humanitaire : un droit aux fondements incertains, au contenu imprécis et à géométrie variable, déjà citée. On pourrait consulter également CORTEN, O. et KLEIN, P., *Droit d'ingérence ou obligation de réaction*, édition de l'Université de Bruxelles, 1992.

La résolution 794 ne précise pas à quel moment précis apparaît « le risque de mettre en péril la sécurité internationale », ni même quelle est la signification du droit d'ingérence ou encore quels en sont les titulaires et les prestataires ainsi que les modalités et les critères selon lesquels l'intervention peut être déclenchée. Bien plus, elle ne permet pas de connaître le moment précis à partir duquel l'ingérence humanitaire peut justifier l'illicite.

L'œuvre de codification du droit d'ingérence humanitaire entreprise par les Etats-Unis et leurs alliés s'avère donc délicate, difficile et inopportune : il faut en effet éviter l'introduction, dans le droit international, de normes non consensuelles qui surgissent du néant et qui accroissent le règne du non-droit et de la confusion, ouvrant par là même la voie à la politisation du droit international, à l'effacement du seuil de licéité et donc à la banalisation de l'illicite.

Personne ne saurait contester la nécessité d'actions humanitaires d'urgence, comme dans le cas de la Somalie. Mais au-delà de ces initiatives louables, il convient de s'attaquer résolument aux racines du mal, c'est-à-dire aux menaces non militaires qui pèsent sur la sécurité et la survie des pays du Sud, et qui ont pour nom la pauvreté, la fluctuation des prix des matières premières, la maladie, la corruption, le manque de démocratie et de libertés.

L'humanitaire ne peut et ne saurait se substituer à la relance du dialogue nord-sud, à la démocratisation des relations internationales et à l'application correcte du droit par tous les Etats et dans tous les domaines de la vie internationale. Comme le souligne le Professeur CHEMILLIER-GENDREAU : « il est paradoxal et malsain d'organiser des opérations très voyantes de charité sous haute protection militaire alors que leur nécessité découle, en partie, d'injustices provenant de la non-application du droit par ceux-là mêmes qui s'approprient la charité. Ces injustices ont pour nom : dette, marché des matières premières, industrie et commerce des armes, corruption généralisée dans les affaires internationales » [38].

Par ailleurs, l'on se doit de relever que la pratique récente du Conseil de sécurité et l'attitude des Etats qui ont entrepris de mettre en œuvre le droit d'ingérence humanitaire consacrent le triomphe des comportements sélectifs des Etats les plus puissants devant l'urgence humanitaire ou devant la violation du droit international humanitaire : intervention des alliés pour protéger les Chiites et les Kurdes, inaction devant la déportation

---

(38) CHEMILLIER-GENDREAU, M., *Ingérence, charité et droit international*, in *Le Monde Diplomatique*, janvier 1993, p. 5.

de quatre cents Palestiniens par Israël et le massacre des musulmans Bosniaques par les Serbes ; intervention militaro-humanitaire en Somalie, inaction devant les crimes perpétrés par la Chine au Tibet et par les Serbes en Bosnie, etc.

Certes, le rôle de l'ONU a été renforcé depuis la guerre du Golfe. Mais en réalité, les grandes puissances tentent aujourd'hui de l'utiliser, voire, de se substituer à elle dans de nombreux domaines des relations internationales : maintien et rétablissement de la paix, assistance humanitaire d'urgence, etc. C'est pourquoi les actions humanitaires d'urgence devraient désormais répondre à deux conditions : « être gérées collectivement d'un bout à l'autre, être accompagnées, dans le même temps, par les actions de fond qu'impose un vrai respect de toutes les règles du droit » [39].

Il y va de la crédibilité de l'Organisation des Nations Unies, en tant qu'acteur autonome des relations internationales, exprimant la volonté collective de tous les Etats et non celle de quelques-uns d'entre eux.

---

(39) Ibid.

CONSIDERATIONS JURIDIQUES SUR LES RECENTES ATTAQUES AMERICAINES CONTRE L'IRAK*

Après avoir déclaré que l'intervention des forces terrestres irakiennes dans le Kurdistan, aux côtés des troupes du Parti Démocratique du Kurdistan de Massoud BAZARNI constituait « une provocation qui ne demeurerait pas impunie »,[1] les Etats-Unis d'Amérique « ont lancé des missiles de croisière visant des cibles précises antiaériennes en Irak »[2] les 3 et 4 septembre 1996.

Ces frappes aériennes, complétées par une extension unilatérale de la « zone d'exclusion » jusqu'au 33e parallèle, avaient pour buts, selon le Président CLINTON[3] de réprimer les violations de la résolution 688 du Conseil de sécurité sur l'assistance humanitaire aux Kurdes, d'assurer la protection de leurs droits souvent bafoués par le Président Saddam HUSSEIN, de garantir la sécurité des voisins de l'Irak et d'enrayer toute menace contre les intérêts américains dans la région.

Se trouvant donc en position de légitime défense et conforté par le droit international, le gouvernement américain avait alors estimé qu'il était en droit, face aux provocations militaires de Bagdad, de mener des opérations de représailles qui constituaient en outre, selon le Ministre britannique de la Défense, une « action préventive légitime », car « les cibles attaquées auraient potentiellement posé un problème aux forces aériennes alliées opérant dans la zone de non-survol au dessus de l'Irak »[4].

(*) Paru dans la *Revue Africaine de Droit International et Comparé, volume 9* n° 1 (1997) pp. 72-83.

(1) Déclaration de M. Léon PANETTA, Secrétaire Général de la Maison Blanche, le 2 septembre 1996.

(2) D'après un communiqué du pentagone publié le 3 septembre 1996 qui précisait l'heure de l'attaque américaine 6 h GMT et le nombre de missiles de croisière lancés (25 à 30).

(3) Intervention du Président CLINTON à 12 h GMT, le 3 septembre 1996.

(4) Déclaration de Michael PORTILLO, Ministre britannique de la Défense, à la BBC-Radio, le 3 septembre 1996.

L'agression américaine du 3 septembre 1996, qui prétend défendre la légalité internationale, dans le cadre du nouvel ordre mondial, interpelle tous les juristes et tous les citoyens du monde car « la prétention d'établir un nouvel ordre mondial nous concerne tous, partout et tous les jours »[5]. Les attaques américaines, lancées sans aucune autorisation préalable du Conseil de sécurité, conduites et menées de manière unilatérale par un seul pays et sans aucun fondement juridique ne constituent ni plus ni moins qu'un acte d'agression perpétré par une superpuissance contre un Etat membre de l'ONU, en violation de la Charte de l'Organisation, des résolutions pertinentes du Conseil de sécurité et des principes fondamentaux du droit international contemporain (I). D'où l'obligation de réagir et de dénoncer cette dérive autoritaire, militaire et impériale qui sape les fondements même du droit international et consacre le droit du plus fort dans les affaires du monde (II).

I. – UNE AGRESSION GRAVE ET INTOLERABLE

Dans sa déclaration à la presse faite à la Maison Blanche le 3 septembre à huit heures locales (12 heures GMT), le Président CLINTON avait tenté de justifier l'intervention américaine en Irak, en s'appuyant sur la légalité internationale.

Mais à l'analyse, les arguments invoqués ne résistent pas à la critique et sont tout simplement irrecevables sur le plan du droit qu'il s'agisse de la prétendue violation de la résolution 688 du Conseil de sécurité par l'Irak, de la théorie de la légitime défense, de la nécessité de garantir la sécurité des voisins ou d'une action préventive qui serait légitimée par l'imminence du danger que constituait la présence des troupes irakiennes au Kurdistan.

A. – La prétendue violation de la Résolution 688

D'Après la Maison Blanche, les bombardements de l'US Army contre l'Irak se justifiaient en raison de la violation des résolutions onusiennes dont s'était rendu coupable le Président Saddam HUSSEIN en envoyant ses troupes au Kurdistan irakien.

Il convient de souligner, d'entrée de jeu, que le 3 septembre 1996, le Président avait parlé de « violation of UN Résolutions », sans en mentionner une seule. Ce n'est que le lendemain que son porte-parole précisera qu'il s'agit de la résolution 688 du Conseil de sécurité.

---

(5) Préface de Paul-Marie DE LA GORCE in *A la recherche du nouvel ordre mondial*, I. Le droit international à l'épreuve, Editions complexe, 1993, p. 9.

Le fait que le Chef de l'Exécutif américain et le Secrétaire d'Etat qui est intervenu à la télévision par la suite n'aient pas pu préciser d'une part la résolution violée par l'Irak et d'autre part, celle qui autorisait les Etats-Unis à recourir à la force contre ce pays, prouve bien la difficulté éprouvée par les Américains dans leur prétention à fonder les attaques aériennes du 3 septembre sur les résolutions des Nations Unies. Et devant l'incapacité manifeste des autorités américaines à habiller juridiquement une agression sous-tendue par des calculs électoraux, le Secrétaire américain à la défense, William PERRY, n'a pas hésité à abandonner les arguments juridiques, pour affirmer « qu'au-delà de briser l'offensive irakienne dans le Kurdistan, la réaction américaine visait à assurer la stabilté et la sécurité de la région ainsi que la libre circulation du pétrole dans le monde » (6).

Ce qui revient à dire qu'aujourd'hui comme au moment de la guerre du golfe, les préoccupations américaines ont toujours été les mêmes : affirmer de manière spectaculaire le leadership mondial des Etats-Unis et contrôler les importantes richesses pétrolières que recèle le Moyen-Orient. Les Nations Unies et le droit international n'ont été que des instruments appropriés pour la mise en œuvre de cette politique hégémonique.

En réalité, l'intervention militaire de l'Irak au Kurdistan ne viole pas les résolutions du Conseil de sécurité ; la résolution 688 invoquée par les Etats-Unis ne fournit aucune base à leur action, puisqu'elle ne contient aucune autorisation de recourir à la force en cas de déploiement de l'armée de terre irakienne au Kurdistan.

Comme l'avait fait remarquer le gouvernement français dès le ler septembre 1996, « sur le plan juridique, les résolutions du Conseil de sécurité des Nations Unies n'interdisent pas la présence des forces irakiennes dans les provinces du nord de l'Irak, » (7) dans la mesure où la zone d'exclusion imposée au nord du 36e parallèle ne concerne que l'aviation irakienne et non les forces terrestres.

Dans la résolution 688, le Conseil avait exigé que l'Irak mette fin à la répression contre les populations Kurdes, et facilite l'accès de l'assistance humanitaire aux dites populations. C'est par une interprétation fort extensive et au demeurant très discutable que les alliés avaient créé des enclaves humanitaires en Irak, avant de s'aviser et de transférer la gestion de ces zones aux casques bleus.

---

(6) Cité par Jeune Afrique n° 1862 du 11 au 17 septembre 1996, p. 32.

(7) Déclaration du Porte-parole du quai d'Orsay, 1er septembre 1996, cité par *Le Monde*, n° 16051 du 4 septembre 1996, p. 3.

Lorsqu'on examine cette résolution, il ne faut pas perdre de vue, comme le souligne le Professeur Pierre-Marie DUPUY, que la situation dépendante du pays vaincu (l'Irak) était cependant très exceptionnelle. « Elle n'autorise nullement à ce qu'on voit dans la résolution 688 un précédent suffisant pour autoriser désormais par voie coutumière les Etats souverains à intervenir à titre humanitaire sur le territoire d'un autre Etat sans l'accord de ce dernier, ressuscitant de la sorte l'ambiguïté des «interventions d'humanité » dont le siècle dernier offrit notamment bien des illustrations »(8).

La résolution 688 ne saurait donc être invoquée par les Etats-Unis pour justifier les attaques perpétrées contre l'Irak les 3 et 4 septembre 1996 puisqu'elle n'interdit pas la présence militaire irakienne dans le Kurdistan, ne limite pas la souveraineté de l'Irak sur cette partie de son territoire national et ne contient aucune autorisation de recourir à la force soit pour acheminer l'aide humanitaire, soit pour protéger les droits des Kurdes.

Bien plus, aucune des résolutions adoptées par le Conseil de sécurité sur le conflit du golfe ne semble davantage fournir une base suffisante aussi bien pour les bombardements des 3 et 4 septembre 1996 que pour toutes les attaques militaires menées en décembre 1992 et en janvier 1993 : en effet, au cas même où l'Irak violerait la résolution 687 établissant notamment les conditions du cessez-le-feu, cela n'aurait point pour effet de permettre un recours à la force unilatéral, car le Conseil avait pris la peine de préciser dans ladite résolution, en son dernier paragraphe, qu'il « décide de rester saisi de la question et de prendre toutes nouvelles mesures qui s'imposeraient en vue d'assurer l'application de la présente résolution. » (9)

Cette formulation choisie expressément par les membres du Conseil, exclut à contrario une réaction unilatérale et non autorisée par le Conseil.

Quant à la résolution 678, même si on peut considérer qu'elle s'applique toujours en cas de manifestation d'hostilités irakiennes, force est de souligner avec Barbara DELCOURT et Olivier KORTEN « qu'elle ne permet que l'adoption de mesures nécessaires pour faire respecter la résolution 660 (exigeant le retrait des forces irakiennes du Koweït) et toutes les résolutions pertinentes ultérieures », étant entendu que cette dernière expression ne concerne pas les résolutions prises postérieurement au 30 novembre 1990. » (10)

---

(8) DUPUY, P.M., *Après la guerre du Golfe*, RGDIP, CNRS, Paris, 1991, p. 631.

(9) Paragraphe 34 de la résolution 687.

(10) Voir leur contribution in *Le droit international à l'épreuve des faits*, op. cit., p. 42.

Les Etats-Unis ne peuvent donc invoquer les résolutions onusiennes suscitées pour justifier les bombardements des 3 et 4 septembre 1996 contre l'Irak, qui de surcroît n'avait cette fois attaqué aucun autre pays, mais était intervenu à la demande expresse de l'une des parties en conflit, en l'occurrence le parti démocratique du Kurdistan de Massoud BARZARNI, qui, comme on le sait, est reconnu même par Washington.

La décision d'étendre la zone d'exclusion aérienne au 33ᵉ parallèle ne repose également sur aucun fondement juridique sérieux car déjà le texte de la résolution 688, dont l'interprétation extensive et très personnalisée avait permis aux occidentaux de créer une zone d'exclusion au nord du 36ᵉ parallèle, ne prévoyait pas explicitement la création d'un tel périmètre et « n'interdit pas aux troupes au sol de se mouvoir comme elles l'entendent dans tout ou partie du territoire national irakien, d'autant plus que le Conseil de sécurité a toujours réaffirmé qu'il fallait respecter l'intégrité territoriale et la souveraineté de l'Irak. » [(11)]

Comme on le voit, la résolution 688 invoquée par les Etats-Unis ne fournit aucune base à leur intervention armée contre l'Irak. De même, l'argument selon lequel cette intervention constitue des représailles qui seraient autorisées par le droit coutumier ne tient pas la route car les conditions et les modalités établies par la doctrine et la jurisprudence en la matière n'étaient point remplies et respectées.

B. – L'impossible recours au concept des représailles

D'après les représentants de l'administration américaine, les attaques des 3 et 4 septembre 1996 contre l'Irak sont une réponse appropriée et reconnue par le droit coutumier à la violation préalable du droit international commise par l'Irak en intervenant militairement au Kurdistan.

En recourant donc à des mesures de représailles, d'après les officiels américains, il s'agissait de faire cesser une violation préalable du droit international. Autrement dit, les Etats-Unis étaient bien fondés à intervenir à titre de représailles, ou pour employer une expression plus à la mode, à titre de contre-mesures.[(12)]

A l'analyse, ce raisonnement des responsables américains ne résiste pas à la critique : comme on le sait, les représailles armées sont incompatibles avec l'interdiction du recours à la menace ou à l'emploi

---

(11) Voir les préambules des Résolutions 660, 678, 687 et 688 du Conseil de sécurité.

(12) Pour plus de détails sur la notion de représailles, voir CARREAU, D., *Droit international*. 2ᵉ édition, Pédone, 1986, p. 511 et sv ; NGUYEN, DALLIER et PELLET, droit international Public, LGDJ, 1987, pp. 824-825 et J.C. VENEZIA, *La notion de représailles en droit international Public*, 1960, pp. 465-498.

de la force contenue à l'article 2, paragraphe 4 de la Charte, et réitérée par de nombreuses résolutions de l'Assemblée Générale des Nations Unies, et notamment la résolution 3314 (XXIX) de 1974 sur la définition de l'agression, la résolution 2625 (XXV) de 1970 portant la « Déclaration relative aux principes du droit international touchant les relations amicales et la coopération entre les Etats conformément à la Charte des Nations Unies », et la résolution 37/10 (1982) sur le règlement pacifique des différends, qui interdisent formellement les représailles armées.

Les représailles armées sont donc illicites au regard de la Charte de l'ONU, tout comme la guerre qui ne constitue plus à l'heure actuelle un moyen de contrainte licite dans les rapports entre les sujets de la société internationale, depuis sa mise hors la loi par le pacte Briand-Kellog du 26 août 1928 et l'adoption de la Charte des Nations Unies.

Contrairement à ce que prétendent les porte-paroles du Pentagone et de l'Etat-Major américain, aucun Etat ne saurait prétendre exercer un quelconque droit de représailles armées pour obtenir réparation ou pour faire cesser une violation du droit international, du moins en l'état actuel du droit international positif. Par conséquent, les attaques américaines du 3 septembre 1996 contre l'Irak sont illicites au regard de la Charte de l'ONU, des dispositions pertinentes d'innombrables résolutions de l'Assemblée Générale et de la position ferme et sans équivoque de la C.I.J. dans l'affaire du détroit de Corfou de 1949.

S'agissant en particulier de la question de l'existence ou non d'un droit d'intervention armée qui serait reconnu aux Etats pour assurer le respect des règles les plus fondamentales du droit international, il est intéressant de relever que la haute juridiction internationale avait adopté une position claire et dénuée de toute ambiguïté, en s'exprimant de la manière suivante : « Le prétendu droit d'intervention ne peut être envisagé que comme la manifestation d'une politique de force, politique qui dans le passé, a donné lieu aux abus les plus graves et qui ne saurait, quelles que soient les déficiences présentes de l'Organisation internationale, trouver aucune place dans le droit international ».

Comme on le voit, il s'agit là d'une condamnation sans appel du recours à la force dans les relations internationales et de toute action de représailles qui serait exercée par un Etat en prenant pour prétexte une violation préalable quelconque du droit international par l'Etat attaqué.

Le porte-parole du Département d'Etat a cru bon de déclarer, le 4 septembre 1996, que les représailles constituent une exception acceptable à l'illicéité du recours à la force, car elles sont reconnues par le droit coutumier en la matière. Mais une analyse juridique plus fine permet de conclure que cet argument lui aussi ne résiste pas à la critique.

Il convient en effet de rappeler que les « représailles armées » entre Etats sont apparues au XVIIIe siècle lorsque les « représailles privées » avaient disparu, marquant ainsi un réel progrès dans la limitation de la violence dans l'ordre international comme dans l'ordre interne.(13) Les représailles armées sont alors devenues une institution coutumière, mais soumises à des conditions très précises posées par la sentence arbitrale du 31 juillet 1928 dans l'affaire Naulilaa(14) : la représaille doit répondre à une violation du droit des gens. Elle doit être nécessaire ; elle doit enfin être proportionnelle à l'offense.

Or, dans le cas d'espèce, nul ne peut démontrer que la présence des troupes irakiennes au Kurdistan constituait une violation du droit des gens. Les représailles américaines n'étaient ni justifiées, ni même nécessaires puisque aucune attaque n'avait été lancée par l'Irak contre les forces américaines ou contre leurs alliés.

Il est donc clair que les bombardements effectués par l'US Navy et les B.52 américains sur l'Irak les 3 et 4 septembre 1996 demeurent illégaux même au regard du droit coutumier, dans la mesure où les trois conditions fondamentales de la licéité des représailles armées posées par la sentence arbitrale sus évoquée n'étaient pas réunies.

C. – L'inapplicabilité de la théorie de la « légitime défense préventive »

Les stratèges américains appuyés en cela par le Secrétaire général de l'OTAN et les autorités britanniques, ont affirmé à plusieurs reprises que les actions américaines étaient nécessaires car les cibles irakiennes attaquées « auraient potentiellement posé un problème aux forces aériennes alliées opérant dans la zone de non-survol au dessus de l'Irak »(15).

En d'autres termes, l'attaque américaine ne serait rien d'autre qu'un acte de « légitime défense préventive » que les Etats-Unis ont été obligés d'entreprendre pour faire face à l'imminence d'une agression armée qui aurait été lancée par l'Irak.

---

(13) Voir S. REGOURD, Raids *« anti-terroristes » et développements récents des atteintes illicites au principe de non intervention*, AFDI, 1986.

(14) Sur les représailles, l'affaire classique est celle de *Naulilaa* entre le Portugal et l'Allemagne. Voir RSA, Tome II, p. 1011.

(15) Voir plusieurs commentaires du colonel MEYER du Pentagone les 3 et 4 septembre 1996, les déclarations du Ministre britannique de la Défense et du Secrétaire général de l'OTAN, Le Monde, n° 16051, pp. 1-3.

Comme on le voit, les alliés n'invoquent pas la légitime défense, bien que celle-ci soit reconnue en droit international comme une exception au principe de l'interdiction du recours à la force dans l'ordre international, puisqu'ils savent très bien qu'il n'y a pas eu « d'agression armée » contre les Etats-Unis ou même contre les troupes occidentales stationnées dans la région. Ils inventent plutôt un concept étranger à la Charte, celui de « légitime défense préventive » qui serait différent de la guerre d'agression.

Selon cette nouvelle théorie, la menace de l'emploi imminent de la force armée par un pays peut valablement justifier une action militaire préventive de l'Etat menacé au nom de la légitime défense : et les interventions armées effectuées par l'Etat menacé ne constitueraient donc pas une guerre d'agression, mais elles relèveraient plutôt de la légitime défense préventive. Cette argumentation américaine est bien connue, puisqu'elle fut déjà invoquée en 1962 pour le blocus de Cuba et le 14 mai 1975 dans l'incident de Mayaguez.[16] Il convient toutefois de relever que cette belle construction théorique est tout simplement inapplicable car ses auteurs sont incapables d'indiquer les méthodes par lesquelles l'on pourrait évaluer avec précision et objectivité « la menace d'une agression armée imminente. » Comme l'a rappelé la C.I.J. dans son arrêt du 27 juin 1986 dans l'*affaire des activités militaires et paramilitaires au Nicaragua*, la seule riposte armée licite est celle destinée à faire face à des actes constitutifs d'agression elle- même « armée ». Au delà, le reste n'est que pure spéculation.

L'attaque du 3 septembre 1996 contre l'Irak constitue donc un acte d'agression intolérable qu'il sied de dénoncer, d'autant plus que la volonté américaine d'imposer la *lex américana* sape les fondements mêmes du droit international.

II. – NATURE JURIDIQUE ET PORTEE DES ATTAQUES AMERICAINES

Au-delà des déclarations lénifiantes des hommes politiques et du véritable tintamarre journalistique orchestré par les principales chaînes de télévision occidentales tout au long de cet incident regrettable, il convient à présent de rechercher la nature juridique de cet acte et d'en dégager les conséquences sur les doubles plans juridique et politique.

---

(16) Voir AJIL. 1975. 875 et sv.

A. – Les attaques aériennes du 3 septembre 1996 sont un acte d'agression

En l'état actuel du droit international, les attaque aériennes lancées contre l'Irak les 3 et 4 septembre 1996 constituent un acte d'agression au regard notamment des dispositions de la Charte, des nombreuses résolutions de l'Assemblée Générale, des décisions de la Cour Internationale de Justice et du Tribunal de Nuremberg.

Comme on le sait, les seules exceptions reconnues par la Charte au principe du non recours à la force dans les relations internationales sont les cas de légitime défense prévus par l'article 51 et les actions coercitives que le Conseil peut engager contre un Etat membre sur la base du chapitre 7. Le droit de recourir à la force, véritable survivance du droit naturel, est reconnu à tout Etat membre, à condition, dit l'article 51, que l'Etat qui intervient militairement ait été victime d'une agression armée lancée par l'Etat attaqué. (17) Or, ce n'était manifestement pas le cas, puisque les Etats-Unis eux-mêmes n'ont jamais fait état d'une quelconque attaque irakienne contre leurs forces, leur pays ou leurs intérêts économiques.

Certes, la Charte reconnaît aux Etats membres le droit à la légitime défense, mais celle-ci doit conserver un rôle subsidiaire dans l'ordre international, puisque les actions entreprises au nom de la légitime défense « doivent être notifiées au Conseil de sécurité » et elles ne modifient nullement le rôle central de cet organe dans le maintien de la paix et de la sécurité internationales. Bien plus, l'article 51 précise très clairement que les actions de légitime défense ne sont licites que pour répondre à une « agression armée. »

D'après la Charte, toute intervention militaire qui se situe en dehors des situations prévues à l'article 51 et au chapitre 7 fait indubitablement partie des « actes d'agression » ou de « rupture de la paix » qui sont mentionnés à l'article 39 et pour lesquels il appartient au Conseil de sécurité de « décider des mesures à prendre ».

---

(17) Il n'est pas inutile de rappeler ici le texte de l'article 51 de lu Charte : « Aucune disposition de la Charte ne porte atteinte au droit naturel de légitime défense, individuelle ou collective, où un membre des Nations Unies est l'objet d'une agression armée, jusqu'à ce que le Conseil de Sécurité ait pris les mesures nécessaires pour maintenir la paix et la sécurité internationale. Les mesures prises par les membres dans l'exercice de ce droit de légitime défense sont immédiatement portées à la connaissance du Conseil de Sécurité et n'affectent en rien le pouvoir et le devoir qu'a le Conseil en vertu de la présente Charte, d'agir à tout moment de la manière qu'il juge nécessaire pour maintenir ou rétablir la paix et la sécurité internationales. »

Dans le cas d'espèce, on ne saurait parler d'un acte de légitime défense, pour les raisons sus évoquées. Il ne s'agit pas non plus d'une intervention militaire autorisée par le Conseil de sécurité. Les bombardements américains constituent un acte d'agression perpétré par une superpuissance, membre permanent du Conseil de sécurité, contre un autre Etat membre de l'Organisation universelle. C'est la qualification juridique qui correspond à de tels actes, si l'on s'en tient au droit conventionnel, qui a du reste été abondamment développé et complété par d'innombrables résolutions de l'Assemblée Générale des Nations Unies au premier rang desquelles il importe de citer la résolution 3314 (XXIX).

Aux termes d'un long processus difficile de négociation(18), l'Assemblée Générale, agissant dans le cadre de la mission de codification et de développement progressif du droit international qui lui est assignée par l'article 13 de la Charte, a adopté le 14 décembre 1974 la résolution 3314 (XXIX) qui avait pour buts de développer l'article 2, paragraphe 4 de la Charte et qui comporte la définition de l'agression qui, comme on le sait, n'est pas mentionnée de manière explicite dans la Charte.

La résolution 3314 (XXIX) commence par donner une définition de l'agression : « l'agression est l'emploi de la force armée par un Etat contre la souveraineté, l'intégrité territoriale ou l'indépendance politique d'un autre Etat, ou de toute autre manière incompatible avec la Charte des Nations Unies... » (article 1er). Elle indique ensuite les moyens de la preuve à l'article 2 : « l'emploi de la force armée en violation de la Charte par un Etat agissant le premier constitue la preuve suffisante à première vue d'un acte d'agression... ». Enfin, elle dresse, à l'article 3, une liste non exhaustive d'actes d'agression et interdit formellement de tels actes à l'article 5 qui stipule du reste « qu'une guerre d'agression est un crime contre la paix internationale. L'agression donne lieu à responsabilité internationale ».

C'est sur la base de la définition de l'agression sus-évoquée que la C.I.J. a, dans son arrêt du 27 juin 1986, admis que même « l'envoi de bandes armées sur le territoire d'un autre Etat peut constituer une agression armée... », excluant ainsi les manœuvres militaires, l'envoi de fonds ou d'armements à des rebelles… qui « n'entrent pas dans la catégorie des actes d'agression » (Recueil, paragraphes 227 à 230).

---

(18) Sur le processus d'élaboration de la résolution 3314 (XXIX) et les travaux du Comité Spécial, on pourrait consulter : J. ZOUREK, *La définition de l'agression en Droit International*, RCADI, 1957, II, Vol. 92, pp. 755-860 ; A. CASSESE, commentaire de l'article 51 de la Charte in J.P. Cot et Pellet, la Charte des Nations Unies, Economica, 1985, pp.769-791 ; NGUYEN, DAILLIER et PELLET, op. cit., p. 815.

L'interprétation combinée de la Charte, des arrêts de la C.I.J. et des résolutions 3314 (XXIX) et 2625 (XXV) permettent de cerner la définition de l'agression, d'identifier les actes constitutifs du crime international qu'est l'agression et d'indiquer ceux des actes de pression militaire et politique qui n'entrent pas dans cette catégorie.

Or, dans le cas sous examen, il est aisé de constater que le Gouvernement américain a décidé, de manière unilatérale, de « punir » l'Irak [19] sans solliciter l'autorisation du Conseil de sécurité et sans faire état d'une quelconque « agression » armée irakienne préalable. Seule, l'Amérique a décidé le début des hostilités, leur ampleur, leur durée et y a mis fin de manière souveraine. Les missiles de croisière lancés par l'US Army sont bel et bien un des actes constitutifs de l'agression qui figurent à l'article 3 de la résolution 3314 [20] et ne rentrent pas dans la catégorie des actions qui sont considérées par la haute juridiction internationale comme n'étant pas des actes d'agression. Enfin, les Etats-Unis ont employé, le premier, la force armée contre un autre Etat membre, ce qui constitue « la preuve suffisante à première vue d'un acte d'agression » (Article 2, résolution 3314 (XXIX).

L'Attaque américaine contre l'Irak est en fait la manifestation la plus frappante d'une politique de force (décidée par les Etats-Unis dans un monde devenu unipolaire), qui risque de donner lieu par la suite aux abus les plus graves et qui, de ce fait, ne saurait être acceptée car cette politique de puissance sape les fondements du droit international et les bases – déjà faibles – sur lesquelles se fondent les rapports entre Etats dans la société internationale.

B. – La dangereuse destruction des fondements du droit international

« Que vous soyez puissant ou misérable, le nouvel ordre mondial vous fera blanc ou noir... » [21] Ce constat réaliste de Jean-Pierre CHEVENEMENT en janvier 1993 au lendemain d'une autre attaque militaire contre l'Irak demeure plus que jamais d'actualité.

En effet, si un Etat quelconque, si puissant soit-il, peut édicter des normes de comportement pour un autre Etat donné, intervenir militairement sur le territoire de ce dernier pour le contraindre à respecter ce qu'il a décidé d'ériger en norme internationale, alors, l'on est en droit de réagir face à la menace qui pèse sur les principes fondamentaux de la Charte des Nations Unies,

---

(19) D'après les déclarations des officiels américains et britanniques déjà cités.
(20) Article 3 de la Résolution 3314, paragraphes a, b et d.
(21) Le monde, 15 janvier 1993, p. 4.

l'égalité souveraine des Etats, le non recours à la force et le règlement pacifique des différends, qui constituent à n'en point douter, le socle sur lequel reposent les relations internationales contemporaines.

Nul ne peut en effet se satisfaire du fait que le droit international devienne aujourd'hui, par la volonté d'un seul Etat, un droit aux fondements incertains, au contenu imprécis et à géométrie variable.(22)

Cinq ans après la guerre du golfe, la volonté de l'administration américaine d'assumer le magistère suprême et incontesté dans tous les domaines devient une source de préoccupation et d'inquiétude pour les pays pauvres en particulier, dans la mesure où elle met entre parenthèses le droit qui, comme on le sait, est le dernier rempart des faibles face aux puissants.

Comme le souligne Albert BOURGI dans un article récent paru à Jeune Afrique,(23) il est inquiétant de noter que « dans le cas présent, et à la différence de ce qui s'était passé en 1990-1991, les Etats-Unis n'ont pas fait grand cas de la légalité internationale, même s'ils ont formellement – et furtivement – invoqué la 688 du Conseil de sécurité de l'ONU d'avril 1991...

« La proximité de l'échéance présidentielle américaine, poursuit l'auteur, jette un doute sur les motivations de type humanitaire et juridique avancées à Washington. » Ce qui est certain aujourd'hui, c'est que la superpuissance américaine estime pouvoir faire cavalier seul sur la scène internationale, ce qui conduit évidemment à une application discriminatoire du droit international et à l'émergence de règles qui surgissent subitement du néant, tels que le droit d'ingérence humanitaire, et qui accroissent le règne du non droit et de la confusion rendant ainsi le droit international « malade de ses normes »(24).

Il faut craindre en effet que certains comportements de l'administration américaine et ses interprétations récentes des règles du droit international ne conduisent à l'émiettement et à l'éclatement de ce droit, voir même, à la banalisation de l'illicite.

Or le droit international existe bel et bien et son application doit respecter les principes posés par la Charte de l'ONU. « Le fait que ce

---

(22) Voir M.C. DJIENA WEMBOU : *Le droit d'ingérence humanitaire : un droit aux fondements incertains, au contenu imprécis et à géométrie variable,* » in 4, RADIC, 1992, pp. 570-591.

(23) BOURGI, A., *L'épouvantail irakien*, Jeune Afrique, n° 1862, 11-17 septembre 1996, p . 32.

(24) WEIL, P., *Vers une normativité relative en droit international* in RGDIP, 1982, p. 7.

droit soit imposé à certains Etats et pas à d'autres ou moins à d'autres proportionnellement au capital de sympathie dont chacun jouit à Washington, à Moscou, à Londres ou à Tégucicalpa n'est plus acceptable : le droit international doit être imposé à tous de la même manière... on ne peut exiger l'application de la résolution 660 du Conseil de sécurité requérant l'évacuation du Koweït par les troupes irakiennes tout en se souciant comme d'une guigne de sa résolution 242 sur la Palestine, on ne peut non plus vouloir l'imposition du droit international de l'environnement sans celle du droit au développement, l'imposition du droit de l'aviation civile au détriment du droit pénal international. »[(25)]

En définitive, cette politique du deux poids, deux mesures adoptée par le régent de la planète est dangereuse pour la paix internationale. « Les promoteurs du nouvel ordre mondial risquent en outre un discrédit complet s'ils persistent à traiter de manière si différente des situations identiques sur le plan du droit international, dont ils ont proclamé eux-mêmes qu'ils l'érigeaient en cadre de référence de leur politique étrangère.[(26)]

En réalité, le droit international existe et comporte un ensemble de normes qui peuvent aider la communauté internationale à régler les problèmes rencontrés par les Etats dans la société internationale. Le problème, c'est l'instrumentalisation flagrante et condamnable de l'ONU et du droit international par un seul Etat puissant. Il importe donc pour tous les membres de la société internationale, de réaffirmer la validité de l'ensemble des principes, règles et procédures du droit international positif et de s'engager, résolument, à sa mise en œuvre effective. La paix et l'équilibre du monde en dépendent.

---

(25) HERMAN, P., « Le monde selon Bush : genèse d'un nouvel ordre mondial » in *Le droit international à l'épreuve des faits*, op. cit., p.18.

(26) B. DELCOURT et O. CORTEN, étude citée, p. 28.

L'AFRIQUE ET LE DROIT INTERNATIONAL DE LA MER*

I. - INTRODUCTION

Ouverte à la signature à Montego Bay le 10 Décembre 1982, la Convention des Nations Unies sur le droit de la mer (ci-après dénommée la Convention), est le fruit de quatorze années d'efforts déployés tant au niveau du Comité des Fonds Marins[1] qu'au sein de la Conférence des Nations Unies sur le Droit de la Mer[2] par près de 150 Etats représentant les divers systèmes juridiques du monde et appartenant aussi bien à des blocs idéologiques opposés qu'à des niveaux de développement différents.

Cette charte de la mer, qui a pour objets de réglementer les utilisations de la mer, de préciser les droits que les différents groupes d'Etats peuvent exercer dans les diverses zones maritimes et d'y organiser la coopération entre Etats comporte dix-sept parties et neuf annexes portant sur tout ce qui a trait aux espaces maritimes depuis les questions de délimitation jusqu'à celles de la protection et de la préservation du milieu marin en passant par l'accès aux mers, la navigation, l'exploitation et la conservation des ressources biologiques, la recherche scientifique,

---

(*) Communication présentée à New York le 28 janvier 1992 à la réunion du Groupe d'experts de l'ONU sur l'impact de la Convention sur le droit de la mer. Le texte a été publié dans The law of the Sea : Practice of States at the time of entry into force of the United Nations Convention on the Law of the Sea, United Nations, New York 1994, 243 pages. Voir également le texte paru dans l'Annuaire africain de droit international, volume 1, 1993, pp. 147-179.

(1) DE MARFFY, A *La genèse du nouveau droit de la mer, le Comité des Fonds Marins*, Paris, Pédone, 1980, 326 p.

(2) LEVY, J.P, *La Conférence des Nations Unies sur le Droit de la Mer ; Histoire d'une Négociation Singulière*, Paris, Pédone 1983, 159 p.

l'exploitation minière des fonds marins, la technologie et le règlement des différends.

Il convient ici de relever plusieurs faits qui justifient l'intérêt de cette étude sur les progrès accomplis dans le monde dans l'application de la Convention.

Dès l'ouverture de celle-ci à la signature le 10 Décembre 1982, elle enregistra les signatures de 119 délégations, soit un véritable record dans l'histoire du droit des traités. En effet, comme l'avait relevé l'Ambassadeur ZULETA, Représentant spécial du Secrétaire général, dans son allocution prononcée ce jour, « jamais auparavant un appui aussi massif n'avait été manifesté aussi concrètement dès le premier jour où un traité était ouvert à la signature » (3).

Depuis lors, les Etats membres de l'ONU n'ont cessé de manifester leur attachement au régime juridique des océans contenu dans la Convention, que ce soit par la ratification de celle-ci (le nombre des ratifications s'élève aujourd'hui à 51) ou par leur participation constante aux travaux de la Commission Préparatoire créée par la Résolution I ainsi qu'aux délibérations de l'Assemblée Générale sur le droit de la mer et aux efforts menés sous l'égide du Secrétaire général en vue de régler un certain nombre de questions de fond qui freinent le processus d'universalisation de la Convention.

Notre propos ici n'est pas de discuter les mérites de la Convention de 1982. Ceux-ci ont été abondamment examinés dans de nombreux traités savants (4) et dans des études publiées par des spécialistes de renommée internationale. (5) Pour s'en convaincre, il suffit du reste de se

---

(3) ZULETA, B – « Introduction » in *Le droit de la mer – Convention des Nations Unies sur le droit de la mer* – Texte suivi de l'Acte final de la troisième Conférence des Nations Unies sur le droit de la mer et accompagné d'un index Nations Unies, New York 1984, p. IX.

(4) Voir notamment DUPUY, RJ et VIGNES, D – *Traité du Nouveau Droit de la Mer,* Paris, éd. Economica, 1985, 1447 p. ; BARDONNET D et VIRALLY, M., *Le Nouveau Droit International de la Mer*. Paris, 1983, 378 p., CHURCHILL, R et LOWE, V., *The Law of the sea,* 2e éd. Manchester, 1988 ; KOH, T., "Une Constitution pour les océans" in *Nations Unies, Le Droit de la Mer, Convention des Nations Unies sur le Droit de la Mer,* New York 1984, p. XIXXXIV.

(5) Voir, à titre d'exemple DUPUY, RJ – "Politiques Nationales et Système Juridique issu de la Troisième Conférence", Société Française pour le Droit International, Colloque de Rouen, *Perspectives du Droit de la Mer à l'issue de la Troisième Conférence des Nations Unies,* Paris, 1984, pp. 249-275 et TREVES, T. "Codification du Droit International et Pratique des Etats dans le Droit de la Mer", *Recueil des Cours de L'Académie de Droit International,* IV, Tome 223, pp. 3-302.

reporter aux publications du Secrétariat Général[6] ainsi qu'à l'excellente bibliographie du Droit de la Mer d'Annick de MARFFY et Jean-Pierre LEVY.[7]

Toutefois, l'on ne peut s'empêcher de relever avec les Professeurs René Jean DUPUY et Daniel VIGNES que dès 1976, bien avant son adoption, le projet de Convention avait déjà profondément transformé le tissu coutumier en la matière.[8] Une telle œuvre colossale, qui, selon les termes de l'ancien Secrétaire général de l'ONU « a irrévocablement transformé le droit international »,[9] influence profondément la pratique quotidienne des Etats dans le domaine du droit de la mer.[10]

D'une manière générale, la pratique se définit par toutes les formes qui expriment la volonté de l'Etat, qu'il s'agisse des textes législatifs ou des engagements bilatéraux et/ou multilatéraux.

La pratique qui nous intéressera aux fins d'étudier le degré d'harmonisation du droit interne des Etats africains situés au sud du Sahara avec les dispositions de la Convention peut être classée selon les catégories habituelles de la pratique diplomatique, des législations nationales, des accords régionaux, de la jurisprudence internationale et des activités des organisations interafricaines. Nous prendrons également en considération les procès-verbaux des commissions mixtes bilatérales, ainsi que les notes verbales, les aides-mémoires et les notes de protestation qui, malgré leur caractère confidentiel, expriment également la volonté des Etats.

---

(6) On pourrait citer, entre autres : Nations Unies, (Première) *Conférence des Nations Unies sur le Droit de la Mer, Documents officiels,* sept tomes, Genève 1958. Nations Unies, Législations nationales et traités concernant le Droit de la Mer (ST/LEG/SER.B.19), New York, 1980. Nations Unies, Troisième Conférence des Nations Unies sur le Droit de la Mer, Documents officiels, 17 tomes, New York, 1975-1984. Nations Unies, Bulletin du Droit de la Mer, *Law of the Sea* Bulletin, à partir de 1983. Nations Unies, Le Droit de la Mer, Evolution récente de la pratique des Etats, 1987. Nations Unies, Annual Review of Ocean Affairs, à partir de 1989. Nations Unies, *Le Droit de la Mer, les accords de délimitation des frontières maritimes* (1970-1984), New York, 1989.

(7) DE MARFFY, A et LEVY J.P., *Bibliographie du Droit de la Mer,* Paris, Editions Techniques et Scientifiques, 1984, 138 p.

(8) Dupuy, RJ et Vignes, D – op. cit. p. XIII.

(9) Déclaration de Javiez Perez de CUELLAR, Secrétaire général de l'Organisation des Nations Unies, présentée le 10 Décembre 1982 à la clôture de la Conférence sur le droit de la mer, réunie à Montego Bay, Jamaïque.

(10) Selon une publication du Bureau des Affaires Maritimes et du droit de la mer, Le droit de la mer, n° 2, Nations Unies, 1990, 112 Etats revendiquent actuellement une mer territoriale de 12 miles, 75 Etats côtiers ont proclamé qu'ils avaient des droits souverains sur les ressources de leur zone économique exclusive et 18 Etats continuent à exercer des droits de pêche dans une zone de 200 milles.

Cette étude consistera donc à évaluer l'impact de la Convention, l'état de son application en Afrique, les perspectives futures et son impact socio-économique à la lumière de la pratique des Etats africains et des développements intervenus dans le monde dans le domaine du droit de la mer et des affaires maritimes depuis 1982.

Toutefois, il nous semble utile, au préalable, de présenter quelques observations d'ordre général sur l'état de la Convention, sur le degré d'adhésion des Etats africains à cet instrument juridique et enfin, sur le rôle de l'Organisation de l'Unité Africaine dans la promotion de cette Convention en Afrique.

2. – OBSERVATIONS GENERALES

Il faudrait souligner, de prime abord, que les dispositions de la Convention ont été intégrées dans les législations de très nombreux Etats portant aussi bien sur les zones maritimes que sur l'exploitation et la conservation des ressources biologiques et la recherche marine, bien que ce texte ne soit pas encore entré en vigueur.

A titre d'exemple, il convient de relever qu'en 1974, 29 Etats revendiquaient une mer territoriale d'une largeur de trois milles marins, 52 se contentaient de 12 milles et plus de 20 pays revendiquaient une largeur de plus de 12 milles marins. Or à fin 1991, 112 Etats ont modifié ou adapté leur législation nationale pour y introduire la limite des 12 milles prévue par la Convention sur la mer territoriale, et 84 Etats ont proclamé une zone économique exclusive.(11)

S'agissant particulièrement de l'Afrique, 28 des 33 Etats côtiers qui existent sur le continent ont établi une mer territoriale d'une largeur de 12 milles. Ceux qui revendiquaient une zone plus étendue ont généralement revu à la baisse leur prétention, et les législations nationales qui comportent une zone plus large ont toutes été adoptées avant la signature de la Convention de 1982. La non conformité de ces textes avec la Convention relève beaucoup plus des lenteurs administratives et de l'inertie ; elle ne traduit pas forcément l'hostilité de ces Etats vis-à-vis des règles édictées par la convention.

---

(11) Voir Nations Unies, *National Claims to Maritime Jurisdiction,* Office for Ocean Affairs and The Law of the Sea, 1991 pp. 11-12.

C'est dire donc que, même si la Convention de 1982 ne peut pas, en tant que telle, être invoquée comme contenant un corps de règles de droit positif, car elle n'est pas encore entrée en vigueur, il n'en demeure pas moins vrai qu'elle est largement acceptée et appliquée par les Etats.

2.1. – L'état de la Convention

Au 31 octobre 1991, 51 Etats sur les 60 requis ont déposé leurs instruments de ratification ou d'accession.[12] La Convention joue, depuis son adoption, le rôle qui lui a été assigné, à savoir, ordonnancer les utilisations de la mer et renforcer la coopération des Etats, même si la partie XI du texte est contestée par certains pays.

La Convention est aujourd'hui acceptée par les organes judiciaires internationaux comme étant une des principales sources du droit applicable dans le règlement de différends entre les Etats, notamment dans les cas de délimitation des frontières maritimes. C'est ainsi que dans son arrêt du 3 Juin 1985 dans l'affaire du plateau continental entre la Libye et Malte, la Cour Internationale de Justice (C.I.J.) a déclaré :

> « Il est indéniable que, ayant été adoptée par l'écrasante majorité des Etats, la Convention de 1982 revêt une importance majeure, de sorte que, même si les Parties ne l'invoquent pas, il incombe manifestement à la Cour d'examiner jusqu'à quel point l'une quelconque de ses dispositions pertinentes lie les parties en tant que règle du droit international coutumier. »[13]

Depuis l'ouverture à la signature de la Convention de 1982, la jurisprudence internationale s'en est inspirée largement dans la formulation de ses décisions. La Cour Internationale de Justice, dans l'arrêt susmentionné et dans le différend entre le Canada et les Etats-Unis sur la délimitation de la frontière maritime dans la région du Golfe du Maine,[14] ainsi que les tribunaux arbitraux appelés à résoudre les différends portant sur la délimitation de la frontière maritime entre la Guinée et la Guinée-Bissau,[15] et entre le Canada et la France sur le filetage à l'intérieur du Golfe de Saint-Laurent,[16] ont tenu largement compte de la Convention.

---

(12) Voir la liste en annexe.

(13) CIJ, *Recueil,* 1985 para. 27, p. 30.

(14) CIJ, *Recueil,* 1984, para. 94, p. 294.

(15) Sentence du 14 Février 1985, Nations Unies. *Recueil des sentences arbitrales,* XIX, pp. 149-196.

(16) Sentence du 17 Juillet 1986, Nations Unies, Recueil des sentences arbitrales, XIX, pp. 197-296.

De nombreuses dispositions de la Convention ont également été intégrées dans leur législation nationale par certains Etats ne l'ayant pas encore ratifiée, tandis que d'autres acceptent d'être liés par celles de ses dispositions qui sont conformes au droit international coutumier en la matière. C'est ainsi par exemple que, répondant à une question écrite d'un membre de la Chambre des Communes, le Ministre d'Etat aux Affaires Etrangères du Royaume-Uni affirma que :

> « The United Kingdom, as a State which has not acceded to the Convention, should become bound by the rules envisaged in the Convention only in so far as they were generally accepted and regarded as rules of customary international law. How far they are or may come to be so regarded depends on the past and future State practice of countries generally. » [17]

S'agissant particulièrement de l'Afrique, il convient de souligner qu'elle a participé activement à toutes les phases de l'élaboration de cette Convention qui porte son empreinte (consécration de la notion de zone économique exclusive de 200 milles marins, régime applicable aux îles, nouvelle définition du plateau continental, règles concernant le droit d'accès à la mer et depuis la mer des Etats sans littoral)[18] et qu'elle est aujourd'hui la seule région du monde dont tous les Etats ont signé la Convention.

2.2. – Le membership africain du Traité

Lorsque le projet de Convention fut soumis au vote de la Conférence, le 30 Avril 1982, toutes les délégations africaines présentes à cette séance plénière votèrent en faveur de son adoption.[19] Et le 10 Décembre 1984, à la date de clôture du délai de signature différée, tous les Etats africains sans exception, y compris l'Afrique du Sud, avaient apposé leur signature au bas de cette charte des mers et des océans.

Tous les Etats africains sont donc signataires de la Convention de 1982. Comme l'écrit le Professeur QUENEUDEC, ce fait extraordinaire mérite d'être souligné,[20] car :

> « non seulement le continent africain est ainsi la seule région du monde à faire preuve d'une telle unanimité, mais le tiers des

(17) Cité par Tulio TREVES dans son cours à l'Académie de la Haye, op. cit. p. 49.

(18) Voir à ce sujet la contribution du Professeur QUENEUDEC « L'Afrique et le nouveau droit de la mer » dans *Mélanges offerts à PF GONIDEC*, LGDJ, 1985, pp. 523-528.

(19) Notons ici que cinq Etats du continent ne prirent pas part au vote : Les Comores, la Gambie, la Guinée Equatoriale, le Libéria et l'Afrique du Sud.

(20) Voir Quéneudec, JP – op. cit. p. 528.

signataires de la Convention sur le droit de la mer est aujourd'hui constitué par les Etats d'Afrique »[21].

Au 24 Octobre 1991, 26 Etats africains ont effectivement déposé leurs instruments de ratification de la Convention auprès du Secrétaire général des Nations Unies (voir en Annexe 1 les dates de ratification par Etat).

Bien que ce chiffre ne représente que 50 pour cent des Etats d'Afrique, il constitue en revanche plus de 50 pour cent du nombre des pays ayant ratifié la Convention. En effet, sur les 51 instruments de ratification de la Convention déjà déposés auprès du Secrétaire général, 26 proviennent de l'Afrique, 11 de l'Amérique Latine, 10 de l'Asie, 1 de l'Europe Occidentale et 1 de l'Europe de l'Est.

Sans vouloir nous étendre sur la signification de ces données statistiques, il convient tout au moins de relever que le membership africain de la Convention est le plus élevé au regard des chiffres des autres régions, que l'Afrique a peut-être raison de militer au sein de la Commission préparatoire pour le respect intégral des dispositions de la Convention et que le degré d'harmonisation des législations nationales africaines avec le texte de la Convention devrait par conséquent être plus poussé que dans d'autres régions du monde. C'est ce que nous vérifierons dans la suite de cette étude notamment lorsque nous aborderons les parties 3 et 4.

2.3. – La participation des Etats africains aux travaux de la Commission préparatoire et aux consultations en cours

Un des développements significatifs intervenus dans les rapports entre le Traité du nouveau droit de la mer et les Etats d'Afrique au sud du Sahara depuis 1982 est le maintien de leur participation constructive au processus de négociation entrepris tant au sein de la Commission préparatoire qu'au niveau de l'Assemblée générale et du Secrétaire Général en vue de l'élaboration des règles, procédures et principes qui permettront aux institutions internationales créées par la Convention, à savoir l'Autorité et le Tribunal, de s'organiser et de fonctionner.

Il ne faut pas perdre de vue que la Commission préparatoire, aux termes des Résolutions I et II, est habilitée d'une part, à reconnaître certains droits à ceux qui auront fait des investissements compatibles avec le nouveau régime juridique dans l'intention d'exploiter par la suite

(21) Idem.

les ressources des fonds marins et d'autre part, à établir les projets de règles, règlements et procédures de l'Autorité, de l'entreprise et du Tribunal afin que ces organes puissent fonctionner dès l'entrée en vigueur de la Convention.

Comme l'écrivait l'Ambassadeur ZULETA dès 1984, « la forme qui sera donnée à ces règles et règlements jouera sans doute un rôle déterminant quant à la viabilité de l'ensemble du système ; on ne saurait donc sous-estimer l'importance de cette tâche et de la place qu'elle occupe dans la structure d'ensemble »(22).

Le fait que les Etats africains aient perçu l'importance des travaux de la Commission préparatoire pour l'avenir de la Convention, et décidé de maintenir leur participation à ses travaux en dépit de la grave crise économique qui sévit en Afrique constitue un élément positif qu'il faudrait relever ici.

Cette contribution des Etats africains concernés à la consolidation du système de la Convention et à son universalisation n'est peut-être pas constante, car ces pays, comme du reste de nombreux Etats du Tiers-Monde, souffrent pour la plupart d'une indigence qualitative et quantitative des cadres dans tous les domaines. Comme le constate le juge BEDJAOUI, « c'est un des aspects de leur sous-développement qui apparaît très nettement dans le kaléidoscope bigarré des représentations aux conférences internationales. »(23) Et parfois même, lorsque les cadres compétents existent, ils ne sont pas toujours choisis pour faire partie des délégations aux conférences internationales. Il arrive même, comme je l'ai écrit ailleurs,(24) que des non-juristes soient désignés "in extremis" pour participer aux travaux d'un comité ad hoc engagé dans la codification d'un secteur du droit international, simplement parce qu'ils entretiennent des relations particulières avec le chef de l'administration chargé de la composition de la liste des membres de la délégation.

2.4. – Le rôle de l'OUA dans la mise en œuvre de la Convention par les Etats africains

Evoquer le rôle de l'Organisation de l'Unité Africaine (OUA) dans la mise en œuvre de la Convention de 1982 peut surprendre plus d'un observateur averti, dans la mesure où cette Convention n'est pas encore

(22) ZULETA, B – op. cit. p. XII.

(23) BEDJAOUI, M – *Pour un nouvel ordre économique international,* Paris. UNESCO, 1979, 295 p.

(24) Voir, DJIENA-WEMBOU, Michel-Cyr, *L'ONU et le développement du droit international,* Paris, Berger-Levrault, 1991, 246 p., Chapitre 2.

entrée en vigueur et compte tenu du fait que ladite organisation n'est nullement chargée de sa mise en œuvre. Cette fonction, comme le souligne le Professeur QUENEUDEC dans son étude sur le rôle du Secrétariat de l'ONU dans la mise en œuvre de la Convention sur le droit de la mer, « appartiendra à l'Autorité Internationale des fonds marins lorsqu'elle aura été effectivement mise sur pied, c'est-à-dire postérieurement à l'entrée en vigueur de la Convention. » (25)

Par ailleurs, étant donné que l'OUA n'est investie d'aucune mission particulière aux termes de la Convention, l'on pourrait sans doute soutenir que l'étude du rôle joué par cette Organisation dans la mise en œuvre du droit de la mer depuis 1982, n'entre pas véritablement dans le cadre de ce travail consacré aux développements intervenus dans les diverses parties du monde depuis l'adoption de la Convention.

Une telle prétention ne serait toutefois pas fondée, non seulement parce qu'elle ignore les réalités africaines, mais aussi parce qu'elle fait peu de cas des fonctions d'information, de coordination et d'impulsion que l'OUA a assumées, au niveau africain, chaque fois que la Communauté Internationale s'est engagée dans la codification d'un domaine spécifique du droit international.

En effet, moins de quarante Etats africains participent régulièrement aux travaux de la Commission préparatoire, surtout lorsque celles-ci se tiennent hors du siège de l'ONU, c'est-à-dire à Kingston, Jamaïque. De même, très peu d'Etats africains sont associés aux consultations qui ont lieu durant la session de l'Assemblée Générale au sujet de la résolution désormais traditionnelle qui porte sur le droit de la mer. (26) Ces consultations, comme du reste celles qui se déroulent sous l'égide du Secrétaire général de l'ONU, regroupent en fait en plus des autres groupes d'Etats, ceux des Etats africains qui suivent déjà les travaux de la Commission préparatoire.

---

(25) QUENEUDEC, JP – « Le rôle du Secrétariat de l'ONU dans la mise en œuvre de la Convention sur le Droit de la Mer » in *Les Nations Unies et le Droit International Economique,* Paris, Pédone, 1986, p. 328.

(26) Les Etats africains modifient la composition de leurs délégations aux conférences et négociations internationales à un rythme tel que leurs délégués ne sont ni connus, ni consultés d'autant plus qu'ils n'ont pas le temps d'acquérir l'expérience et l'expertise nécessaires dans toute conférence internationale, pour faire valoir les intérêts légitimes de leur pays. Et ceux qui commencent à maîtriser les questions de fond et les subtilités de la diplomatie multilatérale sont parfois écartés de leurs délégations nationales pour des raisons qui tiennent véritablement plus à des jeux d'intérêts divers qu'à leurs qualités intrinsèques.

L'inscription de la question du droit de la mer à l'ordre du jour des diverses sessions de l'OUA depuis 1982, a permis au Secrétariat de cette organisation et à ceux de ses membres qui suivent activement la question à l'ONU, d'informer l'ensemble des Etats africains – puisqu'ils assistent tous aux réunions de l'OUA sur tout ce qui touche à la vie de la Convention.

En plus de ce rôle d'information, l'OUA a toujours permis la concertation des Etats africains en vue de la définition d'une position commune à l'intention des membres du Groupe Africain participant, au sein des non-alignés, soit à la Troisième Conférence sur le Droit de la Mer, soit aux travaux de la Commission préparatoire ; on pourrait citer à ce sujet les Résolutions CM/ST.II, CM/Res.514, CM/Res.521 (XXVII), CM/Res.939 (XXIX), du Conseil des Ministres de l'OUA,(27) de même que la Déclaration sur les Questions du Droit de la Mer adoptée par la dixième Conférence des Chefs d'Etat et de Gouvernement de l'OUA réunie en mai 1973 à Addis Abéba,(28) qui ont joué un rôle important dans l'harmonisation des positions des Etats africains.

L'aspect le plus important du rôle joué par l'OUA dans la mise en œuvre de la Convention, abstraction faite bien sûr du problème de son entrée en vigueur, c'est la demande adressée par le Conseil des Ministres à tous les Etats Membres, au cours de ses nombreuses sessions, de ratifier la Convention des Nations Unies de 1982 sur le droit de la mer, et de s'y conformer dans l'élaboration de règles nationales appropriées (Voir à ce sujet la résolution CM/Res. 1033 adoptée à Addis Abéba le 4 mars 1986 par le Conseil des Ministres de l'OUA).

Après l'examen des développements positifs intervenus dans les relations des Etats africains avec la Convention, il convient à présent de s'interroger sur le degré d'harmonisation des législations nationales de ces pays avec les dispositions pertinentes de celle-ci.

3. – EXAMEN DE LA PRATIQUE DES ETATS AFRICAINS

De nombreux instruments juridiques (décrets, lois, décrets-lois et ordonnances selon les pays) ont été publiés par les Etats africains dans le but de délimiter leurs zones maritimes ; ces textes portent notamment sur l'étendue et le régime juridique de la mer territoriale, de la zone économique exclusive, de la zone contiguë et du plateau continental,

(27) Voir *Résolutions et recommandations adoptées par le Conseil des Ministres de l'OUA*, Tome III, Addis Abéba, Février 1987.
(28) Doc. CM/ST/II/Rev. 2.

ainsi que sur les droits des divers Etats (Etats côtiers et autres Etats) dans ces espaces maritimes.

Toutes ces lois comportent dans leur préambule, la mention de la Convention de 1982, même lorsque le dispositif contient des dispositions qui lui sont manifestement contraires, (ce qui, en passant, ne traduit pas ici une bonne technique de rédaction juridique). Elles ont été promulguées par les Etats concernés, notamment par ceux d'entre eux qui ont déjà ratifié la Convention, dans le but d'harmoniser leurs législations nationales avec celle-ci.

Il se pose donc deux problèmes techniques : tout d'abord, celui de l'obligation, pour les Etats africains ayant ratifié la Convention sans émettre de réserves, de conformer leurs législations nationales aux dispositions de celle-ci, conformément au droit international. Ensuite, celui de l'obligation qui pèse sur les Etats qui, même n'ayant pas ratifié la Convention, sont tenus de respecter les dispositions de celle-ci dans le dispositif de tout projet de loi dont le préambule contiendrait une référence explicite au texte de la Convention.

Pour mesurer le degré d'harmonisation du droit interne avec la Convention, et relever aussi bien les progrès accomplis que les difficultés rencontrées, notre démarche consistera à examiner la pratique des Etats à la lumière des dispositions de la Convention relatives à la mer territoriale, à la zone contiguë, à la zone économique exclusive, au plateau continental, aux Etats sans littoral, à la haute mer et à la zone internationale des fonds marins.[29]

3.1. – La mer territoriale

Cette vieille notion du droit international de la mer désigne une zone de mer adjacente au territoire national, dont la largeur est calculée à partir de lignes de base normales ou droites, et qui est soumise à la souveraineté de l'Etat côtier qui veille à l'application de ses lois et règlements dans cette zone maritime.

C'est ainsi que dans le domaine de la pêche par exemple, l'Etat côtier a le pouvoir d'imposer les quotas à ses nationaux, de réglementer les prises ou encore d'édicter des mesures de conservation. L'Etat côtier doit toutefois accorder le droit de passage inoffensif à tout navire à condition que ce dernier respecte les règles édictées par lui conformément au droit international.

(29) Voir en Annexe le tableau des limites des zones maritimes africaines.

Avant d'examiner la question des limites que les Etats africains revendiquent pour leur mer territoriale et celle des droits et obligations qu'ils reconnaissent aux différentes catégories d'Etat dans cette zone, il est nécessaire de s'arrêter en premier lieu sur la question de son régime juridique général.

3.1.1. – Le régime juridique de la mer territoriale

D'une manière générale, les décrets, décrets-lois et autres lois examinés reprennent, intégralement, les dispositions de l'article 2 de la Convention relatives au régime juridique de la mer territoriale et de l'espace aérien surjacent, ainsi qu'au fond de cette mer et de son sous-sol. Cela se comprend aisément car il s'agit de l'extension et de la réaffirmation de la souveraineté des Etats côtiers concernés dans ces zones et espaces.

A titre d'exemple, l'on pourrait citer l'Article 1 de la loi n° 85/1984 du 12 novembre 1984 sur la mer territoriale et la zone économique exclusive de la République de Guinée Equatoriale, l'Article 2 de la loi ghanéenne de 1986 sur la délimitation des zones maritimes, l'Article 5 de l'Ordonnance 88-120 du 31 Août 1988 portant délimitation et statut juridique de la mer territoriale, de la zone contiguë, de la zone économique exclusive et du plateau continental de la République Islamique de Mauritanie, l'Article 6 de la loi tanzanienne de 1989 sur la mer territoriale et la zone économique exclusive.

3.1.2. – La largeur de la mer territoriale

Pomme de discorde lors de la première conférence des Nations Unies sur le droit de la mer, cette question a fait l'objet d'un consensus rapide au cours de la Troisième Conférence. Cet accord général figure à l'Article 3 de la Convention qui prévoit que la largeur de la mer territoriale ne peut pas dépasser 12 milles marins à partir des lignes de base.

Il n'y a pas de doute que cette règle fait partie aujourd'hui du droit coutumier. Au 30 avril 1990, 112 Etats ont adopté cette limite de 12 milles marins prévue par la Convention.[30]

---

(30) Voir *Bulletin du Droit de la Mer*, n° 15. Mai 1990.

Cette tendance se vérifie aussi en Afrique, où de nombreux Etats ont modifié leur législation nationale pour l'harmoniser avec la Convention.[31]

Parmi les 37 Etats côtiers et/ou archipels qui sont recensés en Afrique, 28 ont fixé à 12 milles marins la limite extérieure de leur mer territoriale. Il s'agit de l'Algérie, du Cap Vert, des Comores, de la Côte d'Ivoire, de Djibouti, de l'Egypte, de la Guinée équatoriale, de l'Ethiopie, du Gabon, de la Gambie, du Ghana, de la Guinée, de la Guinée Bissau, du Kenya, de la Libye, de Madagascar, de la Mauritanie, de Maurice, du Maroc, du Mozambique, de la Namibie, de Sao Tomé-et-Principe, du Sénégal, des Seychelles, du Soudan, de la Tanzanie, de la Tunisie et du Zaïre.

Quatre Etats revendiquent des limites allant de 20 à 50 milles (Angola : 20 milles ; Cameroun : 50 milles ; Nigeria : 30 milles ; Togo : 30 milles) et cinq Etats revendiquent une limite de 200 milles : Bénin, Congo, Liberia, Sierra Leone, Somalie. Il convient de relever ici que parmi ces Etats figurent certains Etats (par exemple le Cameroun, le Togo, et le Nigeria) qui ont pourtant ratifié la Convention de 1982 et qui de ce fait auraient dû modifier leur législation nationale pour l'harmoniser avec les règles de la Convention, conformément au droit international.

Le droit interne de ces Etats, en ce qui concerne la largeur de la mer territoriale, devrait être modifié compte tenu de leurs engagements internationaux librement souscrits. De même, il nous semble que les mers territoriales de plus de 12 milles établies par les Etats africains ou par d'autres sont en violation du droit international, dès lors que les Etats côtiers concernés y revendiquent des droits correspondant à ceux prévus par le droit international à l'intérieur de la mer territoriale.

3.1.3. – Le tracé des lignes de base

La Convention de 1982, qui reprend sur ce point les dispositions de la Convention de 1958 tout en les complétant, fait des lignes de base le point de départ pour mesurer la largeur de la mer territoriale et des autres zones maritimes (zone économique exclusive et plateau continental).

---

(31) Il s'agit des Etats suivants : Guinée (qui changea de 200 à 12 milles en 1980) ; Guinée Bissau (qui changea de 150 à 12 milles en 1978) : Madagascar (qui changea de 50 à 12 milles en 1985) ; Cap Vert (qui changea de 100 à 12 milles en 1977) ; Ghana (qui changea de 200 à 12 milles en 1986) ; Mauritanie (qui changea de 70 à 12 milles en 1988) ; Tanzanie (qui changea de 50 à 12 milles en 1989) ; le Gabon (qui changea de 200 à 12 milles en 1984).

D'après la Convention de 1982, la ligne de base normale à partir de laquelle est mesurée la largeur de la mer territoriale est la laisse de basse mer le long de la côte (Article 5). Toutefois,

> « là où la côte est profondément échancrée et découpée, ou s'il existe un chapelet d'îles le long de la côte, la méthode de lignes de base droites reliant des points appropriés peut être employée pour tracer la ligne de base à partir de laquelle est mesurée la largeur de la mer territoriale... ; le tracé de lignes de base droites ne doit pas s'écarter sensiblement de la direction générale de la côte... » (Article 7).

Les divers textes de lois que nous avons étudiés, par exemple, la loi n° 3/85 du 17 mai 1985 de la Guinée Bissau ou le décret-loi n° 48/82 du 22 décembre 1982 relatif aux lignes de base de Sao-Tomé-et-Principe s'inspirent des dispositions des Articles 5, 6 et 7 de la section 2 de la partie II de la Convention portant sur le tracé des lignes de base.

Soulignons toutefois que les pays côtiers profitent généralement du manque de précision qui entoure les dispositions sus-évoquées de la Convention, qui manifestement ne règlent pas de manière définitive et précise la question des lignes de base, pour fixer de manière souveraine, les coordonnées géographiques des points à partir desquels sera mesurée la largeur de leurs eaux territoriales. Ceci est source de conflit, notamment lorsqu'un Etat voisin se sent menacé dans ses droits par la détermination naturellement unilatérale de ces coordonnées géographiques. C'est ce qui est à l'origine du contentieux entre le Sénégal et la Guinée Bissau, déclenché dès la publication, par ce dernier Etat, de la loi n° 2/85 du 17 mai 1985 établissant les lignes de base droites à partir desquelles est mesurée la largeur de sa mer territoriale.

3.1.4. – Le passage inoffensif et les autres questions liées à la mer territoriale

Les législations nationales examinées insistent particulièrement sur les articles 21, 23 et 25 portant sur les lois et règlements de l'Etat côtier relatifs au passage inoffensif, les obligations des navires étrangers à propulsion nucléaire et navires transportant des substances radioactives ou autres substances intrinsèquement dangereuses ou nocives lorsqu'ils exercent le droit de passage inoffensif et, enfin, les droits de protection de l'Etat côtier. Par contre, elles observent un mutisme éloquent sur de nombreuses questions importantes, et en particulier, sur la question de la délimitation de la mer territoriale entre Etats dont les côtes sont adjacentes ou se font face. A titre d'illustration, il suffit de se reporter à la loi n° 15/1984 du 12 novembre 1984 de la Guinée Equatoriale, ou au décret n° 76-92 du 2 avril 1976 portant extension des eaux territoriales de la République Populaire du Bénin à 200 milles marins.

3.1.5. – La délimitation des frontières maritimes

Avant de passer à l'examen des législations nationales africaines portant sur la zone contiguë, il convient de dire quelques mots sur les problèmes de délimitation de frontières maritimes, qui se posent souvent dans le cadre de la détermination des limites extérieures de la mer territoriale des Etats africains voisins ou dont les côtes se font face.

Au moment des indépendances, les Etats africains héritèrent de nombreux problèmes frontaliers, sur terre comme en mer. C'est ainsi qu'au cours du Sommet de l'OUA tenu au Caire en 1964, les chefs d'Etat africains convinrent de respecter les frontières issues de la colonisation, pour éviter des conflits inutiles qui auraient certainement éclaté en cas de modification ou de rectification de frontières. Comme pour les frontières terrestres, aucun effort ne fut déployé pour délimiter les frontières maritimes de nombreux Etats africains.

Depuis les années 1970, quelques pays ont entrepris de matérialiser, de manière définitive, les frontières avec leurs voisins. Cette tendance s'observe surtout en Afrique de l'Est avec la délimitation des frontières maritimes intervenue entre le Kenya et la Tanzanie,[32] la Tanzanie et le Mozambique,[33] la Réunion et L'Ile Maurice.[34]

Il va sans dire que la délimitation systématique des frontières maritimes africaines réduirait sensiblement les sources potentielles de conflits dans cette région.

Notons néanmoins une des manifestations importantes de la pratique naissante des Etats africains, qui est le recours aux mécanismes de règlement pacifique des différends à travers la Cour Internationale de Justice et les tribunaux arbitraux. L'on pourrait citer les exemples de l'Affaire du plateau continental entre la Tunisie et la Libye (C.I.J., 1982), l'Affaire du Plateau continental entre Malte et la Libye (C.I.J., 1985), et les affaires de délimitation de frontière maritime entre la Guinée et la Guinée Bissau[35] et entre le Sénégal et la Guinée Bissau.

3.2. – La Zone contiguë

(32) L'Accord entre le Kenya et la Tanzanie a été conclu par un échange de notes daté du 9 Juillet 1976.

(33) L'Accord entre la Tanzanie et le Mozambique portant sur leur frontière maritime et terrestre a été signé le 28 décembre 1988. Il n'est pas encore entré en vigueur.

(34) L'Accord de délimitation de frontière maritime entre l'Ile française de la Réunion et l'Ile Maurice a été conclu le 2 avril 1990.

(35) Voir Sentence arbitrale du 14 février 1985 dans *ILM* Vol. XXV, n° 2 (1986) p. 251.

L'Article 33 de la Convention relatif à la zone contiguë est libellé ainsi qu'il suit :

« **1.** Dans une zone contiguë à sa mer territoriale, désignée sous le nom de zone contiguë, l'Etat côtier peut exercer le contrôle nécessaire en vue de :

(a) *Prévenir les infractions à ses lois et règlements douaniers, fiscaux, sanitaires ou d'immigration sur son territoire ou dans sa mer territoriale ;*

(b) *Réprimer les infractions à ces mêmes lois et règlements commises sur son territoire ou dans sa mer territoriale.*

2. La zone contiguë ne peut s'étendre au-delà de 24 milles marins des lignes de base à partir desquelles est mesurée la largeur de la mer territoriale. »

Telles sont les dispositions de la Convention relatives à la zone contiguë. Dans quelle mesure sont-elles prises en compte dans les législations nationales adoptées par les pays africains ?

3.2.1. – S'agissant des droits de l'Etat côtier

Les dispositions des législations nationales africaines relatives aux droits dont jouit l'Etat côtier dans la zone contiguë sont en parfaite harmonie avec le texte de la Convention, qui est pratiquement repris in extenso à l'Article 4, alinéas 1 et 2 de la loi ghanéenne de 1986 sur la délimitation des zones maritimes, aux Articles 2 et 4 de la loi n° 85-14 du 25 février 1985 portant délimitation de la mer territoriale, de la zone contiguë et du plateau continental du Sénégal, aux Articles 2 et 6 de l'ordonnance n° 88-120 du 31 Août 1988 portant délimitation et statut juridique des zones maritimes de la Mauritanie.

3.2.2. – En ce qui concerne la largeur de la zone contiguë

Il convient tout d'abord de relever qu'aucun des pays étudiés ne fixe la largeur de celle-ci au-delà des 24 milles prévus par la Convention. Deux groupes d'Etats se distinguent nettement :

(a) *D'une part, ceux qui fixent la limite de la zone contiguë à 24 milles : il s'agit de Djibouti, du Gabon, du Ghana, de Madagascar, de la Mauritanie et du Sénégal ;*

(b) *D'autre part, ceux qui se situent en deçà de 24 milles : la Gambie (18 milles), le Soudan (18 milles).*

D'une manière générale, les textes étudiés, à savoir la loi ghanéenne de 1986 sur la délimitation des espaces maritimes de ce pays, l'ordonnance n° 88-120 du Gouvernement mauritanien, la loi n° 35-13 en date du 16 septembre 1985 promulguée par le Gouvernement malgache, le Fisheries Act publié par la Gambie en 1977, la loi libérienne du 24 Juin 1968 ainsi que la loi n° 85-14 portant délimitation des espaces maritimes du Sénégal, sont conformes à la lettre et à l'esprit de la Convention.

3.3. – Les eaux archipélagiques

Le concept d'eaux archipélagiques est une des nouveautés importantes introduites par la Convention de 1982. En effet, la question des îles et des groupes d'îles figurait dans le premier projet d'articles de la Commission du Droit International, mais elle ne put l'incorporer dans le projet devant être examiné par la Conférence de Genève de 1958.

Grâce au phénomène de la décolonisation, qui a permis l'accession à l'indépendance d'une vingtaine d'Etats archipels, appartenant tous au monde en développement, le problème des eaux archipélagiques a pu être posé au cours de la Troisième Conférence. Ces Etats ont en effet insisté sur la nécessité d'établir un équilibre entre d'une part, « la reconnaissance de leur souveraineté sur les eaux archipélagiques représentées par la masse d'eau située à l'intérieur des lignes de base archipélagiques et d'autre part, les garanties nécessaires à la navigation internationale. »[36]

Cet équilibre a été finalement admis par la Conférence et c'est ainsi que les Articles 47 à 54 de la Convention établissent le régime applicable aux Etats archipels qu'elle définit comme « un Etat constitué entièrement par un ou plusieurs archipels et éventuellement d'autres îles ».[37]

L'Etat archipel peut :

> « tracer des lignes de base archipélagiques droites reliant les points extrêmes des îles les plus éloignées et des récifs découvrants de l'archipel à condition que le tracé de ces lignes de base englobe les îles principales et définisse une zone où le rapport de la superficie des eaux à celle des terres, atolls inclus, soit compris entre 1 à 1 et 9 à 1 »[38].

---

(36) Voir MARFFY-MANTUANO, A – "L'harmonisation du droit interne et du droit international de la mer : quel droit applicable ?" in *Espaces et ressources maritimes*, 1991, n° 5, p. 60.

(37) Article 46, (a)

(38) Article 47 (1).

Et c'est à partir de ces lignes de base archipélagiques qu'est mesurée la largeur de la mer territoriale, de la zone économique exclusive et du plateau continental de l'Etat archipel.

La Convention dispose en son Article 49 que la souveraineté de l'Etat archipel s'étend aux eaux situées en deçà des lignes de base archipélagiques. Toutefois, celui-ci doit respecter, conformément aux modalités définies par la Convention, les droits de pêche traditionnels des Etats limitrophes, ainsi que le droit de passage inoffensif reconnu aux navires étrangers.

Comme le relève A. De MARFFY, c'est autour de deux points importants que s'articule finalement le régime afférant aux Etats archipels : la construction des lignes de base archipélagiques et les droits de navigation des Etats tiers. Comment est-ce que les six Etats insulaires africains[39] abordent-ils ces problèmes de fond dans leur législation nationale ?

Les diverses réglementations nationales étudiées reconnaissent les droits de navigation des Etats tiers. Elles sont donc conformes à la Convention sur ce point. Par contre, elles s'écartent parfois des dispositions de la Convention dans la détermination des points géographiques devant servir au tracé des lignes archipélagiques.

Le Décret-loi n° 126/77 du 31 décembre 1977 déterminant la zone économique exclusive du Cap Vert contient dans son Article 2, une liste des points géographiques à partir desquels les lignes de base droites de cet Etat archipel sont tracées, laquelle liste ne correspond pas à la méthode indiquée à l'Article 47 de la Convention.

Certes, comme l'avait fait observer le représentant de ce pays à la première réunion du groupe d'experts sur le droit de la mer des Etats de la zone de paix et de coopération de l'Atlantique Sud tenue à Brazzaville (Congo) du 12 au 15 Juin 1990,[40] la Convention sur le droit de la mer a été adoptée bien après la loi n° 126/77, et l'on peut comprendre que les dispositions de cette loi, qui sont antérieures à celles de la Convention, ne se rapprochent pas toujours des solutions préconisées par elle.

Toutefois, étant donné que le Cap Vert a ratifié la Convention de 1982 qui fait désormais partie de son ordonnancement juridique interne, il est à espérer que ce pays procédera bientôt à la modification du Décret-loi n° 126/77 pour tenir compte des dispositions de la Convention relatives aux lignes de base archipélagiques.

---

(39) Il s'agit de : Cap Vert, Comores, Madagascar, Maurice, Sao-Tomé-et-Principe, Seychelles.

(40) Voir le rapport de cette rencontre publié par le Bureau des affaires maritimes et du droit de la mer, p. 5.

Les observations que nous venons de faire sur la législation du Cap Vert relative au tracé des lignes de base s'appliquent également au Décret-loi n° 48/82 en date du 2 décembre 1982 qui contient, en son Article 2, la liste des coordonnées géographiques à partir desquelles sont tracées les lignes de base droites de Sao Tomé-et-Principe.

3.4. – La Zone économique exclusive

Près d'une vingtaine d'articles de la Convention sont consacrés à la zone économique exclusive. Ceci se comprend aisément en raison de la difficulté éprouvée par les négociateurs à la Troisième Conférence des Nations Unies sur le droit de la mer, à traduire en termes juridiques, les compromis patiemment négociés entre les droits des Etats côtiers et les intérêts des autres Etats.

Aux termes de la Convention, l'Etat côtier peut prétendre à certains droits dans la zone économique exclusive, dont la largeur peut aller jusqu'à 200 milles marins (Articles 55 à 57) pour en tirer des avantages économiques (pêche et exploitation des ressources non biologiques) ; mais celle-ci fait obligation à l'Etat côtier, aux termes des Articles 58, 69, 70 et 71, de permettre aux Etats voisins sans littoral ou géographiquement désavantagés d'avoir accès aux ressources de la zone qui ne sont pas exploitées par l'Etat côtier, et de maintenir dans cette zone les libertés traditionnelles de la haute mer.

La notion de zone économique exclusive constitue l'aspect nouveau le plus important du droit de la mer contemporain. Comme le relève la Cour Internationale de Justice dans son Arrêt de 1982 en l'affaire de la délimitation du plateau continental entre la Tunisie et la Libye, « le concept de zone économique exclusive... peut être, considéré comme partie du droit international contemporain. »[41]

Il convient de noter que cette institution fut portée sur les fonts baptismaux par plusieurs pays d'Afrique noire, en particulier le Kenya et le Nigéria.[42] Et aujourd'hui, plus d'une centaine d'Etats ont institué des zones économiques exclusives ou des zones de pêche s'étendant dans presque tous les cas jusqu'à 200 milles marins.[43] Quelle est la pratique des Etats africains en la matière ?

---

(41) CIJ, *Recueil*, 1982, para. 100.
(42) Voir QUENEUDEC, JP, « L'Afrique et le Nouveau Droit de la Mer, » cité, p. 526.
(43) Voir Annexe 3.

3.4.1. – S'agissant du régime juridique et de la largeur de la zone économique exclusive

Les Etats africains reprennent généralement, dans leurs législations nationales, les dispositions de la Convention relatives au régime juridique particulier de la zone économique exclusive, à sa largeur ainsi qu'à la mise en application de leurs lois et règlements dans cet espace maritime, même si en dernière analyse, l'on peut se demander si ces pays disposent réellement des moyens matériels, logistiques et militaires pouvant leur permettre d'exercer leur souveraineté dans cette zone de 200 milles marins, de veiller au respect des lois nationales et de procéder à l'exploitation des ressources biologiques.

Il faut se garder en effet de confondre jouissance et exercice d'un droit, car, comme l'a écrit le juge BEDJAOUI, « une grande marge, dont la mesure est précisément le sous-développement sépare la jouissance théorique d'un droit et l'exercice effectif de celui-ci. »(44) Mais le but de notre propos n'est pas d'épiloguer sur la philosophie du droit. Notre objectif, plus modeste, est de relever l'adéquation entre la Convention et l'ensemble des textes nationaux que nous avons recensés, à savoir :

(a) *La loi n° 15/1984 du 12 novembre 1984 portant sur la mer territoriale et la zone économique exclusive de la République de Guinée Equatoriale (Voir les Articles 10 à 14) ;*

(b) *La loi n° 9/84 instituant une zone économique exclusive gabonaise de 200 milles marins ;*

(c) *L'Ordonnance n° 85-013 du 16 septembre 1985 fixant les limites des zones maritimes de la République de Madagas car (Voir notamment les Articles 4 et 5) ;*

(d) *L'Ordonnance n° 88-120 du 31 Août 1988 portant délimitation et statut juridique de la mer territoriale, de la zone contiguë, de la zone économique exclusive et du plateau continental de la République Islamique de Mauritanie (Voir les Articles 2 et 7) ;*

(e) *La loi de 1989 sur la mer territoriale et la zone économique exclusive, promulguée par le Parlement de la République Unie de Tanzanie (Voir la partie II, Articles 7 à 12. Il s'agit probablement du texte le plus aligné sur les dispositions de la Convention, car il reprend pratiquement le plan de celle-ci, tout comme le contenu des articles) ;*

(f) *La loi n° 3 du 30 Juin 1990 portant délimitation et définition*

---

(44) BEDJAOUI, M. – op, cit. p. 250.

de la mer territoriale, des eaux intérieures, de la zone économique exclusive et du plateau continental de la Namibie (l'Article 4 de cette loi porte sur la définition du plateau continental namibien et sur les droits du gouvernement de ce pays) ;

(g) La loi n° 77- 926 du 17 novembre 1977 portant délimitation des zones maritimes placées sous la juridiction nationale de la République de Côte d'Ivoire (Voir le titre II, Articles 2 à 7) ;

(h) Le Décret n° 28 du 2 Octobre 1978 portant sur la zone économique exclusive du Nigéria.

3.4.2. – S'agissant des droits des autres Etats

Aucun des textes étudiés ne contient des dispositions contraires à celles de la partie V de la Convention qui reconnaissent certains droits aux autres Etats dans la zone économique exclusive (libertés traditionnelles de la haute mer, possibilité d'exploiter les ressources biologiques sous certaines conditions, etc.).

Mais il faudrait aussi souligner ici que ces textes ne mentionnent pas souvent, de manière explicite, les droits reconnus aux autres Etats dans la zone économique exclusive. C'est ainsi que le Décret n° 28 du 2 octobre 1978 (Nigéria) et la loi n° 15-1984 du 12 novembre 1984 (Guinée Equatoriale) pour ne prendre que cet exemple, observent un silence prudent. Quant aux réglementations de la Côte d'Ivoire et de Sao Tomé-et-Principe, elles se contentent d'une référence vague aux « droits traditionnels reconnus par le droit international » (pose de câbles, survol, liberté de navigation sous réserve du respect de la réglementation nationale), sans pour autant mentionner la Convention.

Certes, certains de ces textes datent de 1977 (cas de la Côte d'Ivoire), c'est-à-dire avant l'adoption de la Convention ; mais d'autres ont été élaborés après 1982, et par des Etats ayant déjà ratifié la Convention. Et l'on aurait pu s'attendre à ce que certains pays, tels la Côte d'Ivoire, le Nigéria, et le Zaïre puissent réactualiser et mettre à jour des textes anciens qui, dans certains cas, datent de la période coloniale et n'ont du reste jamais été abrogés, notamment au regard de la réalité nouvelle que constitue pour eux, la ratification de la Convention. Mais pour diverses raisons, ce travail n'a pas encore été fait, ce qui peut poser des problèmes juridiques sérieux aussi bien pour les Etats concernés que pour leurs partenaires étrangers.

Il s'agit là, d'un exemple, parmi tant d'autres, de problèmes rencontrés par les Etats africains dans la définition et la mise en œuvre d'une véritable politique juridique extérieure.

3.4.3. – Gestion et conservation des ressources naturelles

Conformément à l'Article 61 de la Convention, l'Etat côtier « fixe le volume admissible des captures en ce qui concerne les ressources biologiques dans sa zone économique exclusive ». Il est aussi tenu de « prendre des mesures appropriées de conservation et de gestion pour éviter que le maintien des ressources biologiques de sa zone économique exclusive ne soit compromis par une surexploitation ».

La pratique des Etats africains, telle qu'elle ressort des lois de pêche qu'ils ont adoptées ou des accords de pêche signés avec leurs partenaires étrangers, est pour l'essentiel, conforme à la Convention. L'on pourrait citer ici, à titre illustratif, la loi sénégalaise du 18 août 1987 portant code de la pèche maritime qui décrit, de manière détaillée, dans quelles conditions et avec quels types d'engins la pèche peut s'exercer.

Il convient néanmoins de souligner que certains Etats africains ne disposent d'aucune législation dans le domaine de la pêche, laissant ainsi leurs ressources halieutiques à la merci des entreprises nationales ou multinationales. Et lorsque ces législations existent, les Etats concernés n'ont pas toujours la volonté ou les moyens de les faire respecter.

Notons toutefois que face à la diminution des stocks de poissons observée dans le monde et conscients de l'importance que ces ressources représentent pour leurs économies en développement, les Etats de l'Afrique de l'Ouest et du Centre ont décidé d'élaborer des politiques nationales de pêche et de gérer les ressources de leur zone économique exclusive en coopérant dans l'échange de données, l'allocation des quotas et la surveillance continue de leurs zones. C'est le but auquel s'est attachée la Convention adoptée par 23 Etats de la Côte Ouest de l'Afrique, et qui s'inspire largement des dispositions de la Convention.

Il faudrait néanmoins souligner qu'en dépit de l'existence de cet accord de portée sous-régionale, les Etats côtiers concernés continuent de gérer leur zone suivant des réglementations nationales fragmentées et datant souvent de la période coloniale. Ils n'appliquent pas encore des règles uniformes de gestion et de conservation et à ce titre, il est permis d'affirmer que la pratique des Etats africains, dans le domaine de la gestion et de la conservation des stocks n'est ni rationnelle, ni conforme à la Convention.

3.4.4. – Protection de l'Environnement et Recherche Scientifique Marine

Outre la définition des zones soumises à la juridiction nationale, la Convention établit des principes et politiques d'ensemble touchant la prévention, la réduction et la limitation de la pollution dans tout le milieu marin (partie XII), ainsi que les règles applicables à la recherche scientifique marine (partie XIII).

L'examen des diverses législations nationales consacrées à la protection du milieu marin et à la recherche scientifique permet de dégager une tendance générale vers la conformité de celles-ci avec les dispositions de la Convention.

De nombreuses lois ont été adoptées en vue d'assurer la protection et la préservation du milieu marin. L'on pourrait citer, à titre d'exemple, la loi ghanéenne de 1964 modifiée en 1984 et qui s'intitule « The Oil in Navigable Waters Act » et les « Revised Fishing Rules and Regulations » du Libéria. Par ailleurs, si l'on s'en tient aux notes verbales en date des 2 novembre 1988, 29 septembre et 22 novembre 1988 adressées au Bureau du droit de la mer par les Missions permanentes du Gabon, du Ghana et du Sénégal dans le but de lui communiquer leurs législations nationales relatives à la recherche scientifique marine, l'on se rend compte que la plupart des Etats africains ont promulgué des lois ayant pour objet de faciliter le transfert de toutes sortes de techniques marines et d'encourager la coopération internationale dans le domaine de la recherche scientifique marine.

S'agissant en particulier de la question de la pollution, il convient de relever que peu d'Etats côtiers africains ont élaboré des législations nationales portant sur la prévention et la répression des pollutions causées notamment par les pétroliers, qui, bien souvent, causent des dommages inestimables tant aux ressources halieutiques qu'aux populations côtières qui vivent de la pêche artisanale ainsi qu'aux côtes africaines. D'où l'intérêt et l'urgence des politiques maritimes intégrées pour les pays africains.

Compte tenu des avantages considérables qui découlent d'une prise en compte de toutes les interactions et d'une vision globale des activités marines, on ne peut que recommander à ceux qui détiennent le pouvoir politique, comme le souligne avec force Jean Pierre LEVY :

> « de consacrer les efforts nécessaires à l'établissement des rouages institutionnels et à l'adoption du cadre législatif et administratif qui leur permettront d'adopter et de conduire à défaut d'une politique marine intégrée « globale », à tout le moins, une politique marine qui s'appuie sur une reconnaissance des interactions et relations étroites existant entre ses différentes composantes » [(45)].

---

(45) LEVY, JP – « L'adoption de politiques marines par les pays en développement », Espaces et ressources maritimes, 1987, p. 42.

Car, poursuit l'auteur,

> « une prise en compte, même limitée des impacts, conflits, complémentarités et priorités relatives permettra aux pays en développement de maximiser les bénéfices qu'ils pourront tirer des espaces marins et de leurs ressources tout en mobilisant de la façon la plus efficace le capital financier, humain ou technique souvent limité qui est à leur disposition.(46) »

3.5. – Le Plateau Continental

Les dispositions de la Convention de 1982 relatives au plateau continental figurent à la partie VI dont les Articles 76 à 85 traitent de sa définition, de sa délimitation, des droits de l'Etat côtier, du régime juridique des eaux dans cette zone et des droits et libertés des autres Etats.

La notion de plateau continental avait déjà été codifiée dans la Convention de 1958 sur le plateau continental, en vigueur depuis le 10 Juin 1964. Mais la Convention de 1982 s'écarte de façon importante de celle-ci, notamment dans la détermination des limites extérieures du plateau continental, dans la mesure où le critère retenu n'est plus la profondeur (isobathe 200) mais la distance (200 milles).

D'après l'Article 76 de la Convention, le plateau continental d'un Etat côtier « comprend les fonds marins et leur sous-sol au-delà de sa mer territoriale, sur toute l'étendue du prolongement naturel du territoire terrestre de cet Etat jusqu'au rebord externe de la marge continentale, ou jusqu'à 200 milles marins des lignes de base à partir desquelles est mesurée la largeur de la mer territoriale. »

L'Etat côtier exerce des droits souverains sur le plateau continental, en ce qui concerne son exploration et l'exploitation des ressources naturelles ; et, au premier rang de ces droits, figure « le droit exclusif d'autoriser et de réglementer les forages… quelles qu'en soient les fins. »(47)

La Convention dispose enfin que « la délimitation du plateau continental entre Etats dont les côtes sont adjacentes ou se font face est effectuée par voie d'accord conformément au droit international. »(48) en d'autres termes, elle n'impose pas une méthode de délimitation. La Convention met l'accent sur deux questions importantes : d'une part, les limites du plateau continental et d'autre part, les droits des diverses catégories d'Etat. Cette préoccupation transparaît-elle dans la pratique africaine ?

---

(46) Idem.

(47) Article 81.

(48) Article 83, 1.

3.5.1. – Définition et étendue du plateau continental

Ces questions sont abordées dans de nombreuses lois adoptées par les parlements africains sur les espaces maritimes placés sous juridiction nationale. Et les solutions adoptées se rapprochent généralement de celles qui sont contenues dans la convention.

C'est ainsi que l'Article 6 de la Loi n° 3 du 30 Juin 1990 portant sur la mer territoriale et la zone exclusive de la Namibie dispose que « le plateau continental, tel qu'il est défini dans la Convention ou tel qu'il peut être défini par convention internationale ayant force exécutoire pour la Namibie, est le plateau continental de la Namibie ». Il s'agit ici d'un bel exemple d'harmonisation de la législation nationale avec le texte de la Convention, ce qui s'explique peut-être par le fait que la Namibie ou plus précisément le Conseil des Nations Unies pour la Namibie avait ratifié la Convention dès le 18 avril 1983.

Le même raisonnement pourrait s'appliquer à d'autres Etats africains, et notamment au Ghana dont l'Article 6 de la loi de 1986 sur la délimitation de ses zones maritimes stipule que :

« le plateau continental de la République comprend les fonds marins et leur sous-sol au-delà de sa mer territoriale, sur toute l'étendue du prolongement naturel de son territoire terrestre jusqu'à 200 milles marins des lignes de base à partir desquelles est mesurée la largeur de la mer territoriale. »

Mais ce qu'il convient surtout de souligner dans le cadre de la présente étude, c'est que certains Etats africains, qui pourtant n'ont pas ratifié la Convention, en arrivent à intégrer dans leur législation, des dispositions pertinentes de cette dernière.

C'est le cas par exemple avec l'Ordonnance n° 85-013 en date du 16 septembre 1985 fixant les limites des zones maritimes de la République démocratique de Madagascar, dont l'Article 7 relatif au plateau continental n'est autre chose que le résumé des dispositions énoncées à l'Article 7 de la Convention.

Il faudrait toutefois souligner ici que la tendance générale décrite plus haut connaît tout de même quelques limites notables : en effet, le Nigéria, qui est partie à la Convention de 1958, continue de maintenir en l'état sa législation portant sur le plateau continental,(49) à l'instar de la France, de la Colombie, du Costa Rica, de l'Italie, de la Norvège et de la Malaisie. Et quatre pays africains (Maurice, Mauritanie, Sénégal et Seychelles) figurent parmi les 21 Etats qui ont adopté des lois poussant

---

(49) Décret n° 51 de 1969, *Nations Unies, Législations Nationales concernant le plateau continental*, op. cit. p. 192.

la limite extérieure de leur plateau continental jusqu'à la marge continentale, sans préciser de limites.[50]

Les Etats africains ne retiennent donc pas, comme principe unique, la règle de la distance établie par la Convention de 1982 pour la détermination des limites extérieures du plateau continental. Toutefois, les législations nationales de la plupart de ces pays sont conformes à la Convention, à l'exception des cas que nous avons cités plus haut, et qui s'expliquent par le fait que la Convention n'est pas encore entrée en vigueur et qu'il n'existe pas un accord sur l'applicabilité de l'Article 76, tout au moins dans les éléments nouveaux introduits par cet Article et qui diffèrent de la définition contenue dans la Convention de 1958.

3.5.2. – Droits de l'Etat côtier et problèmes de délimitation

D'une manière générale, les droits reconnus à l'Etat côtier par la Convention (Article 50), sont repris autant que possible dans les diverses législations nationales des Etats africains qui, bien souvent, publient un code pétrolier pour asseoir le droit exclusif qui leur est reconnu à l'Article 81, à savoir que « l'Etat côtier a le droit exclusif d'autoriser et de réglementer les forages sur le plateau continental, quelles qu'en soient les fins ». L'on pourrait citer ici, à titre d'exemple, pour la Côte d'Ivoire, la loi n° 70/489 du 3 août 1970 portant code pétrolier qui a par ailleurs fait l'objet de nombreuses modifications ; pour le Ghana, le Minerals (Offshore) Regulations de 1963, amendé en 1968 et en 1984 et pour le Nigéria, le Mineral Oils Act et le Petroleum Decree de 1969 et leurs modificatifs subséquents.

Par contre, les divers décrets, lois et ordonnances que nous avons étudiés, et qui portent sur le plateau continental, n'évoquent pratiquement pas la question de la délimitation de ce plateau entre Etats dont les côtes sont adjacentes ou se font face. Il n'y figure aucun engagement de la part des Etats concernés, de négocier et de conclure des accords de délimitaion, ce qui est assez surprenant lorsqu'on regarde la configuration générale des côtes africaines, notamment dans le Golfe de Guinée.

Certes, dans la région sus-évoquée, la question de la délimitation du plateau continental s'est posée, tout comme celle de la zone économique exclusive, notamment entre le Nigéria et le Cameroun, entre le Cameroun et la Guinée Equatoriale, entre celle-ci et le Gabon et enfin, entre le Gabon et Sao Tomé-et-Principe.

---

(50) Antigua-et-Barbuda, Canada, Guyane, Inde, Islande, Maurice, Mauritanie, Mexique, Myanmar, Nouvelle Zélande, Pakistan, République Dominicaine, Saint Kitts et Nevis, Sainte Lucie, Sénégal, Seychelles, Sri Lanka et Vanuatu.

Ces Etats ont préféré régler ces questions dans le cadre de commissions mixtes bilatérales en ignorant parfois les termes de la Convention dans la recherche de solutions possibles, même lorsque tous les deux pays concernés avaient bel et bien ratifié la Convention. Il suffit, pour s'en convaincre, de lire les procès-verbaux des travaux de la septième session de la Commission Mixte Congo-Gabon (51) ou la note établie par le Secrétariat de l'OUA au sujet du différend survenu il y a quelques années entre le Gabon et Sao Tomé-et-Principe. (52) Il s'agit là, à n'en point douter, d'un recul observé dans le respect des dispositions de la Convention, dès lors que les Etats, même parties à celle-ci, estiment que l'intérêt supérieur de la Nation est en cause et que le texte de la Convention ne leur est pas d'un grand secours dans la défense de leurs intérêts.

3.6. – Droit des Etats sans littoral et passage en transit

La Convention reconnaît aux Etats sans littoral ou géographiquement désavantagés, le droit de participer, selon une formule équitable et dans le cadre d'accords bilatéraux ou régionaux, « à l'exploitation d'une part appropriée du reliquat des ressources biologiques des zones économiques exclusives des Etats côtiers de la même sous région ou région...». (53) Elle réglemente également le passage en transit dans les détroits servant à la navigation internationale (partie III, sections 1 et 2). Quelle est la pratique africaine dans ces deux domaines du droit de la mer ?

3.6.1. – Droit des Etats sans littoral

Comme le souligne le Professeur QUENEUDEC,

> « Les nouvelles règles concernant le droit d'accès à la mer et depuis la mer des Etats sans littoral, ainsi que les dispositions de la Convention reconnaissant le droit de ces Etats de participer à l'exploitation de l'excédent des ressources biologiques de la zone économique des Etats côtiers voisins... doivent beaucoup à l'action du Groupe Africain » (54)

lors de la Troisième Conférence des Nations Unies sur le droit de la mer.

---

(51) Grande Commission Mixte Congo-Gabon, note, Ministère des Affaires Etrangères et de la Coopération, Brazzaville, 1985.

(52) OUA Doc. n° CM/1238.

(53) Article 69, 1

(54) QUÉNEUDEC, JP – op. cit. p. 526.

Ceci s'explique par l'importance numérique des Etats africains enclavés qui du reste s'appuyaient sur la Déclaration de Kampala de 1974 qui avait clairement indiqué leurs revendications concernant l'accès à la mer et le droit de transit.

Malheureusement, la solidarité des Etats africains durant la période des négociations ayant précédé l'adoption de la Convention n'a pas survécu aux égoïsmes nationaux, notamment dans le domaine de l'exploration des ressources halieutiques.

A l'exception notable du Maroc et du Togo, les législations nationales des Etats côtiers africains, portant sur les questions maritimes, ne font pas référence au droit d'accès des Etats sans littoral aux ressources de leurs zones économiques.

Ce droit est mentionné à l'Article 13 de la loi marocaine sur la zone économique, ainsi qu'à l'Article 4 de l'Ordonnance n° 24 du 16 août 1977 portant délimitation des eaux territoriales du Togo qui dispose notamment que :

« Dans un esprit de solidarité interafricaine, l'Etat togolais s'engage à faire participer à l'exploitation des ressources biologiques les Etats voisins de l'hinterland dans le cadre d'accords bilatéraux ou régionaux. »

Par ailleurs, et en dehors de ces deux cas, on ne connaît pas en Afrique, d'accords bilatéraux admettant les Etats sans littoral ou géographiquement désavantagés à pêcher dans les eaux de leurs voisins.

On peut donc affirmer, sans risque de se tromper, que la pratique africaine ne donne pas son appui aux indications, pourtant assez peu contraignantes, de la Convention. Seule la signature des accords de pêche bilatéraux ou régionaux, suivie de l'établissement d'entreprises conjointes de pêche, pourrait donner une quelconque consistance aux droits reconnus par la Convention aux Etats sans littoral ou géographiquement désavantagés.

3.6.2 . – Liberté de transit

Il existe de nombreux arrangements entre les Etats enclavés africains et leurs voisins côtiers, visant à faciliter l'exercice du droit de passage en transit.

En Afrique de l'Est, le droit de passage en transit à travers le Tanganyika fut reconnu aux personnes et aux biens en provenance ou à destination du Congo-belge et du Rwanda-Burundi depuis les Accords de 1921 et 1951 entre le Royaume-Uni et la Belgique. Devenus des nations souveraines, la Tanzanie, le Burundi, le Zaïre et le Rwanda n'ont pas dénoncé ces accords. Des arrangements ont été conclus entre la Tanzanie et la Zambie pour le transit des marchandises zambiennes à travers la ligne de chemin de fer dénommée Tazara qui relie le port de Dar-es-Salam à la ville de Kapiri Mposhi en Zambie.

Des arrangements similaires existent en Afrique centrale et en Afrique de l'Ouest où des zones portuaires ont été attribuées à Douala et à Abidjan à des pays de l'hinterland(55). Mais tous ces arrangements et accords bilatéraux ne portent que sur le droit de transit. Les Etats concernés devraient peut-être engager des négociations bilatérales ou sous-régionales afin d'organiser une coopération plus dynamique dans l'exploitation mutuellement bénéfique des ressources halieutiques.

Après l'examen de la pratique des Etats africains relative aux zones maritimes codifiées par la Convention de 1982, il convient à présent d'étudier la coopération régionale et sous-régionale établie par ces Etats pour régler des questions maritimes présentant un intérêt commun.

4. – COOPERATION REGIONALE ET SOUS-REGIONALE

Bien avant la signature de la Convention sur le droit de la mer en 1982 à Montego Bay, les pays de l'Afrique de l'Ouest et du Centre ont tenté de développer la coopération régionale dans le domaine de la protection et du développement des zones côtières et du milieu marin, dans le cadre de la Convention qu'ils ont adoptée à cet effet le 23 mars 1981 et qui est entrée en vigueur le 5 août 1984.(56)

Cette Convention de portée régionale, ratifiée par le Cameroun, La Guinée, la Côte d'Ivoire, le Nigeria, le Sénégal et le Togo contient la plupart des règles qui ont été par la suite consacrées par la Convention sur le droit de la mer à savoir l'obligation de prévenir, réduire et maîtriser la pollution du milieu marin, l'établissement des plans d'urgence contre la pollution, la coopération mondiale et régionale dans ce domaine, la surveillance continue des risques de pollution et des effets de pollution, etc.

---

(55) C'est le cas par exemple de la République Centrafricaine qui dispose d'une zone portuaire à Douala, au Cameroun.

(56) Convention for Cooperation in the Protection and Development of the Marine and Coastal Environment of the West and Central African Region, United Nations Environment Programme. *Convention for Cooperation in the Protection and Development of the Marine and Coastal Environment of the West and Central African Region, United Nations, New York, 1981 ; and International Legal Materials, 1981, Vol. 20, p. 729 ss.*

Il convient toutefois de préciser qu'en raison des difficultés financières du moment, du manque de ressources humaines et techniques et de l'absence de concertation dans l'établissement des politiques nationales relatives aux affaires maritimes, les pays de l'Afrique occidentale et centrale n'ont pas réalisé beaucoup de progrès dans la gestion et la protection concertée de leur environnement marin, conformément à la Convention d'Abidjan, du 23 mars 1981 et au Plan d'Action d'Afrique occidentale et centrale.

Soulignons enfin que conscients du fait que la protection du milieu marin, tout comme beaucoup d'autres questions maritimes, ne peut être abordée efficacement qu'à l'échelle régionale, les pays africains membres de la zone de Paix et de Coopération de l'Atlantique Sud ont, de commun accord avec leurs partenaires d'Amérique Latine, fait appel à la coopération internationale et, notamment, à l'assistance des Nations Unies qui a, de cet fait, organisé à Brazzaville (Congo), du 12 au 15 Juin 1990 et à Montevideo (Uruguay) du 3 au 6 Avril 1991, des réunions du groupe d'experts desdits pays.

Au cours de ces réunions régionales, une importance particulière a été attachée à certaines questions ayant trait à l'application de la Convention des Nations Unies sur le droit de la mer dans la Zone de Paix et de Coopération de l'Atlantique Sud, aux politiques nationales de ces Etats en matière d'affaires maritimes ainsi qu'aux domaines de coopération entre Etats membres de la Zone de Paix et de Coopération, y compris, entre autres, l'harmonisation des législations nationales et la révision des politiques nationales en matière d'affaires maritimes, en vue de développer la coopération à plusieurs niveaux et d'assurer la protection et la préservation du milieu marin et de ses ressources halieutiques et minérales.(57)

Les efforts des pays de l'Afrique occidentale et centrale ainsi que ceux des Etats membres de la Zone de Paix et de Coopération de l'Atlantique Sud visent en fait un même but : développer la coopération régionale dans le domaine des affaires maritimes, conformément aux dispositions pertinentes de la Convention des Nations Unies sur le droit de la mer.

---

(57) Voir, Rapport de la Deuxième Réunion du Groupe d'Experts tenue à Montevideo, du 3 au 6 Avril 1991 établi par le Secrétariat Général de l'ONU (Bureau des Affaires maritimes et du Droit de la Mer).

Les pays de l'Afrique de l'Est quant à eux se sont engagés, aux termes de la Convention sur la protection et la gestion des côtes et de l'environnement marin de la région Est-Africaine, à prendre, de manière conjointe ou individuelle, un certain nombre de mesures visant à combattre la pollution, à protéger l'environnement et certaines espèces de poisson, et à développer la recherche scientifique et technique.[58]

Cet accord a été signé le 22 juin 1985 par la France (au nom de la Réunion), le Kenya, Madagascar, les Seychelles et la Somalie en même temps que deux protocoles annexes portant respectivement sur la coopération dans la lutte contre la pollution marine et sur les zones et les espèces sauvages protégées.

Notons enfin que les Etats africains, dans leur souci de protéger l'environnement en Afrique, y compris l'environnement marin, et se fondant en partie sur la Convention de 1982, ont adopté la Convention de Bamako[59] qui, dépassant et complétant la Convention de Bâle sur le mouvement transfrontière des déchets toxiques, interdit toute importation et tout déversement de déchets toxiques sur le continent africain et dans les espaces maritimes placés sous la juridiction nationale des Etats du continent.

Il convient de relever ici que nous n'avons pas pu comparer les législations nationales africaines aux dispositions de la Convention portant sur la haute mer et la zone internationale des fonds marins, parce que les parlements africains n'ont pas encore légiféré sur ces questions pour des raisons évidentes. Les activités de pêche et autres en haute mer ne peuvent être menées que par de grands Etats pêcheurs ; il en est de même pour la zone, dont l'exploration et l'exploitation supposent des moyens qui sont, pour l'instant hors de portée des Etats d'Afrique.

---

(58) Convention for the Protection, Management and Development of the Marine and Coastal Environment of the Eastern African Region, United Nations Environment Programme, *Convention for the Protection, Management and Development of the Marine and Coastal Environment of Eastern African Region and related protocols, United Nations, New York, 1985.*

(59) Voir texte de la Convention dans le rapport de la Conférence panafricaine sur l'environnement et le développement durable en Afrique organisé par l'OUA à Bamako (Mali) du 23 au 30 Janvier 1991.

5. – CONCLUSION

Au terme de la présente étude, il apparaît clairement que de nombreux Etats de l'Afrique au Sud du Sahara ont signé et ratifié la Convention des Nations Unies sur le droit de la mer. Les législations nationales que ces pays ont adopté sont, pour la plupart, conformes aux dispositions de la Convention, même si dans certains cas, ces Etats se sont écartés de la lettre de la Convention.

Au cours de ces dix dernières années, la Convention a influencé, de façon très nette l'élaboration et l'évolution des politiques nationales des pays africains touchant aux questions relevant du droit de la mer. Certains Etats qui revendiquaient une mer territoriale d'une largueur supérieure à 12 milles ont maintenant modifié leur législation pour l'harmoniser avec les dispositions de la Convention, tandis que d'autres, sous l'impulsion de l'OUA et avec l'assistance des Nations Unies ont entrepris de revoir leur législation nationale à la lumière des dispositions de la Convention. Même dans les conflits qui ont opposé les Etats africains sur la question de la délimitation des frontières maritimes (Guinée/Guinée Bissau, Sénégal/Guinée Bissau), ces Etats ont préféré le règlement pacifique des différends au lieu du recours à la force et ce, sur la base des dispositions de la Convention.

Cette charte des océans représente pour tous les Etats un compromis toujours valable entre les droits de l'Etat côtier et ceux des autres Etats, entre les pays du Nord et ceux du Sud, entre pays côtiers et Etats enclavés. Elle institue des règles équitables et susceptibles de contribuer au développement socio-économique de très nombreux pays pauvres. Elle établit enfin un équilibre subtil entre les droits et les devoirs des Etats, compte tenu aussi bien des réalités de puissance dans le monde contemporain que de l'inégalité de développement qui en découle.

Si le respect du droit et le souci d'équité ont véritablement une place dans le nouvel ordre international qui se dessine, alors, il faudrait que tous les groupes d'Etats puissent redoubler d'efforts pour régler les problèmes en suspens à la Commission préparatoire et renforcer l'universalité de la Convention afin de permettre son acceptation par tous les Etats et de favoriser son entrée en vigueur. Faute de quoi les efforts louables déployés par le Secrétariat des Nations Unies et de nombreux Etats en vue de l'application de la Convention, d'une compréhension uniforme harmonisée de ses dispositions et de l'harmonisation des législations nationales avec ces dernières risquent d'être vains.

ANNEXE I

ETAT DE LA CONVENTION DES NATIONS UNIES SUR LE DROIT DE LA MER

Date de ratification	Etat	Groupe régional
10 décembre 1982	Fidji	Asie
7 mars 1983	Zambie	Afrique
18 mars 1983	Mexique	Amérique latine/Caraïbes
21 mars 1983	Jamaïque	Amérique latine/Caraïbes
18 avril 1983	Namibie	Afrique
7 juin 1983	Ghana	Afrique
29 juillet 1983	Bahamas	Amérique latine/Caraïbes
13 août 1983	Belize	Amérique latine/Caraïbe
26 août 1983	Égypte	Afrique
26 mars 1983	Côte d'Ivoire	Afrique
8 mai 1983	Philippines	Asie
22 mai 1984	Gambie	Afrique
15 août 1984	Cuba	Amérique latine/Caraïbe
25 octobre 1984	Sénégal	Afrique
23 janvier 1985	Soudan	Afrique
27 mars 1985	Sainte-Lucie	Amérique latine/Caraïbe
16 avril 1985	Togo	Afrique
24 avril 1985	Tunisie	Afrique
30 mai 1985	Bahreïn	Asie
21 juin 1985	Islande	Europe Occidentale et autres Etats
16 juillet 1985	Mali	Afrique
30 juillet 1985	Iraq	Asie
6 septembre 1985	Guinée	Afrique
30 septembre 1985	Rép-Unie de Tanzanie	Afrique
19 novembre 1985	Cameroun	Afrique
3 février 1986	Indonésie	Asie
25 avril 1986	Trinité-et-Tobago	Amérique latine/Caraïbe

2 mai 1986	Koweït	Asie
5 mai 1986	Yougoslavie	Europe orientale
14 août 1986	Nigéria	Afrique
25 août 1986	Guinée-Bissau	Afrique
26 septembre 1986	Paraguay	Amérique latine/Caraïbe
21 juillet 1987	Yémen	Asie
10 août 1987	Cap vert	Afrique
3 novembre 1987	Sao Tomé-et-Principe	Afrique
12 décembre 1988	Chypre	Asie
22 décembre 1988	Brésil	Amérique latine/Caraïbes
2 février 1989	Antigua-et-Barbuda	Amérique latine/Caraïbe
17 février 1989	Zaïre	Afrique
2 mars 1989	Kenya	Afrique
24 juillet 1989	Somalie	Afrique
17 août 1989	Oman	Asie
2 mai 1990	Botswana	Afrique
9 novembre 1990	Ouganda	Afrique
5 décembre 1990	Angola	Afrique
25 avril 1991	Grenade	Amérique latine/Caraïbe
29 avril 1991	Etats fédérés de Micronésie	Asie
9 août 1991	Iles Marshall	Asie
16 septembre 1991	Seychelles	Afrique
8 octobre 1991	Djibouti	Afrique
24 octobre 1991	Dominique	Amérique latine/Caraïbe

ANNEXE II

NATIONAL CLAIMS OVER MARITIME ZONES IN AFRICA
(Distance in nautical miles)

Countries	TS	CZ	EEZ	CS
Algeria	12	–	–	–
Angola	20	–	–	–
Benin	200	–	–	–
Cameroon	50	–	–	–
Cape Verde	12	–	200	–
Comoros	12	–	200	–
Congo	200	–	–	–
Côte d'Ivoire	12	–	200	200
Djibouti	12	–	200	–
Egypt	12	18	–	200m/Exp
Equatorial Guinea	12	24	200	–
Ethiopia	12	–	–	–
Gabon	12	24	200	–
Gambia	12	18	–	–
Ghana	12	24	200	200
Guinea	12	–	200	–
Guinea Bissau	12	–	200	–
Kenya	12	–	200	200m/Exp
Libya	12	–	–	–
Liberia	200	–	–	–
Madagascar	12	24	200	200 or 100 from 2,500m isobath
Mauritania	12	24	200	200/CM
Mauritius	12	–	200	200/CM
Morocco	12	24	200	–
Mozambique	12	–	200	–

Namibia	12	–	200	CS as defined in the Convention
Nigeria	30	–	200	200m/Exp
Sao Tomé & Princ.	12	–	200	–
Senegal	12	24	200	200/CM
Seychelles	12	–	200	200/CM
Sierra Leone	200	–	–	200m/Exp
Somalia	200	–	–	–
Sudan	12	18	–	200m/Exp
Tanzania	12	–	200	–
Togo	30	–	200	–
Tunisia	12	–	–	–
Zaire	12	–	–	–

TS = Terrirorial Sea
CZ = Contiguous Zone
EEZ = Exclusive Economic Zone
CS = Continental Shelf

CM = Continental Margin
Exp = Depth of exploitation
200m = 200 metres depth

ANNEXE III

LES ZONES ECONOMIQUES

Antigua-et-Barbuda (1982) ; Bangladesh (1974) ; Barbade (1978) ; Birmanie/Myanmar (1977) ; Bulgarie (1987) ; Cap Vert (1977) ; Chili (1986) ; Colombie (1978) ; Comores (1976) ; Rép. Pop. de Corée (1977) ; Costa Rica (1975) ; Côte d'Ivoire (1977) ; Cuba (1977) ; Djibouti (1979) ; Dominique (1981) ; République Dominicaine (1977) ; Egypte (1983) ; Emirats Arabes Unis (1980) ; jusqu'à la ligne de délimitation avec le voisin, faute de quoi jusqu'à la ligne médiane ; Espagne (1978) ; Etats-Unis d'Amérique (1983) ; Fidji (1977) ; France (1976) ; Gabon (1984) ; Ghana (1986) ; Grenade (1978) Guatemala (1976) ; Guinée (1980) ; Guinée Bissau (1978) ; Guinée Equatoriale (1984) ; Guyane (1977) ; Haïti (1977) ; Honduras (1980) ; Iles Salomon (1978) ; Inde (1976) ; Indonésie (1980) ; Islande (1979) ; Kampuchéa démocratique (1978) ; Kenya (1979) ; Kiribati (1983) ; Madagascar (1985) ; Malaisie (1980) ; Maldives (1976) ; Maroc (1980) ; Maurice (1977) ; Mauritanie (1978/1988) ; Mexique (1976) ; Mozambique (1976) ; Nigéria (1978) ; Norvège (1976) ; Nouvelle Zélande (1977) ; Oman (1981) ; Pakistan (1976) ; Papouasie-Nouvelle Guinée (1977) ; Philippines (1978) ; Portugal (1977) ; Roumanie (1986) ; Saint-Kits-et-Nevis (1984) ; Sainte-Lucie (1984) ; Saint-Vincent-Grenadines (1983) ; Samoa (1977) ; Sao Tomé-et-Principe (1978) ; Sénégal (1985) ; Seychelles (1977) ; Sri Lanka (1976) ; Suriname (1978) ; Tanzanie (1989) ; Thaïlande (1981) ; Togo (1977) ; Tonga (1978) ; Trinité-et-Tobago (1986) ; Tuvalu (1983) ; URSS (1984) ; Vanuata (1978) ; Venezuela (1978) ; Vietnam (1977) ; Yémen du Sud (1977).

LES ZONES DE PECHE

Afrique du Sud (1977) ; Angola (1975) ; Allemagne, République Démocratique (1977) ; Allemagne, République Fédérale (1976) ; Arabie Saoudite (1974) ; Australie (1978) ; Bahamas (1977) ; Belgique (1978) ; Brunei (1982) ; Canada (1977) ; Danemark (1976) ; Finlande (1981) ; Gambie (1977) ; Iran (1973) ; Irlande (1976) ; Japon (1977) ; Malte (1978, limitée à 25 milles) ; Nauru (1978) ; Pays-Bas (1977) ; Pérou (1947, mais depuis 1965 cet Etat prétend ainsi pleine souveraineté dans les 200 milles) ; Pologne (1977) ; Qatar (1974) ; Royaume-Uni (1976) ; Turquie (1964, limitée à 12 milles).

II

ORGANISATIONS INTERNATIONALES

POUR UNE AMELIORATION DU PROCESSUS NORMATIF AU SEIN DES ORGANES POLITIQUES DE L'ONU*

L'article 13 de la Charte donne mission à l'Organisation, par le canal de l'Assemblée Générale, de favoriser la codification et le développement progressif du droit international.[1]

Il faudrait d'ailleurs souligner ici que cet article, qui constitue l'un des principaux fondements juridiques de l'œuvre normative de l'ONU, avait fait l'objet d'un débat très serré à SAN FRANCISCO,[2] et que le

(*) Paru dans la *Revue Egyptienne de Droit international*, volume 44, 1998, pp. 55-76.

(1) l'Article 13 de la charte se présente comme suit :
« 1. l'Assemblée Générale provoque des études et fait des recommandations en vue de :
a) développer la coopération internationale dans le domaine politique et encourager le développement progressif du droit international et sa codification ;
b) développer la coopération internationale dans les domaines économique, social, de la culture intellectuelle et de l'éducation, de la santé publique, et faciliter pour tous sans distinction de race, de sexe, de langue ou de religion, la jouissance des droits de l'homme et des libertés fondamentales.
2. Les autres responsabilités, fonctions et pouvoirs de l'Assemblée Générale, relativement aux questions mentionnées au paragraphe 1 b) ci-dessus, sont énoncés aux chapitres IV et X. »

(2) Dès que le Comité n° 1 de la Commission I avait terminé ses débats sur les buts de l'Organisation, et en particulier sur l'action en faveur du droit international, certains Etats, notamment les puissances moyennes (Philippines, Canada, Egypte) avaient rédigé des amendements visant à faire de l'Assemblée Générale un organe chargé de la « défense du droit dans le Monde » qui aurait pu imposer aux Etats des conventions internationales. De nombreuses propositions avaient donc été présentées à SAN FRANCISCO sur le texte qui allait devenir plus tard celui de l'article 13. (Sur l'ensemble de la question, voir UNICIO, II, III et IX).

problème de son application, notamment le sens à donner à la notion de codification,[3] souleva une grande controverse au sein du Comité des 17 Etats [4] mis en place le 11 décembre 1946 en application de la résolution 94 (I) de l'Assemblée Générale, lequel comité recommanda la création de la C.D.I[5].

C'est ainsi donc que deux organes juridiques, c'est-à-dire composés essentiellement des experts (C.D.I.) ou juges indépendants (C.I.J.) participent activement à l'œuvre de développement du droit international entreprise par les Nations Unies.[6]

En effet, la C.D.I. doit aider l'Assemblée Générale à entreprendre, par le biais de comités spéciaux composés de représentants des Etats membres, l'élaboration de normes internationales dans les divers domaines des relations inter-étatiques.

Et à la suite de l'Assemblée Générale, d'autres organes politiques de l'ONU, tel le Conseil économique et social[7] jouent un rôle de premier plan dans la production normative, en vertu des compétences qui leur sont reconnues en la matière. Leur action est renforcée et complétée par de nombreux autres organes du système, et notamment la CNUCED (organe politique créé en 1964 et chargé du réaménagement des règles du commerce international), la CNUDCI (organe politique créé en 1966 et chargé du développement du droit commercial international) l'O.I.T. et l'ONUDI qui s'occupent du développement industriel et de la protection juridique des travailleurs.

---

(3) Le débat portait sur le sens à donner à la notion elle-même : devrait-il s'agir d'un simple « restatement » dépourvu de valeur juridique ou fallait-il aller jusqu'à la convention destinée à être ratifiée par les Etats ? En pratique, comme l'observe le Professeur Yves DAUDET (dans sa contribution à la Charte de l'ONU, Economica, 1985, p. 313), « La codification a été multiforme, allant du simple restatement à l'élaboration de convention constituant du droit positif. »

(4) Ces 17 Etats étaient les suivants : Argentine, Australie, Brésil, Chine, Colombie, Egypte, France, Inde, Pays-Bas, Panama, Pologne, Suède, URSS, Royaume Uni, USA, Venezuela, Yougoslavie.

(5) Le 21 novembre 1946, la Commission du droit international fut créée par la résolution 174 (II) et elle commença ses travaux le 12 avril 1949.

(6) C.D.I. : Commission du Droit International. C.I.J. : Cour Internationale de Justice.

(7) Précisons que l'action du Conseil économique et social en faveur des Droits de l'Homme repose avant tout sur la Commission des Droits de l'Homme, organe subsidiaire institué le 16 février 1946 par la résolution 5 (I) du Conseil économique et social, conformément à l'article 68 de la Charte.

L'élaboration de normes nouvelles par les organes politiques de l'ONU s'effectue à travers la négociation et l'adoption de traités multilatéraux et des résolutions.[8]

En d'autres termes, les diverses étapes du processus normatif[9] sont les diverses phases que traversent les organes politiques de l'ONU dans l'élaboration des conventions multilatérales et des résolutions qui sont les supports des principes et des règles de droit ainsi créés, réaffirmés ou simplement révisés.

Le processus au terme duquel les organes politiques de l'ONU contribuent donc à la codification et au développement du droit international suit les règles et les procédures complexes que la Charte et les Règlements intérieurs des divers organes concernés ont établi pour la délibération et la prise de décision.

La qualité de l'œuvre normative réalisée dépend donc, dans une large mesure, de l'efficacité des procédures établies et du comportement des Etats au cours du processus d'élaboration de normes du droit international.

Il convient donc d'examiner les problèmes et les limites de ce processus normatif (I) avant de présenter des suggestions concrètes tendant à son amélioration (II).

---

(8) Il ne s'agit pas ici de toutes les résolutions des organisations internationales, étant donné le contenu extrêmement vaste de ce concept. Les résolutions sont très diverses et d'inégale valeur juridique sur la base de la Charte ou du droit international général, et s'adressent aux Etats et dans certains cas, aux organisations internationales. Ceci exclut les recommandations c'est-à-dire les résolutions qui comportent un ordre, celles qui ont un caractère administratif individuel ou de gestion, de même que les décisions prises par les organes politiques en vertu de leur actes constitutifs respectifs. Il s'agit donc des résolutions que le professeur CASTENADA a appelées les résolutions déclaratives et dont leur objet, comme l'écrit le professeur Charles ROUSSEAU (Droit International Public, Sirey, Paris, 1970, p. 440) « est moins de créer des règles nouvelles que de constater des règles existantes… en clarifiant et en précisant leur contenu. »

(9) Les règles suivies par les organes politiques de l'ONU à chaque étape de l'élaboration des principes du droit international sont fixées d'une manière générale par le règlement intérieur de l'Assemblée Générale (Doc. A/520/Rev. 15). Ces règles sont applicables à la CNUDCI. Quand à la CNUCED et à l'ECOSOC, ces organisations s'en inspirent tout en apportant des modifications exigées par le caractère spécifique de chacune d'entre elles.

I. – PROBLEMES ET LIMITES DU PROCESSUS D'ELABORATION DES NORMES AU SEIN DES ORGANES POLITIQUES DE L'ONU

Les règles qui s'appliquent au processus décisionnel dans les organes politiques de l'ONU, n'ont pas résolu les problèmes majeurs que sont le double-emploi, les chevauchements fréquents et l'absence de coordination.(10) Par ailleurs, les traits dominants du processus normatif demeurent la prépondérence des égoismes nationaux et le « réalisme cynique » des Etats, en dépit de la clarté des procédures prescrites.

A. – Les limites du processus normatif

Il convient de relever l'absence de coordination réelle entre les différents organes du système chargés de la codification et du développement progressif du droit international ; seule la CNUDCI semble être très liée à l'Assemblée Générale, par le canal de la 6e commission qui étudie ses rapports et lui donne des orientations politiques.

Par contre, les domaines de la CNUCED et de l'ONUDI étant très spécialisés, et compte tenu du fait qu'ils ont leurs propres organes pléniers, l'Assemblée Générale n'arrive pas à assurer la coordination de leurs programmes. Il s'en suit des chevauchements et le double-emploi, notamment lorsqu'un organe ad'hoc met en place un comité pour examiner un aspect d'une question déjà traitée dans son ensemble par la CDI, la CNUCED et la Sixième Commission(11) et qui devrait, pour des raisons de logique et d'efficacité, continuer à y être étudiée.

Il faudrait également préciser le peu de collaboration qui existe en fait entre des organes traitant des sujets appartenant au même domaine. Tel est le cas de la CNUDCI et de la CNUCED, qui, toutes les deux, s'occupent respectivement du droit commercial international et de la promotion du commerce international ; chacune de ces organisations

---

(10) Sur les problèmes rencontrés par les organes politiques de l'ONU dans l'élaboration du droit international, voir R. AGO, « la codification du droit des gens et les problèmes de sa réalisation » in Mélanges Guggeneim, 1968, pp. 93-131 ; SAHOVIC (M). « le rôle et les méthodes de la codification et du développement progressif du droit international » in Droit international 2, IHEI, Pédone, 1982, pp. 71-126 ainsi que les observations de H.W. BRIGGS dans le cours qu'il a donné à l'Académie de droit international en 1969 (RCADI, 1969-I, Vol. 126 pp. 233-316).

(11) C'est le cas par exemple pour la convention sur le mercenariat qui est examinée depuis des années par un comité spécial créé par l'Assemblée Générale et faisant rapport à la 6e commission. Au cours de la 42e session de l'ONU, l'ECOSOC à décidé de désigner un rapporteur spécial sur les activités des mercenaires, ce dernier devant alors mener ses travaux sans aucune coordination avec le comité spécial.

détermine elle-même son programme de travail sans se soucier des travaux déjà entrepris par l'une ou l'autre, et le résultat de ce manque de coordination c'est que si le processus normatif présente pratiquement les mêmes caractéristiques dans tous les organes politiques du système, il ne permet point la mise en œuvre d'une action concertée de ces mêmes organes pour la codification et le développement progressif du droit international.

Il convient tout de même de préciser que ces problèmes de coordination se rencontrent dans tous les secteurs d'activités de l'ONU.[12] En raison des tâches nouvelles qui sont venues s'ajouter à ses charges traditionnelles et du fait de l'apparition de nouveaux défis à relever, l'Organisation a vu son programme s'accroître régulièrement et a créé de nouveaux organes, comités, commissions et groupes d'experts ; or cette prolifération d'institutions ne pouvait qu'entraîner des chevauchements et les doubles-emplois qui retardent et compliquent le processus normatif au sein des organes politiques de l'ONU.

B. – Les problèmes du processus normatif formel

L'observation concrète des faits et du comportement des Etats au sein des organes politiques de l'ONU, notamment ceux qui sont impliqués dans l'élaboration du droit international, révèle qu'au delà des procédures prescrites, les traits dominants du processus normatif demeurent la prépondérance de la souveraineté, l'hypocrisie des Etats et une relative acceptation de la notion de communauté internationale, malgré ses ambiguïtés.

1. – La prépondérance de la souveraineté et des intérêts nationaux

Tout au long du processus d'élaboration des normes internationales, les organes politiques de l'ONU doivent faire face à de nombreuses difficultés qui sont créées par les Etats dans le but d'orienter la production normative en fonction de leurs intérêts nationaux.

Comme l'a si bien démontré le Professeur VIRALLY dans le cours général qu'il a donné à l'Académie de la Haye en 1983, « L'intérêt politique, tel qu'il est conçu par celui qui s'en prévaut, dirige de façon souvent tyrannique, le comportement des Etats, c'est-à-dire les gouvernements qui agissent pour leur compte. »[13]

---

(12) Cette question est largement traitée par Maurice BERTRAND dans son commentaire de l'article 58 in La Charte des Nations Unies, dir. COT et PELLET, op. cit., pp. 911-920. Nous souscrivons à ses analyses au demeurant fort complètes.

(13) VIRALLY (M) – « Panorama du droit international contemporain ». R.C.A.D.I., 1985, V. p. 29.

En effet, « la politique étrangère des Etats n'a qu'un seul objectif : la protection et la promotion de l'intérêt national, ce qui recouvre... une multitude d'intérêts les plus divers, mais qui méritent tous, finalement, le qualificatif de politiques, mêmes s'ils sont économiques, culturels ou autres. » (14) Le droit international est perçu par chaque Etat selon ce qu'il considère comme étant l'intérêt national.

Tout au long du processus normatif, les Etats se soucient peu de la qualité de la règle élaborée ou de son degré de normativité. Ce qui importe, c'est que celle-ci ne puisse pas porter atteinte à leurs intérêts politiques. Dès lors, un des grands problèmes des organes politiques de l'ONU engagés dans la production normative sera de situer le droit international, en tant que système normatif et en tant que facteur de la vie internationale, par rapport au politique, conçu d'abord sous l'angle des intérêts politiques et accessoirement, sous celui des idéologies politiques. (15)

Dans nombre de comités spéciaux, l'élaboration des règles du droit international a été parfois retardée ou bloquée pendant de nombreuses années, parce qu'un Etat – un groupe d'Etats – considérait que la norme juridique en cours d'élaboration pouvait porter atteinte à ses intérêts nationaux. Et dans bien des cas, des délégués ont refusé de participer à l'œuvre de codification et de développement du droit international engagée dans un organe politique de l'ONU, en invoquant, pour tout argument, des instructions qu'ils auraient reçues de leurs capitales.

Comme on le voit, les Etats se déterminent essentiellement en fonction des facteurs et des considérations de politique nationale. La défense de l'intérêt national demeure l'une des préoccupations majeures des Etats tout au long du processus normatif. Lorsqu'on connaît par ailleurs la sensibilité infiniment plus vive des représentants des Etats aux réalités de la solidarité nationale plutôt qu'à celles de la solidarité internationale, l'on serait tenté de partager l'opinion du Professeur Charles DE VISSCHER selon laquelle :

> « La solidarité internationale est un ordre en puissance dans l'esprit des hommes, elle ne correspond pas à un ordre effectivement étatique. » (16)

---

(14) Ibid.

(15) VIRALLY (M). – Ibid. la même idée est exposée par CASSESE (A) dans *Le droit international dans un monde divisé,* Berger-Levrault, Paris, 1986, chapitres V et VII et par Guy De LACHARRIERE, *la politique juridique extérieure,* Paris, 1983, p. 13 et sv.

(16) DE VISSCHER (C). – *Théories et réalités en droit international public* Pédone, Paris, 1985, chapitre II.

Fort heureusement la défense des intérêts nationaux ne constitue pas le seul trait dominant du processus normatif. Il convient en effet de souligner la relative acceptation de la notion de communauté internationale malgré ses ambiguïtés.

2. – La relative acceptation de la notion de communauté inter nationale

La notion de communauté internationale est de plus en plus acceptée, ne fusse que parce que tout Etat, – et notamment les plus puissants, – doit établir les relations commerciales avec les autres, protéger ses citoyens à l'étranger, assurer sa sécurité intérieure et extérieure.

Par ailleurs, les nombreux défis qui interpellent la Communauté internationale exigent une réaction collective de tous les Etats. Comme le Président MITTERAND l'a si bien expliqué à la tribune des Nations Unies au cours de la 38e session, l'expérience de la crise prolongée que le monde traverse conduit les Etats à adopter une démarche globale, très exactement politique. [17]

C'est ce qui explique que les Etats aient accepté d'entreprendre au sein des organes politiques de l'ONU, l'élaboration de normes devant favoriser la construction d'une communauté internationale plus juste et plus équilibrée.

La communauté internationale se réalise donc, comme l'observe le Professeur DUPUY, du fait que les nations qui la composent se découvrent, au-delà de leurs divergences, des intérêts communs dont elles poursuivent la réalisation grâce à des règles de droit et des institutions appropriées. [18]

La construction de la Communauté internationale demeure l'un des facteurs déterminants du processus normatif, même si cela semble être en contradiction avec la défense des intérêts nationaux.

---

(17) Discours du Président François MITTERAND à l'ONU le 28 septembre 1983. Texte intégral dans François MITTERAND, *Réflexions sur la politique extérieure de la France,* Fayard, Paris, 1986, pp . 216-235.

(18) DUPUY (R.J). – *La communauté internationale entre le mythe* et l'histoire. Economica, Paris, 1986, p. 16. Sur les caractères fondamentaux de la communauté internationale et son évolution, voir CASSESE (A). – *Le droit international dans un monde divisé,* op. cit., pp. 17-52 ; STAVER (J.R.). – *On the Medieval Origins of the Modern States,* Princeton, 1971, pp. 10, 23 et 24 ; MERLE (M). – *La vie internationale,* A. Collin, Paris 1970 et *Sociologie des relations internationales,* 3e éd. Dalloz, Paris, 1982.

Il faudrait préciser ici que le concept de communauté internationale trouve aujourd'hui, sa confirmation dans le droit international,[19] dans la mesure où de nombreux documents le définissent, qu'il s'agisse des résolutions d'organisations internationales,[20] des traités ou même des arrêts et des avis consultatifs de la Cour Internationale de Justice.

Ainsi, la résolution 2625, votée le 4 novembre 1979 stipule :

> « Tous les Etats jouissent de l'égalité souveraine. Ils ont des droits et des devoirs égaux et sont des membres égaux de la communauté internationale, nonobstant les différences d'ordre économique, social, politique ou d'une autre nature. »

D'autre part, un texte conventionnel, la convention de Vienne sur le droit des traités du 23 mai 1969, incorpore la notion de communauté internationale dans son dispositif. L'article 53 relatif au gens précise :

> « Une norme impérative de droit international général est une norme acceptée et reconnue par la Communauté internationale des Etats dans son ensemble. »

Et dans l'arrêt rendu à propos de la Barcelona traction par la C.I.J. le 5 février 1970, le paragraphe 33 évoque : « les obligations des Etats envers la Communauté internationale dans son ensemble. »[21]

La notion de communauté internationale trouve donc une certaine confirmation dans le droit positif, même si elle recèle des ambiguïtés.[22] Il en est de même pour le concept d'humanité, dont la notion de patrimoine

---

(19) Notons que l'expression de communauté internationale était déjà utilisée dans le passé, notamment au XIXe siècle. Mais elle était restreinte au monde occidental. C'est bien dans ce sens que l'entendait RIVIER : « entre les nations règne une communauté, une réciprocité des droits... elles forment, ce que l'on peut appeler la société et même la famille des nations. » RIVIER (A). – Principes du droit des gens, Paris, 1986, T. 1, p. 8, 9 et 13.

(20) Voir les résolutions 2627 (XXV) du 2 novembre 1970 ; 2625 (XXV) du 4 novembre 1970 ; et 2997 (XXVII) du 15 décembre 1972.

(21) C.I.J., Recueil des arrêts, 1970.

(22) Dans certains documents, la communauté internationale se réduit à une communauté des Etats. C'est ainsi que la déclaration politique de la quatrième conférence des pays Non-alignés réunis à Alger en septembre 1973 affirme que « les participants ont constaté que plus de la moitié des Etats membres de la communauté internationale, représentant la majorité de la population mondiale, ont pris part à la conférence. » Par contre, d'autres textes (Déclaration des 77 adoptée à LIMA le 7 novembre 1971) écartent toute conception d'une communauté réduite aux Etats. Celle-ci comprend alors les peuples et les gouvernements. D'autres documents utilisent la notion de communauté internationale sans la définir (art. 53 de la Convention de Vienne du 23 mai 1969).

commun est une application concrète dans le droit international contemporain. L'utilisation de ces deux notions dans les organisations intergouvernementales traduit bien son degré d'acceptation par les divers Etats membres.

Tout en recherchant ses propres intérêts, aucun Etat ne peut ignorer la nécessité d'aménager des règles susceptibles de garantir un minimum de coopération et de solidarité dans la société internationale.

La relative acceptation de la notion de communauté internationale constitue donc l'un des facteurs qui dominent le processus normatif dans tous les organes politiques de l'ONU, même si celui-ci se veut neutre et simplement opérationnel.

C'est dire que le problème de l'amélioration des conditions et des techniques d'élaboration du droit international par les organes politiques de l'ONU demeure entier et qu'il n'a pas encore reçu une véritable solution. Aussi la recherche des voies et moyens devant permettre d'affiner les techniques et les procédés d'élaboration de normes juridiques à l'ONU, devrait se poursuivre et s'intensifier, car la qualité de l'œuvre normative réalisée dépend largement des procédés utilisés.

II. – LE RENFORCEMENT DES PROCEDES ET DES... TECHNIQUES D'ELABORATION DE NORMES JURIDIQUES A L'ONU

Pour que le processus normatif à l'ONU puisse conduire à l'adoption de normes généralement acceptées et jouissant d'une valeur juridique sûre, il nous semble que le choix des questions à codifier devrait se faire de manière judicieuse, que les Etats membres doivent accepter de prendre en compte le lien étroit entre le droit et la politique, et que la méthode du consensus devrait être utilisée avec sincérité et en dehors des préoccupations idéologiques.

A. – Le choix judicieux des questions à codifier

Un des problèmes majeurs rencontrés par les organes politiques de l'ONU tient au fait que les thèmes de codification proposés par les Etats membres ne sont pas souvent mûrs, pour pouvoir donner lieu à un travail en profondeur dans la formulation de nouvelles règles ou la clarification de principes existants.

Certes, l'échec de certaines entreprises de codification ne s'explique pas seulement par le choix de questions inappropriées. D'autres facteurs entrent souvent en ligne de compte. Et comme l'observe à juste titre le Professeur McWINNEY, « tant qu'il n'y aura pas, dans la Communauté internationale, de consensus suffisant sur les valeurs et les objectifs qu'elle doit s'assigner, les essais de codification risquent d'avorter, à moins de se limiter à des questions étroitement techniques qui ne relèvent pas ou ne relèvent que marginalement de la philosophie du droit et des grandes orientations idéologiques. »[23]

Mais nous pensons que le thème de codification en lui-même demeure important dans la poursuite de l'œuvre de codification. Beaucoup de sujets de codification ont été retenus par l'Assemblée parce « qu'elle ne saurait négliger les grandes questions brûlantes du droit international contemporain pour se borner délibérément à étudier des sujets qui n'ont pas un caractère d'urgence et qui présentent tout au plus un caractère secondaire. »[24] Mais il faut reconnaître que d'autres sujets par contre ne peuvent pas – et ne pouvaient pas – faire l'objet d'une véritable codification.

Tel est le cas de la question du terrorisme international examinée d'abord par le comité spécial du terrorisme international[25] et par la sixième commission du cours de la quarante-deuxième session de l'Assemblée Générale.[26]

Les délibérations sur cette question n'ont pas permis – et elles ne pouvaient d'ailleurs pas le faire – l'adoption de principes ou de mesures visant à prévenir le terrorisme international, car aucun accord n'existe au sein de la Communauté internationale sur la notion même de terrorisme, sur ses manifestations et sur les causes sous-jacentes des formes de terrorisme et d'actes de violence « qui ont leur origine dans la misère, les déceptions, les griefs et le désespoir, et qui poussent certaines personnes à sacrifier des vies humaines, y compris la leur, pour tenter d'apporter des changements radicaux. » (titre de la résolution 42/159).

Il s'agit là du type de question qui ne peut se prêter à la codification du droit international, au moins dans les circonstances politiques et idéologiques actuelles. Evidemment, il faut déplorer les pertes de vies humaines causées par des actes de violence. Mais il serait souhaitable que les Etats puissent s'attaquer aux causes profondes du terrorisme et examiner la question dans un organe plus indiqué, par exemple en Première Commission.

---

(23) McWHINNEY (E.) – *Les Nations Unies et la formation du droit,* Pedone/Unesco, Paris, 1986, p. 121.

(24) McWHINNEY (E.) – op. cit., p. 193.

(25) Voir *Document officiel de l'Assemblée Générale, trente-quatrième session, supplément* n° 37 (A/34/37).

(26) Résolution 42/159 du 7 décembre 1987.

Dans le même temps, l'attention de la sixième commission devrait plutôt être concentrée sur un autre phénomène dangereux et qui se prête à une réglementation internationale, à savoir le mercenariat. Même si les travaux du comité spécial pour l'élaboration d'une convention internationale contre le recrutement, l'utilisation, le financement et l'instruction des mercenaires piétinent, c'est à cause du manque de volonté politique des pays occidentaux et non pas de l'impossibilité de codifier le droit international dans ce domaine.(27)

Il nous semble donc que le choix judicieux des questions à codifier serait de nature à faciliter le déroulement de l'œuvre de codification et de développement du droit international entreprise par les organes politiques de l'ONU, et pourrait améliorer les conditions et les procédés d'élaboration de ce droit.

B. – La prise en compte de la relation entre le droit et la politique

Le second élément important dans l'amélioration du processus normatif serait la prise en compte, par les Etats, de la relation étroite qui existe entre le droit et la politique.

Cela permettrait de réduire les tensions et les manœuvres de toutes sortes auxquelles se livrent les Etats au cours du processus normatif. Evidemment, il ne s'agit pas de verser dans la sociologie, comme l'a souligné le Professeur VIRALLY ; mais il conviendrait que les Etats admettent une fois pour toutes qu'entre le droit et la politique existe une relation étroite qu'il faudrait savoir prendre en compte de manière adéquate, dans toute entreprise de codification du droit international.

En réalité, le débat sur la dichotomie présumée entre le droit et la politique, qui occupe une place prépondérante dans le processus normatif est un faux problème ; il ne sert qu'à retarder la codification attendue.

A vrai dire, les relations entre le pouvoir politique et le droit international ont toujours existé, même si la doctrine classique, encore majoritaire d'ailleurs, « s'est longuement dérobée à la confrontation du politique et du juridique »,(28) s'appliquant « soit à nier purement et

---

(27) Sur les travaux du comité spécial, consulter le supplément n° 43 des documents officiels de l'Assemblée Générale, publiés chaque année depuis 1980 par l'Organisation. Consulter aussi les chroniques de P. RATON et J. DAUCHY dans les numéros successifs de l'AFDI depuis 1980, sur les travaux de la sixième commission de l'Assemblée Générale.

(28) GHOZALI (N.E.) – Etude citée in « Mélanges offerts à Charles CHAUMONT, Pedone, Paris, 1984, p. 301.

simplement le fait politique, soit à ramener artificiellement ses données les plus élémentaires à ces critères de droit. »(29)

Les préoccupations politiques ont toujours influencé l'élaboration et l'application de la norme juridique, bien avant la création de l'ONU ; et il est évident que l'œuvre normative de l'ONU ne pourrait échapper à cette situation. Le lien entre le droit et la politique se manifeste à tous les niveaux, même dans la doctrine, et transparaît parfois sans que les auteurs ne s'en rendent même compte.

Comme l'affirme le Doyen CHARVIN, les courant doctrinaux n'ont qu'un charme discret : ils ne sont et ne sauraient être neutres ; lorsqu'on considère la réaction de rejet de nombreux juristes occidentaux face aux principes nouveaux du droit international, ou l'acharnement avec lequel certains juristes du Tiers-monde ou de l'école marxiste défendent la « nécessaire relecture » du droit international, « on ne peut en rester à l'idée qu'il s'agit d'un simple choix d'école lié à la recherche nécessairement pluraliste de la vérité. (30)

Les choix méthodologiques ne sont pas neutres. Ils « servent des stratégies sociales et ne sont jamais inoffensifs. Ils libèrent ou oppriment, à leur manière. Comme les idéologies qui les sous-tendent, il y a une dimension éthique à ces choix auquel nul n'échappe. » (31)

Ceci ne veut point dire que l'honnêteté scientifique ne puisse pas être pratiquée. Simplement, il convient de reconnaître le lien inévitable entre le droit et la politique, et l'influence que cette dernière a sur le droit international et sur la doctrine, d'autant plus qu'une simple analyse du discours sur le droit international ou plus exactement, des manuels classiques de cette discipline permet de se rendre compte à quel point les universités occidentales, lorsqu'elles enseignent le monde, enseignent avant tout, l'occident (32) ; « et la conscience bonne ou mauvaise que l'on a de cet engagement doctrinal ne change rien au rôle concret que l'on joue. » (33)

En tout état de cause, l'idéologie sous-tend la vision des principales écoles du droit international ; à tel point que l'on peut, aujourd'hui, « s'interroger sur la possibilité d'une étude non idéologique du droit international, c'est-à-dire une étude neutre, non marquée par l'idéologie.(34)

---

(29) DE VISSCHER (C). – op. cit. p. 12.

(30) BENCHIKH et autres, Introduction critique au droit international, Presses Universitaires de Lyon, 1986, p. 7.

(31) Voir sa contribution in Introduction critique au droit international op. cit., chapitre1.

(32) BENCHIKH et autres, op. cit., p. 7.

(33) Ibid.

(34) VIRALLY (M). « Panorama » Cours général, cité, p. 35.

« Celui qui veut présenter objectivement le droit international peut-il oublier l'utilisation qui pourra être faite de ses analyses et de ses conclusions au service de l'une ou de l'autre cause ? »[35]

Telle est la question posée par le Professeur VIRALLY. La difficulté est évidente. Le Professeur DUPUY admet qu'il choisit la méthode de la dialectique ouverte parce qu'il est « de ceux pour qui le progrès avance au milieu des décombres, d'obstacles toujours réanimés. »[36] Le Professeur CASSESE reconnaît « qu'aucun investigateur des sciences sociales ne peut s'empêcher d'interposer, – souvent involontairement – ses impressions personnelles dans son travail... » et que le lecteur percevra sans aucun doute des « inclinations idéologiques » dans son livre.[37] L'on pourrait multiplier ces exemples à souhait.

L'essentiel, comme l'affirme le Professeur CASSESE, c'est que les propres jugements d'un auteur ne conduisent pas à manipuler les méthodes scientifiques pour les plier à sa philosophie politique.[38]

Même si « la difficulté est surmontable, »[39] le fait qu'elle existe atteste bien l'imbrication du politique et du juridique.

La règle de droit est modelée par les forces politiques. Elle est liée au jeu des forces politiques dans la société et à l'idéologie, car le droit est inséparable d'un système de valeurs.

Et dans la société internationale contemporaine, l'imbrication entre l'ordre juridique et l'idéologie sera d'autant plus poussée que l'on veut faire du droit international un instrument de changement, au lieu d'un instrument de stabilisation comme c'était le cas jusqu'à l'avènement des nouveaux Etats et à la prise de conscience des inégalités de développement.

On s'explique ainsi que l'œuvre normative de l'ONU, et le droit international qu'elle secrète, soient très colorés idéologiquement.

En effet, « on ne comprend pas grand chose à la société internationale contemporaine si on ne tient pas compte de la superposition, ou plutôt de l'imbrication de ces deux ordres, (de l'ordre juridique et du politique) dont la coexistence n'est pas souvent facile... »[40] Entre le droit et le

---

(35) Ibid.
(36) DUPUY (R.J.), – op. cit., p. 31.
(37) CASSESE (A.). op. cit., p. 30.
38) Ibid., p. 12.
(39) VIRALLY (M.) – « Panorama... », cours général, cité, p. 32.
(40) VIRALLY (M.) – « Panorama... », cours général, cité, p. 32.

fait, comme l'écrit le Professeur PELLET, il n'y a pas de seuil.[41] Voilà pourquoi la recherche d'un introuvable « seuil de normativité », comme celle entreprise par le Professeur WEIL,[42] ne peut rendre compte de la réalité internationale de ce temps. Elle répond peut-être « aux exigences de la rigueur simplificatrice et rassurante que l'auteur appelle de ses vœux, »[43] mais elle ne peut éclairer les conditions de formation, de développement et de transformation du droit dans la société contemporaine.

Voilà également pourquoi les accusations de « corruption du droit par la politique » ou de sa « subversion idéologique » lancées par les représentants des pays occidentaux constituent de simples prétextes pour bloquer ou retarder la promotion de nouvelles règles pouvant modifier l'ordre établi.

Ces représentants feignent d'ignorer, comme l'a rappelé le Professeur ABI-SAAB au colloque de Nice, que « légiférer est toujours un acte politique, et que c'est une méconnaissance fondamentale de la nature même de ce processus que de parler de politisation à son égard. »[44]

A ceux qui se plaignent de la soi-disante politisation excessive des problèmes internationaux, M. Gaston THORN, Premier ministre du Luxembourg et ancien président de l'Assemblée Générale avait déjà répondu « qu'à l'époque où l'Occident dominait le monde (...) il n'opérait pas tellement de distinction entre la politique et l'économie. Notre politique était là pour servir notre système de société et la religion pour servir notre système politique (...) A l'époque, déjà, tout était interdépendant. Et nous prétendrions nous refuser à une globalisation, tout simplement parce que les idées qui pourraient en sortir ne seraient pas les nôtres et ne nous plairaient pas ? »[45]

---

(41) PELLET (A.) – Voir sa contribution in Mélanges offerts à Charles CHAUMONT, op. cit. p. 487.

(42) WEIL (P.). – « *Vers une normativité relative en droit international* » in *Revue Générale du droit international public,* Pedone, Paris, 1982, pp. 13-38.

(43) PELLET (A.) – Voir sa contribution in *Mélanges offerts à Charles CHAUMONT,* op. cit., p. 487.

(44) Voir son intervention au colloque de la SFDI à Nice, « *les Nations Unies et le droit international économique,* Pedone, Paris, 1986, p. 93. Les Professeurs BENCHIKH (M.) *Droit international du sous-développement,* Berger-Levrault, Paris 1986 et CHARVIN (R.) – *Introduction critique du droit international,* op. cit., partagent la même opinion.

(45) Cité par Eric LAURENT, un monde à refaire, op. cit., p. 122 et par BEDJAOUI (M.) – Voir sa contribution in *Le concept d'organisation internationale,* (dir. G. ABI-SAAB), UNESCO, Paris, 1980, p. 237.

Et d'ajouter : « au fond, on reproche à cette nouvelle majorité d'avoir perçu, trop vite, où étaient les failles de l'Organisation, et de tenter de la diriger, comme nous le faisions dans l'après guerre ! (...) Ne nous plaignons pas de cette Organisation par souci politique, pour y appliquer notre stratégie. Ce qui vient d'arriver, ce sont les accidents et les échecs d'une ancienne majorité. Alors qu'elle joue le jeu ! » (...)[46]

Pour améliorer les conditions d'élaboration des normes juridiques à l'ONU et renforcer le processus normatif, tous les groupes d'Etats doivent accepter de « jouer le jeu » pour reprendre l'expression de M. Gaston THORN. Ils se doivent de prendre en compte la relation étroite entre le droit et la politique qui empoisonne le processus normatif, pour s'engager dans l'élaboration et la promotion de règles politiquement équilibrées et au rythme exigé par l'urgence des problèmes à résoudre.

Ce qui est essentiel en tout cas comme le souligne le Professeur ROUSSEAU,[47] c'est de ne pas confondre des valeurs qui doivent rester distinctes (le politique et le juridique), mais complémentaires. Les représentants des Etats au sein des comités spéciaux et autres organes politiques ad hoc chargés de la codification et du développement progressif du droit international ne doivent pas ignorer l'aspect politique des rapports internationaux ; mais ils doivent le situer à sa juste place et de bonne foi.

C. – L'utilisation judicieuse de la méthode du consensus

La troisième proposition que nous présentons pour une amélioration du processus normatif au sein des organes politiques de l'ONU, c'est l'utilisation judicieuse de la méthode du consensus. En effet, une utilisation rationnelle de cette méthode de négociation et de prise de décision rendrait le processus normatif plus efficace, et permettrait l'élaboration de normes juridiques sûres et répondant aux attentes des peuples.

---

(46) Cité par Eric LAURENT, *Un monde à refaire*, op. cit., p. 122 et par BEDJAOUI (M.) – étude citée, p. 237.

(47) ROUSSEAU (C). – *Droit International public, tome 1, Introduction et sources*, Paris, 1970, p. 20. Le Professeur VELLAS estime d'ailleurs que l'élaboration des règles juridiques doit tenir compte du facteur politique, même si cela implique parfois une terminologie imprécise. Et il ajoute : « Qu'est-ce qui importe le plus : une précision terminologique satisfaisante mais qui empêche l'adoption par les Etats de règles satisfaisantes au fond, ou l'adoption effective d'une règle au prix d'une imprécision terminologique provisoire ? » P. VELLAS, Droit International public, 2e éd. L.G.D.J. Paris, 1970, p. 27.

La procédure du consensus consiste à élaborer des textes par négociation et à les adopter sans vote. Elle permet ainsi aux organes politiques de l'ONU de parvenir à des décisions que les divisions entre ses membres n'auraient pas permis de prendre, ou dont l'autorité peut être minée par trop d'abstentions.(48)

De nombreuses études ont été réalisées sur la question du consensus, afin de tenter de cerner cette procédure nouvelle, appliquée dans de nombreuses organisations internationales. Selon le juge DE LACHARRIERE,(49) le mot consensus désigne le plus souvent une méthode de prise de décisions, c'est-à-dire une procédure d'adoption des décisions dans des instances multilatérales, et il est utilisé également pour qualifier le résultat de cette procédure, la décision qui en découle, c'est-à-dire le document adopté lui-même. C.W. JENKS estime quant à lui que le mot « consensus » désigne diverses procédures dont le seul point commun est qu'elles tendent, sous différentes appelations, à la recherche d'un accord aussi large que possible entre les membres des organisations où elles s'appliquent.(50)

D'une manière générale, on peut affirmer, avec Simon COURTEIX, « que le consensus présente à l'heure actuelle deux caractéristiques essentielles : il implique un accord général – qui peut ne pas être unanime – et il se manifeste sans vote. »(51)

Il s'agit en d'autres termes, de réduire les objections autant que possible, par le biais de consultations informelles, et de dégager l'accord le plus large autour d'un texte qui sera adopté sans être mis aux voix,(52) ce qui suppose des concessions réelles de part et d'autre.

On sait dans quelles circonstances le consensus a fait son apparition en 1964 aux Nations Unies. Les Etats-Unis menaçaient la France et l'URSS de les faire déchoir de leur droit de vote en application de l'article

(48) VIRALLY (M). – l'Organisation des Nations Unies, A. Colin, Paris 1972, p. 196.

(49) DE LACHARRIERE (G). – « Consensus et Nations Unies », in AF.D.I., 1968, pp. 9-19.

(50) C.W. JENKS, « Unanimity, the veto weighted voting, special and simple majority and consensus as mode of decision in international organization », *Essays in honour of Lord Mc Nair,* London, Steven and sons, 1965, pp. 48-63 cité par COURTEX (S). – « La méthode du consensus dans l'élaboration du droit de l'espace ». *Mélanges offerts à Charles CHAUMONT,* op. cit., p. 225.

(51) COURTEX (S). Voir sa contribution dans Mélanges offerts à Charles CHAUMONT, op. cit. p. 228.

(52) Sur l'analyse des éléments constitutifs du consensus, on pourrait consulter MONNIER (J.) – Observations sur quelques tendances récentes en matière de formation de la volonté sur le plan multilatéral, AFDI, 1975, pp. 31-51.

19 de la Charte, car ces derniers s'opposaient à la répartition proposée de la charge financière découlant des opérations du maintien de la paix sur le canal de Suez et au Congo. Et pour éviter de bloquer les travaux de l'Assemblée Générale, il fut convenu de ne pas procéder au vote sur le texte et d'organiser des consultations préalablement à toute décision. De nombreux autres exemples de recours à la technique du consensus peuvent aussi être mentionnés.[53]

C'est dire que « la procédure du consensus n'est pas née aujourd'hui avec la crise du droit international et de l'économie mondiale. »[54] Les organes politiques de l'ONU l'ont pratiquée avec succès auparavant,[55] « bien que l'expression ne figure ni dans les chartes des organismes de la famille des Nations Unies ni dans les règlements qui les complètent. »[56]

Or, ce qui pose problème aujourd'hui, c'est l'absence de la volonté de faire des concessions réelles et sérieuses, que les pays en développement perçoivent chez leurs partenaires du Nord.

Comme le relève le juge BEDJAOUI, « il convient en effet de noter la fâcheuse tendance de certains Etats à jouer sur deux tableaux en émettant des réserves au moment de l'adoption d'une résolution par consensus. La technique du consensus leur permet d'obtenir des textes de compromis qui atténuent, amortissent et parfois émasculent les résolutions relatives au nouvel ordre économique international. Mais, ce résultat une fois assuré, ils recourent à la technique des réserves qui

---

(53) Le professeur VIRALLY énumère de nombreux exemples dans son ouvrage intitulé l'Organisation de Nations Unies, op. cit., p. 196. Il relève, par exemple, qu'au cours de la séance du 10 janvier 1964, dans la question relative à la zone du canal de Panama, opposant le Panama aux Etats Unis, le représentant du Brésil suggéra que le Président du Conseil de sécurité fût autorisé à adresser un appel aux deux gouvernements pour qu'il soit immédiatement mis fin à l'échange de coups de feu et à l'effusion de sang. Les représentants des deux parties ayant donné leur accord à la procédure utilisée – toujours au Conseil de sécurité – dans cette suggestion, le Président déclara que, si aucune objection n'était présente, celle-ci serait considérée comme adoptée. Il en fut ainsi décidé (S.P.V. 1086 ; R.N.U. 1964, 1, 20-24). La même procédure fut suivie dans l'affaire du Cachemire opposant l'Inde au Pakistan (1116 ; R.N.U. 1964, 5, 15-19), dans la question du stationnement des observateurs militaires dans le secteur du Canal de Suez (S.P.V. 19366 ; C.M. 1967, 8, 3-8) et même à l'Assemblée Générale sur la question des îles Falkland (consensus des 20 décembre 1966, 19 décembre 1967), sur la question d'Aden (consensus du 20 novembre 1967), etc.

(54) BEDJAOUI (M.) – étude citée, p. 258.

(55) Ibid.

(56) DE LACHARRIERE (G.) – « Consensus et Nations Unies » in Annuaire Français de droit international, 1968, p. 9.

leur permet de ne pas se considérer comme concernés par ces résolutions. La formulation de réserves sur des points secondaires, ainsi que les déclarations donnant une interprétation de tout ou partie du texte adopté, toutes choses admissibles, ont malheureusement ouvert la porte à la formulation de réserves fondamentales qui minent la portée même du consensus. »[(57)]

C'est cette attitude qui a conduit les pays en développement, à abandonner quelque peu la procédure du consensus pour recourir de plus en plus au vote au sein de nombreuses conférences et organisations internationales. L'utilisation alternative de la procédure de vote et de celle du consensus au sein de la CNUCED est un exemple typique de cette tendance. De même, l'abandon, pour la première fois en 1982, de la procédure du consensus à l'occasion de l'adoption d'un texte réglementant l'utilisation de l'espace en matière de télévision directe confirme également la désaffection qui marque depuis quelques temps le recours à cette méthode d'adoption de décisions collectives.[(58)]

Or, la procédure du consensus aurait pu être, dans les circonstances politiques et économiques actuelles, un procédé efficace pour l'élaboration des règles et principes du droit international par les organes politiques de l'ONU. Bien exploitée et correctement appliquée, « elle serait le garant de l'évolution sans heurts de la société internationale vers des stades plus élaborés de son histoire au service de l'homme. »[(59)]

Certes, les pays en développement font une concession majeure, chaque fois qu'il leur est demandé de laisser substituer l'accord unanime à la règle de la majorité. Mais ils ne devraient pas alourdir le climat des négociations en menaçant, de manière inopportune, de recourir au vote. Quant aux pays développés, ils se doivent de s'engager plus résolument dans les négociations en vue de la recherche du consensus, en gardant à l'esprit que celui-ci implique forcement des concessions substantielles et réciproques, et qu'en aucun cas il ne saurait signifier la soumission de la majorité aux diktats de la minorité, au motif que cette dernière détient le pouvoir politique, économique et militaire.

Les représentants de tous les groupes d'Etats au sein des comités spéciaux engagés dans la production normative devraient avoir constamment à l'esprit les observations du représentant du Liban au sein du comité spécial sur les principes du droit international qui avait déclaré en Sixième Commission, au nom des non-alignés, le 27 juin 1966, que la recherche d'un accord général n'implique pas que l'on doive imposer

---

(57) BEDJAOUI (M.) – op. cit., p. 259.
(58) COURTEIX (S.) – étude citée, p. 229.
(59) BEDJAOUI (M.) – op. cit., p. 262.

« la règle de l'unanimité ni, à plus forte raison, la volonté d'une faible minorité sur une écrasante majorité. »[60]

Comme l'a souligné le représentant de l'Australie, l'Ambassadeur Richard BUTLER à la 12e séance de la 3e session extraordinaire de l'Assemblée Générale, consacrée au désarmement, « la recherche du consensus doit être sincère, sérieuse et objective, si l'on ne veut pas parvenir à un échec lourd de conséquences pour chacun de nos pays ».[61]

Les progrès dans la codification et le développement progressif du droit international exigent la participation responsable de tous les groupes d'Etats concernés, notamment les plus puissants d'entre eux. Et lorsque ces derniers refusent de faire des concessions sur des questions fondamentales, ils contraignent les pays en développement à recourir au vote ; autrement, comme l'a déclaré M.K. YASSEEN représentant de l'Irak, en Sixième Commission le 28 novembre 1987, « le développement progressif du droit international serait arrêté si la grande majorité des Etats était laissée à la merci d'une minorité dissidente. »[62]

Il serait dommage, qu'en raison de l'attitude d'un groupe d'Etats, la communauté internationale ne soit pas en mesure de tirer parti des possibilités certaines que lui aurait offert la pratique du consensus, pour réaliser des avancées dans la construction d'un nouvel ordre juridique international. Une utilisation objective et sérieuse de cette procédure pourrait améliorer le processus normatif au sein des organes politiques de l'ONU, étant entendu que dans l'impossibilité d'obtenir un consensus solide, exempt de toute réserve ou déclaration interprétative, l'on devrait recourir au vote selon la Charte et les divers règlements intérieurs existants,[63] car le consensus ne pourra jamais remplacer la règle, un Etat, une voix, même si c'est une pratique qui peut améliorer le processus normatif.

---

(60) Rapport du comité, doc. A/6230, 21e session, séance du 27 juin 1966, par. 571.

(61) *Documents officiels de la quinzième session extraordinaire.* La 3e session extraordinaire consacrée au désarmement (Doc. A/P. V. 1218).

(62) Déclaration de M. YASSEEN (Irak), 6e commission, 23e session, 108e séance, 28 novembre 1987.

(63) Certes, la nature même de la communauté internationale composée d'Etats souverains impose inévitablement la pratique du consensus dans les organisations internationales. Cependant, cette procédure ne garantit pas le respect des résolutions ainsi prises ; et parce que cela risque de signifier, comme le note à juste titre le juge BEDJAOUI, que non seulement la résolution prise n'est pas assurée d'avoir un effet obligatoire pour les Etats, mais encore qu'elle n'a même pas d'existence légale au niveau de l'Organisation elle-même, il est nécessaire de parvenir à un consensus solide, exempt de réserves et obtenu à la suite de négociations sérieuses, et objectives, impliquant des concessions réciproques. C'est à ce prix que la technique du consensus peut améliorer le processus normatif.

D. – La révision des méthodes de travail des comités ad hoc et des délégations du Tiers-Monde

Le renforcement du processus, normatif pourrait être obtenu grâce à une révision des méthodes de travail des comités et une participation accrue des délégations du Tiers-monde à l'élaboration de normes juridiques internationales.

C'est ainsi par exemple que, dans la mesure du possible et dès l'ouverture des travaux des comités spéciaux, le président du comité devrait ajourner le débat général dans les meilleures délais pour permettre aux divers groupes d'Etats d'arrêter leurs positions et de proposer des formules de rédaction qui seraient examinées dans le cadre d'un comité de rédaction restreint, avec la participation des représentants désignés par chaque groupe. L'on pourrait alors gagner du temps et mettre au point un texte qui tienne compte des réalités politiques tout en sauvegardant la qualité technique.

Il faudrait étoffer davantage les structures chargées des affaires juridiques dans les secrétariats, et renforcer les délégations notamment ceux des pays du Tiers-monde qui participent aux travaux des organes politiques lorsque ceux-ci discutent des questions juridiques par des diplomates-juristes de formation et de spécialistes de diverses branches du droit international, de manière à accroître la qualité de la contribution de ces pays à l'élaboration des principes et règles du droit international.

En effet, les pays du Tiers-Monde souffrent pour la plupart d'une indigence qualitative et quantitative de cadres dans tous les domaines. « C'est un des aspects de leur sous-développement qui apparaît très nettement dans le Kaléidoscope bigarré des représentants aux conférences internationales. »[64]

Les procédures d'élaboration de la norme dans les organes politiques de l'ONU et les conférences internationales imposent la constitution de commissions, groupes de travail, comités de rédaction, groupes de contact, etc. Ce qui implique que chaque délégation d'un Etat du Tiers-Monde devrait comprendre des délégués qualifiés et en nombre suffisant pour pouvoir participer utilement aux réunions de tous les organes.

Or, non seulement les Etats du Tiers-monde ne disposent pas des moyens humains et financiers qui leur permettraient de participer à égalité avec les autres Etats aux nombreuses sessions des organes internationaux, mais encore, de nombreux problèmes de coordination existent au sein des diverses administrations nationales de ces Etats. Et lorsque les cadres

(64) BEDJAOUI (M.) – étude citée, p. 250.

compétents existent, ils ne sont pas toujours choisis pour faire partie des délégations aux conférences internationales ; parfois même, des non-juristes sont désignés in extremis pour participer aux travaux d'un comité ad hoc engagé dans la codification d'un secteur du droit international, simplement parce qu'ils entretiennent des relations particulières avec le chef de l'administration chargé de la composition de la liste des membres de la délégation.

C'est ainsi que de nombreuses délégations du Tiers-monde arrivent aux conférences internationales sans une connaissance parfaite des dossiers, et sont condamnées à une participation symbolique alors que le souci de faire valoir leurs intérêts devrait les appeler à une action dynamique et féconde. Dans des cas extrêmes, l'on a vu un représentant d'Etat du Tiers-monde, retarder indûment la prise de décision sur une simple question de procédure, simplement parce qu'il n'avait pas pris connaissance des progrès accomplis sur la question sous examen au cours de la session précédente du même organe, lesquels progrès étaient dûment consignés dans le rapport du comité spécial, publié des longs mois à l'avance !

C'est pourquoi ceux qui parlent de la « puissance de la majorité automatique », devraient nuancer quelque peu leur jugement, car il faut se garder de confondre jouissance et exercice d'un droit. « Une grande marge, dont la mesure est précisément le sous-développement, sépare la jouissance théorique d'un droit – celui que les Etats du Tiers-Monde tirent légitimement de leur nombre – et l'exercice effectif de ce droit (...). Et lorsque l'outil, c'est-à-dire l'Organisation, est disponible pour un faire-valoir de ce droit, c'est l'artisan, c'est-à-dire le pays en développement, qui se révèle indisponible pour le plein exercice de ce droit. »[(65)]

Une inégalité flagrante existe ainsi dans le dialogue mené au sein des organes politiques de l'ONU, ce qui affaiblit l'efficacité du processus normatif et sa capacité de produire des normes internationales équilibrées et sûres.[(66)] L'amélioration du processus normatif implique donc une révision des méthodes de travail des délégations nationales, notamment de celles du Tiers-Monde.

---

(65) BEDJAOUI (M.) – op. cit., p. 250.

(66) Sur cette question, voir les observations de M. BEDJAOUI dans son étude citée, et celles de M. BENCHIKH dans son ouvrage intitulé « *Droit international du sous-développement* », déjà cité. On pourrait consulter aussi P. REUTER ; « Organisation internationale et évolution du droit », *Mélanges Mestre,* pp. 447-461 et C.A. COLLIARD, « quelques réflexions sur la structure et le fonctionnement des organisations internationales » in *Mélanges Rolin,* 1964, pp. 67-79.

CONCLUSION

L'élaboration des règles de droit dans la société internationale est une question extrêmement complexe ; son examen implique la prise en compte de paramètres aussi bien techniques que politiques et pratiques.

En effet, lorsqu'on étudie d'un point de vue réaliste et pratique le processus actuel d'élaboration de normes au sein des organes politiques de l'ONU, on se rend à l'évidence, comme l'écrit le Professeur PELLET, que « plus la formulation se fait précise, plus les pays industrialisés retrouvent les moyens d'imposer leurs vues ; plus des règles sont contraignantes, plus ils se raidissent dans leur position traditionnelle. (...) Majoritaires, les pays en développement détiennent « un pouvoir politique qui relève essentiellement de la rhétorique » (A. CASSESE) alors que la minorité, que constituent les Etats industrialisés, exerce toujours un pouvoir, militaire et économique, qui lui permet d'imposer ses vues, et de les traduire en actes et en normes juridiques. » (67)

La réalité, c'est que les partenaires, multiples sur la scène internationale, disposent de moyens fort inégaux pour faire valoir leurs points de vue.

Dans ce contexte, seule l'action normative des organes politiques du système de l'ONU sous la forme de la résolution peut promouvoir à la fois le maintien de la paix et de la sécurité internationales, et le développement socio-économique dans le monde.

Voilà pourquoi le processus normatif au sein des organes politiques de l'ONU doit être sans cesse amélioré. Voilà également pourquoi ces organes se doivent de maintenir et de renforcer leurs activités normatives, d'autant plus qu'ils jouent un rôle irremplaçable dans l'élaboration et la mise en œuvre du droit dans la société internationale contemporaine : « celui de relever, au plan universel, les contradictions des doctrines économiques, d'exprimer les antagonismes existant entre les politiques et les intérêts particularistes et de cristalliser, lorsque c'est possible, les complémentarités et les convergences, en leur donnant la forme juridique. » (68)

---

(67) PELLET (A.) – op. cit. p. 61.

(68) TOUSCOZ (J.) – Voir sa contribution au colloque de la SFDI de Nice, cité, p. 49.

A PROPOS DU NOUVEAU MECANISME DE L'OUA SUR LES CONFLITS*

Le règlement des conflits et la question de la paix, de la sécurité et de la stabilité ont constitué une préoccupation majeure pour l'Organisation de l'Unité Africaine depuis sa création. C'est ainsi que celle-ci a fait recours, à diverses reprises, à de nombreux mécanismes formels et ad-hoc, tels les comités spéciaux, les comités de médiation et/ou de suivi, la Conférence des chefs d'Etat et de gouvernement, pour tenter de régler des conflits entre Etats africains.

L'Organisation s'est également attaquée aux aspects militaires de la gestion des conflits, en déployant des forces africaines pour le maintien de la paix au Tchad en 1981 et, tout récemment, en procédant à la mise en place d'une mission militaire d'observation du cessez-le feu au Rwanda.

Il convient toutefois de relever que les résultats obtenus n'ont pas toujours été à la mesure des efforts consentis. Bien plus, l'Afrique, continent à la dérive, naufragé, sinistré, marginalisé,(1) est devenu le théâtre de nombreux conflits aussi bien internes que bilatéraux, à tel point que l'un des plus grands obstacles au développement des pays africains aujourd'hui est le fléau que constituent les conflits.

Pour surmonter les difficultés qui, dans le passé, ont empêché à l'Afrique de résoudre ce problème de conflits, il s'est avéré nécessaire de créer un mécanisme en vue d'insufler un nouveau dynamisme

---

(*) Paru dans « *African Yearbook of International law/Annuaire Africain de Droit International* » éd. par Abdulqawi A. Yussuf, volume 2, 1995, pp. 71-91. Une version révisée de ce texte a été publiée à la Revue générale de droit international public, Tome 98, 1994/2, pp. 377-386.

(1) Voir P. F. GONIDEC, *Démocratie et développement en Afrique : Perspectives internationales et nationales, in Afrique 2000*, n° 14, 1993, p. 49.

institutionnel à l'Organisation et de donner à celle-ci les moyens de sa politique, en lui accordant une place de choix dans le cadre de tous les efforts visant la prévention, la gestion et le règlement des conflits en Afrique.[2] Ce faisant, les chefs d'Etat et de gouvernement de l'OUA ont voulu traduire dans les faits l'engagement à « œuvrer ensemble pour le règlement pacifique et rapide de tous les conflits sur le Continent »[3] qu'ils avaient pris à leur Sommet de juillet 1990 à Addis-Abéba.

S'agissant d'un nouvel organe appelé à jouer un rôle central dans la prévention, la gestion des crises et le maintien de la paix en Afrique, il convient d'examiner sa structure ainsi que les modalités de son fonctionnement, avant de s'interroger sur ses perspectives d'avenir.

I. – HISTORIQUE ET CREATION DU MECANISME

Le Mécanisme de l'OUA pour la prévention, la gestion et le règlement des conflits a été adopté au Caire par les chefs d'Etat et de Gouvernement d'Afrique, au cours d'une séance de travail à huis clos dans la nuit du 29 au 30 Juin 1993.

A. – Rappel historique et problématique des conflits en Afrique

C'est un fait bien connu que depuis les indépendances africaines survenues dans les années 1960, de nombreux conflits ont éclaté sur le continent, que ce soit des conflits entre Etats africains (conflit Somalie-Ethiopie, Mali-Burkina, Maroc-Algérie, etc.) ou au sein desdits Etats (guerre du Biafra, conflits au sud-Soudan, au Mozambique, en Angola). Les causes de ces guerres et les modalités de leur règlement ont été abondamment analysées par la doctrine.[4] Nous n'y reviendrons donc pas.

---

(2) Voir introduction du *Rapport du Secrétaire général sur la création d'un mécanisme pour la prévention, la gestion et le règlement des conflits*, Publication de l'OUA, Addis-Abéba, 1993.

(3) Cet engagement est contenu dans la « Déclaration de la Conférence des chefs d'Etat et de Gouvernement de l'Organisation de l'Unité Africaine sur la situation politique et socio-économique en Afrique et les changements fondamentaux qui surviennent dans le monde » adoptée en juin 1990 à Addis-Abéba.

(4) TOUVAL (S), *The Boundary Politics of Independent Africa, Havard University* Press, Cambridge, 1972 ; T. O. ELIAS, *Africa and the development of International Law*, 2nd Revised Edition, Martinus Nijhoff Publishers, London, 1988 ; CERVENKA, *The Organisation of African Unity and its Charter*, 1968 ; SHAW M. N., *Dispute settlement in Africa* 37, Y.B.W.A., 1983, p.149 et sv.

Ce qu'il convient surtout de relever dans le cadre de la présente étude, c'est la prise de conscience par les leaders africains, lors de leur 26e Conférence au Sommet à Addis-Abéba en juillet 1990, de la nécessité de changer radicalement leur approche du phénomène des conflits en Afrique, et de se donner les moyens de régler eux-mêmes leurs différends dans un monde en pleine mutation.

Après une analyse minutieuse des bouleversements intervenus dans le monde sur le plan politique (fin de la guerre froide, prépondérance des Etats-Unis au Conseil de sécurité, revitalisation de l'ONU, etc.), sur le plan économique (constitution de grands ensembles économiques en Europe, en Amérique et en Asie du Sud-Est, réorientation des capitaux vers l'Europe de l'Est, etc.) et sur le plan social (aggravation du chômage et de la consommation de drogues en Afrique, conséquences désastreuses des politiques d'ajustement structurel, pandémie du Sida, etc.), les chefs d'Etat africains adoptèrent la « Déclaration sur la situation politique et socio-économique en Afrique et les changements fondamentaux qui se produisent actuellement dans le monde » AHG/Decl. 1 (XXVI) qui contient un ensemble de mesures fondamentales destinées à éviter la paupérisation et la marginalisation croissantes de l'Afrique.

Parmi ces décisions courageuses, il importe de mentionner l'engagement à « œuvrer conjointement en vue du règlement rapide de tous les conflits que connaît le continent » [(5)] en donnant à l'OUA les moyens adéquats pour réduire les tensions et régler les confits en Afrique, dans le but ultime de créer les conditions de paix, de stabilité et de justice sociale qui seules peuvent garantir le développement économique et social des peuples africains. [(6)]

Et pour passer enfin de la parole aux actes, les chefs d'Etat et de Gouvernement de l'OUA avaient « invité le Secrétaire général à assurer le suivi de la mise en œuvre de la présente déclaration et à prendre les dispositions nécessaires à cette fin... ». [(7)]

C'est ainsi que le Secrétaire général a soumis à la cinquante-sixième session ordinaire du Conseil des ministres et à la vingt-huitième session ordinaire de la Conférence des chefs d'Etat et de Gouvernement tenues en juin/juillet 1992 à Dakar, un rapport intitulé « Rapport du Secrétaire général sur les conflits en Afrique : Proposition d'un Mécanisme de l'OUA pour la prévention, la gestion et le règlement des conflits » ; ce

---

(5) Déclaration AHG/Decl.1 (XXVI) du 11 juillet 1990, voir paragraphe 11.

(6) Déclaration AHG/Decl.1 (XXVI) du 11 juillet 1990, paragraphes 8, 11 et 12.

(7) Voir paragraphe 15 de la Déclaration AHG/Decl. 2 (XXVI) portant sur la situation politique et socio-économique en Afrique et les changements fondamentaux qui se produisent dans le monde.

rapport contenait, comme son nom l'indique, les propositions du Secrétaire général relatives à la nature du nouveau Mécanisme, aux modalités de son financement, et à sa place dans le cadre du système global de l'OUA.

A l'issue d'un débat animé et exhaustif, la 27e session de la Conférence des chefs d'Etat et de Gouvernement décida, aux termes de la Décision AHG/Decl.1 (XXVIII),

> « **(1)** – d'adopter le principe de créer dans le cadre de l'OUA et conformément aux principes et aux objectifs de la Charte, un Mécanisme de prévention, de gestion et de règlement des conflits en Afrique ;
>
> **(2)** – de demander au Secrétaire général, sous l'autorité du Bureau de la 28e session de la Conférence des chefs d'Etat et de Gouvernement, d'entreprendre une étude approfondie sur tous les aspects d'un tel Mécanisme, notamment, les détails institutionnels et opérationnels, ainsi que son financement. »

Le Secrétaire général de l'OUA organisa ensuite une série de consultations aussi bien avec les Etats membres qu'avec leurs représentants respectifs à Addis-Abéba, et présenta à la 58e session ordinaire du Conseil des ministres et à la 29e session de la Conférence au Sommet réunies au Caire en juin/juillet 1993, un rapport accompagné d'un projet de déclaration portant création d'un Mécanisme pour la prévention et le règlement des conflits en Afrique.

B. – Le Sommet du Caire

La 29e session ordinaire de la Conférence des chefs d'Etat et de Gouvernement marque, à n'en point douter, un tournant dans la vie de l'Organisation panafricaine. Pour la première fois, les leaders africains acceptent de se dépouiller d'une partie de leur souveraineté au profit de l'OUA, qui doit désormais « jouer un rôle de premier plan dans toutes les actions visant à instaurer la paix et la stabilité sur le continent », et mener, en cas de besoin, « une action rapide pour prévenir, gérer et régler les confits lorsqu'ils surviennent ».

Il s'agit-là d'un changement majeur dans la position des Etats africains qui, jaloux de leur souveraineté et de leur indépendance chèrement acquises, n'avaient jusque-là consenti à l'OUA qu'un rôle mineur dans la gestion de problèmes aussi sensibles que les conflits entre Etats.

Si la Déclaration adoptée au Caire dans la nuit du 29 au 30 Juin 1993 par la 29e Conférence au Sommet de l'OUA crée bel et bien un

Mécanisme pour la prévention, la gestion et le règlement des conflits en Afrique, Déclaration AHG/ Decl. 3 (XXIX) (Rev. l), elle prend soin toutefois de clarifier les principes de base qui régissent son fonctionnement et de fixer, avec précision, le rôle des différents organes qui devront intervenir dans l'exécution de ses nouvelles missions.

Il nous semble donc utile, à ce stade de notre étude, d'examiner ces principes de base en même temps que la structure de ce nouvel instrument de règlement des conflits institué au sein de l'OUA.

II. – STRUCTURE ET FONCTIONNEMENT DU MECANISME

Avant de procéder à l'étude de cette nouvelle institution créée par la 29e Conférence des chefs d'Etat et de Gouvernement, il convient de dégager les buts et objectifs qui lui ont été assignés ainsi que les principes de base sur lesquels elle s'appuiera.

A. – Buts et Objectifs du Mécanisme

Le paragraphe 15 de la Déclaration du Caire portant création du Mécanisme est très précis sur les objectifs recherchés : « Le Mécanisme aura comme objectif premier de prévoir et de prévenir les conflits. En cas de conflit, il aura la responsabilité de rétablir et de consolider la paix en vue de faciliter le règlement du conflit. A cette fin, l'OUA peut constituer et déployer des missions civiles et militaires d'observation et de vérification de taille et de durée limitées ».

Cependant, « au cas où les conflits dégénèrent au point de nécessiter une intervention internationale collective, l'assistance, et dans la mesure du possible, les services des Nations Unies seront sollicitées conformément aux dispositions générales de la Charte » (paragraphe 16 de la Déclaration).

Comme on le voit, il s'agit d'objectifs assez modestes, qui excluent les opérations de maintien de la paix en privilégiant les actions préventives, et les mesures destinées à geler les hostilités en attendant l'aboutissement des médiations qui seraient alors entreprises. L'OUA cherche également à créer un climat de confiance entre belligérants, en déployant en temps opportun des missions d'observation et de vérification civiles ou militaires selon le cas.

Toutefois, les responsables africains, conscients du fait qu'en toute chose c'est le premier pas qui compte, justifient leur choix d'objectifs forts modestes par le fait « qu'une action prompte et décisive dans ces domaines permettra d'éviter l'éclatement des conflits et, au cas où ils surviennent, d'empêcher qu'ils ne dégénèrent en conflits intenses ou généralisés. »

« En mettant l'accent sur les mesures d'anticipation et de prévention et sur l'action concertée de rétablissement et de consolidation de la paix, ajoutent les chefs d'Etat africains, nous éviterons d'avoir recours à des opérations de maintien de la paix complexes et onéreuses que nos Etats auront des difficultés à financer. »

En d'autres termes, c'est par pur réalisme que l'OUA a retenu ces objectifs limités : agir certes, mais dans la limite de ses moyens et en ciblant des objectifs pouvant être effectivement réalisés. Il y a là un souci fort louable d'efficacité, qui vise entre autres, à préserver la crédibilité de l'Organisation et celle du Mécanisme créé qui devra du reste fonctionner suivant les principes ci-après :

B. – Les principes de base

Ces principes sont inscrits au paragraphe 16 de la Déclaration. Il s'agit essentiellement des principes stipulés dans la Charte de l'OUA et codifiés depuis longtemps par les Nations Unies à savoir, l'égalité souveraine des Etats membres, la non-ingérence dans les affaires intérieures des Etats, le respect de la souveraineté et de l'intégrité territoriale des Etats membres et le règlement pacifique des différends.

Ces principes avaient été adoptés à l'unanimité lors des travaux du Sommet du Caire, de même que la nécessité de rechercher le consentement des parties au conflit dans la mise en œuvre des mesures décidées par l'organe central du Mécanisme.

A l'exception notable du Soudan, tous les chefs d'Etat et de délégation présents ont reconnu également qu'il pourrait y avoir des circonstances extraordinaires où l'OUA serait obligée d'intervenir comme dans le cas du Libéria et de la Somalie où les souffrances extrêmes et le non-respect des droits de l'homme ainsi que l'absence de tout pouvoir étatique sont évidents. Dans de tels cas, l'OUA aura désormais le droit et le devoir d'intervenir avant même de lancer un appel à la communauté internationale.

Toutefois, pour rassurer les uns et les autres, la Déclaration ne donne pas à l'OUA un pouvoir général d'intervention à l'intérieur des Etats dans le cas des conflits internes sus-évoqués. Elle prend bien soin de préciser que l'ingérence dans les affaires intérieures sera décidée, en cas de besoin, par l'organe central du Mécanisme, qui comprend les chefs d'Etat des pays membres du bureau en exercice de la Conférence des chefs d'Etat et de Gouvernement.

C. – L'appareil institutionnel

Comme le mentionne le paragraphe 17 de la Déclaration, « le Mécanisme s'articulera autour d'un organe central dont les décisions sont exécutées par le Secrétaire général et le Secrétariat ».

1. – L'Organe central

La composition, le fonctionnement, les attributions et les modalités de saisine de cet organe sont clairement énoncés aux paragraphes 18, 19, 20 et 21 de la Déclaration.

L'organe central du Mécanisme comprend les membres du Bureau de la Conférence des chefs d'Etat et de Gouvernement, élus sur une base annuelle en tenant compte du principe de la représentation régionale équitable et de la rotation. En vue d'assurer la continuité, les Etats du précédent, et (s'il est connu) du futur Président en exercice sont également membres de l'organe central.

En d'autres termes, c'est le Bureau de la Conférence des chefs d'Etat et de Gouvernement qui, durant chaque mandat, joue également le rôle d'organe central du Mécanisme.

L'OUA a voulu ainsi sauvegarder, contrairement au système de l'ONU qui institue des membres permanents au Conseil de sécurité,[8] les principes de l'égalité souveraine des Etats et de la représentation géographique équitable. Mais lorsqu'on sait que le choix des membres du Bureau ne reflète pas nécessairement l'équilibre des forces au sein du continent, et que certains Etats les plus nantis sur les plans économique et militaire s'en trouvent parfois exclus par le jeu de la rotation, l'on se demande si la solution choisie par l'OUA n'a pas sacrifié l'efficacité au dépens de l'égalité souveraine. Nous reviendrons sur cet aspect de la question dans notre troisième partie consacrée à l'évaluation du Mécanisme.

La structure de l'organe central telle que décidée par les chefs d'Etat et de Gouvernement au Caire représente en tout cas un compromis entre les Etats qui avaient proposé l'établissement d'un Conseil de sécurité africain, ceux qui souhaitaient une redynamisation de la Commission de médiation, de conciliation et d'arbitrage, et la majorité qui appuyait le Secrétaire général dans son souci d'éviter la prolifération de nouveaux organes.[9]

---

(8) Article 27, Charte de l'Organisation des Nations Unies.

(9) Pour un aperçu détaillé de ces discussions, on pourrait consulter les rapports de la 56e session du Conseil des ministres de l'OUA ainsi que le rapport du Secrétaire général sur la *Création d'un Mécanisme pour la prévention, la gestion et le règlement des conflits*, Documentation de l'OUA, 1993, 52 p.

En effet, dès le Sommet de Dakar en 1992, le principe consistant à avoir un organe central s'était révélé acceptable à tous les Etats membres, mais il restait une divergence profonde de vues sur la question de savoir quelle serait la nature exacte de cet organe ainsi que les détails opérationnels.

A l'issue de tractations laborieuses menées par le Secrétaire général et le doyen des ambassadeurs africains en poste à Addis-Abéba, un consensus s'est finalement dégagé selon lequel les Etats membres du Bureau du Sommet devaient constituer l'Organe central car, contrairement aux autres formules proposées (Conseil de sécurité Africain, Comité spécial...) le Bureau avait le mérite d'exister, c'était une « structure légère » comparée à la Commission de médiation, de conciliation et d'arbitrage qui n'a jamais fonctionné en raison de sa nature complexe. Les partisans de l'option du Bureau avaient en outre fait remarquer que le Bureau était déjà un comité, et que l'option consistant à mettre en place un « comité spécial des conflits » créerait des contraintes budgétaires et ferait double emploi avec le Bureau, entraînant par ailleurs la double subordination du Secrétaire général.

La Déclaration adoptée au Caire le 29 Juin 1993 fait donc du Bureau l'Organe central du Mécanisme qui, aux termes du paragraphe 19, « fonctionnera au niveau des chefs d'Etat ainsi qu'à celui des ministres et des ambassadeurs ou tout autre représentant dûment mandaté. »

Les sessions de l'Organe central, qui se tiennent généralement au siège de l'OUA, sont convoquées et présidées par le Président en exercice de la Conférence au Sommet, à la demande du Secrétaire général ou de tout Etat membre. Selon le paragraphe 20, l'Organe central se réunit une fois par an au niveau des chefs d'Etat et de Gouvernement, deux fois par an au niveau des ministres et une fois par mois au niveau des ambassadeurs et des représentants dûment mandatés. Le quorum pour cette importante institution est de deux tiers de ses membres.

Le processus décisionnel au sein de l'Organe central sera rigoureusement le même que celui qui est prévu par le règlement intérieur de la Conférence des chefs d'Etat et de Gouvernement de l'OUA. Toutefois, en décidant de ses recommandations, l'Organe central sera « guidé par le principe du consensus » (paragraphe 20).

Il convient enfin de noter que le projet d'ordre du jour des réunions de l'Organe central est établi par le Secrétaire général en consultation avec le Président en exercice, et que ledit organe est tenu de faire rapport sur ses activités à la Conférence des chefs d'Etat et de Gouvernement.

2. – Le Secrétaire Général

Le Secrétaire général apparaît comme l'organe d'exécution des décisions prises par le Mécanisme. En outre, il dispose d'un large pouvoir d'initiative dans le domaine de la diplomatie préventive : missions de bons offices, envoi de représentants ou d'envoyés spéciaux ainsi que de missions d'enquête dans les zones de conflit, etc. Enfin, le Secrétaire général prend les mesures nécessaires pour déployer et superviser les missions civiles ou militaires d'observation et de vérification décidées par l'Organe central.

Dès le départ, les Etats membres s'étaient mis d'accord, sans difficultés majeures, sur la nécessité de promouvoir le rôle du Secrétaire Général et de lui donner l'assurance qu'il pouvait désormais compter sur leur soutien politique dans la recherche des solutions aux divers conflits qui secouent le continent.

C'est ainsi que le paragraphe 22 de la Déclaration n'a pas fait l'objet d'un véritable débat durant tout le processus de négociation. Certains Etats avaient simplement insisté – et obtenu – que le rôle politique et la marge de manœuvre désormais reconnus au Secrétaire général puissent s'exercer « sous l'autorité de l'Organe central » et « en consultation avec le Président en exercice ». Les chefs d'Etat et de Gouvernement ont également décidé de renforcer les capacités du Secrétariat général dans le domaine de la prévention et de la gestion des conflits, notamment par le recrutement d'experts politiques et militaires pour assurer, entre autres, la coordination des efforts visant à monter des opérations de cessez-le-feu ainsi que la liaison entre le Secrétariat et les opérations sur le terrain.

Le Mécanisme institué à l'OUA pour gérer et régler les conflits comporte essentiellement, comme nous venons de le démontrer, l'Organe central, à savoir le Bureau de la Conférence des chefs d'Etat et de Gouvernement, et le Secrétaire général. Quelles sont les modalités de son financement ?

D. – Le financement des activités du Mécanisme

Dans son premier rapport, la proposition initiale du Secrétaire général sur le financement du Mécanisme se présentait comme suit :

> Il sera créé un Fonds spécial en vue de fournir des ressources financières pour appuyer les efforts de l'OUA dans le domaine de la prévention et du règlement des conflits. Dans un premier temps, il recevra une contribution annuelle d'un montant de 1 million de dollars E.U. prélevée sur le budget ordinaire de l'OUA. Il sera également versé au Fonds des contributions volontaires

d'Etats, d'individus et d'institutions sur le continent et hors du continent.

Cette proposition a fait l'objet d'un débat très animé au cours des consultations menées entre les ambassadeurs africains à Addis-Abéba.

En effet, si le principe même de la création du fonds s'était rapidement imposé à tous, de nombreuses tendances s'étaient dégagées quant à la constitution du fonds et à la question des ressources extrabudgétaires, notamment celles qui proviendraient de sources non-africaines.

Certains Etats souhaitaient qu'en plus du montant de 1 million de dollars E.U. à prélever annuellement sur le budget de l'Organisation, un barème de contributions obligatoires supplémentaires puisse être établi par le Secrétariat pour chaque opération de maintien de la paix qui serait décidée.

D'autres, par contre, étaient d'avis que seuls les Etats membres de l'OUA devraient assurer le financement du Mécanisme par les moyens appropriés, car les sources non africaines de financement chercheront sans doute à influencer les décisions du Mécanisme, voire, à les manipuler ou en tout cas, à couvrir des ingérences manifestes dans les affaires intérieures des pays africains. Ces Etats estimaient non seulement qu'il fallait refuser de tels fonds, mais aussi que le Secrétaire général ne devrait en aucun cas avoir le droit de solliciter et d'utiliser des fonds de son propre chef, sans le contrôle politique de l'Organe central et l'autorisation du Comité consultatif qui, dans le système de l'OUA, est l'instance compétente pour les questions administratives, budgétaires et financières.

Comme on le voit, le paragraphe 23 de la Déclaration représente un compromis très équilibré entre les positions des divers groupes d'Etats : il crée le Fonds spécial pour les conflits, tout en précisant d'entrée de jeu que celui-ci sera régi par les dispositions pertinentes du règlement financier de l'OUA. Ensuite, il est bien précisé que le Fonds sera alimenté par des crédits prélevés sur le budget ordinaire de l'OUA, les contributions volontaires des Etats membres et d'autres ressources africaines. Enfin, un effort a été tenté pour réconcilier les tenants et les adversaires des ressources extra-africaines par le libellé suivant : « le Secrétaire général peut, avec le consentement de l'Organe central et conformément aux principes et objectifs de la Charte de l'OUA, accepter des contributions volontaires de source non-africaine ».

Il faudrait relever ici qu'au cours de ses réunions d'organisation tenues à Addis-Abéba, en septembre/octobre 1993, les ambassadeurs des pays membres du Mécanisme ont décidé que le Fonds spécial sus-évoqué sera baptisé « Fonds de l'OUA pour la Paix », et ils ont adopté des propositions relatives à sa constitution ainsi qu'au déblocage des crédits qui du reste seront examinées par la première réunion de l'Organe central au niveau ministériel qui s'est tenue à Addis-Abéba du 17 au 19 novembre 1993.

E. – Coopération avec d'autres institutions dans le domaine de la gestion des conflits

Il sied de rappeler que le Secrétaire général, dans ses propositions, avait suggéré une collaboration entre l'OUA, les organisations régionales africaines, les Nations Unies et d'autres institutions internationales travaillant dans les domaines du maintien de la paix, de la prévention et de la gestion des conflits.

Cette idée devait recueillir, assez facilement du reste, l'assentiment général, compte tenu notamment de la position des Nations Unies concernant un rôle accru pour les organisations régionales dans le domaine de la paix et de la sécurité, telle que définie dans le document du Secrétaire général de l'ONU intitulé « Agenda pour la Paix » et dans la Déclaration faite par le Président du Conseil de sécurité le 29 janvier 1993 dans le cadre de l'examen par le Conseil du point portant sur « un programme d'actions pour la paix : diplomatie préventive, recherche de la paix et maintien de la paix ».(10)

En outre, certains Etats avaient fait remarquer qu'il existe un accord de coopération entre l'ONU et l'OUA, et que les Nations Unies qui ont une longue « expérience dans la supervision des opérations de maintien de la paix et de cessez-le-feu devaient pouvoir apporter un appui financier ainsi que toute l'assistance logistique nécessaire à l'OUA.

Compte tenu de tout ce qui précède, le paragraphe 25 de la Déclaration a été libellé ainsi qu'il suit :

« L'OUA coopère étroitement avec l'Organisation des Nations Unies

---

(10) Voir Document S/25184 du Conseil de sécurité du 29 janvier 1993. Le Président du Conseil avait déclaré : « ... le Conseil de sécurité a affirmé qu'il attachait une « importance capitale au rôle des organisations et accords régionaux » et reconnu « la nécessité de coordonner leurs efforts avec ceux des Nations Unies pour le maintien de la paix et de la sécurité internationales »... « Tout en réaffirmant sa responsabilité principale pour le maintien de la paix et de la sécurité internationale... le Conseil de sécurité encourage et le cas échéant, appuie les efforts entrepris dans le cadre d'accords régionaux et par les organisations régionales dans leurs domaines de compétence respectifs conformément aux objectifs et principes de la Charte des Nations Unies. »

non seulement en ce qui concerne les questions liées au rétablissement de la paix mais également et en particulier à celles relatives au maintien de la paix. Là où cela est nécessaire, l'OUA aura recours aux Nations Unies pour obtenir le soutien financier, logistique et militaire nécessaire à ses activités en matière de prévention, de gestion et de règlement des conflits en Afrique, conformément aux dispositions du Chapitre VIII de la Charte des Nations Unies relatives au rôle des organisations régionales dans le maintien de la paix et de la sécurité internationales. Dans cette même optique, l'OUA maintient une étroite collaboration avec d'autres organisations internationales ».

Tel est, présenté de manière assez succincte, le cadre institutionnel mis en place par les chefs d'Etat et de Gouvernement africains pour permettre à l'OUA de contribuer effectivement et efficacement à la prévention, à la gestion et au règlement des conflits sur le continent. La question que l'on doit légitimement se poser, à présent, est celle de savoir quelle est la portée réelle d'une telle décision, en d'autres termes, quelles sont les perspectives d'avenir de ce nouvel organe ?

III. – PORTEE DU MECANISME

La création de ce Mécanisme chargé des conflits dans le système de l'OUA constitue, à n'en point douter, un pas décisif et positif dans la vie, de l'Organisation panafricaine (A). Mais de nombreuses difficultés ne manqueront pas de surgir dans le fonctionnement de cette nouvelle institution, en raison notamment des lacunes et des silences du texte même de la Déclaration ainsi que des difficultés financières de l'Organisation (B).

A. – Une décision salutaire

A tort ou à raison, et en tout cas par ignorance des réalités du continent et du fonctionnement interne de l'OUA, de nombreux hommes politiques, journalistes et autres commentateurs ont émis de vives critiques à l'encontre de l'Organisation panafricaine, accusée d'incompétence, voire de légèreté, que ce soit dans le domaine du maintien de la paix ou dans celui de l'intégration économique du continent.(11)

---

(11) BIPOUN-Woum J. M., *Rôle de l'OUA dans la solution des conflits* in L'Afrique, l'OUA et le Nouvel Ordre Juridique, Actes de la Rencontre internationale de Libreville, 14-19 mai 1984, Association des Juristes Africains, 1984 ; Voir également V. E. KACAMBY, *Comment sortir l'OUA de l'engrenage actuel,* Le Mois en Afrique, n° 225-226, 1984, p. 14 ; voir en outre, commentaires et observations de M. ZANGA Antoine dans sa thèse de Doctorat d'Etat en droit *L'OUA et le règlement pacifique des différends,* publiée aux Editions A.B.C, Paris, 1987, 214 p.

Le moins que l'on puisse dire, dans tous les cas, c'est que ces critiques traduisent non seulement une méconnaissance profonde de la nature même de l'OUA et des objectifs qui lui sont assignés par sa Charte, mais également, et surtout, les sentiments de déception et de désillusion de ceux qui avaient aimé, souvent avec raison, voir l'OUA jouer un rôle plus significatif dans les affaires africaines.

Comme l'observe avec pertinence le Professeur KAMTO, « la tendance, quand on étudie l'OUA, est de l'affubler d'une mission qui ne lui était pas assignée, et qui, en tout état de cause, ne relève nullement de sa Charte. Ce prisme d'observation déforme les perspectives d'analyse et donne de l'Organisation continentale l'image de ce qu'elle n'est pas ».(12)

En effet, l'OUA n'a pas été créée pour réaliser l'unité intégrative du continent. En outre, elle n'a pas été mise en place en vue de l'unification politique de l'Afrique.(13)

Dès l'origine, l'Organisation panafricaine fut conçue « comme un cadre politique très souple visant à renforcer la cohésion et la solidarité des Etats africains, à intensifier leur coopération ainsi que leurs efforts pour offrir de meilleures conditions d'existence aux peuples d'Afrique »(14) (Article 2 de la Charte).

Il s'agit donc d'une Organisation d'Etats souverains, au sein de laquelle existe une volonté de coopération et de solidarité, mais en aucune façon un désir réel d'unification ou même de renoncement aux souverainetés étatiques établies.

Certes, l'OUA a moins bien réussi dans les domaines de l'intégration économique et du règlement des conflits en Afrique, que dans celui de la décolonisation. Mais, ce qu'il faut surtout souligner ici, c'est que l'OUA fonctionne très normalement comme l'organisation politique interétatique qu'elle est.

---

(12) Kamto (M.) et autres, *L'OUA : Rétrospectives et perspectives africaines*, Economica, Paris, 1990, p. 15

(13) A l'exception de la Guinée, tous les Etats africains réunis au Caire en 1964 s'opposèrent très violemment à toute idée d'unification politique ou économique du continent. On pourrait citer à cet effet la Déclaration ci-après du Ministre Malgache des Affaires Etrangères : « The delegation of Madagascar does not agree in any way to the creation of a union government of Africa, a panafrican government, or supranational government. After having lost our liberty for years, after having been under the joke of colonialism, when we have now, with the granting of independence just recovered this liberty, must we today lose it again to a supranational government... » ? cf. Report of Council of Ministers and the Assembly of Head of States and Government Cairo, OAU Documentation, OAU Publishing Section, 1990, p. 37.

(14) Kamto (M), op. cit. p.16.

Dans ce contexte, l'on ne peut que saluer à sa juste valeur l'initiative des plus hauts responsables d'Afrique, de créer au sein de l'OUA un Mécanisme pouvant enfin permettre à celle-ci de s'occuper effectivement des conflits sur le continent, comme on l'a vu tout récemment au Burundi.

En effet, pour la première fois dans l'histoire politique africaine, l'OUA a réagi très rapidement et de manière déterminante face à un conflit survenu à l'intérieur même d'un Etat membre.

Dès le lendemain de la tentative de coup d'Etat perpétrée à Bujumbura dans la nuit du 21 au 22 octobre 1993 par une poignée de soldats égarés, inconscients, tribalistes et irresponsables, l'Organe central du Mécanisme s'est réuni au niveau des Ambassadeurs au siège de l'Organisation, et délaissant le langage diplomatique, il a adopté une déclaration dans laquelle il « condamne vigoureusement ce coup d'Etat militaire contre un Président démocratiquement élu », exige « des auteurs du coup d'Etat militaire de respecter le caractère sacré de la vie humaine, de mettre fin immédiatement à leur acte illégal et de permettre un retour à la normale, à la démocratie et à un Etat de droit au Burundi... ».

Après cette déclaration sans précédent dans les annales de l'Organisation continentale, le Secrétariat exécutif de l'OUA auprès des Nations Unies à New York et le Groupe africain dans cette ville ont été instruits de saisir le Conseil de sécurité qui, le 25 octobre 1993, a endossé la déclaration de l'OUA du 22 octobre 1993 et décidé d'envoyer un émissaire à Bujumbura afin de contribuer à la stabilisation de la situation et de recueillir des informations devant permettre au Conseil de décider d'une action future.

Dans le même temps, le Secrétaire général de l'OUA devait prendre part au Sommet régional sur le Burundi qui a eu lieu à Kigali au Rwanda le 28 octobre 1993, avant de s'envoler pour Bujumbura le 30 octobre à la tête d'une mission d'enquête de l'OUA qui comprenait entre autres M. Said RIFAAT, Représentant spécial de S.E.M. Hosni MOUBARAK, Président en exercice de l'Organisation.

Comme on le sait, l'OUA, qui a dépêché un Envoyé spécial à Bujumbura,(15) est au centre des négociations de paix qui se déroulent actuellement au Burundi et participe aux consultations menées par le Gouvernement légal du Burundi, les Nations Unies, certaines puissances occidentales et les pays voisins pour trouver les voies et moyens de garantir

(15) Il s'agit de l'Ambassadeur du Sénégal auprès de l'OUA et en Afrique Orientale, S.E. Louis Papa FALL.

la sécurité dans ce pays, la protection des membres du Gouvernement, la restauration de la confiance et la poursuite du processus démocratique.

L'exemple burundais démontre, s'il en était encore besoin, l'importance du Mécanisme mis en place par l'OUA pour la prévention, la gestion et le règlement des conflits en Afrique. Quelques mois après sa création, le nouvel organe de l'OUA a réussi son baptême de feu, apportant ainsi, de manière éclatante, la preuve que les chefs d'Etat et de Gouvernement d'Afrique ont eu raison de créer, au cours du 29e Sommet, un cadre permettant enfin à l'Organisation panafricaine de pouvoir décider d'une action collective et rapide face à une situation de crise survenant dans un Etat membre.

Toutefois, il faudrait souligner, par souci d'honnêteté intellectuelle, que cette initiative fort louable prise par le Sommet du Caire aura une portée limitée, ainsi bien en raison des silences et des lacunes du texte de la Déclaration, qu'à cause des difficultés financières de l'Organisation et de ses Etats membres.

B. – Problèmes et Limites du Mécanisme

La Déclaration instituant à l'OUA un Mécanisme pour la prévention, la gestion et le règlement des conflits assigne un rôle très limité à ce nouvel organe, et comporte en outre de sérieuses lacunes juridiques.

1. – Un organe aux pouvoirs limités

Aux termes du paragraphe 15 de la Déclaration, l'OUA ne peut « constituer et déployer que des missions civiles et militaires d'observation et de vérification de taille et de durée limitées » ; il est bien entendu qu'en cas de véritable conflit armé, il sera fait appel à l'Organisation des Nations Unies.

Le Mécanisme de l'OUA a donc été conçu dès le départ comme un moyen de prévenir les conflits, d'aider à la restauration de la confiance entre les belligérants et, dans le meilleur des cas, un outil permettant de cristalliser sur le terrain les positions acquises, afin d'éviter qu'un conflit ayant déjà éclaté ne puisse dégénérer « au point de nécessiter une intervention internationale collective ».

Certes, c'est par souci de réalisme politique que les chefs d'Etat et de Gouvernement ont assigné un rôle aussi limité au Mécanisme. Mais l'analyse de la nature des différends africains aurait pu les amener à prévoir, dans certains cas, la possibilité pour l'OUA de monter des opérations de maintien de la paix, même de taille réduite.

En effet, comme l'a abondamment expliqué M. ZANGA dans son ouvrage portant sur l'OUA et le règlement des différends,(16) le différend africain présente deux caractéristiques fondamentales : il est essentiellement politique (remise en cause du tracé des frontières, négation de la souveraineté internationale d'un Etat...) et fortement personnalisé.

Il s'ensuit donc que les différends africains évoluent très rapidement vers les conflits armés, que ce soit entre Etats ou au sein même de ceux-ci. De même, les turbulences de la transition démocratique dans un continent qui s'illustre par la corruption généralisée des élites au pouvoir et la violation systématique des droits de l'homme débouchent souvent, de manière inattendue, sur une conflagration armée.

Il s'agit là de situations que l'Organisation continentale ne saurait perdre de vue, et qui exigent, dès leur survenance, qu'une force d'interposition ou de maintien de la paix puisse empêcher une extension regrettable des hostilités.

Comme on l'a bien vu dans le cas du Libéria, l'intervention des troupes dépêchées sur le terrain par la CEDEAO a permis de stabiliser les positions des belligérants, de soulager les souffrances des populations, bien avant que les Nations Unies ne prennent en charge ce dossier. Et l'on pourrait facilement imaginer que le déploiement d'une force de maintien de la paix par l'OUA ou par les pays de la corne de l'Afrique, dès la Chute de Siad BARRE, aurait certainement, empêché la Somalie de connaître la situation chaotique et désespérée qu'elle a vécue avant l'intervention des Nations Unies.

Certes, il n'est pas du tout facile de monter une opération de maintien de la paix, comme l'attestent les difficultés des forces des Nations Unies dans l'ex-Yougoslavie, en Angola ou en Somalie. En outre, il n'est pas toujours aisé de déterminer le seuil entre le politique et l'humanitaire dans les opérations de maintien de la paix. Mais ces difficultés pourtant réelles ne sont pas insurmontables.

Il faut espérer qu'à long terme, les Etats africains puissent passer à l'étape supérieure, en révisant le texte de la Déclaration pour y inclure les modalités du déploiement par l'OUA de véritables opérations de maintien de la paix, afin de donner à l'Organisation les moyens de s'attaquer résolument à tous les types de conflits pouvant survenir sur le continent.

Il n'est certes pas souhaitable qu'au moment même où l'Afrique s'est engagée dans le processus de démocratisation et de renouveau

(16) ZANGA A., op. cit., Chapitre 1, 2e Partie.

politique, la volonté du peuple exprimée par la voie des urnes soit victime d'une prise du pouvoir par les armes, comme ce fut le cas au Burundi le 21 octobre 1993. Mais cette révolte inadmissible contre l'autorité légitime peut se produire dans d'autres Etats africains. Et l'OUA devrait avoir les moyens d'organiser une intervention militaire rapide, pour empêcher les massacres de populations civiles, les déplacements de personnes, les vols, les viols, les pillages et autres destructions irréparables qui suivent généralement les coups d'Etat en Afrique.

Cette modification de la Déclaration du Caire devrait être accompagnée, dans le même temps, d'une révision de la Charte de l'OUA, afin de donner une base juridique solide à ce Mécanisme dont les fondements juridiques demeurent incertains, notamment au regard des dispositions pertinentes de ladite Charte et du Règlement intérieur de la Conférence des chefs d'Etat et de Gouvernement.

2. – Des fondements juridiques incertains

La Déclaration du 29e Sommet portant création d'un Mécanisme chargé des conflits à l'OUA repose sur des bases juridiques pour le moins imprécises et en tout cas contestables car en décidant de créer ce nouvel organe, la Conférence a outrepassé les pouvoirs qui lui sont reconnus aussi bien par la Charte que par son propre Règlement intérieur.

La Charte de l'OUA, comme le remarque le Professeur GONIDEC, « se contente de faire une brève allusion à la coordination et à l'harmonisation des politiques de défense et de sécurité (article 2). »[17] Le règlement des conflits et le maintien de la paix ne figurent pas parmi les buts et objectifs de l'Organisation.

L'on pourrait tirer argument du fait que l'article 8 confère à la Conférence des chefs d'Etat et de Gouvernement, le pouvoir de procéder à la révision de la structure, des fonctions et des activités de tous les organes de l'OUA pour tenter de donner un fondement juridique à la décision portant création du Mécanisme adoptée par le 29e Sommet de l'Organisation au Caire en juin 1993.

Mais une analyse juridique plus fine permet de démontrer que cette argumentation ne résiste pas à la critique : d'abord, parce qu'aucun article de la Charte n'autorise l'Organisation à jouer un rôle actif dans le domaine de la prévention, de la gestion des conflits et du maintien de la paix en Afrique. Ensuite, parce que l'article 8 précise clairement que toute

---

(17) GONIDEC P. F., *Existe-t-il un droit international Africain* in RADIC, Juin 1993, Tome 5, n° 2, p. 250.

création de nouvel organe doit être conforme aux buts et objectifs de la Charte ; enfin, parce que le Règlement intérieur de la Conférence, qui est un texte d'application de la Charte, demeure silencieux sur la question de la gestion, de la prévention ou du règlement des conflits.

La Conférence du Caire n'était donc pas juridiquement fondée à décider de la création d'un organe chargé des conflits à l'OUA par une simple déclaration, sans procéder au préalable à la révision de la Charte de l'Organisation. La déclaration instituant le Mécanisme aurait donc dû inviter le Comité chargé de la révision de la Charte, qui siège depuis de nombreuses années, à accélérer ses travaux et à intégrer toutes les nouvelles dispositions relatives au Mécanisme dans le projet amendé de la Charte de l'OUA devant être examiné en priorité par la Conférence des chefs d'Etat et de Gouvernement. Or, le texte adopté au Caire demeure silencieux sur cette question qui avait pourtant été soulevée par de nombreuses délégations.[18]

Il y a là un vide juridique qui rejaillit nécessairement sur la valeur juridique des décisions qui seront prises par l'Organe central du Mécanisme, à moins que les Etats membres ne s'engagent collectivement, dans un autre texte, à accepter et à appliquer les décisions qui seront prises par le Mécanisme dans le domaine du règlement des conflits et du maintien ou du rétablissement de la paix.

L'on pourrait certes se fonder sur la théorie bien connue des pouvoirs implicites, pour justifier la validité de la décision du 29e Sommet, de créer une institution chargée des conflits dans le système de l'OUA.

Mais, comme l'a si bien souligné le juge HACKWORTH dans son opinion dissidente sous l'avis consultatif de la C.I.J. de 1954,[19] « la doctrine des pouvoirs implicites a pour rôle de donner effet, dans les limites raisonnables, aux pouvoirs explicites et non de les supplanter ou de les modifier ».

Il paraît donc nécessaire, pour fonder en droit l'existence du Mécanisme, de procéder à une révision urgente de la Charte de l'OUA et du Règlement intérieur de la Conférence des chefs d'Etat et de Gouvernement. Dans le même temps, il faudrait clarifier le processus décisionnel au sein de cette instance appelée à jouer un rôle majeur dans le développement des peuples africains.

---

(18) Il s'agit des délégations du Cameroun, du Soudan, de l'Ethiopie, du Congo, etc.

(19) Voir Avis Consultatif du 13 Juillet 1954, *Effet des jugements du tribunal administratif des Nations Unies accordant indemnités,* Résumé des Arrêts, Avis consultatifs et ordonnances de la Cour Internationale de Justice, 1948-1991, Nations Unies, ST/LEG/SEX.F/I, New York 1992, pp. 41-43.

3. – L'imprécision du processus décisionnel

Le paragraphe 20 de la Déclaration qui se rapporte à la prise de décision dans le cadre de l'Organe central du Mécanisme est libellé comme suit :

« Les sessions de l'Organe central sont régies par les dispositions pertinentes du Règlement intérieur de la Conférence des chefs d'Etat et de Gouvernement... Le quorum pour l'Organe central est de deux tiers de ses membres. En décidant de ses recommandations et sans préjudice du mode de prise de décision prévu par le Règlement intérieur de la Conférence des chefs d'Etat et de Gouvernement, il sera généralement guidé par le principe du consensus... »

En tant qu'instance ayant désormais la responsabilité principale de la gestion des conflits à l'OUA, l'Organe central sera amené à déterminer le seuil d'intervention de l'Afrique dans un conflit interne ou bilatéral, à constater l'existence d'une menace contre la paix, d'une rupture de la paix ou d'un acte d'agression. L'Organe central devra inévitablement décider de la nature des mesures à adopter (mesures préventives, mesures de pression économique, ou diplomatique, déploiement des missions civiles ou militaires d'observation ou de maintien de la paix, mesures impliquant l'emploi de la force...) et de leurs modalités d'application selon les cas.

A partir du moment où le Règlement intérieur de la Conférence des chefs d'Etat et de Gouvernement ne contient aucun article portant sur ces questions de procédure, il se pose donc légitimement la question de savoir quelles règles seront donc appliquées par l'Organe central pour la prise de décision. Il s'agit là, à n'en point douter, d'une question redoutable qui surgira certainement lorsque l'Organe central sera réellement engagé dans la gestion des conflits qui exige l'adoption de décisions audacieuses et fermes, mais justes et équitables.

Pour résoudre ces délicates questions juridiques liées au processus décisionnel, l'Organe central devra sans doute élaborer, sur la base des dispositions pertinentes de la Charte et du Règlement intérieur de la Conférence au Sommet, un règlement intérieur réglant les problèmes de procédure et du vote, précisant les types de conflits, les diverses catégories de mesures applicables, ainsi que les conditions et les modalités de l'emploi de forces armées.

Ce faisant, l'Organe central se donnera les moyens de prendre, avec célérité et impartialité, des décisions crédibles, et de pouvoir ensuite les mettre en œuvre conformément au mandat que les leaders africains lui ont confié et compte tenu des ressources financières mises à sa disposition.

4. – Les difficultés de financement

Selon le texte de la Déclaration sous examen, « il sera créé un fonds spécial régi par les dispositions pertinentes du règlement financier de l'OUA afin de disposer de ressources financières qui seront exclusivement consacrées aux activités opérationnelles de l'OUA dans le domaine de la gestion et du règlement des conflits » (paragraphe 23).

Ce fonds sera alimenté par des crédits prélevés sur le budget ordinaire de l'OUA, les contributions volontaires de sources non africaines, les contributions volontaires d'autres organisations internationales telles que les Nations Unies (paragraphes 23, 24 et 25 de la Déclaration).

Comme on le voit, la source principale de ressources du Fonds spécial sera le budget ordinaire de l'organisation. Or, ce budget connaît un déficit chronique depuis de nombreuses années, en raison des arriérés de contributions accumulés par les Etats membres.

Dans son rapport d'activités présenté à la cinquante-et-unième session ordinaire du Conseil des ministres réunie à Addis-Abéba du 19 au 24 février 1990,[20] le Secrétaire général avait insisté lourdement sur la « situation alarmante que constituent les arriérés de contributions dus par les Etats membres ».

En effet, sur un budget de 28.930.941 dollars des Etats-Unis approuvé par le Conseil des ministres au titre de l'exercice financier 1989/1990, seulement sept Etats s'étaient entièrement acquittés de leurs contributions s'élevant à 3.541.162,63, au 31 janvier 1990, soit un taux de recouvrement de 12,24 %. Le montant des arriérés de contributions s'élevait alors à 55.712.137,75 dollars.

Cette situation financière difficile de l'Organisation a été également mise en épingle par le Secrétaire général en février 1992, lorsqu'il écrit dans son rapport au Conseil des ministres « que sur un budget total de 29.063.072 $ E.U, pour 1990/1991, le Secrétariat n'a reçu au cours de l'exercice qu'une somme de 765.060,73 $ E.U. En revanche, les Etats membres ont versé la somme de 15.199.956,47 $ E.U. représentant leurs arriérés de contributions aux budgets précédents et le Secrétariat a reçu à titre de recettes diverses une somme supplémentaire de 1.332.973,07 $ E.U.

Ainsi donc, le montant total des recettes au cours de l'exercice 1990/1991 s'élevait à 24.097.989,77 $ E.U., soit une diminution de 16 % par rapport à l'exercice précédent 1989/1990 ».

---

(20) Voir Rapport du Secrétaire général pour la période allant de Juillet à Février 1990. Addis-Abéba, Février 1990. Document CM/1570 (LT) PART II.

Comme on le voit, le budget ordinaire de l'Organisation continentale n'a connu aucune augmentation depuis cinq ans. Dans le même temps, le déficit s'est considérablement aggravé. A la clôture de l'exercice budgétaire 1992-1993 au 31 mai 1993, les arriérés de contributions dus au budget ordinaire par les Etats membres s'élevaient à 62.466.505,95 dollars, soit pratiquement, l'équivalent de deux budgets ordinaires consécutifs de l'organisation.(21)

Compte tenu de tout ce qui précède, et étant donné le coût particulièrement élevé des opérations civiles ou militaires de maintien de la paix, même de taille et de durée réduites, il apparaît clairement que l'OUA fera face à de redoutables difficultés financières dans la mise en œuvre de ses décisions dans le domaine de la gestion et du règlement des conflits, comme ce fut le cas tout récemment au Rwanda.

Au cours de l'exercice budgétaire 1992-1993, l'Organisation panafricaine a dépensé la somme de 1.467.341,16 dollars au titre des diverses missions de conciliation et pour couvrir les frais occasionnés par le déploiement du Groupe d'observateurs militaires neutres de l'OUA au Rwanda, qui n'a du reste été mis en place qu'avec le soutien logistique de certains pays occidentaux.(22 A ces crédits provenant du budget ordinaire de l'OUA, il convient d'ajouter des contributions volontaires s'élevant à 533.372,09 dollars.(23)

Certes, des organisations internationales (ONU, Fédération Mondiale des Eglises, etc.), des institutions et des personnalités africaines pourront apporter des concours financiers et/ou matériels importants à l'Organe central, pour lui permettre de mobiliser et de déployer des forces armées en cas de besoin. Tout le problème est de savoir si ces contributions seront effectuées régulièrement et si l'organisation peut valablement compter sur ces ressources aléatoires pour mener à bien une tâche si importante.

---

(21) Rapport financier de l'Organisation de l'Unité Africaine pour l'exercice 1992/1993. Document CM/1790 (LIX), p. 3.

(22) Le transport des troupes avait été assuré et/ou financé par la France, les Etats-Unis, la Belgique et les Nations Unies.

(23) Les contributions se présentent ainsi qu'il suit :

1. Fonds des Etats-Unis pour le G.O.M.N.	209.518,01
2. Fonds du Nigéria pour le G.O.M.N.	250.000,00
3. Contribution de la Belgique	37.854,08
4. Contribution de la Namibie	18.000,00
5. Contribution du Lesotho	18.000,00
TOTAL : $ E.U.	533.372,09

Il s'agit là, à n'en point douter, de questions cruciales qui exigent réflexion, courage et engagement aussi bien de la part des membres de l'Organe central et des Etats africains eux-mêmes que de tous ceux et celles qui, en Afrique et sous d'autres cieux, sont effectivement préoccupés par le règlement des nombreux conflits qui sévissent sur le continent africain.

POUR UNE COMMISSION AFRICAINE DU DROIT INTERNATIONAL*

Depuis l'entrée en vigueur du Traité portant création de la Communauté économique africaine, la Conférence des chefs d'Etat et de Gouvernement et le Conseil des ministres[1] ont confié au Secrétariat général de l'OUA, en coopération avec la Banque africaine de développement et la Commission économique des Nations Unies pour l'Afrique, la mission de préparer un organigramme pour la nouvelle structure dans laquelle seront fusionnés l'actuel Secrétariat Général de l'OUA et celui de la future Communauté.

Il convient de relever que la question de la restructuration de l'Organisation continentale a été abondamment étudiée par la doctrine,[2] et que de nombreux projets d'organigramme ont été proposés, par le passé, aussi bien au Conseil des ministres[3] qu'au Secrétaire général.

(*) Paru dans *Afrique 2000, Revue africaine de politique internationale*, n° 27/28, Août – octobre 1997, pp. 103-118.

(1) Voir Résolutions AHG/Res.206 (XXVIII), AHG/Res.218 (XXIX) et AHG/Res.231 (XXX) de la Conférence des chefs d'Etat et de Gouvernement.

(2) JOUVE (E). *L'Organisation de l'Unité Africaine*. PUF, Paris, 1984 ; Arzika, MOHAMADOU, *Les structures de l'O.U.A.*, Mémoire soutenu à l'Université du Bénin, ESACJ, juin 1979 ; KWAM KWASSI (E), *Organisations internationales africaines*, Berger-Levrault, Paris, 1987.

(3) On pourrait consulter à la Documentation de l'OUA, les documents ci-après : Amendement congolais à l'article 7 de la Charte, Mogadiscio (Somalie), 7-12 Avril 1980 ; Propositions d'amendement de l'Ouganda concernant la révision de la Charte de l'OUA, Doc. CAB/LEG/97.3 ; Propositions d'amendement de la République Démocratique du Soudan concernant la révision de la Charte de l'OUA, Doc. CAB/LEG/97.5 ; Propositions du Comité des experts portant sur la révision de la Charte de l'OUA, Rapport du Rapporteur, Doc. CAB/LEG/97. – 1 ; Examen du rapport du Comité des Quatorze de l'OUA sur la réforme du Secrétariat Général, Doc. CM/896 (XXXI) Rev. 4, Nairobi, 23 février-2 mars 1979.

C'est dans le cadre de cette réflexion collective sur l'avenir de l'organisation panafricaine que se situe la présente étude qui porte sur la création d'un organe juridique permanent dans le nouveau système de l'OUA.

Comme on le sait, l'institution d'un tel mécanisme permettrait au Conseil des ministres, de disposer de documents de travail et de projets de convention de qualité, lorsqu'il s'engage dans la codification et/ou le développement des normes du droit international dans un secteur donné des relations interafricaines. Il convient donc de s'interroger sur l'utilité de ce nouvel organe dont nous proposons la création, avant d'en examiner la structure, le fonctionnement et les modalités de son financement.

I. - LA MISE EN PLACE D'UNE COMMISSION AFRICAINE DU DROIT INTERNATIONAL : MIMETISME OU NECESSITE ?

Le système des Nations Unies, comme on le sait, comporte une Commission du droit international dont le bilan est du reste mitigé,[(4)] et l'on peut se demander si l'institution d'une telle Commission à l'OUA ne vise pas simplement à copier ce système et à aggraver par le fait même la situation financière critique d'une organisation qui n'arrive pas à faire face aux besoins de ceux de ses organes qui existent déjà.

En réalité, nous pensons qu'il n'y a aucun mal à s'inspirer de tout modèle, dès lors qu'il s'agit de rechercher des solutions pratiques à un problème réel, qui est celui du développement d'un véritable droit des relations interafricaines, susceptible de contribuer à la stabilité, à la paix, à l'intégration économique et au développement du continent.

L'idée de développer le droit international en réaffirmant les règles existantes, en harmonisant des législations nationales disparates et conflictuelles pour le bien de toute la communauté des Etats concernés ou même en formulant de nouvelles règles est très ancienne. Dès le XVIIIe siècle, Jeremy BENTHAM avait proposé une codification du droit international ;[(5)] et depuis lors, de nombreuses tentatives de codification ont été faites tant par de simples particuliers que par des sociétés savantes et des gouvernements.[(6)]

---

(4) Voir MCWHINNEY (E), op. cit., pp.121-194, COT et PELLET, *La Charte des Nations Unies, op. cit.*, pp. 314-317; BARADEI (M) et al. *The International Law Commission,* the need for a new direction. Unitar, 1981 ; BRIGGS (H.W.), *The International Law Commission,* Cowrell U.P, Ithaca, 1965, 380 p.

(5) Dans ses *Principles of International* Law écrits en 1786 et 1789, BENTHAM avait émis l'idée selon laquelle un code international conduirait sûrement à un système garantissant une paix durable.

(6) Voir Nations Unies, *La Commission du Droit International et son œuvre,* New York, 1987, pp. 1-5.

C'est ainsi par exemple qu'au cours du congrès de Vienne (1814-1815), les puissances européennes, convaincues de la nécessité de mettre au point une réglementation intergouvernementale sur des questions juridiques d'intérêt général ou régional, avaient adopté des dispositions relatives aux régimes des fleuves internationaux, à l'abolition de la traite des esclaves et au statut des agents diplomatiques. Depuis lors, des règles juridiques internationales ont été élaborées au cours des conférences diplomatiques sur maints autres sujets tels le droit de la guerre sur terre et sur mer, le règlement pacifique des différends internationaux, l'unification du droit international privé, la réglementation des services postaux et des télécommunications, etc.

Au plan régional, l'on a vu la naissance et le développement d'un véritable droit international régional en Europe et en Amérique Latine, portant notamment sur l'encadrement des relations économiques sur ces deux continents.

Avec la création de la Société des Nations, les Etats membres avaient senti le besoin de codifier et de développer des branches entières du droit international, au lieu de se contenter d'énoncer des règles touchant tel ou tel problème juridique comme cela avait été le cas jusqu'alors.

C'est ainsi que le 22 septembre 1924, l'Assemblée de la Société des Nations adopta une résolution qui envisageait la création d'un organe permanent désigné sous le nom de Comité d'experts pour la codification progressive du droit international, qui devait être composé de façon à représenter les grandes formes de civilisation et les principaux systèmes juridiques du monde.

Certes, ce Comité d'experts n'a pas produit de grandes conventions internationales, mais il n'en demeure pas moins vrai qu'il constituait la réponse de la SDN à un besoin de normes nouvelles ressenti à cette époque dans la Communauté internationale.

En 1945, les Gouvernements qui ont participé à la rédaction de la Charte de l'ONU avaient rejeté l'idée de conférer à la future organisation le pouvoir de promulguer des règles obligatoires de droit international : c'est ainsi que l'article 13 de la Charte habilite plutôt l'Assemblée Générale à provoquer des études et à faire des recommandations en vue « d'encourager le développement progressif du droit international et sa codification. »[7]

---

(7) Article 13, paragraphe 1, Charte des Nations Unies.

Pour examiner les méthodes par lesquelles elle pourrait donc procéder à la codification et au développement progressif du droit international, l'Assemblée Générale de l'ONU adopta le 31 janvier 1947, la résolution 94 (I) portant création de la commission pour le développement progressif du droit international et sa codification. Celle-ci allait à son tour voter, le 17 juin 1947, à l'issue de sa trentième séance de travail, un rapport recommandant la création d'une commission du droit international et contenant des dispositions devant servir de base à l'établissement du statut de ladite commission. Le 21 novembre 1947, l'Assemblée Générale créa la CDI et adopta son statut, par sa résolution 174 (II) ; et la Commission, dont les membres avaient été élus le 3 novembre 1948, procéda à l'ouverture de sa première session annuelle le 12 avril 1949.

Ce bref rappel historique montre clairement non seulement que le besoin de mettre au point une réglementation intergouvernementale sur des questions juridiques d'intérêt général ou régional a été ressenti à toutes les époques et sur tous les continents, mais aussi, que les organisations intergouvernementales ont toujours eu recours aux talents, à l'expérience et à l'expertise juridique de jurisconsultes regroupés au sein d'un comité permanent.

Pour élaborer un droit ayant une emprise sur le vécu quotidien des peuples africains et mettre au point des textes de qualité et au rythme exigé par l'urgence des nombreux problèmes à résoudre sur le continent, le Conseil des ministres ne peut se contenter des documents et projets élaborés par le Secrétariat général, les Secrétariats conjoints et les groupes d'experts. Le Conseil des ministres aurait un énorme avantage technique et juridique, lorsqu'il s'engage dans la formulation de règles du droit international, s'il pouvait disposer d'un projet rédigé par des experts de renom suivant une méthode rigoureuse de recherche et de rédaction juridiques.

En effet, c'est le minutieux travail préparatoire de la Commission du droit international qui avait abouti à un ensemble final de projets d'articles qui ont donné naissance aux quatre conventions de Genève sur le droit de la mer de 1958, à la Convention de Vienne sur les relations diplomatiques adoptée en 1961, et à la Convention de Vienne de 1969 sur le droit des traités.

Pour trouver des solutions juridiques aux nombreux problèmes souvent urgents et importants de l'Afrique, et tenter de lever les obstacles juridiques au développement de la coopération entre les divers Etats du continent, le Conseil des ministres devrait pouvoir travailler sur des projets de textes élaborés minutieusement par des experts rompus à la technique juridique tout en maîtrisant le contexte politique et économique africain.

Comme la Sixième Commission de l'Assemblée Générale, le Conseil des ministres « est un corps assez vaste et peu maniable qui souffre d'un renouvellement rapide de son personnel, les nouveaux venus ayant tous les ans à se familiariser d'abord avec ses modalités de fonctionnement et sa dynamique de groupe avant de pouvoir travailler utilement et d'exercer une influence ».[9] Ce ne sont pas généralement les mêmes membres qui y siégeront du début à la fin du processus d'élaboration d'une convention africaine. Et ce manque de continuité rejaillira d'autant plus sur le contenu et la qualité de ces conventions que le Conseil ne bénéficie point de l'appoint technique que représentent les documents préparatoires élaborés par exemple par la CDI dans le cadre de l'ONU.

Dès lors que l'OUA s'est assignée pour but d'ensemble de mieux gérer la société africaine, il est assez naturel de tenter d'ordonner les règles juridiques qui lui seront applicables. Elle doit se doter de moyens techniques susceptibles de lui permettre d'élaborer des conventions pertinentes sur les divers aspects des relations internationales africaines qui nécessitent une réglementation collective.

Lorsque la Conférence des chefs d'Etat et de Gouvernement ou le Conseil des ministres décide de procéder à l'élaboration de nouvelles règles de droit international par le biais de l'adoption d'une convention pour résoudre un problème nouveau ayant surgi sur le continent ou alors, pour harmoniser les règles existantes, seul un organe technique comme la Commission africaine du droit international peut vraiment procéder à « l'expertise scientifique » de la question à codifier, sans oublier de tenir compte des « réalités de la vie internationale ».

L'expertise scientifique serait bien évidemment recherchée par les membres de la Commission à partir de l'analyse des textes, des coutumes, des précédents, des décisions juridictionnelles internationales ou internes, des arbitrages, de la pratique des Etats et des organisations régionales et de tout autre élément jugé pertinent par la Commission. Les réalités de la vie internationale, et notamment les contraintes de la société africaine, s'exprimeront ensuite à partir des observations écrites ou orales des Etats sur les projets élaborés par la Commission, ce qui permettrait alors à celle-ci de procéder à une seconde lecture de ces textes avant de les

---

(9) MCWHINNEY (E), *Les Nations Unies et la formation du droit,* Pédone/UNESCO, Paris, 1986, p.189.

soumettre au Conseil des ministres ou à une conférence de plénipotentiaires, pour examen et adoption.

L'élaboration d'une convention africaine ou d'une résolution porteuse de normes du droit international est une activité précise et technique, importante en vue de la gestion des relations interafricaines et de la promotion de la paix et du développement sur le continent, et dont l'OUA ne saurait s'acquitter sans se doter de moyens techniques adéquats, c'est-à-dire, sans la création d'un organe juridique permanent. Ce faisant, l'OUA devra tout de même éviter certains écueils, compte tenu notamment de l'expérience de la C.D.I. et des reproches qui lui ont été adressés.

II. – LES ECUEILS A EVITER

De nombreux pays et auteurs occidentaux, généralement américains [(10)], considèrent la C.D.I. comme étant un groupe trop lourd, lent et travaillant essentiellement sur des questions marginales de droit international, qui ne représentent pas vraiment un intérêt pour les divers peuples du monde confrontés à de nombreux problèmes économiques et sociaux.

Bien que certaines de ces critiques aient des relents de racisme, notamment celles qui portent sur la présupposée incompétence de juristes originaires du Tiers-Monde qui auraient pour ainsi dire « envahi » la CDI, il convient tout de même de souligner que l'augmentation du nombre de membres de la Commission a pu avoir une incidence négative sur son rythme de travail, dans la mesure où celle-ci n'a pas été accompagnée par une modification des méthodes de travail de cet organe très technique.

En effet, en raison de l'accroissement progressif du nombre des membres de l'ONU et compte tenu de la nécessité d'assurer, comme le prescrit l'article 8 du Statut, que la Commission dans son ensemble représente les grandes formes de civilisation et les principaux systèmes juridiques du monde, le nombre des membres de la Commission a été augmenté trois fois : il a été porté de 15 à 21 en 1956 (Résolution 1103(XI) adoptée par l'Assemblée Générale le 18 décembre 1956), puis de 21 à 25 en vertu de la Résolution 1647(XVI) du 6 novembre 1964 et enfin, à 34 au terme de la réforme de 1981 qui, tout en maintenant l'exigence énoncée à l'article 8 du Statut, l'assortit de la « clé de répartition » suivante : doivent être élus 8 ressortissants d'Etats d'Afrique, 7 ressortissants d'Etats d'Asie,

---

(10) Voir par exemple McWhinney (E), *Les Nations Unies et la formation du droit*, op. cit.

3 ressortissants d'Etats d'Europe orientale, 6 ressortissants d'Etats d'Amérique Latine, 8 ressortissants d'Etats d'Europe Occidentale et d'autres Etats. S'y ajoutent un ressortissant d'un Etat d'Afrique ou d'Europe orientale, à tour de rôle et un ressortissant d'un Etat d'Asie ou d'Amérique Latine à tour de rôle.

Certains auteurs ont émis de sérieuses réserves à l'endroit de la réforme décidée par l'Assemblée Générale par cette restructuration de 1981, au motif que l'augmentation des membres de la Commission, la faisant passer de 25 à 34, en avait fait un organe trop lourd, difficile à manier, composé de juristes trop liés à leur Ministère des Affaires Etrangères et pas toujours compétents, en raison de la politisation extrême du processus d'élection des membres de la Commission.

Selon le Professeur MCWHINNEY,(11) l'augmentation des membres de la CDI a été décidée en 1981 pour des motifs politiques, afin de satisfaire les exigences de représentation des nouveaux Etats, sans tenir compte des conséquences de cette décision sur le fonctionnement interne de la CDI.

Ces critiques devaient être reprises par l'Ambassadeur Shabtai ROSENNE qui,(12) dans une déclaration faite le 4 novembre 1982 à l'Assemblée générale, a fait valoir que l'augmentation du nombre des membres de la CDI n'allait ni résoudre le problème de l'absentéisme de ses membres, ni faciliter le travail de la CDI puisque celle-ci cessait d'être un club savant et restreint et ne pouvait plus travailler en plénière, mais en sous-commissions.

Le Professeur MCWHINNEY estime en outre qu'en raison de la politisation excessive de la procédure de sélection de ses membres, la CDI a cessé d'être « dominée par des professeurs d'université... qui avaient des titres académiques éminents et se considéraient comme des juristes et non pas comme les porte-paroles d'un gouvernement ».(13) Ce sont naturellement en effet, poursuit-il, les « juristes des affaires étrangères » qui ont dominé la CDI et non les représentants des universités et des académies scientifiques que l'on pourrait supposer politiquement détachés,(14) et il regrette enfin que la génération ultérieure de juristes, composée essentiellement de juristes du Tiers-Monde, aient eu une

---

(11) MCWHINNEY (E), *Les Nations Unies et la formation du droit, op. cit.*, p. 191.

(12) Nations Unies, Assemblée Générale, Sixième Commission, intervention de Shabtai ROSENNE (Mission permanente d'Israël auprès des Nations Unies, 4 novembre 1982).

(13) MCWHINNEY, *op. cit.*, p. 125.

(14) *Ibid.*, pp. 191-197.

formation juridique peut-être moins rigoureuse que celle des grands jurisconsultes de l'immédiat après-guerre.[15]

Certes, nul ne peut mettre en doute le sérieux, le dévouement et la compétence des grands maîtres du droit international qui ont siégé à la CDI durant les premières années de sa création, qu'il s'agisse de J.L. BRIERLY (Royaume-Uni), J.P.A. FRANÇOIS (Pays-Bas), Manley HUDSON (Etats-Unis), V.M. KORETSKY (URSS) et Georges SCELLE (France). Mais ce serait faire preuve de racisme que d'affirmer, de manière péremptoire, que tous les juristes du Tiers-monde ont reçu une formation peu rigoureuse et qu'aucun n'a pu apporter une contribution exceptionnelle au développement du droit international. Bien plus, c'est une imposture que de prétendre que l'augmentation du nombre des membres de la C.D.I. a conduit à son inefficacité, car une telle affirmation non seulement ne repose sur rien, mais elle tend à considérer avec mépris les juristes occidentaux et autres qui continuent de siéger à la C.D.I., et dont leur maîtrise de la science juridique est largement reconnue.

Il faut bien admettre que la réforme de la C.D.I. décidée par l'Assemblée Générale en 1981 correspondait à la nécessité urgente de tenir compte de l'augmentation du nombre de membres de l'Assemblée Générale, et donc d'Etats ne partageant pas les traditions juridiques occidentales et n'ayant pas les mêmes problèmes économiques, politiques ou mêmes stratégiques. En outre, la résolution 36/39 maintient la règle selon laquelle les membres de la C.D.I. ne sont pas des représentants d'Etat, mais des personnalités indépendantes de leurs gouvernements, choisies en raison de leur compétence établie en droit international.

Le fait même que les membres de la C.D.I. soient pour la plupart des « juristes des affaires étrangères » garantit que les normes élaborées seront d'une haute qualité technique tout en tenant compte des intérêts politiques des Etats, ce qui facilitera leur acceptation et leur application par ceux-ci. Comme le souligne le Professeur Yves DAUDET, « si... la « coopération politique » trouve son aboutissement naturel dans la codification, rien n'oblige à ce qu'elle soit une opération strictement technique, exclusivement confiée à des spécialistes et des experts. Il est sans doute bon aussi que, pour certains sujets, une marque plus politique soit, dès le départ, imprimée au travail accompli. Cet aspect est du reste présent dans toute codification, par quelque organe que ce soit, qui a le souci, au-delà du caractère techniquement satisfaisant d'un projet, de s'assurer de l'existence du consentement des Etats, lequel est politique,

---

(15) *Ibid.*

permettant à ce projet de devenir un texte adopté. Les méthodes utilisées par les organes de codification en témoignent. »[16]

En réalité, le mérite des critiques de MCWHINNEY portant sur la lourdeur de la Commission, malgré ses aspects racistes et son caractère un peu excessif, est d'appeler l'attention sur la nécessité de maintenir l'équilibre entre l'expertise scientifique et la prise en compte des réalités politiques dans le fonctionnement d'un organe juridique permanent, et surtout de veiller à ce que sa composition soit effectuée de telle manière que ses membres ne soient pas trop nombreux, et qu'ils puissent enfin disposer d'une méthode de travail adaptée et efficace.

Il s'agit là de leçons à retenir dans la mise en place d'une Commission africaine du droit international. Celle-ci devrait également éviter le reproche de lenteur qui a été aussi adressé à sa devancière, la C.D.I..

La lenteur de la Commission de droit international avait été relevée par le représentant de la France à la Sixième Commission de l'Assemblée Générale de l'ONU, M. Guy DE LACHARRIERE, qui avait fait observer que la CDI avait mis en moyenne 15 ans pour mettre au point la Convention de Vienne sur le droit des traités et celle sur la succession des Etats. Et il posa à ce sujet la question essentielle : est-il raisonnable d'attendre si longtemps la résolution juridique d'un problème si celui-ci est important et urgent ?[17]

En réalité, ce reproche de lenteur ne concerne pas seulement la C.D.I. Il frappe de plein fouet toutes les tentatives de codification effectuées aussi bien par les comités spéciaux créés par l'Assemblée Générale que par les diverses institutions internationales : le Comité spécial pour la définition de l'agression, créé en 1953, n'a clôturé ses travaux qu'en 1974. L'élaboration de la Convention de Montego Bay sur le droit de la mer n'est pas non plus un exemple de rapidité ; c'est qu'en réalité, l'œuvre de codification est généralement lente et ardue, et son rythme dépend de la volonté politique des Etats.

Dans le cas de la CADI,[18] les Etats africains devront veiller à ce que le rythme de codification corresponde à l'urgence des problèmes à résoudre. Ceci devrait se traduire par le choix hardi et conséquent des sujets de codification.

---

(16) DAUDET (Y), Voir commentaire de l'article 13, 1(a), in Cot et Pellet, *La Charte des Nations Unies,* Economica/Bruylant, Paris, Bruxelles, 1985, p. 319.

(17) Nations Unies, Assemblée Générale, Sixième Commission, intervention du représentant de la France, M. Guy DE LACHARRIERE, le 30 octobre 1981.

(18) CADI : Commission Africaine du Droit International.

L'on a souvent reproché à la C.D.I. de se concentrer sur des sujets importants certes, mais sans emprise sur le vécu quotidien des peuples, et surtout, de travailler avec une méticulosité excessive sur des points de détail au lieu de faire preuve d'imagination pour remanier et reformuler le droit international en l'adaptant aux mutations de la société internationale ; à quoi s'ajoutait, comme l'écrit Sir Ian SINCLAIR :

> « ... la conviction que la Commission du droit international avait délibérément évité les questions de droit international les plus controversées et les plus brûlantes politiquement, comme par exemple les règles relatives à la menace et à l'emploi de la force dans les relations internationales, la non-intervention, l'autodétermination et le règlement pacifique des différends internationaux. » [19]

> Or, comme le souligne MCWHINNEY en citant A.V. DICEY, « il existe entre le droit et la société un rapport de symbiose et d'interaction réciproque. Il arrive que l'action de la société limite ou détourne les recours et les prescriptions du droit, mais le droit positif, à condition d'être sciemment et rationnellement conçu et appliqué, peut lui-même contribuer, dans une large mesure, à modeler orienter et former les attitudes de la société. » [20]

Dès lors, il est difficile de comprendre que la C.D.I. se soit contentée de rester à la périphérie des événements majeurs intéressant la formulation du droit international contemporain, et ait accepté d'être court-circuitée ou exclue quand surgissent de nouvelles questions importantes concernant le développement progressif du droit international.[21]

Cette critique adressée à la C.D.I. devra impérativement être prise en compte lors de la rédaction du statut de la CADI. En effet, l'œuvre de codification du droit des relations interafricaines reste entièrement à faire : la CADI devra formuler des règles écrites et acceptées par les Etats africains dans les divers domaines des relations interafricaines, dans le but de remédier aux incertitudes des législations et coutumes disparates qui se sont développées sur le continent, en comblant les lacunes existantes et en donnant un contenu plus précis aux principes généraux abstraits dont les modalités d'application pratique demeurent vagues.

---

(19) Sir Ian SINCLAIR, *Principles of International Law Concerning Friendly Relations and Cooperation Among states.* M.K. Nauras (dir. publ.) Essays on international Law in Honour of Krishpa RAO, 1975, p. 109.

(20) MCWHINNEY (E), *op. cit.*, p. 194.

(21) *Ibid.*, p. 197.

Les sujets de codification devront refléter les défis que le continent se doit de relever, à savoir la libre circulation des personnes et des biens, l'harmonisation des diverses législations nationales relatives aux douanes, aux assurances, aux transports et aux télécommunications, la préservation de l'environnement, la coopération monétaire, bref, la levée de tous les obstacles juridiques qui freinent l'intégration économique et le développement en Afrique.

Les leçons tirées du fonctionnement de la C.D.I. et les critiques qui lui sont adressées devront assurément être examinées et exploitées par le Conseil des ministres de l'OUA dans la définition des modalités de fonctionnement d'une éventuelle Commission africaine du droit international.

III. – MANDAT, STRUCTURE ET FONCTIONNEMENT DE LA CADI

a) Mandat de la CADI

La Commission africaine du droit international aura pour mandat de promouvoir le droit international africain et sa codification.

1. Elle s'occupera au premier chef du droit international économique africain. Comme le relèvent les Professeurs CARREAU, JULLIARD et FLORY, il existe cinq branches essentielles du droit international économique : le droit d'établissement, le droit des investissements (privés et publics), le droit des relations économiques, le droit des institutions économiques et le droit des intégrations économiques régionales.(22)

Il s'agit là des domaines extrêmement importants et fondamentaux pour le développement de l'Afrique, mais qui n'ont fait l'objet jusqu'ici d'aucune tentative globale de codification.

Dans les Etats africains, le statut personnel de l'étranger, et notamment des ressortissants d'autres pays du continent, fait l'objet de réglementations parcellaires et qui varient énormément d'un Etat à l'autre, même au sein d'un groupe d'Etats formant une communauté économique régionale (cas de la CEDEAO, de la CEEAC, etc.). L'étranger ou le ressortissant d'un Etat africain installé dans un autre pays africain peut-il être banquier, assureur, courtier, concessionnaire de services publics etc. ? Il s'agit là des aspects économiques du droit d'établissement, que l'Europe par exemple a tenté de régler dans le cadre du Traité de Rome.

---

(22) CARREAU (D), JUILLARD (P) et FLORY (T), *Droit international économique*, LGDJ, Paris, 1988, p. 14.

Certes, le Traité d'Abuja aborde la question du régime juridique des investissements étrangers, mais il ne règle pas dans les détails les problèmes liés à l'admission, au contrôle, à la participation, à la nationalisation, à l'aptitude à soumissionner pour la passation de marchés publics et à la réglementation de la concurrence. Or, sans une réglementation africaine appropriée dans ces divers domaines, et sans l'harmonisation des diverses législations nationales existantes, il est difficile de créer un véritable espace économique africain.

Sous la rubrique du droit international économique africain, la CADI devrait aussi se préoccuper de la question de la mobilité des biens, services et capitaux en Afrique, et chercher à identifier aussi bien les mesures de promotion des échanges interafricains que les obstacles juridiques au développement desdits échanges et de l'intégration économique. A ce titre, les rapports commerciaux, financiers et monétaires entre les divers espaces économiques nationaux et entre les divers groupements économiques sous-régionaux devront faire l'objet de réglementations appropriées.

Au titre du droit international économique africain qui reste entièrement à faire, la CADI étudiera donc les questions suivantes :

- droit d'établissement ;
- régime juridique des investissements étrangers africains ;
- obstacles juridiques à la promotion des échanges économiques ;
- mobilité des biens, des services et des capitaux africains en Afrique ;
- harmonisation des législations sous-régionales relatives aux assurances, aux transports et aux banques ;
- droit des relations économiques interafricaines ;
- droit des institutions économiques africaines ;
- droit de l'intégration économique en Afrique.

2. Le deuxième thème de réflexion et d'étude de la CADI serait le droit des relations interafricaines. Il s'agirait, pour la Commission africaine du droit international, de procéder au développement progressif et à la poursuite de la codification du droit international africain. Ceci suppose qu'elle puisse, à l'instar de la C.D.I., soit, « rédiger des conventions sur des sujets qui ne sont pas encore réglés » par le droit international général ou le droit régional africain ou relativement auquel le droit n'est pas suffisamment développé dans la pratique des Etats, soit alors, « formuler avec plus de précisions et systématiser les règles du droit international dans des domaines dans lesquels il existe déjà une pratique étatique considérable, des précédents et des opinions doctrinales. »[23]

A ce titre, la CADI s'occuperait à la fois du droit international public, du droit international privé et même du droit pénal international. C'est ainsi que les questions suivantes pourraient être inscrites à son ordre du jour :

- juridiction en matière d'infractions commises en dehors du territoire national ;
- régime des eaux territoriales ;
- droit d'asile ;
- traitement des étrangers ;
- assistance humanitaire en Afrique ;
- participation plus large aux traités conclus sous les auspices de l'OUA ;
- droit relatif aux utilisations des voies d'eau internationales africaines ;
- procédure arbitrale en Afrique.

Bien entendu, la liste des huit matières ci-dessus a un caractère essentiellement provisoire : des additions ou des suppressions pourraient être opérées après plus ample examen par la CADI, ou pour répondre aux vœux du Conseil des ministres, de la Conférence des chefs d'Etat et de Gouvernement, ou des organisations sous-régionales africaines d'intégration.

3. Enfin, la CADI pourrait jouer auprès du Conseil des ministres de l'OUA ou des diverses conférences sectorielles de Ministres africains un rôle d'expert et de Conseiller.

En effet, dans les négociations juridiques internationales, les divers groupes d'Etat présentent généralement des documents de travail et même des projets de convention, accompagnés de notes techniques de présentation. Si certains Etats occidentaux ont les moyens techniques, diplomatiques et humains de défendre tous seuls leurs documents de travail, les pays africains choisissent souvent, pour des raisons évidentes, d'unir leurs forces dans la préparation de documents exprimant leur position commune et dans l'élaboration de projets de convention ou de formules de compromis.

---

(23) Article 15 du statut de la CDI, publié dans le document ONU *la Commission du Droit International et son œuvre*, 4e édition, New York, 1989, pp. 125-129.

Or, le Secrétariat général de l'OUA n'a pas généralement le temps matériel nécessaire ou même les moyens techniques et les ressources humaines suffisantes pour assurer une préparation adéquate de tous ces documents. D'où l'intérêt, pour le Conseil des ministres, de solliciter l'avis de la CADI qui pourrait soit préparer des projets d'articles, soit émettre un avis technique sur les projets d'articles, de convention et/ou des documents préparés par divers organes notamment le Secrétariat Général de l'OUA, les secrétariats conjoints, les comités ad hoc d'experts, et les conférences des Ministres africains responsables d'un secteur donné des relations interafricaines (finances, affaires sociales, travail, etc.).

Comme on le sait, les négociations internationales constituent un processus complexe avec des aspects aussi bien stratégiques, politiques que techniques. S'il est bon et nécessaire que le Conseil des ministres de l'OUA adopte à cet effet des déclarations politiques destinées à faire connaître la position du continent sur la question sous examen et à guider les négociateurs africains, il est hautement, souhaitable que des documents techniques soient également versés par l'Afrique dans la négociation, afin de donner le change aux experts représentant les autres continents.

En effet, l'Afrique a aujourd'hui les moyens, pour peu qu'elle le veuille, de dépasser le simple stade politique pour préparer et présenter des arguments techniques et juridiques valables et des contre-propositions de fond dans le cadre de toute négociation internationale portant sur une convention multilatérale appelée à régir un secteur donné des relations internationales ou à régler un problème donné. Dans ce contexte, le rôle de la CADI, en tant qu'organe d'études et de conseils, revêt une importance capitale.

Il convient à ce niveau de préciser les modalités de création de la CADI.

Certes, le développement progressif du droit international et sa codification ne figurent pas expressis verbis dans la Charte de l'OUA. Mais la Charte affirme dès son préambule que « le devoir des chefs d'Etat et de Gouvernement est de mettre les ressources naturelles et humaines du continent au service du progrès général des peuples africains dans tous les domaines de l'activité humaine. »

Aux termes de l'article 2, l'Organisation de l'Unité Africaine a pour objectifs, entre autres, de coordonner et d'intensifier la coopération entre Etats africains et leurs efforts pour offrir de meilleures conditions d'existence aux peuples d'Afrique, notamment en coordonnant et en harmonisant leurs politiques dans les domaines suivants :

1) politique et diplomatie ;

2) économie, transports et communications ;

3) éducation et culture ;

4) santé, hygiène et nutrition ;

5) science et technique ;

6) défense et sécurité.(24)

Assurément, le développement du droit international trouve sa place dans un mandat aussi vaste que celui que la Charte confie à l'OUA. L'on voit mal comment l'Organisation développerait la coopération entre Etats africains dans tous ces domaines sans la mise au point de règles juridiques acceptées par tous et appelées à régir les divers secteurs de coopération définis à l'article 2 de la Charte de l'OUA.

La Conférence des chefs d'Etat et de Gouvernement est donc fondée à créer, sur la base des dispositions pertinentes de la Charte, un organe juridique permanent dans le système de l'OUA. Ce pouvoir se trouve renforcé par l'article VIII de la Charte qui fait de la Conférence l'organe suprême de l'Organisation, ayant entre autres la capacité de « procéder à la révision de la structure, des fonctions et des activités de tous les organes et de toutes les institutions spécialisées qui pourraient être créés conformément à la présente Charte. » (25)

La création de la CADI ne pose donc pas de problèmes juridiques insurmontables, notamment au regard de la Charte de l'Organisation. Selon une procédure bien établie à l'OUA, la Conférence au Sommet pourrait en retenir le principe au cours d'une de ses sessions, puis demander au Conseil des ministres de lui faire rapport sur les modalités de création et le fonctionnement d'un tel organe ; et à l'issue d'une étude menée par le Secrétariat général et des consultants, le Conseil recommanderait alors au Sommet des chefs d'Etat pour adoption, une résolution/décision portant création de la CADI ainsi que son statut et les modalités de son financement. Quelle pourrait être la structure éventuelle de la CADI ?

b) Structure et composition

La CADI pourrait être composée de dix neuf membres élus par la Conférence des chefs d'Etat et de Gouvernement pour un mandat de cinq ans.

(24) Voir article 2, Charte de l'OUA.

(25) Article VIII, Charte de l'OUA.

Les membres de la CADI, qui seraient rééligibles, devraient posséder une compétence reconnue en droit international et être élus à titre personnel. A l'élection, la Conférence des chefs d'Etat veillera à ce que les personnes appelées à faire partie de la Commission réunissent individuellement les conditions requises et que dans l'ensemble, la représentation des principaux systèmes juridiques existants en Afrique et la répartition géographique équitable soient assurés suivant la « clé de répartition » ci-après :

Afrique du Nord	:	3 membres
Afrique du Sud	:	3 membres
Afrique de l'Ouest	:	5 membres
Afrique Centrale	:	4 membres
Afrique de l'Est	:	4 membres

Les membres de la Commission ne seraient pas nommés à plein temps : il s'agirait ainsi de jurisconsultes, de diplomates juristes ou de professeurs de droit qui pourraient continuer à mener leurs activités normales d'enseignement, de recherche et/ou de diplomatie, tout en apportant leur savoir faire à la CADI et à l'OUA. Ils recevraient uniquement leurs titres de voyage et, en plus, une indemnité de session dont le montant pourrait être aligné sur le montant du per diem attribué aux membres de la Commission africaine des droits de l'homme et des peuples. Suivant les dispositions financières en vigueur à l'OUA, il va sans dire que le montant de cette indemnité et le régime des autres avantages des membres de la CADI seront déterminés par le Conseil des ministres sur proposition du Comité consultatif sur les questions administratives, budgétaires et financières.

c) Fonctionnement

La CADI sera établie, dans un premier temps, à Addis-Abéba au siège de l'Organisation. Ceci éviterait les dépenses supplémentaires découlant de l'installation d'un bureau de l'OUA dans un pays africain pour assurer un appui technique et administratif indispensable au bon fonctionnement de la Commission. Ensuite, la Commission pourrait valablement s'appuyer sur la Direction des Affaires juridiques du Secrétariat général et bénéficier des services de traduction et d'interprétation durant ses réunions.

La CADI pourrait tenir une session annuelle de six semaines, se réservant par ailleurs le droit de proposer au Conseil des ministres un aménagement de la durée de sa session annuelle en fonction de l'importance de son futur programme de travail. La CADI aura toutefois le droit de se réunir en d'autres capitales africaines, après consultation du Comité des conférences et du Comité consultatif de l'OUA.

Le programme de travail de la CADI comprendra les questions renvoyées à elle par la Conférence des chefs d'Etat, le Conseil des ministres ou les conférences sectorielles des ministres africains. Les membres de la CADI pourraient eux-mêmes compléter la liste des matières à étudier. La saisine de la CADI pourrait également être étendue aux organisations économiques ou politiques sous-régionales africaines.

Dans tous les cas, la Commission devrait pouvoir décider librement si la création de règles nouvelles pour résoudre un problème donné, la réglementation d'un secteur quelconque des relations interafricaines ou la révision d'ensemble de règles existantes passent par l'élaboration d'une convention multilatérale, d'une déclaration ou simplement la mise au point d'un ensemble de principes ou d'un guide juridique préparés à l'attention des Etats.

Dans ses efforts de codification et de développement du droit international africain, la CADI devrait appliquer essentiellement la même méthode que la C.D.I., en l'adaptant selon les circonstances. Certes, la CADI comptant moins de membres que la C.D.I., elle pourrait travailler plus facilement en séances plénières. Mais d'une manière générale, elle devrait suivre la méthode de travail de la C.D.I. qui du reste a largement fait ses preuves.

La CADI devrait ainsi nommer un rapporteur spécial pour chaque sujet, établir un plan de travail approprié et inviter les gouvernements, si besoin est, à lui fournir les textes de lois, décrets, décisions judiciaires, traités et échanges de correspondances diplomatiques pertinents. Elle serait ensuite saisie de rapports du rapporteur spécial sur la base desquels elle devrait approuver un avant projet d'articles qui serait ensuite soumis aux Etats membres de l'OUA ou de l'organisation sous-régionale africaine concernée pour qu'ils formulent leurs observations écrites.

Sur la base des réponses reçues et des observations formulées au cours des délibérations du Conseil des ministres ou des organes délibérants des diverses organisations sous-régionales concernées, le rapporteur spécial pourra alors soumettre un nouveau rapport à la CADI qui, après délibération, adopterait un texte final à soumettre à l'organe ayant renvoyé la question sous examen à la Commission, accompagné d'une recommandation concernant la suite à y donner.

La Commission peut ainsi recommander aux organes compétents, soit de prendre acte du rapport, soit de recommander le projet aux Etats membres en vue de la conclusion d'une convention, soit de convoquer une conférence de plénipotentiaires pour conclure une convention.

Lorsque la CADI est chargée par le Conseil des ministres, la Conférence au Sommet ou les organisations sous-régionales africaines d'examiner certains textes, de faire rapport sur des problèmes juridiques ou d'aider à la formulation d'une position africaine dans le cadre de la préparation d'une négociation internationale, elle devrait avoir le droit de déterminer elle-même la méthode de travail appropriée, l'essentiel étant qu'elle présente ses recommandations, conclusions, observations et autres documents techniques dans les délais impartis. Le futur statut de la CADI devrait être assez souple sur cet aspect du travail de la Commission.

Après avoir étudié la composition et le mandat éventuels de la CADI, il convient à présent de préciser les modalités de son financement. Dans une organisation en proie à d'énormes difficultés, d'où proviendraient les ressources additionnelles que requièrent la création et le fonctionnement d'un nouvel organe ?

IV. – FINANCEMENT DE LA CADI

Pour assurer le fonctionnement de la CADI, l'OUA n'aura pas besoin de ressources additionnelles : il suffira simplement de prélever sur les fonds alloués par le passé au Comité de libération, étant donné qu'avec la fin de l'apartheid en Afrique du Sud, sa disparition est déjà programmée.

Créé par la résolution CIAS/PLEN. 2/Rev. 2 du 25 mai 1963, le Comité de coordination pour la libération de l'Afrique était composé à l'origine de l'Algérie, du Congo (Léopoldville), de l'Ethiopie, de la Guinée, du Nigéria, de l'Ouganda, de la République Arabe Unie (Egypte), du Sénégal et du Tanganyika.[26]

Ce Comité, dont le siège avait été fixé à Dar-es-Salaam, fut institué par les Chefs d'Etat africains pour coordonner l'assistance fournie aux Mouvements de libération et pour gérer le Fonds spécial créé à cet effet.

Depuis 1964, le Comité de libération se réunit au moins deux fois au cours de chaque exercice financier de l'OUA pour examiner les programmes politique, militaire et financier des Mouvements de libération nationale ainsi que les demandes d'assistance matérielle et financière émanant de ces Mouvements. Les réunions du Comité de libération sont précédées des réunions des Commissions permanentes sur les questions

(26) Voir paragraphe 11 du dispositif de la résolution CIAS.PLEIN. 2/Rev. 1 du 25 mai 1963.

administratives et financières et sur les questions de politique générale, l'information et la défense.

Certes, le siège du Comité avait été fixé à Dar-es-Salaam. Mais pour coordonner de manière efficace l'aide apportée aux Mouvements de libération et pour encadrer les réfugiés, ainsi que les combattants et les divers centres d'appui créés dans les pays déjà indépendants d'Afrique australe, l'OUA décida d'ouvrir trois bureaux sous-régionaux à Lusaka, à Maputo et à Luanda. Ces bureaux sous-régionaux étaient appelés à jouer un rôle crucial dans le renforcement de la puissance de feu des Mouvements de libération grâce à l'amélioration des possibilités de formation et à la fourniture de matériel militaire de meilleure qualité.

C'est ainsi que le Bureau sous-régional de Lusaka avait en charge la gestion de toute l'assistance matérielle destinée aux Mouvements de libération basés en Zambie. Celui de Maputo devait assurer la liaison entre le Gouvernement de la République Populaire du Mozambique et les Mouvements de libération. Enfin, le Bureau de Luanda devait assurer les mêmes fonctions pour les Mouvements de libération basés en Angola, en portant une attention toute particulière sur les activités de la SWAPO.

Ce qu'il convient de souligner, c'est que depuis sa création, le Comité de libération a toujours bénéficié d'une attention particulière de l'OUA qui, au cours de chaque exercice budgétaire, lui a alloué des ressources financières importantes au regard du budget général de l'Organisation.

Durant l'exercice budgétaire 1988-1989 par exemple, la 47e session du Conseil des ministres, sur proposition du Comité consultatif sur les questions administratives, budgétaires et financières a ouvert des crédits d'un montant total de USD 884 743 pour le Comité, répartis ainsi qu'il suit :

– Siège (Dar-es-Salaam)	:	533 595,00 USD
– Bureau de Lusaka	:	125 517,00 USD
– Bureau de Luanda	:	11 5 128,00 USD
– Bureau de Maputo	:	110 503,00 USD
Total	:	884 743,00 USD

Cette somme peut paraître modique. Mais lorsqu'on sait qu'à la même période, le budget général de l'OUA s'élevait à 25 079 744 dollars des Etats-Unis, l'on mesure à sa juste valeur l'intérêt accordé par le Conseil des ministres aux activités du Comité de libération.

Cet effort important de l'Organisation en faveur de la lutte de libération en Afrique australe a été maintenu pratiquement au même niveau au fil des ans : en 1989-1990, l'OUA lui a affecté une enveloppe globale de 1 270 515 dollars des Etats-Unis. Et depuis lors, la dotation annuelle accordée au Comité, malgré la fermeture de ses bureaux sous-régionaux, se présente ainsi qu'il suit :

1990-1991	:	1 579 281 USD
1991-1992	:	1 229 372 USD
1992-1993	:	845 173 USD
1993-1994	:	614 928 USD

Comme on le voit, depuis l'exercice budgétaire 1988-1989, l'OUA a consacré en moyenne des ressources financières d'un montant de 750 000 dollars américains au fonctionnement du Comité de libération.

Cette allocation budgétaire déjà disponible nous semble largement suffisante pour assurer le transfert au siège à Addis-Abéba des professionnels en service au siège du Comité à Dar-es-Salaam dès sa fermeture prochaine, liquider les droits du personnel local qu'il faudra licencier et financer aussi bien les activités de la CADI que les dépenses qu'exigera le renforcement de la Direction des Affaires juridiques.

Si l'on prend par exemple, comme base de comparaison, la Commission africaine des droits de l'homme et des peuples qui a son siège à Banjul, l'on se rend compte que son budget annuel se situe autour de 500 000 USD (crédits ouverts en 1992-1993 : 501 881 USD ; crédits proposés pour 1993-1994 : 520 801 USD).

Sur cette dotation de 500 000 USD en moyenne, les dépenses de fonctionnement (salaires, ajustement de poste, heures supplémentaires, missions officielles, personnel temporaire, etc.) s'élevaient en 1992-1993 à 274 181, soit environ 55 % du montant total des crédits alloués. Par contre, les frais réels liés aux activités de la Commission, à savoir l'organisation de ses réunions, le transport des onze commissionnaires, les per diem, les services de conférence et les frais de publication des documents s'élevaient en 1992-1993 à 215 000 USD, tandis que les prévisions pour 1993-1994 se chiffraient à 255 000 USD pour une enveloppe totale de 570 801 USD.(27)

Ce qui revient donc à dire qu'en considérant que la CADI aura 19 membres, ayant un per diem de 250 dollars par jour, tenant une session de six semaines à Addis-Abéba, les projections budgétaires pourraient être les suivantes :

---

(27) Ces chiffres sont tirés du Budget-Programme de l'OUA pour les exercices 1990-1991, 1991-1992, 1992-1993 et 1993-1994 – Voir Documentation de l'OUA, février-mars 1991, 1992, 1993 et 1994.

– émoluments des 19 membres :

250$ x 42 jours x 19	:	199 500 USD
– réunions/transport (service de conférence)	:	160 000 USD
Total	:	359 500 USD

Or, cette enveloppe budgétaire de 359 500 dollars ne représente en fait qu'environ 45 % du budget annuel moyen voté chaque année par le Conseil des ministres pour les activités du Comité de libération.

L'urgence des défis à relever et l'ampleur de la tâche qui serait confiée à la CADI justifient largement que l'OUA puisse prendre aujourd'hui la décision de mettre en place un tel organe et de lui allouer les crédits sus-évoqués, en réorientant les ressources existantes.

Il ne faut pas perdre de vue que nos calculs se fondent sur l'hypothèse de la tenue des réunions de la CADI à Banjul, car les chiffres dont nous disposons sont ceux de la Commission africaine des droits de l'homme et des peuples. Or, les réunions de la CADI se tiendront au siège à Addis-Abéba, qui dispose sur place des facilités de conférence, et de traduction et d'interprétation. Ce qui contribuera sans doute à réduire les coûts.

En outre, d'autres arrangements sont possibles : la CADI pourrait par exemple se réunir à Banjul, au siège de la Commission africaine des droits de l'homme et des peuples, ce qui contribuerait à la diversification des activités du Bureau de Banjul. La CADI pourrait même tenir sa session annuelle en dehors d'Addis-Abéba à l'invitation d'un Etat africain et, bien évidemment, après consultation du Comité consultatif.

Ce qu'il convient toutefois de souligner, c'est qu'en fin de compte, quelles que soient les modalités retenues pour le fonctionnement de la CADI, il apparaît évident que la création de cet organe juridique permanent n'impliquera point un accroissement des charges financières de l'OUA.

Telles sont, présentées de manière fort succincte, les propositions que nous avons cru devoir avancer sur la question de la création d'un organe juridique permanent à l'OUA, dans le but de susciter un véritable débat entre juristes africains aussi bien sur la réforme de l'Organisation panafricaine que sur le rôle du droit international dans la promotion de la stabilité, de la paix et de l'intégration économique en Afrique.

III

DROITS DE L'HOMME ET DROIT INTERNATIONAL HUMANITAIRE

LES NORMES INTERNATIONALES RELATIVES AUX DROITS DE L'HOMME ET LEUR APPLICATION DANS LA LEGISLATION INTERNE DES ETATS AFRICAINS : PROBLEMES ET PERSPECTIVES *

INTRODUCTION

Le problème de l'application des normes internationales relatives aux droits de l'homme, dans les systèmes juridiques internes, renvoie à la question fort importante de savoir quels sont les rapports entre le droit international public et les droits internes. (1)

Comme on le sait, il appartient aux constitutions nationales de déterminer la position de chaque Etat. C'est ainsi que les Etats africains ont adopté plusieurs formules nationales, compte tenu notamment des traditions juridiques léguées par les puissances coloniales. Les pays francophones ont généralement marqué leur préférence pour le monisme,

---

(*) Paru dans la *Revue Africaine de Droit International et Comparé*, Tome 11, n° 1, Mai 1999, pp. 51-66.

(1) Sur les rapports entre les ordres juridiques international et interne, l'on pourrait consulter H. TRIEPEL, *Droit international et droit interne*, Pedone, Paris, 1920 ; *Les rapports entre le droit international et le droit interne*, RCADI, 1923, vol. I pp. 73-121 ; H. KELSEN, *Les rapports de système entre le droit international et le droit interne*, in RCADI, 1926, – IV, vol.14, pp. 231-329 ; MARECK, K, *Les rapports entre le droit international et le droit interne à la lumière de la jurisprudence de la CPJI*, in RGDIP, 1962, pp. 260-298 ; A. BOYE, *L'application des règles du droit international public dans les ordres juridiques internes*, in Droit international, Bilan et perspectives, dir. Mohammed BEDJAOUI, A. Pedone, Paris, 1991, pp. 301-311, et J. COMBACAU et S. SUR, *Droit international public*, 2e édition, Monchrestien, Paris, 1995, pp. 180-223.

alors que le dualisme imprègne les constitutions des anciennes colonies britanniques.

Il importe néanmoins de préciser que la ratification d'un traité relatif aux droits de l'homme ne suffit pas à elle seule pour en garantir l'application. Après l'incorporation des normes internationales dans sa législation interne, l'Etat doit adopter des mesures nationales de mise en œuvre. L'Etat doit donc accomplir, sur le plan technique, des tâches fondamentales que sont l'adaptation de la législation interne aux normes internationales acceptées, la révision ou l'amendement des normes existantes pour y incorporer des dispositions nouvelles exigées par le traité, l'adoption de lois ou décrets d'application, etc. L'Etat doit surtout prendre les dispositions utiles afin que les violations alléguées ou constatées puissent être sanctionnées.

De ce qui précède se dégagent trois préoccupations fondamentales auxquelles nous tenterons d'apporter des éléments de réponse dans la présente étude : les normes internationales relatives aux droits de l'homme sont-elles incorporées dans la législation interne des Etats africains ? Les droits et les libertés proclamés sont-ils respectés sur le continent ? Quels sont les problèmes rencontrés et les solutions envisagées ?

Avant de s'attacher à une analyse plus précise des solutions constitutionnelles choisies par les Etats d'Afrique, il importe sans doute de présenter les deux systèmes classiques qui ont pendant longtemps enfermé les approches du problème dans une sorte de vision manichéenne [2] qui ne correspond que partiellement à la réalité.

I. – L'INCORPORATION DES DROITS DE L'HOMME DANS LES SYSTEMES AFRICAINS

Il convient de distinguer les normes internationales directement applicables dans l'ordre interne, qui sont plutôt rares, de l'ensemble des règles internationales dont l'incorporation dans l'ordre interne dépend des techniques juridiques prévues par les constitutions nationales, suivant les deux schémas théoriques que sont le dualisme et le monisme.

(2) Voir à ce sujet l'étude de A. BOYE déjà citée, p. 301.

A. – Les relations entre les ordres juridiques international et interne

1. – Les normes du droit international qualifiées de self-executing

Les règles internationales qualifiées de self-executing sont directement applicables en droit interne, sans que soient requises des normes additionnelles destinées à les transposer au préalable dans l'ordre interne. Il s'agit de normes qui ont un contenu clair et précis, rendant ainsi inutile l'intervention d'actes intermédiaires d'exécution. En outre, les Etats liés par ces normes doivent consacrer dans le traité adopté, l'intention nette de leur permettre un effet direct.

Le droit international des droits de l'homme, comme du reste le droit international général comporte des normes dites self-executing. L'on pourrait citer par exemple le statut des personnes protégées et les règles y relatives, qui ne peuvent en aucun cas être modifiés par les Etats (3) ou les personnes protégées elles-mêmes (4) et qui s'appliquent en toutes circonstances (5) sans aucune prise en considération du principe de la réciprocité.

Mais, à dire vrai, si l'on fait exception du droit communautaire en Europe et du statut des étrangers, il existe assez peu de règles de droit international qui possèdent en elles-mêmes cette qualité d'application directe, pour des raisons liées à la souveraineté des Etats et au caractère souvent imprécis des normes internationales.

En effet, l'Etat national a toujours manifesté une résistance évidente à accorder directement des droits à l'individu, même si ce dernier a accédé aujourd'hui au rang de sujet de droit international avec l'adoption des diverses conventions internationales et régionales relatives aux droits de l'homme. L'Etat, qui a été pendant longtemps, le seul sujet du droit international, n'a consenti que fort récemment, à conférer des droits directs à d'autres sujets de droit international tels que les organisations internationales et l'individu qui, d'une manière générale, ne peut faire valoir ses droits au niveau international que par le biais de son Etat national.

L'on comprend donc que les Etats participant aux conférences diplomatiques qui ont conduit à l'adoption des conventions internationales

---

(3) Article commun 6/6/6/7 et 51/121/131/148 des Conventions de Genève.

(4) Voir article commun 7/7/7/8 des Conventions de Genève.

(5) Qu'il s'agisse de conflit armé international, de conflit armé non international, de troubles ou de violences internes et que l'état de belligérance soit ou non reconnu.

ou régionales de protection des droits de l'homme aient limité les normes self-executing et prévu de nombreuses règles dont l'application, sur le plan national, exige l'adoption de mesures nationales requises pour l'incorporation du DIH dans l'ordre interne et pour en assurer le respect.

En outre, les règles internationales ne contiennent, le plus souvent, que des obligations de comportement. Comme le souligne Dominique CARREAU, « même lorsqu'elles vont "au-delà" et contiennent des obligations de résultat, celles-ci demeurent en général encore confinées au niveau des seuls organes étatiques » (6).

Certes, dans le domaine de la répression des crimes de guerre, le DIH constitue à cet égard une exception, puisqu'il aménage une responsabilité pénale individuelle de l'agent de l'Etat coupable des infractions graves énumérées dans les Conventions de Genève et le Protocole additionnel I de 1977. (7)

Mais il importe de préciser non seulement que toutes les violations du DIH ne donnent pas lieu à une responsabilité pénale internationale mais aussi et surtout, que c'est aux Etats parties à ces conventions qu'il appartient d'organiser sur leur territoire, la répression des auteurs des actes incriminés.

Les Conventions de Genève mettent à la charge des Etats parties, l'obligation de définir dans leur loi nationale les sanctions pénales adéquates. (8) Par une incrimination conforme au principe *Nullum crimen sine lege* elles réalisent l'unification matérielle requise, mais elles laissent aux Etats le droit et le devoir de déterminer le régime des peines.

Même dans le domaine du DIH où l'on peut trouver des exceptions comme celles que nous venons d'évoquer et d'examiner, les Etats jouent un rôle central et irremplaçable dans la mise en œuvre des normes internationales, dans la mesure où ce sont eux qui doivent incorporer ces infractions dans leur législation nationale et fixer le régime des peines. La mise en œuvre du droit international, y compris le droit international des droits de l'homme, relève d'abord de la compétence des Etats.

Les normes internationales directement applicables dans l'ordre interne sont plutôt rares. De très nombreuses normes relatives aux droits de l'homme doivent d'abord être incorporées dans les législations

---

(6) CARREAU (D), Droit international, Pedone, Paris, 1988, p. 464.

(7) Les actes qui sont constitutifs des infractions graves donnant lieu à une responsabilité pénale individuelle figurent aux articles 50, 51, 130 et 147 des Ier, IIe, IIIe et IVe convention de Genève, ainsi qu'à l'article 85 du Protocole additionnel I qui assimile les infractions graves aux crimes de guerre.

(8) Voir les articles 49, 50, 129, et 146 des Ier, IIe, IIIe et IVe convention de Genève.

nationales, en vue de garantir leur applicabilité. Pour ce faire, deux schémas théoriques ont été formulés par la doctrine. Ces schémas permettent de mieux cerner et d'expliquer les solutions constitutionnelles retenues par les Etats, même s'ils ne correspondent que partiellement aux options politiques et pratiques des Etats, qui se traduisent par l'adoption des systèmes constitutionnels très complexes.

2. – La controverse doctrinale : dualisme et monisme

La théorie moniste soutient que le droit international est de même nature que le droit interne. D'après les tenants de cette théorie, il existe une unité de principe entre ordre interne et ordre international. Par conséquent, le droit international s'applique directement dans l'ordre juridique des Etats, puisqu'il y a interpénétration des deux ordres juridiques ; les fondements de ce monisme à primauté du droit international résident dans une vision normativiste du droit, avec H. KELSEN, et dans une conception objectiviste avec G. SCELLE.

Suivant la doctrine du monisme, les engagements internationaux de l'Etat doivent l'emporter sur les règles internes. Il s'en suit donc que le juge interne doit appliquer de manière immédiate et obligatoire toutes les normes du droit international.

En revanche, les tenants de la conception dualiste soutiennent que l'ordre juridique international, dont les sujets sont exclusivement les Etats, est distinct de l'ordre interne. Les normes du droit international et le droit interne n'ont pas le même objet, et ne réglementent pas les mêmes rapports sociaux.

Selon la théorie dualiste, particulièrement défendue au siècle dernier par des auteurs allemands (LABRAND, TRIEPEL) ou italien (ANZILOTTI), les normes internationales ne peuvent produire des effets dans l'ordre interne des Etats qu'à condition qu'elles soient reçues et transposées par deux actes internes dont l'un introduit les normes internationales dans l'ordonnancement juridique interne de l'Etat et l'autre les rendent efficaces à l'égard des sujets de droit interne. Cette coupure totale entre l'ordre juridique international et les ordres juridiques internes interdit au juge interne d'appliquer les règles du droit international sauf si celles-ci sont « reçues » dans l'ordre interne par le biais d'une loi ou d'un décret.

Enfin, la juxtaposition des deux ordres (international et interne) exclut tout conflit entre normes de l'un ou de l'autre ordre. C'est ainsi que la norme interne « internationalement contraire » n'est pas « illégale », elle ne peut être qu'un « fait » dommageable.

Ces deux approches théoriques revêtent un intérêt certain, dans la mesure où elles éclairent les options et facilitent la compréhension des diverses formules élaborées par les Etats. Mais force est de constater que dans la pratique, le droit positif ne consacre ni la pure juxtaposition des ordres interne et international défendue par la théorie dualiste, ni leur unification au profit du droit international comme le soutiennent les monistes. La situation est plus complexe. Comme l'a démontré Michel VIRALLY[9], l'ordre international est différent de l'ordre interne ; chacun de ces deux ordres est autonome. Mais ces deux ordres sont interdépendants, dans la mesure où aucun ne peut fonctionner sans l'autre.

Cette controverse doctrinale ne revêt plus un intérêt majeur pour le droit international, notamment au regard de l'évolution des relations internationales contemporaines, car les deux approches n'aboutissent pas finalement à des conclusions très divergentes sur le champ d'application respectif du droit international et du droit interne. « Il existe un assez large consensus sur l'étendue du domaine réservé de l'Etat, c'est-à-dire sur les matières qui relèvent de la réglementation nationale »[10] et la quasi-totalité des Etats admettent aujourd'hui la supériorité du droit international sur le droit interne.

En Afrique, comme sur les autres continents, les Etats ont prévu, dans leurs constitutions respectives, des règles relatives à l'application des normes internationales en droit interne.

B. – Droits de l'homme et constitutions africaines

1. – Les solutions constitutionnelles adoptées par les Etats africains

Toutes les constitutions de l'Afrique contemporaine comportent des énoncés spécifiques relatifs à l'incorporation du droit international, y compris les droits de l'homme, dans l'ordre juridique interne. Ces énoncés spécifiques ne portent pas exclusivement sur les droits de l'homme. Mais étant entendu que les normes de ce droit font partie du droit international, il est évident que ces mécanismes constitutionnels relatifs à l'application du droit international dans l'ordre interne couvrent aussi le droit international des droits de l'homme.

Il faudrait relever ici que le développement des règles portant sur l'application en droit interne des normes internationales, dans les constitutions écrites, est une tendance récente.

---

(9) VIRALLY (M), *Sur un pont aux ânes : les rapports entre droit international et droit interne*, Mélanges Rolin, Paris, 1964, pp. 488-505.

(10) NGUYEN, DAILLIER et PELLET, *Droit international Public*, LGDJ, Paris 1987, p. 88.

Auparavant, les constitutions se bornaient à préciser les autorités chargées de négocier les traités internationaux et de gérer les « relations extérieures » de l'Etat. Compte tenu du fait que conclure un traité est d'abord un attribut de souveraineté en même temps que son exercice, les constitutions confiaient généralement le pouvoir de négocier les traités au chef de l'exécutif, le pouvoir de ratifier les conventions et les traités négociés et signés étant dévolu au Parlement.[11]

Par ailleurs, les traités étaient destinés avant tout à régler des problèmes spécifiques dans les relations entre Etats ; ils ne pouvaient donc pas aborder les questions liées à la protection des droits individuels. Dès lors, c'est au juge qu'il revenait, lorsqu'il avait à connaître du problème, de situer les conventions dans l'ordre interne.

Cette pratique a connu une évolution notable dès le début de ce siècle avec le développement des organisations internationales et la globalisation des problèmes mondiaux qui exige des solutions concertées et de portée générale, engageant la responsabilité de tous les Etats. La nécessité d'assurer le développement économique à l'échelle du monde et l'expansion du droit conventionnel, consécutive à la croissance de la solidarité internationale ont conduit les Etats à faire des traités, et notamment des traités multilatéraux, un moyen de réglementation juridique ordinaire et non pas cantonné dans un domaine spécial.

C'est ainsi que la plupart des constitutions actuelles précisent non seulement les autorités chargées de gérer la politique extérieure de l'Etat, mais aussi les relations du droit international avec les autres règles juridiques internes, ce qui consacre le principe de la soumission de l'Etat au droit international, et facilite en même temps la participation de celui-ci au phénomène des organisations internationales dont certaines se consacrent à la protection des droits des individus désormais reconnus, sous certaines conditions, comme sujets du droit international.

C'est dans cette logique que se situent la plupart des constitutions africaines qui comportent des règles, parfois très détaillées, sur les relations entre le droit international et le droit interne.

Les Constitutions des Etats francophones, qui s'inspirent pour l'essentiel de la constitution française de 1958, réaffirment le principe de la supériorité des normes internationales sur le droit interne.

Selon l'article 56 de la Constitution ivoirienne du 3 novembre 1960, « les traités ou accords régulièrement ratifiés ont, dès leur publication,

(11) Voir l'article 52 § 1 de la Constitution française de 1958 qui reprend les termes de la Constitution de 1875.

une autorité supérieure à celle des lois, sous réserve, pour chaque accord ou traité, de son application par l'autre partie ». Et l'article 53 dispose que « le Président de la République négocie et ratifie les traités et les accords internationaux ». Dès lors que les traités sont ratifiés et publiés au journal officiel, ils sont introduits de manière « régulière » et « légale » dans l'ordre juridique interne ivoirien et le juge est tenu de les appliquer.

Cette approche « moniste » se retrouve également dans d'autres Constitutions africaines : La Constitution malienne de 1992 consacre en son article 116, la primauté du traité sur le droit interne, dans des termes identiques à ceux utilisés dans l'article 55 de la Constitution française de 1958. Les diverses Constitutions du Togo (article 57, Constitution de 1961 ; article 69, Constitution de 1963 ; article 43, Constitution de 1980 et article 140, Constitution de 1992) reprennent systématiquement l'énoncé de l'article 55 de la Constitution française tout comme les constitutions du Cameroun, du Tchad, du Bénin, du Congo et du Gabon. Dans l'Afrique anglophone c'est l'approche dualiste qui a été le plus souvent adoptée. Celle-ci se traduit par la ratification des conventions internationales suivie par l'adoption d'un autre acte interne qui transforme l'instrument juridique ratifié en droit national et lui permet ainsi d'avoir des effets sur le plan interne.

C'est ainsi que le Nigeria a non seulement ratifié les Conventions de Genève de 1949 et leurs deux protocoles additionnels, mais il a également incorporé ces conventions dans sa législation nationale par l'adoption d'une loi intitulée « Geneva Conventions Act » qui transpose ainsi les dispositions des conventions, en les rendant efficaces à l'égard des sujets de droit interne.

Le Zimbabwe est devenu partie aux diverses conventions internationales relatives aux droits de l'homme (Pactes internationaux, Conventions de Genève) en octobre 1982. Mais étant donné que les traités internationaux ratifiés par ce pays ne sont pas automatiquement intégrés dans l'ordre interne, c'est par des lois complémentaires que les normes contenues dans ces conventions ont été incorporées dans la législation nationale Zimbabwéenne.

Les solutions constitutionnelles élaborées par les Etats africains tiennent compte du passé colonial de chacun d'entre eux et de leur souci de s'intégrer dans la Communauté internationale. Certes, les anglophones ont tendance à adopter le dualisme, tandis que les pays d'Afrique francophone recourent au monisme. Mais il faudrait nuancer ce constat car il existe des pays africains « anglophones » à l'instar de l'Ethiopie qui ont opté pour le monisme.

Les différentes constitutions éthiopiennes (constitutions de l'Empereur Hailé Sélassié de 1955, constitution du DERG de 1987 et constitution de la République Fédérale Démocratique d'Ethiopie de 1994) consacrent la supériorité des normes du droit international sur le droit interne et l'incorporation automatique de celles-ci dans la législation nationale dès lors qu'elles sont dûment ratifiées par le parlement et publiées au journal officiel.

Comme on le voit, les Etats africains ont adopté diverses solutions constitutionnelles, en vue de permettre la réception des droits de l'homme dans leur droit interne et de garantir leur application. Il convient à ce stade de notre étude d'examiner la place accordée aux droits de l'homme dans les constitutions africaines.

2. – La place importante des droits de l'homme dans les constitutions africaines

Les droits de l'homme et les libertés individuelles, qui sont insuffisamment protégés en Afrique et constamment violés, figurent pourtant en bonne place dans toutes les constitutions africaines.

Les droits de l'homme sont abondamment proclamés en Afrique, et leur constitutionalisation constitue – devrait constituer – une garantie contre les violations.

Il existe en effet de nombreux textes (lois, décrets, ordonnances) qui, en plus des constitutions en vigueur en Afrique, consacrent une diversité de droits rentrant dans les trois générations à la fois : les droits civils et politiques, les droits économiques, sociaux et culturels et les droits de la solidarité.

Les constitutions congolaise et malgache, datées respectivement des 12 juillet et 31 décembre 1975, énumèrent les droits et libertés protégés. D'autres lois fondamentales africaines consacrent des titres entiers à l'énumération des droits et libertés. C'est le cas notamment des constitutions sénégalaise du 26 février 1970 (titre II), malienne du 2 juin 1974 (titre II), béninoise du 26 août 1977 (chapitre VIII), togolaise du 8 janvier 1980 (titre II), Centrafricaine du 1er février 1981 (titre II).

Le phénomène de la constitutionalisation des droits de l'homme a été renforcé par le vent de démocratisation qui a soufflé en Afrique en 1990. C'est ainsi que la plupart des constitutions adoptées depuis lors consacrent un titre entier aux droits de l'homme et aux libertés individuelles.

L'on pourrait citer, à titre d'exemples, les constitutions béninoise du 11 décembre 1990 (titre II) gabonaise du 26 mars 1991 (titre préliminaire) ;

nigérienne du 26 décembre 1992 (titre II) ; togolaise du 27 septembre 1992 (titre II) ; burundaise du 9 mars 1992 (titre II).

Par ailleurs, de nombreuses lois ont été votées par les parlements nationaux en vue de fixer les règles concernant les droits civiques et les garanties fondamentales accordées aux citoyens pour l'exercice de leurs libertés publiques : lois portant code électoral, lois relatives aux élections présidentielles, législatives ou municipales, lois portant sur les partis politiques, lois relatives à la liberté d'association et au droit de grève, etc.

Les droits de l'homme, comme nous venons de le démontrer, sont bien incorporés dans la législation interne des Etats africains. Mais force est de constater que l'abondance des droits proclamés contraste avec l'insuffisance de leur protection. Cette insuffisance, qui résulte de la faiblesse des mécanismes régionaux et nationaux de garantie, est aggravée par le manque de volonté politique des Etats et leur réticence à adopter des mesures nationales effectives permettant de sanctionner les violations commises.

Il convient donc d'examiner dans la seconde partie de notre étude, les obstacles et les problèmes rencontrés dans l'application des normes internationales relatives aux droits de l'homme en Afrique, avant de proposer quelques solutions juridiques et techniques qui pourraient renforcer le respect des droits de l'homme sur ce continent.

II. – L'APPLICATION DES DROITS DE L'HOMME EN AFRIQUE

Les droits de l'homme sont souvent violés en Afrique, même si la situation s'est largement améliorée avec le développement du mouvement de démocratisation (A). De sérieux obstacles continuent d'empêcher une application correcte des droits et libertés proclamés (B) ; et en dépit des efforts consentis, de nombreuses initiatives doivent encore être prises par les Etats africains pour un meilleur respect des droits individuels (C).

A. – Des droits constamment violés

Affirmer que les droits et libertés proclamés sont constamment violés en Afrique ne signifie point une méconnaissance des efforts récents entrepris, par divers Etats, pour conformer leurs pratiques nationales aux obligations internationales qu'ils ont du reste, librement souscrites, en la matière. Mais de même qu'un arbre ne peut pas cacher la forêt, ces développements positifs, souvent formels et destinés à l'amélioration de l'image de marque du pays auprès des bailleurs de fonds, ne doivent pas masquer le fait que les violations des droits de l'homme en Afrique, sont constantes, grossières et trop souvent impunies.

Certes, tous les continents, sans exception, violent les droits de l'homme. Ceci a été largement démontré au cours de divers colloques scientifiques.(12) Mais ce qui caractérise le tiers-monde en général et l'Afrique en particulier, c'est que les violations sont flagrantes, graves et grossières. Elles découlent d'un mépris évident du droit à la vie et d'une hostilité farouche aux droits politiques et au phénomène de l'alternance au pouvoir.

Le droit à la vie et le droit à l'intégrité physique et morale sont des droits fondamentaux, parce que consubstantiels à la personne humaine, consacrés par tous les textes protecteurs des droits de l'homme et ne souffrant d'aucune dérogation en cas de crises graves, de circonstances exceptionnelles et même de guerre. Pourtant les atteintes à la vie sont légion sur le continent. Elles résultent soit d'exécutions judiciaires à la suite de parodies de justice, soit d'exécution extrajudiciaires.

Les rapports d'institutions internationales compétentes(13) et de certains organes nationaux de droits de l'homme sont assez éloquents sur les assassinats politiques déguisés sous la forme d'accidents.(14) Les disparitions physiques et carcérales ne se comptent pas. Les revendications politiques et les élections présidentielles se sont accompagnées, depuis 1990, d'une répression sanglante sans précédent dans l'histoire du continent.(15) La torture et les mauvais traitements sont pratiqués, de manière

---

(12) Voir en ce sens les communications présentées au colloque international Démocratie, Développement, Droits de l'homme, Torture, Manille 1991.

(13) Divers rapports d'Amnesty international, de Reporter sans frontières, d'African Watch et du Committee for Human Rights.

(14) D'après le Professeur René DEGNI SEGUI, les assassinats mis au compte du vent de la démocratisation ont commencé avant 1990, c'est-à-dire dès la brise annonciatrice. Au Gabon un opposant est mort en 1989 dans sa cellule des suites soit disant d'une tension artérielle excessive. De même encore, au Cameroun, deux opposants sont morts en 1989 des suites de tortures atroces ; au Burkina Faso, un leader de l'opposition est assassiné en décembre 1991 ; au Tchad, le Vice-Président du mouvement de défense des droits de l'homme, Joseph BEHIDI, est assassiné dans la nuit du 16 février 1992 ; au Togo, la tentative d'assassinat de l'opposant Gilchrist OLYMPIO en mai 1992 a provoqué la mort de plus de quatre autres personnes, et nul n'en connaît les commanditaires. On pourrait multiplier les exemples.

(15) Quelques exemples parmi tant d'autres peuvent être cités. Au Mali, de janvier à mars 1991, les forces de l'ordre ont sauvagement réprimé les manifestants faisant plus de 200 morts et plus de mille (1000) blessés. A Madagascar, près de cent (100) personnes ont été abattues entre août et octobre 1991, alors qu'elles —>

sournoise et sous divers motifs. Qu'il s'agisse des brutalités pratiquées par les forces de sécurité lors d'interrogatoires musclés pour obtenir des aveux, des passages à tabac et autres décharges électriques, tous les moyens sont bons pour humilier et affaiblir les opposants politiques.

S'agissant particulièrement des opposants politiques ou de tous ceux qui n'épousent pas la ligne de pensée du parti au pouvoir et ont le courage de le dire, trois techniques sont utilisées pour leur infliger des traitements inhumains et dégradants.

La première est l'humiliation des personnalités politiques de l'opposition notamment par la bastonnade.[16] La seconde technique est tirée des menaces et chantages exercés à l'endroit des membres de la famille des détenus, pour leur arracher des aveux. La troisième technique se rapporte aux traitements particuliers réservés aux femmes : détention dans des conditions inhumaines de femmes enceintes ; coups violents encaissés à certains endroits délicats ; introduction de corps étrangers dans les organes génitaux ; viols individuels et surtout collectifs, etc.

Par ailleurs, le délit d'opinion, qui bien souvent n'est pas clairement défini par les textes en vigueur, est invoqué pour justifier les arrestations et les détentions arbitraires, sans compter des lois visant avant tout à museler la presse et à rendre « légale » l'arrestation de journalistes et l'interdiction de certains journaux.

Presque partout sur le continent, l'insécurité juridique tend à s'installer : les impératifs de sécurité et d'ordre public l'emportent largement sur les considérations humanitaires et la dimension politique de l'ordre public

---

—> *Suite p. 249*
manifestaient en faveur de la démocratie. Au Tchad, les forces gouvernementales ont abattu en juillet 1992, au sud du pays, dans la ville de Doha plus de cent cinquante (150) personnes non armées dont des femmes et des enfants. Source Amnesty international, Rapport 1992, p. 91 et sv. Cité par DEGNI SEGUI op. cit., p. 132.

(16) Dans son ouvrage précité, le Professeur DEGNI SEGUI en cite deux exemples devenus célèbres. Tout d'abord, au Cameroun, en janvier 1994, Monsieur Martin AYABA, journaliste au *Cameroun Post*, organe de presse indépendant, est arrêté à Douala déshabillé et battu. Ensuite, en Côte d'Ivoire, Monsieur Abdoudramane SANGARE, Directeur de publication du groupe le *Nouvel Horizon*, organe de presse de l'opposition a subi le même sort le 14 juillet 1995 – L'intéressé a été déshabillé et battu sur l'ordre et en présence du Ministre de la Sécurité qui lui faisait grief d'avoir utilisé le terme « A fa kaya » dans la livraison du 14 juin 1995. Cette affaire dite « Afa kaya » connaît deux circonstances aggravantes, se rapportant l'une à la qualité de la victime, numéro deux du principal parti de l'opposition et l'autre, à celle de l'auteur, le Ministre de la Sécurité.

joue un rôle déterminant. C'est ainsi que le multipartisme conquis en 1990 obéit toujours à la logique du parti unique et que la liberté syndicale est fortement « encadrée ».

La crise des droits de l'homme, qui affecte profondément le continent au même titre d'ailleurs que le sous-développement auquel elle est intimement liée, appelle des solutions et des recommandations. Mais celle-ci passent par l'identification des obstacles à l'application des droits et libertés proclamés.

B. – Les obstacles à l'application des droits de l'homme dans l'ordre interne

Ces obstacles sont d'ordre technique et politique.

1. – La faiblesse de la formation du juge interne dans le domaine des droits de l'homme

Comme le souligne Abdelkader BOYE dans son excellente étude sur l'application des règles du droit international public,[17] « les problèmes pratiques auxquels peut se heurter le juge interne dans l'application des normes du droit international sont essentiellement de deux ordres : le premier est relatif aux capacités du juge interne d'accéder à la connaissance du contenu et du sens du droit international public alors que le second a trait aux possibilités qu'a celui-ci d'appliquer ce droit au regard des règles de son propre ordre juridique qui définissent son statut et son rôle ».

Lorsqu'on sait que le droit international public est une discipline ancienne dans les facultés de droit, l'on mesure la difficulté rencontrée par les juges appelés à appliquer une discipline toute nouvelle comme les droits de l'homme qui souvent, n'est enseignée ni dans les facultés de droit, ni dans les Ecoles Nationales d'Administration et de Magistrature où sont formés les futurs magistrats.

Les difficultés de connaissance du contenu du droit international des droits de l'homme sont bien réelles. Il importe que les Etats puissent mettre un accent particulier sur l'enseignement de ce droit dans les universités et dans les instituts de formation de magistrats. De même, les juges en activité devraient pouvoir bénéficier de programmes de formation et de perfectionnement dans une matière qui est assez complexe et qui intègre aussi bien des concepts de droit international public que des notions de droit administratif, de libertés publiques et de droit pénal international.

---

(17) Voir son étude in droit international, Bilan et perspectives, *op. cit.*, p. 304.

Il est remarquable que les Etats africains aient pris les dispositions constitutionnelles requises pour garantir l'application des droits de l'homme dans l'ordre interne. Mais il faut éviter que les juridictions internes n'adoptent à l'égard des droits de l'homme, les mêmes réticences qu'elles avaient adopté pour l'application du droit international public, et que la complexité de ce droit ne se transforme pas finalement, en un puissant facteur d'inhibition.

Il faudrait relever ici, pour s'en féliciter, les efforts récents du Haut Commissariat aux droits de l'homme, tendant à diffuser les droits de l'homme et à fournir des services consultatifs aux Etats africains ainsi qu'aux comités nationaux chargés de la promotion et de la protection des droits de l'homme ou de l'harmonisation de la législation nationale.

Cet effort doit être soutenu par tous les Etats parties aux diverses conventions universelles et régionales relatives aux droits de l'homme qui, en les ratifiant, se sont engagés à les respecter et à les faire respecter. Comme l'a fait observer Paul REUTER, « si le juge national applique le droit international tel qu'il est, dans sa pureté virginale, celui-ci ne lui tombe pas du ciel comme neige en hiver, et (qu') il faut que quelqu'un... fasse le geste qui lui garantit l'existence et la consistance de ce droit ».[18]

L'enseignement des droits de l'homme dans les facultés de droit et dans les écoles de formation des professionnels du droit permettait de lever un des obstacles majeurs à l'application de ce droit dans l'ordre interne.

2. – La complexité des droits de l'homme

La deuxième série d'obstacles à une bonne application des droits de l'homme dans l'ordre interne est liée à la qualité du droit en question. Comme pour le droit international, le droit international des droits de l'homme se contente d'affirmer sa supériorité à l'égard du droit interne, d'établir les principes généraux ainsi que les infractions à réprimer, et il laisse ensuite aux Etats le droit d'adopter les mesures de mise en œuvre.

En principe, tout système juridique devrait prévoir la manière dont les normes vont s'appliquer à leurs destinataires naturels, les personnes privées. Mais cette lacune du droit international, qui se rencontre aussi dans les droits de l'homme, montre, une nouvelle fois, le caractère imparfait et incomplet de ce droit.

---

(18) REUTER (P), Le droit international et la place du juge français dans l'ordre constitutionnel, in l'application du droit international par le juge français, op. cit. p. 19.

En raison du principe de la souveraineté étatique, il est impossible au droit international de dicter aux Etats les modalités d'application des traités dans l'ordre juridique national. La Convention de Vienne de 1969 sur le droit des traités suit du reste la même logique : l'article 26 pose la règle *pacta sunt servanda* et l'article 27 établit le principe de la supériorité du droit international sur le droit interne. Mais aucune règle ne vient imposer aux Etats les modalités d'application du droit international dans l'ordre interne.

Ces considérations générales valables pour le droit des traités, le sont également, et pour les mêmes raisons, pour les droits de l'homme.

Le rôle important reconnu aux Etats dans la mise en œuvre, et le caractère général des normes internationales constituent des obstacles à l'application correcte des droits de l'homme qui, à l'instar du droit international ne déterminent pas toujours celles de leurs règles qui vont être d'un effet immédiat ou qui sont appelées à produire des effets directs dans l'ordre interne des parties contractantes.

Ces obstacles ne sont toutefois pas insurmontables. Si les normes internationales relatives aux droits de l'homme n'imposent pas aux Etats les modalités de la mise en œuvre, elles sanctionnent néanmoins les graves violations et le non respect. En règle générale, si les Etats ne prennent pas les mesures nécessaires pour assurer l'application des conventions dûment ratifiées dans leur ordre interne, il y a là matière à engager leur responsabilité internationale.

3. – Les obstacles d'ordre politique

Ces obstacles sont liés au comportement des gouvernements. Comme le note D. CARREAU, « le gouvernement peut encore paralyser l'application du droit international dans l'ordre interne en ne prenant pas les mesures qui s'imposent ou en les prenant avec un très grand retard ».

S'agissant particulièrement de la mise en œuvre des normes protectrices des droits de l'homme, l'on relève que certains Etats africains, notamment de tradition anglo-saxonne, ont parfois « oublié » de prendre les actes juridiques destinés à donner effet, sur le plan national, aux conventions universelles et/ou régionales. C'est le cas par exemple pour le Ghana qui, à ce jour, n'a pas encore adopté la loi d'incorporation des conventions de Genève, le « Geneva Conventions act » qui est encore à l'étude dans les services gouvernementaux.

Le comportement gouvernemental peut donc constituer un obstacle important à l'application des droits de l'homme dans l'ordre interne. Le gouvernement peut également paralyser l'application d'un traité, en ne procédant pas à sa publication. Or, l'obligation de publication est de nature constitutionnelle dans la plupart des Etats africains. Dans une telle situation, le traité dûment ratifié est pleinement obligatoire pour ce gouvernement au niveau international, mais il va être privé de tout effet dans l'ordre interne : les justiciables ne pourront pas s'en prévaloir et les tribunaux refuseront de les appliquer.

La situation sus-invoquée ne se retrouve pas seulement dans les Etats africains. En effet, de 1958 à 1973, l'on a recensé un millier de traités conclu par la France et non publiés.(19) Parfois, il s'agit simplement d'un oubli, ou de lenteurs dans les procédures administratives conduisant à la publication des traités ratifiés au journal officiel.

Dans certains Etats africains, l'on note une extrême faiblesse du Département juridique du Ministère des Affaires Etrangères, qui normalement doit veiller, avec le Ministère de la Justice, à la publication au journal officiel des traités internationaux ratifiés par le gouvernement : manque de matériel, classement défaillant des archives et des dossiers, etc.

L'absence de publication, en raison de l'inaction du gouvernement dans ce domaine, conduit à une situation paradoxale « où un engagement international de l'Etat se trouve posséder une pleine validité au niveau international, tandis qu'il est frappé d'inapplicabilité voire d'invalidité dans l'ordre interne ».(20) Or comme l'avait déjà relevé la CPJI dans son avis consultatif du 21 février 1925 en l'affaire de l'échange des populations grecques et turques « un Etat qui avait valablement contracté des obligations internationales (était) tenu d'apporter à sa législation les modifications nécessaires pour assurer l'exécution des engagements pris » (série B, n°10, p. 20). Il s'agit là d'une situation susceptible d'engager la responsabilité internationale de l'Etat.

4. – Les lacunes du contrôle de la constitutionnalité des lois

De nombreuses constitutions africaines prévoient le contrôle de la constitutionnalité des lois, qui permet aux citoyens et/ou aux justiciables, suivant le cas, de déclencher un recours en inconstitutionnalité contre une loi inconstitutionnelle qui viole les droits de l'homme.

Mais ce système, tel qu'il fonctionne en Afrique, recèle de nombreuses lacunes en raison des modalités de création et de fonctionnement des

(19) Voir R. PINTO, *Le juge devant les traités non publiés par la France*, in Mélanges Waline, LGDJ, 1974, p. 229.
(20) D. CARREAU, *op. cit.*, p. 473.

juridictions constitutionnelles : politisation du mode de désignation des juges, atteinte à leur indépendance par des pressions de toutes natures, complexité de la procédure suivie.

En outre, la saisine du juge constitutionnel est très restreinte. Elle est généralement réservée au chef de l'exécutif et aux parlementaires. Rares sont les constitutions qui consacrent le recours individuel, c'est-à-dire, celles qui ouvrent la saisine aux individus. Les lois fondamentales qui offrent cette possibilité se ramènent à celles du Bénin (Constitution de 1990), du Congo (Constitution 1992), du Gabon (Constitution révisée de 1994) et de la RCA (Constitution de 1994).

Partout ailleurs en Afrique, notamment en Afrique francophone, les individus lésés par des lois querellées, y compris les victimes des droits de l'homme ne peuvent pas saisir le juge constitutionnel pour inconstitutionnalité ou pour violations des droits et libertés proclamés, afin d'obtenir l'annulation de ces lois.

Certes, le recours en annulation pour excès de pouvoir, qui est reconnu aux citoyens dans la plupart des pays africains, aurait pu compléter le contrôle de la constitutionnalité des lois et renforcer ainsi, les moyens de défense des individus contre l'Administration, notamment en cas de violation des droits de l'homme.

Mais le contrôle de la légalité des actes administratifs comporte en Afrique d'une manière générale, deux séries de limites importantes relevant de deux ordres bien distincts, les unes de droit, les autres de fait.

Les limites de droit procèdent de l'accès étroit au juge de l'excès de pouvoir à cause des conditions de recevabilité qui sont nombreuses, complexes, et difficiles à réunir. Les limites de fait quant à elles découlent de l'ignorance des lois et de ses droits par l'africain qui n'ose pas affronter l'administration et ses représentants, dans le cadre d'un procès, par peur de « représailles » de toutes natures pour lui-même et pour les membres de sa famille.

C. – Propositions et recommandations

Face aux violations constantes des droits de l'homme en Afrique et considérant les lacunes que nous venons d'examiner, il importe d'envisager des solutions politiques et « techniques » afin de résoudre la crise des droits de l'homme sur ce continent.

Etant donné que les solutions politiques sont bien connues, puisqu'elles ont fait l'objet de nombreux rapports, études et colloques,[21] nous nous bornerons ici à proposer des solutions plus « techniques » c'est-à-dire de nature juridique, portant sur les mesures nationales que les Etats doivent adopter afin de garantir la pleine application des droits de l'homme.

1. – Les mesures de mise en œuvre au plan national

a) Qu'est-ce que la mise en œuvre ?

La mise en œuvre couvre toutes les mesures législatives, réglementaires et d'ordre pratique qui doivent être prises pour assurer le plein respect des normes internationales relatives aux droits de l'homme qui sont contenues dans les diverses conventions universelles et régionales librement ratifiées par l'Etat.

Ces mesures sont nécessaires pour s'assurer que :

- toutes les personnes civiles et militaires connaissent les règles et les principes du droit international des droits de l'homme ;
- les structures et organismes nationaux et le personnel nécessaires à l'application des droits de l'homme soient effectivement en place ;
- les violations des droits de l'homme soient prévenues et, le cas échéant réprimées.

b) A qui incombe la mise en œuvre ?

Tous les Etats ont l'obligation claire d'adopter et d'appliquer des mesures de mise en œuvre des normes internationales relatives aux droits de l'homme. Ces mesures peuvent être prises par l'exécutif, par le pouvoir législatif, les tribunaux, les forces armées et de sécurité ou d'autres instances étatiques. Les organismes professionnels, les universités, les écoles et les organisations non gouvernementales nationales peuvent également jouer un rôle dans ce domaine.

c) Que faut-il faire ?

Il importe tout d'abord, pour les Etats africains qui ne l'ont pas encore fait, de ratifier les instruments universels et les instruments

(21) Voir, par exemple, le rapport du Secrétaire Général au Conseil de Sécurité de l'ONU, sur les causes des conflits et la promotion d'une paix et d'un développement durables en Afrique, publié par le Département de l'information des Nations Unies, référence ISBN : 92-1-200230-7, New York, 1998.

proprement africains relatifs aux droits de l'homme et les intégrer d'urgence dans leur législation nationale.

Les Etats africains pourraient ensuite élaborer, comme le recommande le Secrétaire Général des Nations Unies dans son rapport au Conseil de Sécurité [22] « un plan d'action national pour les droits de l'homme visant par exemple à accélérer la ratification des traités relatifs aux droits de l'homme, examiner la législation nationale pour la modifier éventuellement de façon que les droits de l'homme soient adéquatement protégés, et organiser à l'intention des magistrats, des officiers de police, des juristes et des administrateurs pénitentiaires une formation relative aux droits de l'homme ».

De l'avis du Secrétaire Général également, « la création d'institutions nationales faisant autorité, indépendantes et impartiales, chargées de défendre les droits de l'homme, peut en soi constituer une importante mesure de confiance et devrait être complétée par le développement des associations locales de défense des droits de l'homme »[23].

De telles commissions nationales pourraient entreprendre les tâches suivantes :

- préparer les traductions des principales normes internationales relatives aux droits de l'homme, dans les principales langues nationales du pays ;
- diffuser, aussi largement que possible, les normes et principes du droit international des droits de l'homme, tant au sein des forces armées et de sécurité que des populations ;
- veiller au respect des droits de l'homme et faire des recommandations à ce sujet ;
- assurer l'incorporation des garanties fondamentales et des garanties de procédure, notamment en période de conflits, de troubles et tensions politiques, dans les législations et pratiques nationales.

Les Etats africains pourraient également faciliter l'accès des populations aux juridictions par l'ouverture de la saisine du juge constitutionnel aux individus, l'assouplissement des conditions de recevabilité des recours juridictionnels ordinaires, la garantie de procès équitables et le renforcement de l'indépendance de la magistrature.

La sensibilisation ou l'éducation aux droits de l'homme ou à la dignité humaine en vue de favoriser l'émergence d'une culture de paix,

---

(22) Supra, note 21.

(23) Voir le rapport du Secrétaire Général sur les causes des conflits en Afrique, Document A/52/871-5/1998/318, p. 17.

d'une culture respectueuse du droit à la vie et d'une culture démocratique constitue l'une des tâches fondamentales des Etats africains.

Cette éducation pourrait se réaliser par l'intégration de l'enseignement des droits de l'homme dans les programmes scolaires et universitaires, l'institution du cours d'instruction civique dans les écoles primaires et secondaires, la diffusion des normes relatives aux droits de l'homme aux populations urbaines et rurales et l'appui de l'Etat aux organisations non gouvernementales de défense des droits de l'homme et de la démocratie.

Enfin, les Etats d'Afrique pourraient développer leur coopération technique avec le Haut Commissariat aux droits de l'homme de l'ONU qui « est à même d'aider les gouvernements à adopter des plans d'actions nationaux pour la défense des droits de l'homme, à créer des commissions des droits de l'homme et à appliquer les objectifs du pays concernant les droits de l'homme ».

2. – Les mesures de mise en œuvre au plan régional

Quatre mesures pourraient être mentionnées au niveau régional :

- la révision de la Charte africaine des droits de l'homme et des peuples afin de supprimer la clause relative à la confidentialité des rapports et recommandations de la Commission ;
- la réalisation du projet de création de la Cour africaine des droits de l'homme et des peuples dont l'accès devrait être ouvert aux individus ;
- le renforcement de l'Organe central du Mécanisme de l'OUA pour la prévention et la gestion des conflits, qui pourrait intervenir pour arrêter les violations graves et systématiques des droits de l'homme ;
- la réalisation du projet de création de la force interafricaine d'interposition.

Ces mesures de mise en œuvre effective du droit international des droits de l'homme sur le continent noir, pourraient être examinées par les Etats africains au niveau de l'OUA et de ses institutions spécialisées. Elles pourraient également faire l'objet de discussions, suivies de décisions concrètes dans le cadre des diverses institutions sous-régionales (CEDEAO, SADEC, CEEAC, UMA, etc.).

Il importe en effet que les actions engagées au plan national, pour faire cesser les violations des droits de l'homme, soient complétées par des initiatives régionales et sous-régionales.

LA REPRESSION DES CRIMES DE GUERRE ET DES AUTRES VIOLATIONS GRAVES DU DROIT HUMANITAIRE*

La question du respect du droit humanitaire par les diverses parties impliquées dans les nombreux conflits armés qui sévissent dans le monde, et en particulier en Afrique et en ex-Yougoslavie, revêt aujourd'hui une importance capitale pour la Communauté internationale : elle est inscrite régulièrement à l'ordre du jour de l'Assemblée Générale de l'ONU, de la Conférence Internationale de la Croix Rouge et des sessions annuelles des organes délibérants des institutions régionales et/ou spécialisées telles que l'OUA, l'UNESCO, l'OEA, la Ligue Arabe, la CEDEAO, l'Organisation de la Conférence Islamique, etc.

Un consensus s'est clairement dégagé, dans la Communauté internationale, sur la nécessité de poursuivre et de punir en tant que criminels, les auteurs des graves infractions au droit des conflits armés. C'est ainsi que le principe de juridiction universelle en vertu duquel les Etats doivent rechercher et sanctionner toutes les personnes ayant commis des infractions graves, indépendamment de la nationalité du coupable et du lieu de l'infraction, est de plus en plus incorporé dans les législations pénales nationales de très nombreux pays.

Avec la création des tribunaux pénaux ad'hoc pour l'ex-Yougoslavie et pour le Rwanda, et l'avènement d'une Cour criminelle permanente, l'on se rend compte, notamment à la lecture des résolutions récentes du Conseil de Sécurité et de l'Assemblée Générale sur l'assistance humanitaire et la protection de certaines populations iraquiennes [(1)] que les comportements

---

(*) Paru dans la *Revue Africaine de Droit International et Comparé*, Tome 11, n° 3, octobre 1999, pp. 375-391.

(1) Il s'agit de la résolution 688 (1991) adoptée par le Conseil de Sécurité le 5 avril 1991, et des résolutions de l'Assemblée Générale n° 43/131 du 8 décembre 1988 et 45/100 du 29 janvier 1991.

attentatoires au droit à la vie, même dans le cadre de conflits internes, ne sont plus tolérés et que leurs auteurs doivent être jugés et punis, d'autant plus que la Cour Internationale de Justice a considéré, en *l'affaire des activités militaires et paramilitaires au Nicaragua*, que les règles inscrites à l'article 3 commun aux Conventions de Genève reflètent un standard minimal applicable dans toutes situations de conflit armé, indépendamment de celles, plus élaborées, qui s'appliqueraient en cas de conflits armés internationaux.[2]

Les concepts de crimes de guerre, de crimes contre la paix et d'épuration ethnique ont donc fait leur apparition dans le vocabulaire de l'ONU et de l'OUA.

Et depuis *l'affaire Pinochet*, les médias s'en sont emparés, utilisant sans aucune rigueur juridique des notions voisines mais distinctes, telles que les crimes de guerre, les crimes contre l'humanité, le génocide, etc.

Face à ce tintamarre journalistique générateur de confusions conceptuelles et aux déclarations non moins dénuées d'arrières pensées des leaders politiques, il convient peut-être de procéder à un effort de clarification sémantique et juridique, afin de contribuer à une meilleure connaissance du droit international humanitaire et des règles relatives à la sanction de ses graves violations.

La sanction peut être définie comme une « conséquence désavantageuse attachée à un comportement illicite »[3]. Sous ce rapport, ni le Droit international public général, ni le droit international humanitaire en particulier n'ignorent cette technique. Il est de jurisprudence constante[4] que la violation des traités, des résolutions ou des actes unilatéraux entraîne souvent leur suspension, leur extinction ou tout simplement leur nullité. En outre, des sanctions particulières sont parfois prévues ; il en est ainsi de la Charte des Nations Unies dans le domaine du maintien de la paix et de la sécurité internationales[5] ou des Conventions de Genève de 1949 et de leur protocole additionnel I de 1977. Il peut paraître paradoxal que le DIH développe un système de sanctions dans la mesure où son objectif principal n'est pas la punition du coupable des violations du droit humanitaire, mais la protection des victimes des conflits armés internes ou internationaux.

---

(2) CIJ, Affaire des activités militaires et paramilitaires au Nicaragua, Recueil, 1986, p. 114, §. 218.

(3) V. Hurbert THIERRY, Serge SUR, Jean COMBACAU, Charles DE VALLEE, « Droit International public » *op. cit.*, p. 15.

(4) CIJ, 18 déc. 1951 *Affaires anglo-norvégiennes des pêcheries*, Rec. 1951, p. 112 ; 6 avril 1959, affaire Nottebohm. Rec. 1959, p. 4.

(5) V. Maurice TORRELLI, « le Droit International Humanitaire » *op. cit.*, p. 116 et sv.

Cependant à partir du moment où la sanction est une condition d'efficacité de la règle de droit, le DIH ne peut occulter cette technique contraignante. Certes, les Conventions de Genève de 1949 rappellent le principe fondamental du droit des gens que toute violation des règles du droit des conflits armés engage la responsabilité de l'Etat ou de la personne privée auteur du manquement ; mais elles dépassent cette conception traditionnelle du droit international puisqu'elles aménagent une responsabilité pénale individuelle de l'agent de l'Etat coupable des graves violations du DIH.

Le Droit international humanitaire impose aux Etats contractants deux obligations importantes : Une obligation explicite de réprimer pénalement la commission de certaines infractions et une obligation de faire cesser les actes contraires aux dispositions des Conventions.

L'obligation explicite de réprimer les graves violations commises en situation de conflit armé international est prévue par les Conventions de Genève (6), le protocole I de 1977 (7) la Convention de la Haye de 1954(8) et par la Convention sur les armes classiques (9).

L'obligation de faire cesser les actes contraires aux dispositions des Conventions est prévue par les quatre Conventions de Genève (I, 49 ; II, 50 ; III, 129 et IV, 146). Cette obligation, qui laisse aux Etats le soin de choisir les moyens appropriés, n'exige pas expressément l'adoption de normes pénales. Les mesures prises pour empêcher et faire cesser d'autres actes contraires aux dispositions des traités du DIH qui ne sont pas des infractions graves, peuvent aussi être de nature administrative ou disciplinaire.

Il convient toutefois de préciser que les Conventions et le Protocole I ne fixent pas eux-mêmes de peines précises et ne créent pas une juridiction pénale pour sanctionner les criminels. Après avoir énuméré les actes auxquels ils attachent une sanction pénale, à savoir les « infractions graves » qui sont assimilées aux crimes de guerre, ces textes imposent aux Etats de :

– Promulguer des lois nationales qui interdisent et répriment les infractions graves ;

---

(6) Les articles 49, Convention I ; 50 Convention II ; 129 Convention III et 146, Convention IV.

(7) V. Article 85, Protocole I.

(8) V. Article 28 de la Convention de la Haye de 1954 pour la protection des biens culturels.

(9) V. Article 14 du Protocole III de la Convention sur les armes classiques de 1980.

- Rechercher et poursuivre les personnes prévenues d'avoir commis de graves infractions ;
- Imposer aux commandants le devoir d'empêcher que soient commises des infractions graves, de les faire cesser et de prendre des mesures à l'encontre de leurs subordonnés qui se seraient rendus coupables de graves violations ;
- S'accorder une entraide judiciaire dans toute procédure relative aux infractions graves.

La responsabilité principale en matière de répression des violations des règles du droit international, y compris celles qui s'appliquent aux conflits armés non internationaux et celles qui régissent l'emploi des armes incombe donc aux Etats qui, en vertu du principe de la juridiction universelle, doivent rechercher et sanctionner toutes les personnes ayant commis de graves violations, indépendamment de la nationalité du coupable ou du lieu de l'infraction.

Le Droit international humanitaire instaure ainsi une responsabilité individuelle et pénale en cas de commission des infractions graves qui sont énumérées par les instruments de DIH. Il convient de définir les infractions prévues par les Conventions et les protocoles avant de voir comment se manifeste la répression de ces violations.

I. – DEFINITION DES INFRACTIONS AU DROIT INTERNATIONAL HUMANITAIRE

La notion d'infraction n'est pas définie par les Conventions de 1949 et par le Protocole additionnel I. Les traités du DIH énumèrent les infractions graves et les autres infractions. Cette énumération s'opère par la spécification du comportement donnant lieu à responsabilité. Toutefois si l'on se réfère à la liste des infractions établies par les différentes Conventions de Genève et par le Protocole I, il est possible de définir l'infraction comme étant un comportement contraire aux règles du DIH, commis dans le cadre d'un conflit armé et réprimé sur les plans pénal, civil ou disciplinaire suivant le cas.

Ainsi définie, il convient de préciser les différentes catégories d'infractions prévues par le droit humanitaire.

A. – Les catégories d'infractions prévues par les Conventions de 1949 et par le Protocole additionnel I de 1977

Le DIH distingue deux catégories d'infractions : les infractions graves et les infractions simples.

1. – Les infractions graves au droit international humanitaire applicable aux conflits armés internationaux

Les graves infractions du DIH sont les actes suivants :

1° Infractions communes aux quatre Conventions :

- l'homicide intentionnel,
- la torture,
- les traitements inhumains,
- les expériences biologiques,
- le fait de causer intentionnellement de grandes souffrances,
- le fait de porter des atteintes graves à l'intégrité physique et à la santé,
- la destruction et l'appropriation de biens non justifiées par des nécessités militaires (à l'exception de l'article 130 de la IIIe Convention).

2° Infractions communes aux IIIe et IVe Conventions de Genève :

- Le fait de contraindre un prisonnier de guerre ou une personne civile protégée par la IVe Convention à servir dans les forces armées de la puissance ennemie ;
- Le fait de priver un prisonnier de guerre ou une personne civile protégée par la IVe Convention de son droit d'être jugée régulièrement et impartialement, selon les prescriptions des IIIe et IVe Conventions de Genève.

3° Infractions à la seule IVe Convention :

- la déportation ou les transferts illégaux de populations civiles ;
- la détention illégale ;
- la prise d'otages.

Cette liste d'infractions graves est complétée par les articles 11, paragraphe 4 et 85 paragraphes 3 et 4 du Protocole I.

En vertu de ces dispositions pertinentes du Protocole I, constituent des infractions graves :

1° L'un des actes ci-après commis intentionnellement en violation du droit international humanitaire et entraînant la mort ou causant des atteintes graves à l'intégrité physique ou à la santé :

- soumettre la population civile ou des personnes civiles à une attaque ;
- lancer une attaque sans discrimination atteignant la population civile ou des biens de caractère civil, en sachant que cette attaque causera des pertes en vies humaines, des blessures aux personnes

civiles ou des dommages aux biens de caractère civil, qui sont excessifs par rapport à l'avantage militaire concret et direct attendu ;

- lancer une attaque contre des ouvrages ou installations contenant des forces dangereuses, en sachant que cette attaque causera des pertes en vies humaines, des blessures aux personnes civiles ou des dommages aux biens de caractère civil, qui sont excessifs par rapport à l'avantage militaire concret et direct attendu ;
- soumettre à une attaque des localités non défendues et des zones démilitarisées ;
- soumettre une personne à une attaque en la sachant hors de combat ;
- utiliser perfidement le signe distinctif de la croix rouge, du croissant rouge ou d'autres signes et signaux protecteurs reconnus par le droit international humanitaire.

2° L'un des actes ci-après commis intentionnellement en violation du droit international humanitaire :

- le transfert par la Puissance occupante d'une partie de sa population civile dans le territoire qu'elle occupe, la déportation ou le transfert à l'intérieur ou hors du territoire occupé de la totalité ou d'une partie de la population de ce territoire ;
- tout retard injustifié dans le rapatriement des prisonniers de guerre ou des civils ;
- les pratiques de l'apartheid et les autres pratiques inhumaines et dégradantes, fondées sur la discrimination raciale, qui donnent lieu à des outrages à la dignité personnelle ;
- le fait de diriger des attaques contre les monuments historiques, les œuvres d'art ou les lieux de culte clairement reconnus qui constituent le patrimoine culturel ou spirituel des peuples et auxquels une protection spéciale a été accordée en vertu d'un arrangement particulier, par exemple dans le cadre d'une organisation internationale compétente, provoquant ainsi leur destruction sur une grande échelle, alors qu'il n'existe aucune preuve que la partie adverse a utilisé ces biens à l'appui de l'effort militaire et que les monuments historiques, œuvres d'art et lieux de culte en question ne sont pas situés à proximité immédiate d'objectifs militaires.

3° Les actes ou omissions volontaires, en violation du droit international humanitaire, qui mettent gravement en danger la santé ou l'intégrité physiques ou mentales :

Soumettre les personnes au pouvoir de la partie adverse, ou internées, détenues ou d'une autre manière privées de liberté, à un acte médical qui ne serait pas conforme aux normes médicales généralement reconnues que la Partie responsable de l'acte appliquerait dans les circonstances médicales analogues à ses propres ressortissants jouissant de leur liberté, en particulier de pratiquer sur ces personnes, même avec leur consentement :

- des mutilations physiques ;
- des expériences médicales ou scientifiques ;
- des prélèvements de tissus ou d'organes pour des transplantations.

Le Protocole I réaffirme que les crimes de guerre sont considérés comme les infractions les plus graves au droit international humanitaire. Par ailleurs, le protocole développe la sanction de certaines atteintes aux droits de l'homme, telles que les atteintes résultant de l'apartheid et autres pratiques inhumaines et dégradantes fondées sur la discrimination raciale. A travers cette énumération, les Conventions de Genève et le Protocole I confirment la définition des crimes de guerre et des crimes contre l'humanité donnée par l'article 6 (B) et 6 (C) de la convention de Londres du 8 août 1945 portant statut du tribunal de Nuremberg chargé de juger les grands criminels de guerre allemands.

De même il est en outre expressément mentionné par l'article 86 du Protocole I qu'une omission peut constituer une infraction grave.

Les Conventions et le Protocole I ne définissent pas seulement les infractions graves, ils prévoient aussi des infractions simples.

2. – Les infractions simples

Elles sont définies négativement par les Conventions (49, I ; 50, II ; 129, III ; 146, IV). On n'entend par infraction simple les actes contraires aux dispositions des Conventions de 1949 autres que les infractions graves. La différence entre ces catégories d'infractions repose sur le degré substantiel de leur illicéité.

Les infractions simples sont assimilées à des délits internationaux. La détermination du délit dépend de la nature de la norme que la Partie a méconnue. Le fait illicite peut résulter de son manquement à une obligation de résultat ou à une obligation de moyen. L'Etat est obligé de prendre les mesures nécessaires pour faire cesser les infractions simples.

Les actes suivants sont constitutifs d'infractions simples du droit international humanitaire applicable aux conflits armés internationaux :

– l'emploi d'armes, de projectiles et de matières ainsi que de méthodes de combat de nature à causer des maux superflus ou de manière indiscriminée ;
– le fait de causer intentionnellement des dommages étendus, durables et graves à l'environnement naturel ;
– les attaques contre les bâtiments, le matériel, les unités et moyens de transport, et le personnel qui ont le droit d'utiliser, conformément au droit international humanitaire, le signe distinctif de la Croix-Rouge ou du Croissant-Rouge ;
– l'utilisation de la famine contre les personnes civiles ;
– le fait de recruter des enfants de moins de 15 ans dans les forces armées ou de les autoriser à prendre part aux hostilités ;
– la perfidie ;
– de déclarer qu'il n'y ait pas de survivants ;
– le pillage ;
– la violation d'armistices, d'interruptions de feu ou d'arrangements locaux convenus pour permettre l'enlèvement, l'échange et le transport des blessés et des morts laissés sur le champ de bataille ;
– l'usage indu du pavillon parlementaire, du pavillon national ou des insignes militaires et de l'uniforme de l'ennemi, ainsi que des signes distinctifs des Conventions de Genève.

B. – Les catégories d'infractions prévues dans le cadre des conflits non internationaux

Elles sont inscrites au Protocole II et à l'article 3 commun aux quatre Conventions de Genève.

Le Protocole II relatif à la protection des victimes de conflits armés de caractère non international présente certaines caractéristiques : sa portée territoriale est limitée par les frontières de l'Etat ; il a force de loi sur ce territoire conjointement avec les lois internes et tout d'abord avec les codes pénaux, en ce qui concerne la responsabilité pour actes criminels.[10]

Le Protocole II interdit un certain nombre d'actes qui ne sont pas reconnus comme crimes par la plupart des codes pénaux. Il se situe dans la même logique de l'article 3 commun, qui interdit également certains comportements en cas de conflit armé non international.

---

(10) V. BLISCHENKO I.P., « International Treaties and their Application on the Territory of the USSR », AJIL Washington, Vol.69, n° 4, octobre 1975, pp. 819-827. V. SEILD-HOLENVELDERN I., « Transformation or adaptation of International law into municipal law » ICLQ, Vol. 12, London, 1963, pp. 88-124.

Constituent des violations graves du droit international humanitaire applicable aux conflits armés non internationaux :

- les atteintes portées à la vie, à la santé et au bien-être physique ou mental des personnes, en particulier le meurtre, les traitements cruels tels que la torture, les mutilations ou toutes formes de peines corporelles ; les punitions collectives ;
- la prise d'otages ;
- les atteintes à la dignité de la personne, notamment les traitements humiliants et dégradants, le viol et la contrainte à la prostitution ;
- les condamnations prononcées et les exécutions effectuées sans un jugement préalable rendu par un tribunal régulièrement constitué, assorti de toutes les garanties judiciaires généralement reconnues comme indispensables ;
- les attaques contre la population civile en tant que telle ou contre les personnes civiles ;
- l'emploi d'armes, de projectiles et de matières ainsi que de méthodes de combat de nature à causer des maux superflus ou de manière indiscriminée ;
- le fait de causer intentionnellement des dommages étendus, durables et graves à l'environnement naturel ;
- les attaques contre les bâtiments, le matériel, les unités et moyens de transport, et le personnel qui ont le droit d'utiliser, conformément au droit international humanitaire, le signe distinctif de la croix rouge ou du croissant rouge ;
- les attaques contre les monuments historiques, les oeuvres d'art ou les lieux de culte qui constituent le patrimoine culturel ou spirituel des peuples et de les utiliser à l'appui de l'effort militaire ;
- l'utilisation de la famine contre les personnes civiles ;
- le fait de recruter des enfants de moins de 15 ans dans les forces ou groupes armés ou de les autoriser à prendre par aux hostilités ;
- le fait d'ordonner le déplacement de la population civile pour des raisons ayant trait au conflit sauf dans les cas où la sécurité des personnes civiles ou des raisons militaires impératives l'exigent ;
- la perfidie ;
- de déclarer qu'il n'y ait pas de survivants ;
- le pillage ;
- la violation d'armistices, d'interruptions de feu ou d'arrangements locaux convenus pour permettre l'enlèvement, l'échange et le transport des blessés et des morts laissés sur le champ de bataille.

Le droit international humanitaire ne comporte pas une obligation de répression pour les violations commises dans les conflits armés non internationaux.

En effet, le droit international applicable à ce type de conflit est contenu dans l'article 3 commun et dans le Protocole II. Or le régime des infractions graves aux quatre Conventions de Genève ne s'étend pas à leur article 3 commun. Par ailleurs, le Protocole II ne contient pas d'autres obligations relatives à la mise en œuvre de DIH que l'obligation de diffuser, qui figure à son article 19.

Le DIH n'exige donc pas que les violations commises en cas de conflit armé non international, qui pourtant sont identiques à celles qui impliquent une obligation de réprimer en cas de conflit armé international, soient obligatoirement suivies de sanction pénale. A l'exception du second Protocole annexé à la Convention de 1980 sur les armes classiques qui prévoit en son article premier, paragraphe 2, une obligation de répression pénale qui trouve aussi son application en situation de conflit armé non international, aucune autre règle du DIH applicable à ce type de conflit armé n'institue une responsabilité pénale internationale des personnes coupables de violations.

Comme le note à juste titre Denise PLATTNER, « le fait d'ériger les règles du DIH applicable aux conflits armés non internationaux en règles dont la violation est assortie, en vertu du droit international, d'une sanction pénale, contribuerait sans doute à un meilleur respect de cette partie du DIH, qui fait quelque fois encore figure de parent pauvre du droit des conflits armés. L'institution d'une responsabilité pénale internationale des auteurs coupables des violations des règles applicables aux conflits armés internes aurait ainsi un effet de dissuasion, mais aussi de stimulation de toutes les autres mesures qui contribuent au respect du DIH » [(11)]

Mais ceci ne veut point dire que les auteurs des violations du DIH applicable aux conflits armés non internationaux demeurent impunis. Les Etats ont toujours l'obligation de prévoir, dans leur législation interne, les « lois et coutumes de la guerre », ainsi que les sanctions conséquentes en cas de violation. Ils sont par ailleurs tenus de faire cesser la commission de toute violation du DIH, y compris du droit applicable en situation de conflit armé, en vertu de l'obligation de « respecter et de

---

(11) D. PLATTNER, « La répression pénale des violations du droit international humanitaire applicable aux conflits armés non internationaux, RICR septembre-octobre 1990, p. 449.

faire respecter » inscrite à l'article 1 commun aux Conventions de Genève, qui, de l'avis de la C.I.J., trouve son application dans tous les conflits armés.

Il est donc souhaitable que les Etats puissent compléter leur législation nationale, en cas de besoin, pour organiser la répression pénale des violations du DIH commises dans le cadre des conflits armés non internationaux qui constituent aujourd'hui un véritable fléau dans plusieurs Etats du tiers-monde. Ceci contribuerait fortement à la lutte contre l'impunité et renforcerait également les efforts de la Communauté internationale qui se préoccupe davantage de la répression de toutes les violations du DIH, y compris de celles commises dans des conflits internes, comme c'est le cas avec la création du Tribunal pénal international pour le Rwanda.

II. – LA REPRESSION DES INFRACTIONS AU DIH

Comme toute règle de droit international public, le droit humanitaire se décompose en une obligation majeure qui est de la respecter, et une obligation mineure consistant à corriger les effets de son non respect.(12) Dans la conception classique du droit international, les Etats n'étaient astreints qu'à la réparation des dommages causés. Aujourd'hui, avec la prise de conscience des intérêts communs et la reconnaissance de valeurs prioritaires, se pose le problème de l'institution d'un véritable régime de droit pénal international ou à tout le moins d'un système plus efficace que la réparation. Il n'est plus exclu de sanctionner les sujets de droit international auteurs des manquements qualifiés de crimes, de délits pour mettre fin aux effets déstabilisateurs des violations de la norme internationale.

Cette préoccupation n'est pas étrangère au droit international humanitaire qui est l'un des domaines spécifiques du droit international où les violations du droit donnent lieu à des sanctions pénales individuelles. En effet, à la responsabilité de droit commun, les Conventions de Genève superposent un mécanisme de responsabilité pénale des individus auteurs d'infractions graves précisé par le Protocole additionnel I.

Pour que cette responsabilité pénale internationale puisse pleinement s'accomplir, il est nécessaire que les Etats s'acquittent de leurs obligations de définir dans la loi nationale les sanctions pénales adéquates (articles

---

(12) V. NGUYEN Quoc Dinh, Patrick DAILLIER, Alain PELLET, « Droit International Public » *op. cit.*, p. 708.

49, 50, 129 et 146 des I^e^, IIe, IIIe et IVe Conventions de Genève). Les Etats parties à ces Conventions doivent également poursuivre et juger les auteurs des graves violations du DIH, à moins que ceux-ci ne soient remis à un Etat tiers qui ouvrira une enquête *(principe aut dedere aut judicare)*. Enfin, ils ont l'obligation de se communiquer tout renseignement utile à la poursuite de l'infraction grave et de s'accorder l'entraide judiciaire.

Les personnes inculpées d'infractions graves bénéficieront des garanties de procédures prévues par le DIH, quel que soit leur statut au moment où s'instruit leur procès.

Le droit humanitaire précise non seulement le profil du criminel, mais il détermine aussi les modalités de la répression et de la réparation.

A. – Le profil du criminel

Aux termes des dispositions des Conventions de Genève (49, I ; 50, II ; 129, III ; 146, IV) le criminel est celui qui a commis par action ou par omission, ou qui a donné l'ordre de commettre une infraction grave au droit humanitaire.

Cette définition vise essentiellement deux catégories de personnes coupables : le chef et/ou son subordonné.

1. – Le chef

C'est le chef, s'il est à l'origine de la commission de l'infraction. Sa responsabilité est aussi engagée si l'infraction a été commise par son subordonné.

Le principe est posé par l'article 86 paragraphe 2 du Protocole I en vertu duquel « Le fait qu'une infraction aux Conventions ou au présent Protocole à été commise par un subordonné n'exonère pas ses supérieurs de leur responsabilité pénale ou disciplinaire, selon le cas, s'ils savaient ou possédaient des informations leur permettant de conclure, dans les circonstances du moment, que ce subordonné commettait ou allait commettre une telle infraction, et s'ils n'ont pris toutes les mesures pratiquement possibles en leur pouvoir pour empêcher ou réprimer cette infraction ».

Cette disposition appelle une double remarque : D'une part, elle pose la question de la responsabilité pénale individuelle, consacrant par là même la jurisprudence des tribunaux internationaux de Tokyo et de Nuremberg relative à l'omission criminelle. L'article 3 de la quatrième convention de la Haye précise que les violations des règles du droit de la guerre, n'engagent que la responsabilité pénale individuelle.

Le traité de Washington du 6 février 1922 assimile à la piraterie le fait individuel des commandants des sous-marins qui s'attaqueraient en temps de guerre aux navires de commerce, mais aucun de ses cinq signataires ne l'a ratifié.

D'autre part, il faut souligner que cette disposition ne saurait imposer des sanctions là où elles restent de la seule compétence des Parties contractantes, soit dans le cas d'infractions aux Conventions ou au Protocole I non qualifiées de graves. En ce qui concerne les infractions graves, il convient de vérifier préalablement que l'intention soit prouvée. On doit en effet exiger du supérieur le même niveau de *mens rea* exigé pour le subordonné.

En tout état de cause, les parties contractantes ont l'obligation de charger, en vertu de l'article 87 paragraphes 1 et 3 du Protocole I, les commandants militaires de réprimer et de dénoncer aux autorités les infractions qu'ils n'auraient pu empêcher de la part de leurs subordonnés. Le commandant qui néglige les consignes ou ne prend pas les mesures de contrôle nécessaires verra sa responsabilité engagée sur le plan pénal si des infractions graves ont été commises sous ses ordres.

2. – Le subordonné

L'ordre du supérieur de commettre une infraction ne permet pas au subordonné qui l'exécute de dégager sa responsabilité. Ainsi, on peut déduire de la lecture des Conventions et de leur protocole additionnel que ces instruments se fondent sur la présomption que « tout ordre de caractère criminel est inadmissible ». Le fait d'exécuter un tel ordre est considéré comme un crime.

Les protocoles reprennent les préceptes de la charte du Tribunal de Nuremberg dont l'article 8 dispose que « le fait que l'accusé ait agi conformément aux instructions de son gouvernement ou d'un supérieur hiérarchique ne le dégagera pas de sa responsabilité, mais pourra être considéré comme un motif de diminution de la peine... »(13).

Aussi, les ordres donnés même aux simples soldats ne sont pas considérés comme une raison justifiant la clémence si les crimes avaient été commis intentionnellement, avec cruauté, n'étaient pas justifiés par des nécessités militaires et étaient exécutés sur une grande échelle de façon illicite et arbitraire.

---

(13) V. Igor P. BLISHCENKO, « Responsabilité en cas de violation du Droit International humanitaire » in *les Dimensions Internationales du Droit humanitaire*, op. cit., p. 327 et sv.

Un certain nombre de décisions des tribunaux nationaux le réitèrent : par exemple, les décisions de la Cour martiale des Etats-Unis d'Amérique qui, dans son jugement des chefs S.S. et autres criminels, a proclamé qu'un subordonné ne doit exécuter que les décisions justes de son commandant, et que s'il obéit à un ordre criminel en connaissance de cause, il ne peut invoquer l'obéissance à l'autorité pour diminuer sa responsabilité : si l'ordre donné est de toute évidence *ultra vires* un subordonné ne peut plaider l'ignorance du caractère criminel de l'ordre.

Désormais on considère qu'un ordre criminel est absolument illégal et la responsabilité de cet ordre ne peut être réfutée par la personne qui l'a donné ou par celle qui l'a exécuté : il y a par conséquent un système de responsabilité pour les infractions aux lois et coutumes de la guerre qui contribue à prévenir les crimes et renforcer la protection des droits de l'homme.(14)

Dès lors, dans le cadre du droit international humanitaire, le subordonné apparaît comme un sujet immédiat d'un droit international sanctionnateur. Ce droit lui confère des devoirs dont le mépris entraîne sa responsabilité pénale. Ainsi, les Etats parties aux Conventions de 1949 ont l'obligation de rechercher les personnes accusées d'avoir commis ou d'avoir ordonné de commettre une infraction grave.

Cette obligation pèse sur tous les Etats parties, quel que soit le lieu où l'infraction a été commise.

B. – La Sanction du criminel

Aux termes de quatre articles communs aux quatre Conventions (51, I ; 52, II ; 131, III ; 148, IV) l'obligation de réprimer les infractions au DIH est absolue. Cette obligation ne souffre d'aucune dérogation ou atténuation de la part d'une Partie contractante. Les Parties sont tenues de faire cesser les violations des Conventions, et de leurs protocoles additionnels, de réprimer celles d'entre-elles qui sont qualifiées d'infractions

---

(14) Il convient de souligner que le projet de Protocole I contenait un article, le numéro 77, selon lequel nul ne devrait être puni pour avoir refusé d'exécuter un ordre de son gouvernement ou de son supérieur si l'exécution d'un tel ordre constituait une grave violation des Conventions de Genève ou du Protocole. Le fait qu'une personne ait agi en obéissant à un ordre de ce genre ne l'aurait pas exonérée de la responsabilité pénale s'il était établi qu'elle aurait dû savoir qu'elle commettait une grave infraction aux Conventions ou au Protocole et qu'elle aurait pu refuser d'obtempérer à cet ordre. Cette proposition n'a pas été retenue par les Etats. Il n'en demeure pas moins que les principes posés par Nuremberg demeurent applicables.

graves. La sanction peut être le fait des Etats Parties ou non aux Conventions, ou d'une juridiction internationale aménagée à cet effet.

1. – La sanction par les Etats

Déjà en 1906 les Etats s'étaient engagés, en vertu de l'article 28 de la convention pour l'amélioration du sort des blessés et malades dans les armées en campagne, « à prendre les mesures nécessaires pour réprimer, en temps de guerre, les actes individuels de pillage et de mauvais traitements envers des blessés et malades des armées, ainsi que pour punir, comme usurpation d'insignes militaires, l'usage abusif du drapeau et du brassard de la Croix-Rouge... ». Cette obligation de la répression des infractions au DIH est rappelée par les différentes conventions de Genève notamment leurs articles communs (49, I ; 50, II ; 129, III ; 146, IV) et par l'article 85 de leur Protocole additionnel I de 1977. Elle résulte de la nature même des dispositions du DIH, lesquelles de l'avis même de la C.I.J. d*ans l'affaire des activités militaires et paramilitaires au Nicaragua et contre celui-ci*[(15)] ne font « qu'exprimer les principes généraux de base du droit humanitaire et leurs dispositions ont de ce seul fait un caractère coutumier autant que conventionnel ».

A cet effet, le principe d'une entraide judiciaire dans toute procédure relative aux infractions graves au DIH a été posé par l'article 88 paragraphe 1 du Protocole I. Cependant cet article ne précise ni les modalités, ni l'étendue de cette entraide, sinon qu'elle doit être « aussi large que possible ».

L'obligation de réprimer est renforcée par la coopération en matière d'extradition prévue par le paragraphe 2 de l'article 88. Cette extradition est entendue de manière restrictive dans la mesure où elle ne peut se faire que « lorsque les circonstances le permettent ». Les Parties sont invitées « à prendre en considération la demande de l'Etat sur le territoire duquel l'infraction alléguée s'est produite ».

Cette disposition pose des difficultés d'application car c'est l'Etat qui reçoit la demande qui apprécie l'opportunité de l'extradition en se fondant sur les circonstances visées par l'article 88 paragraphe 2 ou sur les charges réunies par l'Etat demandeur.

Le problème reste entier lorsque l'auteur de l'acte reproché est un ressortissant de l'Etat qui exécute la demande d'extradition. En règle générale, les Etats refusent en se fondant sur la règle selon laquelle l'Etat

---

(15) Rec. 1986, p. 218.

n'extrade pas ses ressortissants, consignée dans la plupart des conventions.[16]

Toutefois, il faut souligner que les résolutions de l'Assemblée Générale affirment l'obligation d'extrader les auteurs de crimes selon l'article 6 de la charte du tribunal de Nuremberg. En outre, l'article I paragraphe 2 de la Déclaration sur l'asile territorial, résolution 2312 (XXII), adoptée par l'Assemblée Générale le 14 décembre 1967, stipule que le droit de chercher asile et de bénéficier de l'asile ne peut être invoqué par des personnes dont on aura de sérieuses raisons de penser qu'elles ont commis un crime contre la paix, un crime de guerre ou un crime contre l'humanité.

De même, l'article premier de la convention sur l'imprescriptibilité des crimes de guerre et crimes contre l'humanité du 26 novembre 1968, dispose qu'aucune prescription ne s'appliquera aux crimes de guerre et aux crimes contre l'humanité ; aussi selon l'article IV de la Convention, les Etats parties s'engagent à adopter des mesures législatives et autres à cet effet.

Aujourd'hui, la plupart des Etats ont ratifié les Conventions de Genève et, en les incorporant au droit national, assument la responsabilité d'intenter des poursuites en cas de violation.

Ils ont soit introduit dans leur législation pénale, des sanctions à l'égard des personnes commettant les infractions prévues dans les Conventions de Genève, soit adopté une loi qui renvoie aux dispositions pertinentes du DIH en fixant une fourchette de peines à appliquer, soit alors ils combinent les deux options.

Ainsi, en Allemagne (qui est partie aux Conventions de Genève de 1949 et aux protocoles additionnels de 1977), les violations du DIH sont couvertes par les différentes dispositions du code pénal ordinaire lequel, d'après les autorités allemandes, sanctionnerait toutes les violations sérieuses du DIH indépendamment de leur qualification « d'infractions graves » ou « d'autres violations » et indépendamment du fait qu'elles seront commises dans une situation de conflit armé international ou non international.

En Belgique, la loi du 16 juin 1993 relative à la répression des infractions graves aux Conventions de Genève de 1949 et aux Protocoles

---

(16) C'est le cas par exemple de la Libye en ce qui concerne l'*affaire de Lockerbie* en instance devant la Cour Internationale de Justice, v. Jean Marc JOREL, « Les arrêts de la CIJ du 27 février 1998 sur les exceptions préliminaires dans les affaires dites de Lockerbie : et le suspens demeure », RGDIP, 1998, (3), p. 685 et s.

I et II de 1977 additionnels à ces conventions réprime les infractions qualifiées de graves par ces traités tout en étendant l'application de ces incriminations aux mêmes faits lorsqu'ils sont commis dans un conflit armé non international tel que défini par l'article 1 paragraphe 1 du Protocole additionnel II.

Cette loi ne s'applique toutefois pas aux conflits non internationaux régis par l'article 3 commun aux Conventions de Genève, les violations commises dans ces situations restant soumises aux dispositions du droit pénal ordinaire.

En Espagne, les violations du DIH sont spécifiquement sanctionnées par le code pénal ordinaire, approuvé par la loi organique 10/1995 du 23 novembre 1995 (chapitre III du titre XXIV intitulé « Des délits contre les personnes et biens protégés en cas de conflit armé ») d'une part, par le code pénal militaire du 9 décembre 1985 (livre second Titre II intitulé « Délits contre les lois et usages de la guerre ») d'autre part.

Les incriminations spécifiques du code pénal sanctionnent aussi bien les infractions graves aux Conventions de Genève et Protocole I que les « autres violations ou actes contraires » à ces textes relevant d'une certaine gravité, et ce quel que soit l'auteur. De même, le code sanctionne tous comportements contraires aux prescriptions des traités et conventions internationales auxquels l'Espagne est liée, relatifs à la conduite des hostilités, à la protection des blessés, malades, naufragés, au traitement des prisonniers de guerre, à la protection de personnes civiles et des biens culturels.

De même en Suisse les infractions aux traités humanitaires sont sanctionnées par le code pénal militaire, chapitre sixième intitulé « infraction contre le droit des gens ». Ce code sanctionne les violations quelle que soit la gravité de l'infraction. Son champ d'application s'étend à tous les cas de guerre.

En Afrique, on trouve à peu près les mêmes dispositions dans les codes militaires ; il en est ainsi du Sénégal, du Mali, du Cameroun et de la Côte d'Ivoire.

Les Etats ne se contentent pas seulement d'intégrer les dispositions du DIH dans leur ordonnancement juridique. Ils les appliquent aussi. Ainsi par exemple aux Etats-Unis, la Cour martiale a eu à connaître plus de trente six accusations pour crimes de guerre commis par le personnel de l'armée, pendant la guerre du Vietnam. Vingt de ces cas aboutirent à une condamnation. Des procès criminels furent également intentés contre quatorze officiers de haut grade de l'armée américaine, y compris le Général COSTER, commandant de la division dont faisait partie le détachement accusé du massacre de My Lai. Ils furent condamnés pour avoir caché au commandant suprême américain qu'ils connaissaient ce crime.[17]

De même en 1976, en Angola, les mercenaires qui avaient été recrutés par des Mouvements de libération furent capturés, jugés et condamnés pour avoir commis des crimes contre la population civile violant ainsi les Conventions de Genève de 1949.[18]

2. – Les modalités de réparation

L'idée même de la réparation des dommages résultant de la violation du droit des conflits armés est ancienne. Elle découle d'un principe coutumier aux termes duquel la responsabilité fondée sur l'existence d'actes illicites, implique une obligation de réparer les dommages causés par ces actes.

Ce principe a été réaffirmé par la jurisprudence de la Cour Permanente de Justice Internationale notamment dans son arrêt de principe *Usine de Chorzow*. Pour la C.P.J.I. « C'est un principe de droit international, voire une conception générale du droit que toute violation d'un engagement comporte l'obligation de réparer »[19].

Il a été codifié dans plusieurs instruments conventionnels notamment, l'article 3 de la convention IV de la Haye, les articles communs aux quatre conventions de Genève de 1949 respectivement 51, 131 et 148, de même que les protocoles additionnels, article 91 du Protocole I.

Les articles 51, 52, 131 et 148 communs aux quatre Conventions précisent « qu'aucune Partie contractante, ne pourra s'exonérer elle-même, ni exonérer une autre Partie contractante des responsabilités encourues par elle-même ou par une autre partie contractante » lorsque des infractions graves auront été commises.

L'article 91 du Protocole I réaffirme le principe de la réparation en se référant à l'article 3 de la IVe Convention de la Haye de 1907 : « La Partie belligérante qui violerait des dispositions des Conventions et du présent Protocole sera tenue à indemnité, s'il y a lieu. Elle sera responsable de tous actes commis par les personnes faisant partie de ses forces armées ».

---

(17) V. T. Taylor, *Nuremberg and Vietnam : an American Tragedy*, Chicago, Quadrangle Books 1970, pp. 123-153.

(18) V. BURCHETT W. ROEBUCK D., « The Whorses of War : Mercenaires Today », *Review of contemporary law*, (Bruxelles), Vol. 2, 1977, pp. 31-34.

(19) CPJI 13/9/1928, Série A n° 17.

Dans l'affaire précitée, *Usine Chorzow*, la CPJI affirmait que « le principe essentiel est que la réparation doit autant que possible effacer toutes les conséquences de l'acte illicite et rétablir l'état qui aurait vraisemblablement existé si ledit acte n'avait pas été commis. »[20]

Cependant dans l'*affaire Texaco Calasiatic*, la Cour arbitrale a reconnu que « la *restitutio in integrum* constitue... la sanction normale de l'inexécution d'obligation contractuelle ». Elle ne peut dès lors être écartée, d'après l'arbitre, que dans la mesure où le rétablissement du *statu quo* se heurterait à une impossibilité absolue.[21]

C'est dans ce cadre juridique que se justifient les obligations de réparations imposées à l'Irak par le Conseil de Sécurité et qui trouvent en l'espèce leur pleine manifestation. A cet effet deux catégories sont à distinguer : d'une part la remise en l'état des biens koweïtiens *(ou restitutio in integrum)* et d'autre part l'indemnisation des préjudices subis.

Dans le premier cas, la *restitutio in integrum*, du préjudice matériel subi par le Koweït ne posait pas de problèmes majeurs dans la mesure où elle s'analysait à l'effacement de toutes les conséquences des actes illicites résultant des pillages des biens Koweïtiens par les forces d'occupation. Ainsi le 5 août 1991 l'Irak allait restituer par le biais de l'ONU de l'or et de l'argent au Koweït. Le transfert qui s'était effectué à la frontière saoudienne portait sur 3216 lingots d'or, des billets de banque et des pièces de monnaie. Un mois plus tard, le 10 septembre 1991 des objets de valeur qui avaient été dérobés au musée national et à la bibliothèque du Koweït ont été rendus aux autorités koweïtiennes, notamment plus de 120.000 ouvrages et manuscrits.[22]

Le second cas soulevait des difficultés particulières dans la mesure où l'indemnisation concernait d'après le paragraphe 16 de la Résolution 687, la réparation de tous les dommages subis non seulement par le Koweït mais aussi les autres Etats de même que les personnes physiques et les sociétés étrangères si ceux-ci découlent de l'invasion et de l'annexion du Koweït.

Aussi, pour rendre exécutoire cette disposition, un fonds de compensation géré par la commission a été créé par le Conseil de Sécurité, qui en avait fait d'ailleurs une des conditions du cessez-le-feu dans le Golfe. Pour faire face aux demandes de remboursement des dommages résultant des pertes directes y compris dans le domaine écologique et de

---

(20) Ibid. p. 47.
(21) V. JDI, 1977, p. 350.
(22) V. Chronique ONU, décembre 1991, p. 22.

l'épuisement des ressources naturelles, le montant des réparations déterminé par le Conseil sur proposition du Secrétaire Général et dont l'Irak devait s'acquitter a été fixé à 30 % de valeur annuelle de ses exportations de pétrole et de produits pétroliers.

Il faut noter que le Conseil n'a pas retenu la suggestion Irakienne d'obtenir un délai de 5 ans durant lequel aucun montant ne devait être prélevé sur ses revenus pour lui permettre de faire face aux besoins urgents de reconstruction.

En dépit de ces mesures contraignantes il n'est pas possible d'assimiler la nature des indemnités à une « indemnité punitive », inconnue en droit international, comme le reconnaît l'arbitrage du 30 juin relatif à *l'affaire de la responsabilité de l'Allemagne dans les colonies portugaises du Sud de l'Afrique.* (23)

Tels sont, présentés de manière succincte, les principes et les règles internationales relatives à la répression des crimes de guerre et des autres violations graves du droit international humanitaire et qui devraient être portés aussi bien à la connaissance des leaders politiques que de l'ensemble de la population afin que chacun puisse connaître non seulement ses droits et ses devoirs, mais aussi et surtout, les conditions dans lesquelles sa responsabilité pourrait être engagée un jour s'il commet, ou ordonne de commettre, une des infractions graves évoquées dans la présente étude.

---

(23) V. RSA, Vol. II, p. 1077, v, aussi sentence arbitrale du premier novembre 1923, *affaire du Lusitania*, RSA vol. VII p. 34. Dans l'*affaire de la responsabilité de l'Allemagne*, l'arbitre considère « l'indemnité punitive » comme n'étant pas « la réparation d'un préjudice matériel ni même moral, mais bien d'une sanction, d'une peine infligée à l'Etat coupable et inspirée, comme les peines en général, par les idées de réprobation, d'avertissement et d'intimidation »

LE TRIBUNAL PENAL INTERNATIONAL POUR LE RWANDA : ROLE DE LA COUR DANS LA REALITE AFRICAINE*

Devant les atrocités commises au Rwanda entre avril et juillet 1994 [1], la Communauté internationale s'est engagée à faire respecter le droit international humanitaire et à juger les responsables des infractions à ce droit. C'est ainsi que le Conseil de sécurité des Nations Unies, par sa résolution 955 du 8 novembre 1994, a créé le Tribunal pénal international, chargé de juger à la fois les personnes présumées responsables d'actes de génocide ou d'autres violations graves du droit international humanitaire commis sur le territoire du Rwanda, et les citoyens rwandais présumés responsables de tels actes ou violations commis sur le territoire d'Etats voisins [2].

Le Conseil de sécurité a ainsi créé un précédent particulièrement significatif, puisqu'il est « le tout premier cas d'un organe judiciaire international ayant compétence en matière de violations du droit international humanitaire dans le cadre d'un conflit interne » [3]. Mais, s'agissant d'un

(*) Paru dans la *Revue Internationale de la Croix-Rouge*, Novembre – Décembre 1997, n° 828, pp. 731-740.

(1) Pour une analyse plus détaillée des événements survenus au Rwanda en 1994, voir A. GUICHAOUA, *Les crises politiques au Burundi et au Rwanda (1993/1994)*, Université des Sciences et Technologie, Lille, 1995, pp. 523-531 ; Y. TERNON, *L'Etat criminel* – Les génocides au XXe Siècle, Editions le Seuil, Paris, 1995.

(2) Voir le texte de la résolution dans la *Revue Générale de Droit International Public*, vol. 98, 1994, p. 1066.

(3) Voir communication du président Laïty KAMA, « Le Tribunal pénal international pour le Rwanda et la répression des crimes de guerre », *Les Nations Unies et le droit international humanitaire*, Actes du Colloque international à l'occasion du cinquantième anniversaire de l'ONU, Editions Pedone, Paris, 1996, pp. 249-258.

organe judiciaire institué par un organe essentiellement politique dans un contexte international en pleine mutation, il convient de s'interroger sur les considérations politico-juridiques qui ont entouré la création et la mise en place du Tribunal, et qui ont ensuite déterminé l'attitude des Etats et leur méfiance ou leur soutien, selon le cas.

Comment les Etats africains perçoivent-ils le Tribunal pénal international pour le Rwanda (TPIR) ? Quelles sont les considérations politico-juridiques sur lesquelles se fonde la position de ces Etats face à cet organe judiciaire ? Et quel rôle potentiel peut-il jouer dans la réalité africaine, notamment dans le domaine de la promotion du droit humanitaire ? Autant de questions auxquelles nous tenterons d'apporter quelques éléments de réponse dans le cadre de la présente étude.

Considérations politico-juridiques

Comme on le sait, l'attitude des Etats africains a évolué de manière positive, passant d'une absence de coopération avec le Tribunal au début de ses activités à un soutien actif depuis le dernier Sommet de l'OUA, tenu à Harare du 2 au 4 juin 1997. Cette méfiance originelle [(4)] s'explique en partie par le fait que les positions des Etats africains et de nombreux pays du tiers-monde sur la procédure de création du TPIR, sur la compétence du Conseil de sécurité dans ce domaine et, plus généralement, sur le fondement juridique de la création du Tribunal n'ont pas été prises en considération par les membres du Conseil au moment de l'élaboration et de l'adoption de la résolution 955.

La position des Etats africains sur le processus de création du TPIR

Les différentes discussions qui ont précédé, au sein des Nations Unies, la création du TPIR ont porté essentiellement sur la compétence du Conseil de Sécurité pour créer un tel organe.

Les opinions divergentes portaient sur les questions suivantes : le choix de la méthode institutionnelle contrairement à la méthode conventionnelle préconisée par de nombreux Etats africains et du tiers-

(4) Le manque évident de coopération, voire même la suspicion de certains Etats africains vis-à-vis du TPIR, a été relevé dans les correspondances adressées au Secrétaire Général de l'OUA par le président du Tribunal, Laïty KAMA, afin qu'il puisse intervenir auprès des chefs d'Etat africains pour les amener à coopérer, notamment en arrêtant et en extradant les criminels présumés, ainsi qu'en prenant les dispositions nécessaires pour leur incarcération dans les prisons des pays africains. Voir rapport du Secrétaire Général à la 64e session ordinaire du Conseil des Ministres, OUA, Yaoundé, 1996.

monde ; la création du TPIR par le Conseil de sécurité, et non par l'Assemblée Générale, contrairement à la préférence de ces Etats ; enfin, le fondement de la compétence de créer le TPIR dans le chapitre VII de la Charte, et non dans le chapitre VI comme l'exigeaient certains pays.

La préférence de l'Afrique pour la méthode conventionnelle

A l'analyse des déclarations des délégués des pays africains à l'Assemblée Générale, dans la première quinzaine du mois d'octobre 1994, il apparaît clairement que le groupe africain aurait préféré que le TPIR fût créé par la voie conventionnelle et non par la voie institutionnelle.

Comme on le sait, l'approche conventionnelle (ou traditionnelle) consiste à créer la juridiction ad hoc par traité. Elle est considérée par la doctrine comme la voie normale(5). A l'appui de ce principe, de nombreux internationalistes avancent deux arguments tirés, le premier, de la souveraineté des Etats, surtout en matière de répression pénale, et le second, du précédent de l'Accord de Londres du 8 août 1945(6).

De nombreux représentants d'Afrique avaient insisté dans les débats à l'Assemblée Générale sur le fait qu'on ne peut pas créer un organe de type judiciaire sur la base d'une résolution d'un organe aussi politique que le Conseil de sécurité, et que le traité était donc la voie la plus indiquée. Le Conseil a cependant rejeté la méthode conventionnelle au profit de l'approche institutionnelle, pour des raisons de célérité et d'opportunité politique(7). En effet, il était impératif de créer rapidement cette juridiction pour faire cesser le plus tôt possible les génocides et les violations graves du droit international humanitaire. Et non seulement l'adoption d'un traité suppose la convocation d'une conférence diplomatique longue et coûteuse, mais rien n'indique que le traité conclu aurait réuni, dans les délais assez brefs, le nombre de ratifications indispensables à son entrée en vigueur.

Le deuxième argument des délégués africains, rejoignant en cela la position du groupe des non-alignés sur la question de la réforme de

(5) R. DEGNI-SEGUI, *La création du Tribunal pénal international* – Historique et enjeux, Déclaration au Séminaire OUA/CICR sur le TPIR et la mise en œuvre du droit international humanitaire, Addis-Abeba, 1997 (non publié).

(6) Cet accord signé par la France, les Etats-Unis, le Royaume-Uni et l'Union Soviétique, a créé le Tribunal de Nuremberg, chargé de juger les grands criminels nazis.

(7) Mutoy MUBIALA, « Le Tribunal international pour le Rwanda », *Revue Générale de Droit International Public*, vol. 99, 1995, p. 940.

l'ONU, consiste à souligner l'universalité du TPIR. Celle-ci aurait été mieux garantie par un acte fondateur émanant de l'Assemblée Générale de l'ONU (organe principal à composition universelle) que par une résolution d'un organe à composition limitée tel que le Conseil de sécurité ; de surcroît, ce dernier comporte des membres disposant d'un droit de veto.

Le débat sur le rôle du Conseil de Sécurité

Même en concédant que des juridictions ad hoc puissent être créées par l'ONU, les Etats du tiers-monde souhaitaient conférer une base démocratique à la décision de création et faire en sorte que ces tribunaux incarnent davantage la communauté internationale dans son ensemble [8]. Il leur semblait donc normal que le TPIR, tout comme le Tribunal pour l'ex-Yougoslavie, puisse être créé par l'Assemblée Générale de l'ONU. Le Conseil de sécurité n'aurait donc eu qu'un rôle secondaire dans toute cette question de répression pénale internationale du génocide et des crimes de guerre.

Cette thèse a été également écartée non seulement pour des raisons de célérité, mais aussi parce que l'article 24 de la Charte investit le Conseil de sécurité de la responsabilité principale en matière de maintien de la paix et de la sécurité internationales.

Il convient toutefois de relever que la question la plus discutée dans le cadre des consultations informelles à l'ONU avait été celle du fondement juridique de la décision du Conseil.

Le fondement de la compétence du Conseil sur le chapitre VII

Comme on le sait, la création du TPIR repose sur le chapitre VII de la Charte. C'est la solution retenue par le Conseil de sécurité qui, dans sa résolution n° 955 (1994), s'est fondé sur deux dispositions pertinentes de la Charte, les articles 39 et 41. Le premier lui a permis de constater que le génocide au Rwanda constituait « une menace à la paix et la sécurité internationales », et le second de créer le TPIR « chargé uniquement de juger les personnes présumées responsables d'actes de génocide (...) ».

Cette décision est contraire à la position de nombreux Etats du tiers-monde en général et de l'Afrique en particulier, qui avaient estimé que la décision de créer une juridiction pénale ad hoc ne devrait pas relever

---

(8) R. DEGNI-SEGUI, op. cit. (note 5), p. 15.

du champ de mesures coercitives, mais plutôt du Chapitre VI de la Charte, sur le règlement pacifique des différends [9].

Malgré le rejet par le Conseil de sécurité, au moment de la création du TPIR, des thèses avancées par de nombreux pays africains, ces derniers ont fini par apporter une coopération remarquable à cet organe judiciaire, en raison des garanties qu'il offre et de la nécessité de lutter contre l'impunité sur le continent.

Le soutien apporté au TPIR par l'OUA et par les Etats africains

Deux ans après sa création, le TPIR bénéficie aujourd'hui du soutien de l'Organisation de l'Unité Africaine (OUA) et de ses Etats membres, notamment depuis le Sommet tenu à Harare (Zimbabwe), en juin 1997.

Les garanties offertes par le TPIR

Les garanties qu'offrent aussi bien le TPIR que le Tribunal pour l'ex-Yougoslavie, et qui ont amené l'Afrique à appuyer le TPIR et à coopérer avec lui résident à la fois dans l'indépendance et les compétences reconnues à cet organe.

a) Indépendance du TPIR

Cette indépendance est garantie par le statut du Tribunal. Mais le point le plus important, pour de nombreux Etats du tiers-monde, c'est l'élection des juges par l'Assemblée Générale, sur la base d'une liste restreinte de candidats sélectionnés par le Conseil de sécurité. Cette élection des juges par un organe plénier de l'ONU traduit la volonté d'universalisation de l'action entreprise par l'Organisation.

b) Compétences du TPIR

Les compétences du TPIR le rapprochent certes des juridictions d'après-guerre, mais dans certains cas, elles vont même au-delà de celles-ci. A titre d'exemple, on pourrait relever, entre autres, la compétence ratione personae. Dans le cas du TPIR, elle vise non seulement tous les criminels en principe, mais elle demeure prioritaire dans sa concurrence avec celle des juridictions nationales.

La compétence ratione temporis n'est pas liée à un fait précis, tel que, en l'occurrence, la mort accidentelle des présidents du Rwanda et du Burundi, le 6 avril 1994, qui aurait pu être considérée comme l'évé-

---

(9) A ce sujet, voir C. TOMUSCHAT, « A system of international criminal prosecution is taking shape », *Review of the international Commission of Jurists*, n° 50, 1993, p. 60.

nement qui a déclenché la guerre civile et son cortège d'actes de génocide[10]. Cette compétence est plus large, puisque le TPIR est appelé à connaître des violations commises entre le 1er janvier 1994 et le 31 décembre 1994, et non des seuls crimes commis à compter du 6 avril 1994[11]. La compétence ratione loci n'est pas moins importante : le Tribunal est compétent pour connaître non seulement des violations graves du droit international humanitaire perpétrées entre le 1er janvier et le 31 décembre 1994 sur le territoire rwandais, mais également, sur celui des Etats voisins.

Ces garanties offertes par le TPIR ont donc amené l'OUA, à l'initiative de son Secrétaire général, à examiner la question de la coopération entre les Etats africains et le Tribunal, et à lui apporter son soutien politique et moral.

Le soutien de l'OUA au TPIR

Suite à la demande du président du TPIR exprimée au séminaire sur le Tribunal pénal international et la mise en œuvre du droit international humanitaire, organisé conjointement par l'OUA et le CICR, le Secrétaire général de l'OUA a recommandé aux chefs d'Etat africains, dans son rapport du 25 mai 1997, de débattre des difficultés rencontrées par le TPIR dans l'accomplissement de son mandat et de lui apporter toute la coopération requise[12].

Pour la première fois, dans son histoire, l'OUA a évoqué la question de la répression pénale des crimes de guerre et des graves violations du droit international humanitaire, dans le cadre des conflits internes en Afrique. Les chefs d'Etat se sont engagés à coopérer avec le TPIR, notamment en ce qui concerne l'arrestation des présumés coupables et leur extradition vers le Tribunal. Un appel a été lancé au Secrétaire général de l'ONU pour un soutien financier et matériel accru au TPIR. Enfin, le Secrétaire général de l'OUA a été invité, dans le cadre de l'accord de coopération OUA/CICR[13], à poursuivre ses efforts de diffusion et d'imposition du respect du droit international humanitaire, surtout au sein des communautés locales.

---

(10) Mutoy MUBIALA, *op. cit.* (note 7), p. 948.

(11) Rapport du Secrétaire Général au Conseil de Sécurité, S/1995/134 du 13 janvier 1995.

(12) Note introductive au rapport du Secrétaire Général de l'OUA à la 33e session ordinaire de la Conférence des Chefs d'Etat et de gouvernement et à la 66e session ordinaire du Conseil des Ministres, Harare, Zimbabwe, 26 mai au 4 juin 1997, p. 56.

(13) Accord de coopération entre l'OUA et le CICR du 4 mai 1992 – texte non publié.

Ce soutien politique éloquent s'est traduit depuis lors par la décision de certains Etats (Cameroun, Gabon, Kenya), de transférer à Arusha les criminels poursuivis par le Tribunal. La coopération entre le Tribunal et les Etats africains se développera au fil des mois, compte tenu du rôle potentiel que celui-ci est appelé à jouer dans la réalité africaine, notamment en ce qui concerne la diffusion et la mise en œuvre du droit international humanitaire.

Le rôle du TPIR dans la réalité africaine

Certes, le TPIR contribue déjà, depuis le début de ses audiences, à la mise en œuvre du droit international humanitaire. Mais, cet organe judiciaire est surtout appelé à jouer en Afrique un rôle important dans la diffusion et la promotion du droit humanitaire, dans la lutte contre l'impunité, le renforcement de la réconciliation nationale et le respect de la dignité humaine.

Contribution à la diffusion et à la mise en œuvre du droit humanitaire

Le démarrage des activités du Tribunal, en 1995, a lancé un profond débat au sein des universités et des leaders politiques africains sur le droit humanitaire. Jamais comme ces dernières années autant de colloques n'ont été organisés en Afrique sur les sources de ce droit, sur les règles applicables par le TPIR, sur les relations entre les Etats et le TPIR, et sur le contenu des Conventions de Genève de 1949 et de ses Protocoles additionnels de 1977.

Au Cameroun et au Kenya, des tribunaux nationaux ont eu à se prononcer sur la question des Rwandais réfugiés dans ces pays et ont décidé dans certains cas, comme au Cameroun, que ces suspects devraient être extradés vers le TPIR. Il convient en effet de relever que c'est la première fois que le « système des graves violations » prévu par les Conventions a été appliqué par les tribunaux nationaux de ces pays, et que la responsabilité pénale a été engagée pour les conflits internes.

Par ailleurs, les débats du dernier Sommet de l'OUA et les questions posées lors des divers séminaires nationaux sur la mise en œuvre du droit international humanitaire (organisés en Afrique depuis 1996 par les Services consultatifs du CICR[14] démontrent clairement que les

(14) Des séminaires nationaux sur la mise en œuvre du droit international humanitaire ont eu lieu en 1996 dans les pays suivants : Côte d'Ivoire, Togo, Ethiopie, Sénégal (également en 1997), Nigéria ; et en 1997 : Mozambique et Bénin.

leaders politiques africains, les officiers, les fonctionnaires et même la société civile, veulent s'informer davantage sur ce sujet. Citons notamment, parmi ces notions, les crimes de guerre, le génocide, les graves violations du droit de Genève, le fondement de la responsabilité personnelle des auteurs de ces actes, la coopération à instaurer entre leurs pays et le TPIR, etc.

Cette prise de conscience constitue, à n'en point douter, un point de départ significatif pour la révision des législations pénales nationales des Etats africains. Cela devrait permettre d'assurer la répression pénale nationale, qui est un complément indispensable aux efforts de la Communauté internationale pour garantir la répression internationale des crimes de guerre et des graves violations du droit international humanitaire.

Déjà, certains pays africains ont approché le CICR au sujet de l'harmonisation de leur code pénal avec les exigences des Conventions de Genève. Certains Etats, tels le Bénin, le Mali, le Niger et le Burkina Faso, ont sollicité l'assistance du CICR – et notamment de ses Services consultatifs – pour la révision de leur législation pénale civile et militaire. C'est dire que l'existence du TPIR et le lancement de ses activités contribuent à la réflexion menée en Afrique sur le droit humanitaire, ainsi qu'à sa diffusion et à sa promotion.

A propos de la contribution du TPIR à la diffusion, il convient également de relever les appels lancés par les organes dirigeants de l'OUA en vue de l'application et du respect du droit international humanitaire. En effet, le Sommet d'Harare, le Conseil des ministres et l'Organe central du mécanisme de l'OUA pour la prévention, la gestion et le règlement des conflits ont maintes fois appelé les Etats africains à :

- ratifier les traités internationaux de droit international humanitaire, notamment les Conventions de Genève de 1949, les Protocoles additionnels de 1977, ainsi que la Convention sur certaines armes classiques de 1980[15] ;
- respecter ce droit et assurer sa mise en œuvre par l'adoption de mesures nationales appropriées ;
- assurer la sécurité du personnel humanitaire ;
- réprimer les violations du droit international humanitaire ;
- coopérer avec le TPIR et à lui apporter toute l'assistance requise.

(15) Convention sur l'interdiction ou la limitation de l'emploi de certaines armes classiques qui peuvent être considérées comme produisant des effets traumatiques excessifs ou comme frappant sans discrimination, du 10 octobre 1980.

Le rôle potentiel du TPIR dans la lutte contre l'impunité

Par les jugements qu'il sera appelé à prononcer sur les cas qui lui sont soumis, le TPIR contribuera à faire reculer l'impunité en Afrique, car les peines prononcées démontreront aux responsables politiques et militaires et aux chefs de guerre qu'ils peuvent un jour être recherchés, jugés et punis pour les violations du droit international humanitaire qu'ils auraient commises dans le cadre d'un conflit interne.

Comme l'avait fait remarquer le Tribunal pour l'ex-Yougoslavie dans ses observations adressées au Comité ad hoc de la Commission du droit international pour la création d'une cour criminelle internationale, « la création par le Conseil de sécurité de tribunaux ad'hoc, comme ceux créés pour l'ex-Yougoslavie et pour le Rwanda, représente un progrès considérable dans la lutte contre les violations des droits de l'homme et répond à la préoccupation fondamentale de voir la justice internationale contribuer à l'instauration d'une paix réelle et durable dans les pays déchirés par des conflits armés et où la dignité même est bafouée sur une grande échelle » (16).

Au Rwanda comme dans les autres pays victimes de conflits armés, la reconstruction nationale, son rétablissement social et économique ne peuvent passer que par une réconciliation entre groupes ethniques, fondée sur une justice impartiale et neutre. En effet, tant que la justice n'est pas rendue, la haine ethnique peut se perpétuer. Et dans un tel contexte, le sentiment d'impunité justifie la multiplication des crimes. En punissant les coupables des atrocités perpétrées au Rwanda en 1994, le TPIR contribuera certainement à faire reculer l'impunité et à faciliter la réconciliation nationale.

Le rôle potentiel dans le développement du droit humanitaire

Certes, le TPIR n'a pas pour mandat de procéder au développement du droit international humanitaire. Mais il convient toutefois de souligner que, comme tout organe à caractère judiciaire, il sera appelé, dans le cadre de ses activités, à clarifier les règles de droit applicables, à préciser les normes coutumières relatives aux conflits armés non internationaux, à apprécier les actes des criminels au regard des dispositions pertinentes des Conventions et du Protocole additionnel II, entre autres. Ce qui contribuera, sans doute, à la réaffirmation du droit humanitaire, à la clarification et à la détermination de la portée et du contenu des normes de ce droit et, dans certains cas, à son développement progressif.

---

(16) cité par Mutoy MUBIALA, *op. cit.* (note 7), p. 938.

CONCLUSION

La création du Tribunal pénal international pour le Rwanda symbolise le refus de l'impunité. Elle traduit également l'engagement de la communauté internationale à faire respecter le droit international humanitaire et à juger les responsables des graves violations de celui-ci.

Il est intéressant de noter qu'en dépit des controverses politico-juridiques qui ont animé les débats à l'ONU au moment de la création de ce Tribunal ad hoc, les Etats africains lui accordent aujourd'hui un large soutien.

Afin que le Tribunal puisse jouer le rôle important qui lui revient dans la promotion de la réconciliation nationale au Rwanda et dans la lutte contre l'impunité, aussi bien dans ce pays que dans le reste de l'Afrique, il importe que la communauté internationale puisse lui apporter les moyens humains et matériels requis pour le bon accomplissement de sa mission.

LE DROIT HUMANITAIRE AFRICAIN : SOURCES, CONTENU ET PORTÉE*

INTRODUCTION

Il est admis aujourd'hui que le droit suit les faits plus qu'il ne les précède. C'est pourquoi l'histoire tient une place si importante dans l'étude des disciplines juridiques. En effet, pour saisir les relations de l'Africain au droit en général et au DIH en particulier, il importe d'analyser l'évolution de la pensée et des traditions africaines au cours des âges et de rechercher les principes juridiques qui étaient en vigueur dans ces sociétés de culture orale.

Comme le relève à juste titre Jean PICTET, « le droit humanitaire a des racines plus profondes que l'ont cru longtemps des auteurs européens aux vues étroites, qui en plaçaient la naissance à la fin du moyen âge. En réalité, les lois de la guerre sont aussi anciennes que la guerre elle-même et la guerre aussi ancienne que la vie sur terre ».(1) En Afrique comme sur d'autres continents, « un droit de la guerre » était connu et appliqué dans les conflits armés entre tribus et royaumes, compte tenu notamment des coutumes, du niveau de développement, des moyens de combats et de la mentalité propre à chaque peuple.

Certes, parler d'un droit humanitaire africain, ou plus exactement des normes et coutumes africaines applicables lors des conflits armés, c'est postuler de l'existence, sur un plan plus général, d'un droit

---

(*) Paru dans la *Revue Africaine de Droit International et Comparé*, Tome 12, n°1, mars 2000, pp. 1-22.

(1) J. PICTET, *Développement et principes du droit international humanitaire*, Institut Henry-Durant et éd. A. Pedone, Paris, 1983, p. 12.

international africain qui en fait est une approche régionale de la science juridique universelle.[2]

Il convient toutefois de préciser que la question de l'existence d'un droit international africain, de la spécificité de son contenu, de ses techniques d'élaboration, de son évolution historique et de son effectivité a déjà été abondamment étudiée, documentée et réglée par la doctrine.[3]

Le droit humanitaire trouve donc sa place dans ce droit international africain dans la mesure où les principes humanitaires étaient connus et respectés dans les traditions africaines, d'autant plus que l'idée de sacralité de la personne humaine a toujours prévalu dans toutes les sociétés précapitalistes marquées par la prévalence des traditions communautaires.[4]

L'examen du droit humanitaire africain nous amènera tout d'abord à en rechercher les sources et à en préciser le contenu au regard notamment des règles actuelles du Droit international humanitaire (I). Puis, nous analyserons les modalités de sa mise en oeuvre et les sanctions qui étaient prévues en cas de violation de ce droit (II).

I. – SOURCES ET CONTENU DU DROIT HUMANITAIRE AFRICAIN

Le droit humanitaire africain a été élaboré dans un contexte culturel et social bien précis, car le droit découle toujours du rapport de force dans une société à un moment donné de son évolution historique. Avant de procéder à l'examen des sources et du contenu de ce droit, il importe tout d'abord de préciser le contexte culturel dans lequel ont été formulés les principes humanitaires africains.

---

(2) DJIENA WEMBOU (MC), Histoire, évolution du DIH et traditions africaines, Communication au 2e séminaire OUA/CICR à l'intention des Ambassadeurs accrédités auprès de l'OUA, Addis-Abéba, 2 mai 1996. Voir Documentation du CICR, Mission auprès de l'OUA, 1996 p. 12.

(3) Voir GONIDEC (PF), *Les droits africains*, LGDJ, 2e édition, Paris, 1976 ; KAMTO (M), *Pouvoir et droit en Afrique noire*, LGDJ, Paris, 1987 ; Kéba MBAYE, *Les droits de l'homme en Afrique*, Pedone, Paris, 1992 ; BOUTROS-GHALI (B), *L'Organisation de l'Unité Africaine*, Armand Colin, Paris, 1969 ; DJIENA WEMBOU (MC), *L'OUA à l'aube du XXIe siècle bilan, diagnostic et perspectives*, LGDJ, Paris, 1995.

(4) Pour plus de détails, voir l'intervention du Professeur Maurice KAMTO au 2e séminaire OUA/ CICR à Addis Abéba, 2 mai 1996. Documentation de la Mission permanente du CICR auprès de l'OUA.

A. – Développement et sources du droit humanitaire africain

Pour comprendre les lois et les méthodes de guerre des peuples africains, il est nécessaire d'examiner le phénomène du pouvoir dans les chefferies et les royaumes qui ont coexisté sur le continent, de rechercher les conditions et les modalités de la guerre puis, d'analyser le système de formation et les modes de transmission des valeurs dans ces sociétés de tradition orale, d'autant plus que c'est dans ces procédés traditionnels de transmission orale des normes que se situent les sources du droit humanitaire africain.

1. – Guerre et paix dans les sociétés traditionnelles africaines

L'évolution des lois de la guerre en Afrique tient compte de l'évolution des armes et des techniques de combats ; les lois de la guerre ont connu un bouleversement spectaculaire avec l'introduction des armes à feu en Afrique au XVe siècle. Comment se présentaient les sociétés traditionnelles africaines qui constituent le cadre de notre étude ? Quelle était la définition de la guerre dans ces sociétés ?

a) Le contexte socio-politique africain

Les proverbes et les documents que nous avons pu consulter au CELHTO de Niamey[5] portent sur les royaumes et les chefferies[6] qui ont existé en Afrique avant la colonisation du continent. Par sociétés traditionnelles africaines, nous entendons les regroupements humains vivant sur un territoire donné et sous l'autorité d'un Chef, qui ont existé sur le continent africain avant la colonisation qui a détruit ces systèmes politiques qui, comme on le sait, étaient construits autour de chefferies plus ou moins vastes, et dans lesquelles le pouvoir et le droit étaient des institutions organisées.

Entre ces unités administratives et politiques indépendantes les unes des autres, existaient parfois des relations de bon voisinage fondées sur le mariage et sur les alliances politiques entre les rois. Mais il arrivait bien souvent que des conflits éclatent, et conduisent à la guerre. Il convient donc d'examiner à ce stade de notre étude les principales sources de conflit ainsi que les méthodes et les moyens qui étaient utilisés lors des combats.

---

(5) Le CELHTO est le bureau Régional de l'OUA basé à Niamey qui a pour mission de mener des recherches sur les traditions orales, l'histoire et les langues africaines.

(6) Les entités politiques étaient tantôt des royaumes, tantôt des chefferies, suivant la taille de la population, l'étendue du territoire couvert et les coutumes des peuples concernés.

b) La guerre dans l'Afrique ancienne

Dans l'Afrique traditionnelle, la guerre était déjà une institution organisée, avec déclaration de guerre, immunité des négociateurs, existence de zones d'asile et de trêves, traités de paix...

Comme l'avait déjà relevé Quincy WRIGHT dès 1942, « on peut trouver dans les méthodes de guerre des peuples primitifs l'illustration des divers genres de lois internationales de la guerre actuellement connues : lois qui distinguent plusieurs catégories d'ennemis ; règles définissant les circonstances, les formalités et le droit de commencer et de terminer une guerre ; règles prescrivant des limites, quant aux personnes, aux saisons, aux lieux ainsi qu'à la conduite de la guerre ; et même de règles qui mettent la guerre hors la loi ».[7]

D'après les diverses traditions étudiées[8], à l'exception notable des Banyoro de l'Ouganda et des Djerma du Niger, il existe un principe juridique fondamental commun à toute l'Afrique : on n'attaque pas à l'improviste. Déclencher une guerre à l'improviste était considéré comme une lâcheté.

Dans l'Afrique ancienne, la guerre était une institution différente du raid et de la razzia, qui correspondent plutôt au brigandage ou au règlement de comptes entre individus ou groupes d'individus organisés au sein d'un clan ou d'une tribu. Certes, la razzia et le raid n'étaient pas interdits, mais les traditions ancestrales n'avaient prévu ni un code de conduite pour de tels actes, ni même des règles portant sur le déclenchement ou la cessation de ces actes qui n'étaient donc pas considérés comme des actes de guerre.

Il convient de relever ici que les causes des conflits armés étaient politiques (volonté d'un roi d'étendre son royaume ou lutte pour le pouvoir à l'intérieur d'une même chefferie), ou religieuses. Les conflits armés pouvaient également surgir entre deux tribus à cause des différends liés

---

(7) Voir son ouvrage, *A Study of War*, 1942.

(8) Voir à ce sujet les excellentes études de Ndam NJOYA (A), *La conception africaine* in les dimensions internationales du droit humanitaire, Paris, Genève éd. A. Pedone UNESCO, 1986 ; DIALLO (Y), *Traditions africaines et droit humanitaire*, CICR, Genève, Première partie (1976) et Deuxième partie (1978) ; WODIE (V.F.), *L'Afrique et le droit humanitaire*, in RICR, n° 761, sept-oct 1986 ; MUTOY MUBIALA, *Les Etats africains et la promotion des principes humanitaires*, in RICR, mars-avril 1989, n° 776, pp. 97-116. Voir également les différentes publications du CELHTO et notamment Boubou HAMA, *l'essence du verbe*, CELHTO, Niamey, 1988 ; Boubacar HAMAR BEIDI, *La sagesse Pratique, proverbes en fufuldé*, Celhto, Niamey, 1991, et Dioulde LAYA *La Tradition orale*, CELHTO, Niamey, 1972.

à l'honneur (par exemple le rapt d'une jeune fille par les membres d'un royaume voisin), et au bétail (en raison de l'opposition traditionnelle entre éleveurs et agriculteurs). Enfin, de nombreuses guerres avaient aussi été menées en raison de la traite des esclaves, afin de capturer le « bétail humain » qui devait être ensuite échangé contre les marchandises fournies par les esclavagistes.

Dans tous les cas, la guerre ne pouvait être déclarée qu'à l'issue des négociations menées par des prêtres (royaume du Congo), des sages (Sénégal), des sorciers (RCA), des « sanaukou » (Mali),(9) des « laibon » (Kenya),(10) etc. La guerre était une institution organisée avec des règles bien précises régissant le déclenchement des combats, la conduite des hostilités, ainsi qu'un véritable code de conduite pour les combattants, basé sur l'honneur et la fidélité au clan.

Les moyens de combats utilisés à la guerre comprenaient les flèches, les machettes, les couteaux, les gourdins et, à partir du XVe siècle, les fusils donnés ou vendus aux divers rois et chefs traditionnels par les explorateurs, les marchands d'esclaves et enfin par les puissances colonisatrices.

Tel est, présenté de manière succincte, le contexte socio-politique et culturel dans lequel les principes humanitaires ont été formulés et mis en oeuvre. Il convient à présent de rechercher dans la tradition orale africaine, les sources de ces normes humanitaires africaines.

2. – Le proverbe source du droit humanitaire africain

Les proverbes sont la partie la plus typique de la tradition orale africaine. Qu'ils soient chantés ou dits, leur forme est toujours rythmée et métaphorique. Ces proverbes utilisés par les anciens et les sages pour véhiculer la sagesse ancestrale, traitent essentiellement des principes de l'organisation sociale et politique, des relations sociales entre les personnes et des diverses activités économiques et sociales (la chasse, l'agriculture, l'élevage, etc.).

Il s'en suit donc que dans l'Afrique ancienne, les proverbes jouaient un double rôle : le proverbe avait une fonction didactique, en ce sens qu'il était un moyen essentiel de transmission de savoirs et d'expériences

---

(9) Comme l'explique Yolande DIALLO, la Sanoukiya est une alliance sacrée pouvant lier deux individus, deux familles ou deux peuples de manière à ce qu'ils ne se fassent jamais la guerre. Y. DIALLO, étude citée, Tome 1, p. 5.

(10) Chez les Massaï du Kenya, un « Laibon » est un féticheur qui connait les dieux de la guerre.

dans des sociétés de tradition orale ; le proverbe avait aussi un rôle juridique : depuis toujours, les palabres et les conflits ont été réglés dans ces sociétés coutumières par des proverbes « juridiques » ou proverbes comportant des principes relatifs au règlement des différends et à la justice.[11]

Comme le relève François SUZZONI dans le dictionnaire des proverbes et dictons (Paris 1994), le proverbe est un énoncé fini, une phrase complète dont le contenu résiste et garde une efficacité propre et intentionnelle. Il énonce, sous forme de citation non référencée, un jugement, une observation ou une argumentation.[12]

Dans les sociétés traditionnelles et préindustrielles dont certaines ne connaissaient pas l'écriture, le proverbe s'était révélé comme un mode utile d'instruction, dans la mesure où il permettait de véhiculer, de manière prescriptive et répétitive, une vision du monde dans laquelle l'expérience humaine y est jugée assez stable, assez définitive pour être mise en formules susceptibles de fixer les comportements individuels dans la société, aussi bien en temps de paix que lors des conflits armés.

Il est donc impossible de parler du proverbe sans le situer dans son contexte culturel et historique. Par ailleurs, le proverbe ne saurait être défini comme s'il s'agit d'un objet inerte, conservé dans des archives ou comme un insecte disséqué dans un laboratoire. Le proverbe relève du verbe ; il est vivant et sa vitalité dans le monde rural africain et dans le monde islamique témoigne de la vitalité des langues arabes et africaines, qui ont toujours su former de nouvelles locutions pour dire avec économie, « les peines et les joies, les petitesses et les espoirs de la condition d'animal humain ».[13]

Dans le cadre de la présente étude, nous avons utilisé six mille cinq cents proverbes traduits venant de plus de 69 langues africaines, dont l'essentiel a été mis à notre disposition par le CELHTO de Niamey.[14] Nous nous sommes largement inspiré des travaux de recherche, de classification et explication de proverbes portant sur des langues

---

(11) Il existe de nombreux recueils sur la sagesse africaine, publiés par des missionnaires, des ethnologues et des linguistes. La bibliographie des proverbes d'Afrique est fort longue. L'on pourrait consulter, en plus des publications du CELHTO, les ouvrages ci-après : MONTREYNAUD Pierron et SUZZONI, *Dictionnaire des proverbes et dictons*, Dictionnaire Robert, Paris, 1994 ; GRENN BERG (J.H.), *Languages of Africa*, la Haye, 1966.

(12) Voir Dictionnaire des Proverbes et des Dictons, op. cit., p. 3.

(13) Ibid., p. XIII.

(14) Voir en Annexe la liste des travaux du CELHTO et la liste des ouvrages contenant ces proverbes dits ou chantés.

d'Afrique Centrale (banen, bamiléké, béti, kongo, sango, peul), d'Afrique de l'Ouest (wolof, yorouba, malinké, ashanti, baoulé, bambara, peul, mossi), d'Afrique Australe et Orientale (Kikuyu, Kundu, zoulou, swahili, ovambo)[15] de manière à couvrir la quasi totalité des diverses traditions ancestrales africaines et à puiser ainsi à la source de tous les dictons et proverbes africains, afin de dégager les principes juridiques communs à l'ensemble des peuples du continent.

Dans ce travail de recherche de proverbes judiciaires et d'identification des principes juridiques qu'ils expriment, nous avons eu à coeur la variété dans le choix, la nécessité d'assurer la représentation de toutes les régions du continent africain, la rigueur dans la traduction et l'exhaustivité des références bibliographiques.

Evidemment, comme le souligne Florence MONTREYNAUD,[16] l'on ne peut comprendre les proverbes sans connaître les circonstances, coutumes et modes de vie qui leur ont donné naissance. Le proverbe massaï résume bien cette vérité « l'écorce d'un arbre n'adhère pas au tronc d'un autre arbre », c'est-à-dire une tribu ne peut emprunter les coutumes ou les proverbes d'une autre. Tant qu'on n'a pas compris les manières de dire, la mentalité et les proverbes d'un peuple, on a beau vivre au milieu de ce peuple, on a beau en parler la langue, on reste un étranger.

C'est pourquoi l'un des objectifs de cette étude est de faire comprendre aux jeunes africains, qui ont tendance à oublier leur langue maternelle et au lecteur non africain, la spécificité des peuples africains par l'étude des proverbes qui véhiculent un ensemble de principes juridiques que nous allons tenter de présenter, de manière systématique et pour la première fois, dans les développements qui vont suivre.

Il importe en effet, que cette tradition juridique orale, en grand danger de se pervertir ou de se perdre, érodée qu'elle est par la modernité et la civilisation du livre, puisse désormais être conservée dans le registre de l'écrit, ce qui contribuerait ainsi, selon l'heureuse expression de Louis-Vincent THOMAS, « à sauver un morceau du précieux patrimoine de l'humanité »[17].

---

(15) L'on pourraît également se reporter au Dictionnaire des Proverbes et Dictions, et notamment le chapitre XXX consacré aux proverbes africains. Certains des proverbes étudiés ont été tirés de l'anthologie de Lilyan KESTELOOT, *littérature africaine, la Poésie Traditionnelle*, Nathan, Paris, 1971.

(16) Voir sa contribution dans le Dictionnaire des Proverbes et Dictions, *op. cit.*, p. 185.

(17) Voir la préface de l'ouvrage de André RYCKMANS et C. Mwelanzambi BAKWA, *Droit coutumier africain*, Proverbes judiciaires Congo, Centre Aéquatoria, Mbandaka, 1993.

Avant de procéder à l'étude des principes découlant des proverbes judiciaires africains, il convient ici de saluer le travail remarquable accompli par les ethnologues, les anthropologues, les historiens et les divers spécialistes de la littérature orale africaine, qui ont recueilli le matériel que nous avons utilisé pour notre travail, à savoir les proverbes judiciaires, et qui nous ont permis de saisir le contenu et le rôle du droit dans le contexte des sociétés traditionnelles africaines.

En raison de la place accordée au verbe dans ces sociétés, « le judiciaire n'est pas que procédure, il appartient à la sagesse populaire et vise tous les comportements même si l'acte de justice ou d'apaisement des tensions par la palabre ou le recours au maître de la parole reste prépondérant »(18).

Pour mieux comprendre ces proverbes judiciaires africains, il faudrait se rappeler que traditionnellement, dans les sociétés sans écriture, l'expression du droit reste populaire et s'exprime autrement que dans la doctrine, la jurisprudence ou la loi. Ici, le droit « est une solution possible, qui combinée à d'autres solutions également possibles finit, dans une subtile chimie dialectique à la pratique de laquelle tout le groupe participe, pour aboutir à la solution du conflit et au rétablissement de l'harmonie sociale »(19).

Dans pareil contexte, le mode privilégié d'expression du droit est lui aussi populaire, et les formulations du droit que reflètent les proverbes peuvent parfois être équivoques et contradictoires, l'essentiel étant la recherche de solutions équitables aux conflits et non des exercices exégétiques sur le sens des mots.

Le matériel déjà existant, dont RYCKMANS et BAKWA en ont fait une brillante analyse linguistique et anthropologique dans leur ouvrage consacré au droit coutumier africain, comporte des proverbes portant pratiquement sur tous les thèmes qui intéressaient les jugements coutumiers et la gestion des conflits armés.(20) Il ne restait donc plus au juriste qu'à apporter sa contribution à l'étude de la sagesse ancestrale africaine, en tentant de rechercher, de conceptualiser, de formuler et de

---

(18) RYCKMANS et BAKWA, *op. cit.*, p. 9.

(19) *Ibid.* p. 6.

(20) Ces thèmes couverts par les 6500 proverbes judiciaires étudiés sont les procédures et la plaidoirie, l'accusation, l'enquête, le témoignage et la preuve ; le droit de propriété et le vol ; la dette ; la succession et l'héritage ; la conduite des hostilités ; les délits, les coups et les blessures ; la guerre (déclaration et fin de la guerre) les querelles, l'envoûtement et la sorcellerie ; les obligations et les contrats; le recours à la force dans la société ; le mariage et le divorce ; l'impartialité du tribunal ; la responsabilité ; le respect des anciens, des chefs ; le respect des engagements solennels ; l'autorité des anciens et du chef de famille ; la médisance et la calomnie.

présenter de manière rigoureuse et synthétique, les principes juridiques exprimés par ces proverbes judiciaires soigneusement recueillis par divers spécialistes des sciences sociales.

C'est dans cette optique que se situe l'étude « juridique » des proverbes africains, à laquelle sera consacrée la deuxième partie de cette section.

B. – Les principes du droit humanitaire africain

Les proverbes de l'Afrique ancienne contiennent une multitude de règles qui énoncent les obligations d'ordre humanitaire à la charge des chefs traditionnels, des combattants et des citoyens. Mais au-dessus de ces règles particulières, il existe trois principes fondamentaux, qui constituent l'essence du droit humanitaire africain, Ces principes expriment la coutume des peuples africains. Ils constituent un corpus juridique qu'il importe à présent, de présenter dans des libellés simples, clairs et concis.

Il s'agit du principe du respect de la vie ou principe d'humanité, du principe de protection et du principe fondamental du droit de la guerre.

1. – Le principe du respect de la vie ou principe d'humanité

Le principe du respect de la vie ou principe d'humanité pourrait être formulé comme suit : « la personne humaine est sacrée ; l'on ne peut tuer un homme que lorsque de graves circonstances l'exigent. Dans tous les cas, les morts doivent être entourés de respect ».

La tradition africaine, à travers l'ensemble des proverbes étudiés, affirme que la vie n'a pas de prix. L'homme est perçu comme la manifestation du Très Haut et la réincarnation des ancêtres ou des esprits. La vie, qui est placée en l'être humain par Dieu, ne doit pas être détruite par les hommes, sauf lorsque de graves circonstances l'exigent, dans l'intérêt de la Communauté (mise à mort d'un roi trop cruel, légitime défense, résistance à une attaque armée).

De ce principe général découlent trois principes d'applications :

a) Il n'est pas interdit de faire la guerre ou de tuer des soldats ennemis

Le droit humanitaire africain tout comme le DIH d'ailleurs reconnaît que la guerre est une donnée permanente dans la vie des hommes. Son objectif n'est pas d'interdire la guerre notamment dans ces sociétés traditionnelles où la peine de mort était admise.

Le droit humanitaire africain a un but plus modeste : il rappelle que la vie n'a pas de prix, qu'elle est un don de Dieu, et que l'homme ne doit la détruire que s'il n'a pas d'autre choix à sa disposition ou s'il est tenu de le faire pour laver un affront, pour défendre sa famille ou son village, et pour soumettre d'autres royaumes.

En cas de guerre, l'on peut tuer, blesser ou capturer l'ennemi, car l'objectif recherché est de parvenir à la victoire. Mais le raisonnement retenu par les proverbes africains est différent sur le plan humanitaire : l'humanité exige que l'on préfère la blessure et la capture à la mort.

b) L'homme qui tombe au combat est inviolable et a droit à une sépulture ; l'ennemi qui se rend aura la vie sauve et sera soumis au pouvoir du vainqueur

Il s'agit d'un principe fondamental du droit humanitaire africain. Comme l'a démontré Yolande DIALLO dans son excellente étude des coutumes africaines relatives à la guerre,[21] la lutte devait toujours avoir lieu face à face. Puisque la guerre ne pouvait avoir lieu qu'après une déclaration de guerre en bonne et due forme, elle devait donc opposer uniquement des combattants entre eux. Dans ce contexte, il était admis que l'on ne peut tuer que le combattant qui lui-même est en mesure de tuer. Il était également admis que les morts devaient absolument être enterrés.

Certes, certains proverbes dans les zones forestières où se pratiquaient des sacrifices humains ignorent cette pratique de la clémence et réaffirment le droit du combattant de massacrer l'ennemi. L'étude de Y. DIALLO cite ces régions (Ghana, Bénin, Côte d'Ivoire) où, selon le proverbe Ashanti, « le poussin et ses intestins, le tout appartient à l'épervier », ce qui explique les nombreux massacres de populations qui ont toujours été observés dans le pays Ashanti.

Il convient toutefois de relever que divers autres proverbes pratiqués dans toute l'Afrique confirment le principe selon lequel « la lutte doit avoir lieu face à face : l'ennemi tombé au combat est inviolable et doit être enterré ».

L'obligation d'accorder une sépulture aux morts se comprend aisément dans la mesure où en Afrique, un grand respect est attaché a tout ce qui touche à la mort. De nombreuses ethnies pratiquant le culte des morts, elles étaient donc tenues de récupérer les combattants tués lors des conflits armés pour les ensevelir.

---

(21) DIALLO (Y), *op. cit.*, p. 13.

Les combattants capturés et ceux qui se rendent doivent être ramenés au village du vainqueur où ils sont réduits à l'état d'esclave, leurs femmes étant parfois données en mariage aux vainqueurs. Les populations des royaumes vaincus devenaient les sujets du roi vainqueur et leur territoire était incorporé au royaume qui augmentait ainsi son assise territoriale.

Ce principe d'application du principe d'humanité, défini par le droit humanitaire africain, se rapproche du principe d'inviolabilité qui est un principe commun au DIH et aux droits de l'homme.

D'après Jean PICTET, le principe d'inviolabilité signifie que « l'individu a droit au respect de sa vie de son intégrité physique et morale, et des attributs inséparables de la personnalité »(22). Ce postulat indiscutable duquel découle le principe d'application selon lequel l'homme qui tombe au combat est inviolable et aura la vie sauve, a été confirmé par le Protocole I, en ses articles 40 à 42.

Ce principe, qui constitue « la pierre angulaire des Conventions de Genève »(23), se retrouve aussi dans le droit humanitaire africain qui érige le respect de la vie au rang des normes impératives. Mais à la différence du droit de Genève, le droit humanitaire africain opère une discrimination entre les morts, car chaque camp n'est tenu que de recueillir et d'ensevelir ses propres morts. Et si le soldat qui se rend a la vie sauve, ce n'est pas pour être traité comme un prisonnier de guerre, mais comme un sujet mineur du royaume vainqueur, s'il s'agit de non combattants, ou comme un esclave, s'il s'agit de soldats.

La captivité de guerre, contrairement au principe de normalité établi par le DIH est infamante dans le droit humanitaire africain. Elle implique, au moins au début de la captivité, la *capitis diminutio*. Certes, les prisonniers peuvent, après un temps plus ou moins long, être autorisés à mener une vie aussi normale que possible, sous l'autorité directe ou indirecte des vainqueurs. Mais il n'existe aucune obligation de libérer des prisonniers de guerre dès la fin des hostilités actives comme c'est le cas en droit international humanitaire.

c) Le vaincu a droit au respect de ses coutumes et doit participer à la vie de la communauté

D'une manière générale, on n'exterminait pas les vaincus, à l'exception des pays du golfe du Bénin où les massacres de populations, les incendies de villages et la destruction totale du vaincu était la règle.(24)

---

(22) PICTET (J), *op. cit.*, p. 78.
(23) *Ibid.*
(24) DIALLO (Y), étude citée, p. 13.

D'après les nombreux proverbes étudiés, en Afrique de l'Ouest, le principe d'application du droit humanitaire africain était libellé ainsi qu'il suit : « tu ne tueras pas le captif, car il peut t'être utile », notamment pour les travaux des champs. L'humanitaire rejoint ici le sens pratique du vainqueur qui a besoin de bras pour l'agriculture. Par contre la règle dans l'Afrique des grands lacs et en Afrique Orientale était plutôt l'insertion directe des hommes capturés dans les familles dont ils devenaient des membres à part entière après quelques années.(25) Ceci constitue un réel progrès dans l'optique humanitaire, par rapport à l'Afrique sahélienne qui pratiquait l'esclavage.

Le principe d'application précise que le vaincu même s'il perd sa liberté, a droit au respect de ses coutumes. Chaque tribu avait ses propres coutumes, ses propres lieux et objets sacrés. Le vainqueur était donc tenu de respecter les objets sacrés du vaincu. De toutes les façons, les vainqueurs n'auraient jamais cherché à s'approprier les objets sacrés d'autres tribus, sous peine de s'attirer la malédiction et la foudre des esprits. Le captif avait le droit de continuer à pratiquer le culte de ses ancêtres et de ses morts.

Comme on le sait, les coutumes jouaient un rôle important dans les sociétés traditionnelles, car elles permettaient de consolider les mœurs ancestrales et d'assurer la continuation de la tribu. C'est dans ces coutumes que les peuples puisaient leur énergie créatrice, et l'on mesure le tort causé à l'Afrique par la colonisation qui a rompu ce lien important, déraciné des peuples entiers soumis de force à une colonisation stéréotypée.

L'on comprend aisément que le droit international humanitaire puisse faire place au droit de chacun au respect de ses coutumes, droit qui est reconnu même aux vaincus.

Cette préoccupation du droit humanitaire africain se trouve également dans les droits de l'homme et le droit de Genève, qui vont au-delà de la conception africaine en incluant dans le principe d'inviolabilité, non seulement le droit de chacun au respect de ses coutumes, mais également le droit de chacun au respect de son honneur, de ses droits familiaux et de ses convictions philosophiques, politiques ou religieuses. C'est ainsi que le Protocole I en son article 75, dispose que les Etats parties « respecteront la personne, l'honneur, les convictions et les pratiques religieuses ».

---

(25) Chez les Massaï du Kenya par exemple, la tradition prescrivait l'intégration du captif au sein des familles. Celui-ci, après un rite d'admission, devait recevoir un nouveau nom, du bétail, une épouse et après avoir appris les traditions du nouveau groupe, il était traité comme un membre à part entière de la tribu, avec tous les droits des Massaï y compris les droits successoraux. Voir Y. DIALLO, étude citée, Tome 2, p. 17.

Du principe d'humanité ou principe du respect de la vie procède le principe du droit de la guerre, qui s'énonce ainsi : la guerre est un art militaire et politique dont le but est de soumettre et non détruire les ennemis.

2. – Le principe du droit de la guerre

Du principe que nous avons énoncé découle trois règles principales régissant la conduite des hostilités: l'obligation de déclarer la guerre ; l'interdiction de mener les combats au sein des villages ; la distinction entre combattants et non combattants.

Tous les proverbes étudiés admettent que l'on peut tuer l'ennemi, que l'on doit le massacrer s'il résiste ; mais dès qu'il se soumet et accepte sa défaite, il faut arrêter les combats, car la guerre ne doit pas servir de buts à elle-même.

a) L'obligation de déclarer la guerre

Cette règle du droit africain des conflits armés est véhiculée dans de très nombreux proverbes africains, et se retrouve pratiquement chez toutes les tribus, du Nord au Sud, de l'Ouest à l'Est du continent.

La guerre est ici l'affaire de nobles, d'hommes courageux et non de lâches. Il s'agit d'une lutte face à face, de laquelle doit se dégager un vainqueur incontesté.

C'est en vertu de ce principe d'application que des hostilités ouvertes ne pouvaient être engagées qu'après l'échec des négociations et que les attaques à l'improviste étaient interdites. De même, les personnes chargées de conduire la négociation ou de porter la nouvelle de la guerre étaient inviolables conformément au principe exprimé par le proverbe Bamiléké : « on n'insulte pas l'envoyé, on ne frappe pas l'envoyé », car il n'est qu'un émissaire.[26]

L'obligation de déclarer la guerre est profondément ancrée et respectée dans le droit africain de la guerre. Elle constitue une des règles de base du droit humanitaire africain.

b) L'interdiction de mener la guerre au sein des villages

Ce principe découle directement du précédent.

Etant donné que la guerre est une « affaire d'hommes », qui « se mesurent ouvertement et avec dignité », elle doit se dérouler à l'extérieur

(26) BELLO (E), *African Customary Humanitarian Law*, Oyez Publishing, Limited, ICRC, Geneva, 1980, p. 1.

du village, dans des endroits connus d'avance, par exemple sur le lieu même d'un litige foncier entre deux royaumes ou dans une zone dégagée, permettant une lutte au corps à corps.

En principe, les femmes, les enfants et les vieillards devaient rester au village, sous la protection d'un groupe de combattants, tandis que les princes, les notables et les autres combattants allaient se battre pour défendre le royaume, pour soumettre les royaumes voisins, pour réparer une offense ou pour acquérir du bétail ou de nouvelles terres et agrandir le royaume.

L'interdiction de mener des combats au sein des villages n'est pas rattachée, dans les règles juridiques formulées par les proverbes africains, à la nécessité de protéger les personnes ne participant pas aux hostilités ou à celle d'épargner les biens et l'environnement, des conséquences des combats. Cette interdiction est plutôt liée à la nécessité d'organiser une lutte équitable entre deux armées, « entre hommes », parce que c'était un honneur de se battre pour son royaume, et la victoire devait être obtenue dans l'honneur et la dignité.

c) La distinction entre combattants et non-combattants

Le principe de distinction entre les combattants et le reste de la population constitue un principe fondamental du droit humanitaire africain qui reconnaît le statut de combattant, avec les privilèges et les devoirs qui y sont attachés.

– Le premier volet du principe a trait au statut de combattant

D'une manière générale les proverbes africains se rejoignent presque tous sur ce principe : combattre pour son roi est un honneur et c'est d'abord l'affaire des notables. Comme le dit le proverbe sango, « la poitrine de la femme allaite, celle du noble reçoit la flèche ».

C'est d'abord aux hommes, et entre eux aux plus importants, à savoir les notables que revient la charge de défendre le royaume, avec le concours des combattants plus ou moins organisés suivant le cas. Certaines tribus avaient des armées professionnelles, dont la plupart des soldats étaient parfois recrutés parmi les anciens esclaves libérés. Mais même dans ce cas, ce sont les princes qui étaient placés à la tête de ces combattants.

Le droit humanitaire africain établit une distinction claire et rigoureuse entre les combattants, et les personnes ne pouvant pas prendre part aux hostilités, à savoir les vieillards, les femmes et les enfants.[27] Ces personnes restaient généralement au village, et un groupe de combattants assurait leur protection, pendant que les combats se déroulaient à l'extérieur du village.

Comme on le voit, le principe de distinction entre combattants et non combattants remonte aux époques les plus reculées de l'histoire. La principale conséquence de ce principe apparaît au niveau de la protection accordée au non-combattants, et y compris les prisonniers de guerre. Certes, dans les guerres entre royaumes et chefferies en Afrique, il est arrivé à maintes reprises, que les belligérants fassent fi du principe de distinction et frappent de manière indiscriminatoire combattants et non combattants. Mais le principe ne perd pas pour autant sa raison d'être et sa validité.

Cette distinction entre combattants et non combattants est également reconnue et codifiée aussi bien en droit islamique [28] que dans les divers instruments du DIH et en particulier les conventions de Genève de 1906, 1929 et 1949 qui complètent et développent l'œuvre de codification engagée dans la seconde moitié du XIXe siècle avec le code Lieber, la convention de Genève de 1864, la déclaration de Bruxelles du 27 août 1874, le Manuel d'Oxford adopté le 9 septembre 1880 et enfin, la convention de la Haye de 1899.

On remarquera, bien que s'agissant de contextes différents, la similitude des conceptions africaines, islamiques et occidentales sur cette importante question.

– Le second volet du principe interdit l'emploi de certaines armes et de certaines méthodes de guerre jugées comme trop dangereuses et de nature à provoquer des souffrances inutiles.

En effet, la tradition juridique véhiculée par les divers proverbes africains que nous avons étudiés, interdisait l'emploi d'armes dangereuses entre adversaires apparentés. « On ne se tue pas entre frères », telle était la règle en vigueur.[29] Et lorsque les combats opposaient des tribus ou des chefferies non apparentées, tous les moyens de guerre n'étaient pas permis: il était interdit par exemple d'utiliser des flèches et des lances empoisonnées, de répandre du poison dans les puits ou les sources d'eau afin de faire périr les populations des villages ennemis car « le poison

(27) Le cas des amazones du Bénin est une exception. Les femmes pouvaient soutenir l'effort de guerre en apportant de la nourriture et de l'eau aux combattants. Dans certaines tribus, elles pouvaient chanter pour les encourager. Mais elles n'étaient pas admises à prendre part aux combats, tout comme les enfants qui étaient considérés comme l'avenir du royaume. Voir à ce sujet les études de Mutoy MUBIALA, Ndam NJOYA, Yolande DIALLO et PICTET déjà citées.

(28) Pour d'amples informations, consulter la thèse de doctorat d'Ameur ZEMMALI, *combattants et prisonniers de guerre en droit islamique et en droit international humanitaire*, Edition A. Pedone, Paris, 1997.

(29) DIALLO (Y), *op. cit.*, p. 8 et volume II, pp. 5-6.

est l'arme des lâches ». Mais l'on pouvait faire recours, dans les guerres n'opposant pas des royaumes de la même branche (par exemple bantous contre nilotiques), aux flèches empoisonnées car il n'existe aucun « lien de sang » entre ces deux groupes fort distincts.

La conception africaine est plus restrictive que le DIH qui interdit les armes et méthodes de guerres de nature à causer des pertes inutiles ou des souffrances excessives (article 23 du règlement de la Haye, article 35, al. 2 du protocole de 1977), ainsi que les armes et méthodes qui causeraient aux civils et à leurs biens des dommages excessifs par rapport à l'avantage militaire concret et direct attendu (article 47, 2, a, III du Protocole de 1977 et convention de 1980 sur l'interdiction ou la limitation de l'emploi de certaines armes classiques).

L'on pourrait néanmoins s'interroger sur le point de savoir quelles sont les pertes « inutiles », quels maux sont considérés comme « superflus » et à partir de quel instant les souffrances sont qualifiées « d'excessives ». Ces imprécisions affaiblissent la portée de la double prohibition établie par le DIH, et portant non seulement sur les armes inutilement cruelles, mais également sur les armes indiscriminatoires et les méthodes de guerre totale. Mais il n'en demeure pas moins vrai que ce principe du DIH a une portée plus générale [30] que le principe du droit humanitaire africain qui est plus restrictif en ce sens que l'interdit jouait surtout à l'intérieur de la même branche (entre Bantou par exemple). [31]

3. – Le principe de protection

Le troisième principe fondamental du droit humanitaire africain est celui de protection : Les personnes restées au village et qui ne participent pas aux combats, de même que les moyens nécessaires à leur survie, doivent être protégés.

De ce principe de base découlent deux principes d'application :

1) les personnes qui ne participent pas aux combats ne doivent pas être attaquées, sauf en cas d'exercice du droit de poursuite.

2) les biens nécessaires à la survie de la population (cases, greniers, champs...) ne feront l'objet d'aucune attaque; ils devront être épargnés par les combattants.

---

(30) Pour un résumé succinct des règles du DIH portant sur la limitation des méthodes et moyens de guerre, l'on pourrait consulter Patricia BUIRETTE, *Le droit international*, la découverte, Paris, 1996, pp. 61-64.

(31) DIALLO (Y), étude citée, p. 19.

Le premier de ces deux principes d'application est très clair : les personnes protégées doivent rester en dehors des zones de combats et, de préférence, au village, puisque la guerre se déroulait toujours à l'extérieur des villages. Ces personnes peuvent toutefois faire l'objet d'attaques si les combattants cherchent à se replier dans leur village au lieu de se rendre. En cas d'exercice du droit de poursuite, une armée peut porter la guerre à l'intérieur même du royaume attaqué, et dans cette situation, le principe de distinction entre combattants et non combattants n'est plus respecté.

Dans cette même logique, les représailles ne sont pas interdites, notamment dans la conduite des hostilités, dès lors qu'elles étaient considérées par certains rois comme le seul moyen dont ils disposaient pour obliger un ennemi récalcitrant à respecter ses engagements.

Le second principe d'application interdit la destruction des biens nécessaires à la suivie de la population civile. Le vainqueur se devait de ne pas détruire les cases et les champs dans les villages conquis, car après la guerre il fallait que la vie continue.

Ce principe concerne également les institutions comme les trêves et les zones d'asile. Comme le souligne Yolande DIALLO,(32) il existait sur tout le continent, des lieux d'asile qui variaient en fonction des ethnies. Ce pouvait être des cimetières, des cases sacrées, des endroits communautaires, des forêts sacrées, etc. La peur du fétiche était telle que l'Africain ne pouvait se permettre de pénétrer dans ces lieux, même si un ennemi y avait trouvé refuge. En outre, la plupart des ethnies connaissaient la trêve lors des combats, notamment durant certaines périodes (période de semailles et des récoltes chez le Lugbara d'Ouganda, période de deuil suivant la mort d'un roi chez les Bamiléké au Cameroun...). D'où l'abondance de proverbes portant sur les trêves et sur le respect dû aux zones d'asile qui ne devaient en aucun cas être violées, sous peine d'appeler la malédiction sur le contrevenant et sur toute sa famille.

Il convient de relever que la protection accordée par le droit de Genève à la population civile est plus large et plus précise que celle qui était prévue par le droit humanitaire africain. Avant l'adoption des Conventions de Genève et des deux Protocoles, l'immunité générale de la population civile résultait de la coutume et des principes généraux, mais n'avait pas été formulée par un texte de droit positif. C'est l'article 51 du Protocole I qui fonde en droit positif le principe selon lequel la population civile et les personnes civiles jouissent d'une protection générale contre les dangers résultant d'opérations militaires.

---

(32) DIALLO (Y), *op. cit.*, p. 10.

Ce principe, qualifié par J. PICTET de « principe de limitation *ratione materiae* » (33) interdit toute attaque contre les populations et les biens civils même à titre de représailles. Le Protocole I a fait un progrès considérable, en interdisant les représailles, même dans le domaine des bombardements aériens. Sont également interdites les peines collectives, la prise d'otage et la déportation, alors que le droit humanitaire africain reconnaît les représailles comme un moyen licite pour obliger un ennemi récalcitrant à respecter ses engagements, et ne se prononce pas sur la prise d'otage, les déportations de populations et les peines collectives.

Tels sont, présentés de manière succincte, les principes du droit humanitaire africain qui ont présidé à la conduite des hostilités entre chefferies et royaumes africains jusqu'à la domination coloniale qui a détruit l'ordre traditionnel avec ses valeurs, ses normes et ses faiblesses.

L'on se doit de relever le peu de recours qui est fait à ce patrimoine juridique ancestral, dans les Etats modernes d'Afrique qui ignorent la tradition orale, mais n'ont toujours pas complètement intégré les systèmes et principes juridiques occidentaux dans leurs pratiques quotidiennes.

Le proverbe est tombé en désuétude, en même temps que les langues dites vernaculaires et les autres formes d'expression culturelle authentiquement africaines. Les mutations économiques, sociales, politiques et technologiques ont fait exploser les cadres traditionnels des sociétés africaines.

Certes, tout n'était pas parfait dans les royaumes africains, et il faudrait se garder d'une vision mythique et naïve du passé dans laquelle tout était pur et raisonnable, alors que les massacres et les crimes seraient apparus en Afrique seulement après les indépendances.

Nous ne voulons pas être les avocats d'un passé révolu et d'un repli stérile sur soi à l'heure de la mondialisation. Mais il est évident que tout peuple qui veut préserver son identité culturelle devrait pouvoir entrer dans le troisième millénaire en conservant les éléments positifs de sa propre culture, y compris, pour les africains, ces principes humanitaires que nous avons tenté de formuler et de présenter dans cette étude.

---

(33) PICTET (J), *op. cit.*, p. 87.

II. – L'APPLICATION DU DROIT DE LA GUERRE DANS L'AFRIQUE ANCIENNE

Dans les sociétés traditionnelles africaines, divers moyens étaient prévus pour assurer le respect et la mise en œuvre des normes juridiques, y compris les règles relatives à la conduite des hostilités. Il convient de distinguer, comme du reste dans le droit moderne, les moyens préventifs, des moyens de contrôle et des moyens de répression.

A. – Les moyens préventifs

Parmi les moyens dont dispose le droit international et en particulier le droit international humanitaire, pour sa mise en œuvre, figurent en premier lieu les moyens préventifs c'est-à-dire « les moyens à utiliser avant que les dispositions du droit humanitaire en faveur des victimes n'aient à s'appliquer, en vue, précisément, de leur application correcte en temps voulu »[34].

Le droit humanitaire africain, dont les sources sont les proverbes juridiques africains, n'est pas codifié dans un instrument juridique contenant divers articles relatifs à sa mise en œuvre. Mais en incorporant ce droit à la tradition et en lui conférant l'autorité de la coutume, les sociétés africaines s'étaient ainsi donné le moyen de garantir son respect (paragraphe 1). Par ailleurs, plusieurs méthodes de formation, de contrôle et de diffusion du droit, existaient dans ces sociétés coutumières (paragraphe 2).

1. – Le respect du droit humanitaire africain

Dans les sociétés traditionnelles africaines, l'obligation de respecter les principes humanitaires incombe aussi bien aux rois qu'aux peuples, en raison de l'autorité que leur confère la coutume.

En effet, dans ces sociétés, le droit faisait partie intégrante de la coutume dont la violation pouvait entraîner la réprobation de la communauté et dans certains cas, la malédiction et la colère des esprits. Les règles de droit sont apparues dans ces sociétés au fur et à mesure des besoins au départ d'un consensus qui garantissait à la fois son acceptation par le corps social et son efficacité. Les solutions aux litiges et conflits, qui s'étaient cristallisées dans le temps et étaient revêtues du manteau de la durée et de l'expérience de la vie, constituaient l'aspect juridique de la coutume ancestrale.

---

(34) SANDOZ (Y), *Mise en œuvre du droit international humanitaire*, in Les dimensions internationales du droit humanitaire, *op. cit.*, p. 299.

Certes, dans l'Afrique ancienne tout comme dans toute société organisée, le droit a toujours été synonyme de pouvoir, et les règles du droit étaient également l'objet de manipulation, même à cette époque déjà, de la part des chefs traditionnels, des notables, des plus âgés et des plus forts.

Il convient toutefois de préciser que dans l'Afrique traditionnelle, « le droit ne s'élaborait pas de la seule volonté du juge, du législateur ou du savant face au sentiment du peuple. Le comportement de celui-ci en tant que mode privilégié de production du droit s'exprimant à travers la coutume demeurait la pierre de touche de la validité juridique »[35]. C'est ainsi que lorsqu'un conflit naissait, « mieux valait dans les sociétés où l'on était, pouvait-on dire, « condamné » à vivre ensemble, mieux valait un mauvais (et, fortiori un bon) compromis que la victoire de l'un et la défaite corrélative de l'autre avec ce qu'elles entraînent comme rancoeurs et querelles inassouvies »[36].

Le droit ici, y compris le droit humanitaire africain, fait partie intégrante de la coutume et a en plus de l'autorité reconnue à la coutume en droit international public, une valeur sacrée.

Comme on le sait, le processus de formation des règles du droit dans les sociétés traditionnelles africaines était un processus coutumier, puisque l'on retrouve dans la tradition juridique africaine, les deux éléments caractéristiques de la coutume en droit international : l'élément matériel ou *consuétudo*, qui souvent n'est au départ qu'un simple usage ; l'élément psychologique à savoir, la conviction des sujets de droit, que l'accomplissement de certains actes donnés est obligatoire parce que le droit l'oblige, ce que résume bien la formule latine de l'*opinio juris sive necessitatis.*

C'est cette répétition dans le temps et dans l'espace des proverbes judiciaires, consacrée par la conviction personnelle de chaque membre de la société d'avoir affaire à une obligation juridique, qui garantissait le respect des principes du droit humanitaire dans les sociétés africaines, en plus de la peur de violer les interdits et/ou de poser des actes considérés par l'ensemble de la communauté comme étant des comportements cruels et inhumains. Dans certaines sociétés, des rites purificateurs devaient être organisés pour ceux qui avaient violé certaines coutumes et en particulier les « lois de la guerre » avant leur réintégration dans la société.

---

(35) RYCKMANS et BAKWA, *op. cit.*, p. 15.
(36) *Ibid.*

L'on comprend que dans pareil contexte, où le mode privilégié d'expression du droit est populaire, c'est-à-dire relève de tous et de chacun, la diffusion et le respect du droit soient également populaires et relèvent essentiellement de la coutume de chaque royaume et dans certains cas, de chaque groupe ethnique. La diffusion du droit humanitaire africain se faisait donc en même temps que la transmission des traditions et des valeurs spécifiques de chaque tribu ou de chaque groupe ethnique, à travers les modes de transmissions de savoirs que sont la chanson, le langage rythmé, la fable, le conte, la devinette et surtout le proverbe.

2. – La diffusion des principes humanitaires africains

Les sociétés africaines soucieuses de maintenir leur spécificité et de se projeter dans l'avenir en tant qu'entités politiques et culturelles, avaient prévu plusieurs méthodes de transmission de connaissances.

L'éducation des jeunes était une question hautement sérieuse, sur laquelle veillaient les chefs de famille, les anciens, les parents et les aînés. Le patrimoine culturel devait être jalousement conservé et transmis, lors des causeries le soir autour du feu ou lors des périodes d'initiation (pour passer par exemple de l'enfance à la classe des adultes) par des personnes respectées et reconnues en raison de leur caractère sacré (prêtres, guérisseurs) de leur fonction sociale (griots) et de leur âge (les anciens, les sages).

La civilisation africaine procédant avant tout du verbe, qu'il soit rythme, parole ou symbole, il est évident que les moyens de diffusion du droit tout comme les moyens de transmission du patrimoine culturel ancestral étaient les récits historico-légendaires, les contes, les fables, les proverbes, les mythes, les devinettes et les énigmes dont on commence seulement à apprécier toute la richesse. [37]

Les divers royaumes africains avaient donc à coeur de diffuser les principes humanitaires et les autres principes juridiques, de les enseigner aux jeunes générations, de les faire connaître par tout le peuple, y compris par les captifs et les esclaves.

---

(37) Qu'il s'agisse de la chanson, dont André *Ryckmans* a montré dans une brève et pénétrante étude dans Ngonge Kongo toute la pertinence pour la résolution du litige chez les Kongo, du langage rythmé dont G. DUMESTRE et L. DUPONCHEL ont mis en évidence l'importance chez les Baoulé, de la fable ou du conte qui se chantent ou se rythment, dont ESOPE, LA FONTAINE ou PERRAULT n'ont pas le monopole et dont Yamba TIENDREBEOGO a montré la grande richesse chez les Mossi, des proverbes dont Sop NKANMGANG et P. KAYO ont élucidé leur rôle en tant que sources du droit chez les Bamiléké.

Chez certaines tribus, comme le relève l'enquête de Y. DIALLO[38], l'esclave et le captif ne devaient être pleinement intégrés dans la société qu'après avoir appris et assimilé les traditions et les normes en vigueur dans le royaume ou la chefferie concernée.

Cette obligation de diffuser le droit humanitaire se trouve également dans le DIH. Les quatre Conventions de Genève, chacune dans un article dont l'essentiel est commun (respectivement les articles 47-48- 127-144) prévoient l'obligation, pour les parties contractantes, de diffuser le plus largement possible, en temps de paix et en temps de guerre, le texte des Conventions dans leurs pays respectifs, et notamment à en incorporer l'étude dans les programmes d'instruction militaire et, si possible, civile, de telle manière que les principes en soient connus de l'ensemble de la population, notamment des forces armées combattantes, du personnel sanitaire et des aumôniers. Le Protocole I reprend cette obligation à son article 83.

Il importe toutefois de relever que l'obligation générale de diffuser les principes humanitaires a une base conventionnelle dans le DIH, alors qu'elle repose plutôt sur la coutume dans le droit humanitaire africain. Par ailleurs, il existe de nos jours plusieurs institutions humanitaires (ONU, CICR, Centre des Nations Unies pour les Droits de l'Homme, H.C.R...) qui contribuent à la diffusion des droits de l'homme et du droit international humanitaire, alors qu'aucune institution vouée à la promotion du DIH n'avait été instituée dans les sociétés traditionnelles africaines.

L'on pourrait toutefois s'interroger sur l'efficacité de cette diffusion du DIH et sur le degré de respect qui lui est accordé par les parties aux nombreux conflits qui sévissent dans le Tiers-monde. Les divers séminaires nationaux sur le DIH tenus en Afrique, en Asie et en Amérique latine par les services consultatifs du CICR entre 1996 et 1998 ont bien montré que le DIH est méconnu aussi bien des populations que des élites et des autorités gouvernementales. La violation de ce droit est devenue une pratique constante dans les conflits déstructurés même si l'on espère que la répression pénale des crimes de guerre et des autres graves violations du DIH mobilisera davantage l'attention des Etats et de la Communauté Internationale avec la création d'une cour pénale permanente.

---

(38) Voir DIALLO (Y), étude citée, p. 13.

Le système de diffusion du droit humanitaire ne reposait pas sur une base conventionnelle dans l'Afrique ancienne et ne bénéficiait pas de l'apport de nombreuses institutions humanitaires, mais il avait une efficacité certaine dans la mesure où la diffusion était alors une obligation générale à la charge aussi bien des autorités politiques que des diverses couches de la population (les anciens, les chefs de famille, les chefs militaires, les combattants, les femmes, les circoncis), qu'elle constituait un des aspects essentiels de la transmission des valeurs dans la société et qu'elle était pour ainsi dire, incorporée dans l'éducation de la jeunesse.

B. – Les moyens de contrôle et de répression

La mise en œuvre du DIH comporte, en plus des moyens de prévention que nous venons d'examiner, les moyens de contrôle, qui sont les moyens prévus en cours d'application pour veiller constamment à l'observation des dispositions en faveur des victimes,[39] et les moyens de répression qui sont importants non seulement parce que la sanction fait partie intégrante de toute construction juridique, mais aussi et surtout, parce qu'ils permettent de lutter contre l'impunité.

1. – L'obligation des parties au conflit de faire cesser toute violation

Il existe, dans les diverses traditions juridiques africaines étudiées, l'obligation de chaque partie au conflit de faire cesser les violations du droit humanitaire, c'est-à-dire tous les actes interdits par les proverbes judiciaires de la tribu. Chaque camp, chaque groupe armé connaît ses traditions et ses interdits, et les chefs des armées avaient l'obligation de faire en sorte que leurs hommes puissent se conformer au code de conduite à observer durant les conflits armés, car les coutumes devaient continuer à être respectées même en cas de guerre, et la victoire devait être obtenue dans l'honneur, c'est-à-dire dans le respect des règles de l'art de guerre. Toute attaque à l'improviste était considérée comme une lâcheté et pour triompher avec gloire, il fallait vaincre non seulement avec péril, mais dans l'honneur.

Cette obligation générale de faire cesser toute violation n'était pas accompagnée, dans le droit humanitaire africain, d'une obligation de moyen ; en outre le système de la puissance protectrice était inconnu

(39) SANDOZ (Y), Voir sa contribution in les dimensions internationales du droit humanitaire, op. cit., p. 299.

dans l'Afrique ancienne. Or, ces deux éléments fondamentaux figurent en bonne place dans le DIH.

C'est ainsi que l'on retrouve à l'article 87 du Protocole I, une obligation de moyen bien définie. L'article 87 est libellé ainsi qu'il suit :

1) Les Hautes Parties contractantes et les parties au conflit doivent charger les commandants militaires, en ce qui concerne les membres des forces armées placés sous leur commandement et les autres personnes sous leur autorité, d'empêcher que soient commises des infractions aux Conventions et au présent Protocole et, au besoin, de les dénoncer aux autorités compétentes.

3) Les Hautes Parties contractantes et les Parties au conflit doivent exiger de tout commandant qui a appris que des subordonnés ou d'autres personnes sous son autorité vont commettre ou ont commis une infraction aux Conventions ou au présent Protocole qu'il mette en œuvre les mesures qui sont nécessaires pour empêcher de telles violations des Conventions ou du présent Protocole et, lorsqu'il conviendra, prenne l'initiative d'une action disciplinaire ou pénale à l'encontre des auteurs des violations.

Dans le système de contrôle institué par le droit de Genève, le commandant militaire doit jouer un rôle important dans le contrôle de la mise en œuvre du DIH lors des opérations militaires, et dans la répression des violations commises par les combattants. Le Protocole I, en consacrant la responsabilité des supérieurs, accroît les moyens de contrôle du respect du DIH par les combattants et constitue un progrès important dans les efforts visant la répression des graves violations du DIH.

Dans le droit humanitaire africain par contre, cette obligation de moyen est absente. Bien plus, il n'existe pas, à la charge des divers royaumes et chefferies, une obligation de faire respecter le droit humanitaire comme c'est le cas pour le droit de Genève qui mentionne l'obligation de respecter et de faire respecter le DIH aussi bien à l'article premier des Conventions qu'à l'article premier du Protocole I.

Certes, il existe une controverse sur le contenu et la portée de cette obligation, notamment sur le sens réel de l'obligation de chaque partie contractante à l'égard des autres Etats,[40] et la position adoptée par les

(40) Cf. *Annales du droit international médical*, Commission médico-juridique, Monaco, n° 18, Décembre 1968, pp. 29-51.

auteurs du commentaire des conventions publiés sous la direction de Jean PICTET n'a pas résolu la question.[41]

Mais ce qu'il convient surtout de relever ici, c'est que l'obligation générale des parties au conflit de faire cesser toute violation est renforcée, dans le Protocole I, par une obligation de moyen bien définie.

Le système de contrôle aménagé par le droit humanitaire africain comporte une autre lacune par rapport au droit international humanitaire : il ne prévoit ni le mécanisme de la puissance protectrice, (article commun 8-8-8-9 des Conventions de Genève du 12 août 1949) ni la désignation de puissances protectrices (article commun 10-10-10-11 des Conventions). En outre, il n'existe sur le plan pratique, aucune institution traditionnelle pouvant jouer un rôle dans le contrôle de la mise en œuvre du droit humanitaire, comme le CICR a pu le faire dans le cadre du système des puissances protectrices, à titre de substitut ou quasi-substitut ou, en dehors du système, à titre autonome.

2. – La répression des violations du droit humanitaire africain

Dans les sociétés traditionnelles africaines, la répression des violations des principes du droit humanitaire constituait une partie intégrante du système général de répression des comportements et des actes prohibés par la coutume.

Les proverbes judiciaires, que nous avons étudiés, indiquent les règles qui devaient être respectées durant les hostilités actives et le traitement devant être apporté aux victimes des conflits armés. Mais ils ne prévoient pas de procédures particulières pour réprimer les auteurs des graves infractions et notamment, tous ceux qui, combattants ou non, s'étaient rendus coupables de la violation des trois principes d'application du droit humanitaire africain que nous avons exposés à la section précédente. L'on pourrait donc conclure que le jugement et la sanction des auteurs des violations du droit humanitaire obéissaient aux mêmes règles qui étaient fixées pour le jugement et la répression de tous les autres comportements prohibés, des actes et activités interdits par les normes coutumières en vigueur.

---

(41) S'agissant de l'obligation de faire respecter les Conventions par les autres Etats, il est indiqué dans le commentaire des Conventions (J. Pictet), que cette expression doit être interprétée à la fois comme renforçant l'obligation dans l'ordre interne et comme impliquant une obligation à l'égard des autres Etats. Commentaire de la 1ère convention de Genève, publié sous la direction de Jean Pictet, Genève, CICR, 1952, p. 27.

Il faudrait toutefois préciser que la composition de l'organe chargé du jugement variait suivant les tribus selon le degré de gravité de la faute ou de l'infraction commise. Ces organes judiciaires pouvaient être constitués de sages, d'anciens, de prêtres ou de notables. Mais dans tous les cas, le roi lui-même était appelé à présider la cour au cas où l'infraction commise était qualifiée de « grave violation » : meurtre, mort d'homme suite à une attaque à l'improviste, empoisonnement suivi de décès, sorcellerie, le fait de tuer des femmes et/ou des enfants à l'occasion d'un conflit armé, etc. Et dans ces situations, le coupable s'exposait aux deux sanctions les plus graves que sont le bannissement total du royaume ou la peine de mort.

Le système de répression des infractions au droit humanitaire connu par les royaumes et chefferies de l'Afrique ancienne se distingue largement du système de répression des crimes de guerre et des autres violations graves du DIH prévu par les Conventions de Genève et le Protocole I. Ces systèmes ont des procédures, des mécanismes et des principes complexes, qui ne peuvent pas faire l'objet d'une analyse comparative. Mais le système africain et celui des Conventions de Genève se rejoignent tous les deux sur leur finalité, qui est la lutte contre l'impunité par la sanction de ceux qui commettent, par leurs actes et leur comportement, des graves violations. Ces deux systèmes si différents dans leur approche de la question de la répression, consacrent finalement la même obligation fondamentale qui est celle de réprimer les graves violations des principes et règles humanitaires.

Droit humain par excellence, « parce que celui des hommes et des femmes qui souffrent, le droit humanitaire est à cet égard de tous les temps et de tous les lieux »[42]. Les préoccupations humanitaires ont toujours fait partie de la culture des hommes, sous tous les cieux. La présente étude du droit humanitaire africain a démontré, une fois de plus, que le DIH « plonge, profondément ses racines dans toutes les civilisations, traditions et religions, et que ses tenants – pourvu que des intérêts politiques au sens de partisans ne s'en mêlent pas – n'ont en définitive aucune peine à se retrouver sur la même plate-forme d'aide et d'assistance aux victimes »[43].

---

(42) VASAK (K), Voir ses conclusions in les dimensions internationales du droit humanitaire, Pedone/Unesco, Paris, 1986, p. 111.

(43) *Ibid.*, p. 346.

Face à la multiplication des conflits armés en Afrique et dans certaines régions d'Asie, d'Europe et d'Amérique Latine, et devant l'ampleur des destructions, des massacres et des atrocités effroyables qui y sont perpétrés, il importe plus que jamais de promouvoir la diffusion du droit international humanitaire et le renforcement des mécanismes nationaux et internationaux de répression des graves violations de ce droit, afin de lutter contre l'impunité dont bénéficient trop souvent les criminels.

ANNEXE

PUBLICATIONS DU CELHTO ET AUTRES SOURCES DES TRADITIONS ORALES ET DES PROVERBES AFRICAINS

1. – Travaux du CELHTO

La Tradition orale : Problématique et méthodologie des sources de l'histoire africaine, édité par Diouldé LAYA, Celhto Niamey, 1972.

La geste de Fanta MAA : Archétype du chasseur dans la culture du bozo, traduits et édités par Shekh Tijan HAYIDARA, Celhto Niamey, 1987.

L'essence du verbe, réalisé par Boubou HAMA, Celhto, Niamey, 1988.

Mythe et Histoire dans la Geste de Zarbakane, Fatima MOUNKAILA, Celhto, Niamey, 1988.

Les gens de la parole disent (Proverbes touaregs de l'azawagah) traduits et commentés par Alhassane Ag SOLEMANE et Saskia WALENTOWIZ. édition bilingue. Celhto et Ateliers du Tayrae, 1994.

La sagesse pratique, par Boubacar Hamar BEIDI (traduction et explication de proverbes fufuldé).

Lances Males, par Marcel DIOUF, Celhto, Niamey, 1996.

Dieux en diaspora, Guerin MONTILUS, Celhto, Niamey, 1988.

Catalogue des publications sur la tradition orale, Celhto, Niamey, 1996.

2. – Autres sources

Les ouvrages cités comportent des proverbes utilisés dans les langues suivantes :

Ashanti, T. Sutherland RATTRAY, *Ashanti Proverbs*, Oxford 1916 réédité en 1969.

Bambara, Moussa TRAVELE, *Proverbes et contes bambara*, Gauther, 1923.

Bamiléké, Patrice KAYO, *Sagesse bamiléké*, Yaoundé, 1964 ; Sop NKANGANG et P. KAYO, *Les proverbes bamiléké*, Yaoundé, 1970.

Baoulé, Alfred Kouacou, *Sagesse africaine. Au pays Baoulé*, Mulhouse, 1973.

Béti, Jeanne-Françoise VINCENT, Luc BOUQUIAUX, *1001 proverbes bétis*, SELAF, 1985.

Kongo, Robert WANNY, *les proverbes anciens du Bas-Congo*, édition du vieux Planquesaule, Bruxelles, 1983.,

Mossi, Doris BONNET, M. OUEDRAOGO, *Proverbes et contes mossi*, CILF, 1982 ; Yamba TIENDREBEOGO, *contes du Larlé et proverbes du pays mossi*, Ouagadougou, 1964.

Ovambo, Matti KUUSI, *Ovambo Proverbs with African Parallels*, communication n° 208, Helsinki, 1970, cité dans le dictionnaire de Proverbes et dictons, *op. cit.*, p. 413.

Peul, Dominique NOYE, *Humour et sagesse peuls, contes, devinettes et proverbes foulbé du Nord-Cameroun*, 1968.

Swahili, H. P. BLOCK, *A Swahili Anthology*, vol 1, Leiden, 1948.

Wolof, J. CAIBIER, M. DREYFUS, M. GUEYE, *Proverbes Wolof*, CILF, 1986.

Yoruba, Alexander F. CHAMBERLAIN, *Race Character and Local Color in Proverbs*, Journal of American Folklore, 1904, p. 28-31 (45 proverbes yoruba).

IV

DROIT INTERNATIONAL ECONOMIQUE

REFLEXIONS SUR LES IMPLICATIONS DE LA CREATION DE L'UNION EUROPEENNE SUR LE COMMERCE EXTERIEUR DES PRODUITS DE BASE DE L'AFRIQUE*

INTRODUCTION

Les pays en développement, y compris les Etats africains, sont à la fois exportateurs et importateurs de produits de base qui jouent de ce fait un rôle essentiel dans leur économie. C'est par l'exportation de ces produits qu'ils se procurent les ressources nécessaires à l'acquisition des biens d'équipement et au fonctionnement des institutions nationales ; c'est par l'importation de produits alimentaires que certains d'entre eux échappent à la famine.

Il convient de relever d'entrée de jeu que le terme « produit de base » est imprécis et souvent confondu avec des expressions voisines : matières premières, produits primaires, produits bruts, produits naturels, etc.

En réalité, il n'existe pas en droit positif, une définition consacrée de l'expression « produit de base ». Celle donnée par l'article 56 de la Charte de La Havane, et que nous partageons, nous semble cependant la plus complète dans la mesure où elle énumère, dans un effort louable de codification, tous les éléments possibles d'un tel concept, tout en lui conférant une finalité avant tout commerciale :

---

* Paru dans la *Revue Juridique et Politique, Indépendance et Coopération*, 1995, pp. 18-26 ; une synthèse de cette étude a été effectuée pour le compte de l'Institut Panafricain de Prospectives et de Relations Internationales et publiée à *Afrique 2000, Revue Africaine de Politique Internationale*, n° 21, Avril-Mai-Juin 1995, pp. 5-16.

Le présent article est tiré d'un rapport de recherche réalisé par l'auteur en Mai 1994 pour le compte de la Division conjointe FAO/CEA d'Agriculture de la Commission Economique des Nations Unies pour l'Afrique à Addis-Abéba.

« Tout produit de l'agriculture, des forêts ou de la pêche, et tout minéral, que ce produit soit sous sa forme naturelle ou qu'il ait subi la transformation qu'exige communément la vente en quantité importante sur le marché international. »

Par produit de base, il faudra donc entendre, dans la présente étude, « tous les produits miniers ou agricoles autres que les produits semi-finis ou manufacturés, ce qui recouvre notamment les minéraux, les combustibles, les matières premières agricoles destinées à l'industrie ou à l'alimentation ».[1]

Comme on le sait, les pays en développement tirent une proportion considérable de leurs recettes d'exportation de la vente de ces produits : 80 % pour les pays africains importateurs de pétrole à faible revenu, 50 % pour leurs homologues asiatiques et seulement 36 % pour tous ceux à « revenu intermédiaire » (en raison de la part importante des « nouveaux pays industrialisés » dans le commerce des pays industrialisés).[2] C'est donc tout naturellement que ces pays ont toujours porté une attention particulière à l'élaboration de règles nouvelles relatives à leur commercialisation : modes de fixation des prix, moyen d'assurer la stabilité de ces prix face à l'instabilité des marchés internationaux, modalités d'accès aux marchés des pays industrialisés.

Pour mieux comprendre l'activisme des pays du tiers-monde, et notamment des Etats africains, dans le domaine de la restructuration du commerce des produits de base, il faudrait se rappeler qu'en 1947, la réorganisation du commerce international s'était faite sur la base des principes du libéralisme, en réaction contre les pratiques de « cartels », – le plus souvent privés – qui avaient marqué l'entre deux-guerres et auxquelles il était reproché de constituer des atteintes à la concurrence.

C'est ainsi que le GATT, qui jusqu'à la création de l'Organisation Mondiale du Commerce, était l'organe régulateur du commerce international, reposait sur les deux principes fondamentaux que sont la non-discrimination et la clause de la nation la plus favorisée (en vertu de laquelle tout avantage consenti par une partie à une autre est automatiquement étendu à tous les Etats membres).

---

(1) FLORY, M., *Droit International du Développement*, PUF, Paris 1977, p. 270.
(2) NGUYEN, Q.D, et autres, *Droit international public*, LGDJ, Paris, 1987, p. 938.

Dans ce contexte, il ne pouvait exister une réglementation et une politique internationale applicables aux produits de base.

Bien qu'ayant permis une expansion sans précédent des transactions internationales, les règles du GATT, et notamment le concept de libre jeu des forces économiques, n'étaient guère adaptées aux préoccupations des pays sous-développés : les régimes dérogatoires qu'elles prévoyaient dès l'origine apparaissaient comme des possibilités, mais nullement comme des droits appartenant aux pays en développement et, surtout, ils ne leur garantissaient aucunement un accès privilégié aux marchés des pays développés.

C'est dans ces conditions que les Etats africains se sont joints aux divers efforts menés par la Communauté internationale pour tenter d'apporter une solution aux problèmes de commerce des produits de base à travers la signature des accords produits par produits, la constitution des associations de producteurs, le programme intégré pour les produits de base (3) et, enfin, l'établissement d'une convention avec l'Europe de l'Ouest, principal partenaire commercial de l'Afrique et des ACP en général.

Depuis l'époque coloniale, il s'est instauré entre l'Europe (principal importateur de produits de base africains) et l'Afrique (réservoir de matières premières et déversoir de produits finis fabriqués en Occident), des relations spéciales, notamment sur le plan commercial. Les deux parties ont du reste tenté de réglementer ces relations multiformes, s'agissant en particulier de l'aide au développement, de la fixation des prix des produits de base et de l'accès aux marchés européens, par le biais des conventions de Yaoundé et de Lomé dont la dernière a été signée le 15 décembre 1989.

Certes, dès 1957, le Traité de Rome avait prévu une aide aux territoires coloniaux (d'Afrique et des Caraïbes) sous la forme d'une convention d'application relative à l'Association des pays et territoires d'Outre-Mer à la Communauté des Six, (4) qui devait permettre le maintien des échanges commerciaux et de l'aide au développement. Mais c'est à Yaoundé, en

(3) Sur ces différentes formes de réglementation et d'organisation du marché des produits de base, consulter CORET, (A). « *L'action internationale et les produits de base* » in AFDI 1960, pp. 724-754 ; BEDJAOUI, (M.) – *Pour un nouvel ordre économique international*, UNESCO, Paris, 1979 ; BETTATI, (M.) – *Le Nouvel ordre économique international*, PUF, Que sais-je, n° 2088, 1983 ; NGUYEN, (Q.D.) – *op. cit.* et FLORY, (M.) – *op. cit.*

(4) Belgique, France, République Fédérale d'Allemagne, Luxembourg, Italie et Pays-Bas.

juillet 1963, que dix-huit pays africains avaient jeté les bases d'une réglementation spéciale du commerce des produits de base africains en direction de l'Europe, à travers la négociation et la signature de la Convention de Yaoundé I.

Avec l'admission de la Grande Bretagne à la Communauté le 1er janvier 1973, de nombreux pays anglophones d'Afrique et des Caraïbes ont adhéré au système spécial de relations commerciales entre l'Europe de l'Ouest et les ACP mis en place en juillet 1963, à telle enseigne qu'à ce jour, 46 pays africains sont reliés aux 12 Etats membres de la Communauté Economique Européenne par le biais de la Convention de Lomé IV. Quant à l'Afrique du Sud et aux pays d'Afrique du Nord, leurs relations commerciales avec l'Europe demeurent régies par des arrangements spéciaux qui sont basés pour la plupart sur le modèle des Conventions de Lomé.

C'est dire que de 1963 à la création de l'Union Européenne en 1992, le commerce extérieur des produits de base de l'Afrique a été régi dans une large mesure, par les dispositions de la Convention de Lomé.

En signant le Traité sur l'Union Européenne à Maastricht le 7 février 1992, les plénipotentiaires des douze[(5)] ont procédé à une réforme intérieure de la Communauté, destinée à éliminer les frontières et les entraves aux échanges, et donc, en fin de compte, à stimuler les échanges et la croissance économique internationale. La réalisation du marché unique en Europe, vue sous cet angle, est donc un projet constructif, « porteur de croissance et donc de développement pour les pays ACP », comme le soulignait le Premier Ministre français, Michel ROCARD dans un discours à Lomé le 15 décembre 1989.[(6)]

Cependant, il est évident que la création d'un espace économique et social unique de 320 millions de personnes aura des effets importants sur l'économie internationale et plus particulièrement sur celle des interlocuteurs traditionnels de la Communauté.

Malgré l'optimisme de rigueur affiché par les responsables occidentaux et leurs homologues africains, notamment lors des Sommets France-Afrique, il va sans dire que les conséquences de la création de l'Union Européenne

---

(5) Belgique, Danemark, République Fédérale d'Allemagne, République Hellénique, Espagne, France, Irlande, Italie, Luxembourg, Pays-Bas, Portugal et Royaume Uni.

(6) Voir texte intégral du Discours de Michel ROCARD lors de la signature de la Convention de Lomé IV, le 15 décembre 1989 à Lomé in *Le Courrier Afrique-Caraïbes-Pacifique Communauté Européenne*, Bimestriel, n° 120. Mars-Avril 1990, pp. 5-6.

sur les pays africains, et notamment sur leur commerce des produits de base avec l'Europe, seront d'une nature et d'une importance différentes selon leur structure économique, leur souplesse commerciale et la compétitivité de leur économie.

Certes, d'après l'article 130W du Traité de Maastricht, la coopération entre les pays ACP et la CEE ne sera pas affectée par la création de l'Union Européenne. Celle-ci, en théorie donc, demeure régie par la nouvelle Convention de Lomé (Lomé IV) qui comporte de nombreuses améliorations pour le commerce extérieur des produits de base des Etats africains, par rapport notamment à Lomé I, II et III. Mais il convient de souligner, avec force, les conséquences néfastes, que la Convention de Lomé et le Traité de l'Union Européenne cherchent à occulter, et qui, pourtant, affecteront sans doute ce commerce de produits de base.

I. – LES INCIDENCES POSITIVES DE LA CREATION DE L'UE SUR LE COMMERCE ENTRE LA COMMUNAUTE ET L'AFRIQUE : LA NOUVELLE REGLEMENTATION RELATIVE AUX PRODUITS DE BASE AFRICAINS

L'Union Européenne s'étant déclarée héritière de la CEE avec tout son actif et son passif,[7] elle assume à ce titre toutes les obligations internationales antérieures de la CEE, y compris les engagements pris aux termes des Conventions CEE/ACP.[8] En d'autres termes, le commerce des produits de base entre l'Europe des 12 et l'Afrique, depuis l'entrée en vigueur du Traité de Maastricht, est régi par les dispositions de la Convention de Lomé IV, signée le 15 décembre 1989 à Lomé, qui associe les pays ACP à l'ancienne CEE devenue Union Européenne.

1. –Le régime des échanges

Le régime commercial de Lomé était déjà assez libéral, puisqu'il prévoyait à la fois le libre accès sans réciprocité pour la quasi-totalité des exportations des pays ACP, et des dispositions particulièrement favorables pour des produits importants pour l'Afrique (sucre, banane, riz, viande bovine). Il a été amélioré dans chacun de ses aspects principaux par la Convention de Lomé IV qui régit les rapports commerciaux entre l'Afrique et l'Union Européenne.

(7) Article G, Titre II, Traité de Maastricht.
(8) Articles 130V, 130W et 130Y du Traité de Maastricht.

a) Les principes de base

Si les principes fondamentaux du régime des échanges restent inchangés, certaines règles de portée générale sont désormais aménagées dans Lomé IV pour mieux tenir compte des préoccupations des ACP et en particulier des Etats africains. Le mécanisme d'éventuelles mesures de sauvegarde – qui n'ont jamais été appliquées – fait l'objet d'un protocole d'accord en bonne et due forme ; en outre, la Communauté a pris l'engagement explicite, de ne pas discriminer entre les Etats ACP.

Aux termes de l'article 167, alinéa 2 de la Convention de Lomé IV, les parties contractantes s'engagent à porter un intérêt particulier « à l'obtention d'avantages effectifs supplémentaires pour le commerce des Etats ACP avec la Communauté ainsi qu'à l'amélioration des conditions d'accès de leurs produits au marché, en vue d'accélérer le rythme de croissance de leur commerce et en particulier du flux de leurs exportations vers la Communauté… »

Dans le même ordre d'idées, la Convention dispose que « les produits originaires des Etats ACP sont admis à l'importation dans la Communauté en exemption de droits de douane et de taxes d'effet d'équivalent », [9] et que « la Communauté n'applique pas à l'importation des produits originaires des ACP des restrictions quantitatives ni de mesures d'effet équivalent ». [10]

Il est enfin prévu qu'au cas où les Etats de la Communauté décident de prendre des mesures de restrictions d'importation ou de transit justifiées par des raisons de moralité publique, d'ordre public, de sécurité publique, de protection de la santé et de la vie des personnes et des animaux, des consultations auront lieu, avec les Etats ACP affectés par ces mesures, en vue d'aboutir à une solution satisfaisante, selon les dispositions de l'article 12 de la Convention.

b) L'accès des produits agricoles

L'accès des produits agricoles à l'Union Européenne a été très amélioré, par la Convention de Lomé, pour une quarantaine de produits dont certains sont particulièrement importants pour les pays africains : sorgho, millet, ignames, tomates, agrumes, produits agricoles transformés, etc.

---

(9) Article 168, alinéa 1, Convention de Lomé IV.
(10) Article 169, Convention de Lomé IV.

Selon le cas, les concessions offertes par la Communauté prévoient un démantèlement total des droits de douane ou une réduction des droits ou des prélèvements applicables à l'importation dans le cadre de quantités dont la plupart excèdent les capacités d'exportation de l'ensemble des pays ACP.

L'article 168 de la Convention est très clair à ce sujet. Les produits originaires des Etats ACP sont importés dans la Communauté, par dérogation au régime général en vigueur à l'égard des pays tiers, selon les dispositions suivantes :

i) sont admis en exemption de droits de douane les produits pour lesquels les dispositions communautaires en vigueur au moment de l'importation ne prévoient, en dehors des droits de douane, l'application d'aucune autre mesure concernant leur importation.

ii)pour les produits autres que ceux visés sous i), la Communauté prend les mesures nécessaires pour leur assurer un traitement plus favorable que celui accordé aux pays tiers bénéficiant de la clause de la nation la plus favorisée pour les mêmes produits.

c) Les protocoles

– L'arrangement sur la viande bovine, des Conventions précédentes, est devenu dans Lomé IV un protocole à part entière. Désormais, la quantité de viande bovine que les pays ACP peuvent exporter annuellement vers l'Union Européenne passe de 30.000 à 39.100 tonnes, tandis que les pays ACP exportateurs ne sont pas tenus de percevoir une taxe à l'exportation en contrepartie de la réduction de 90 % des prélèvements consentie par la Communauté.

Pour permettre aux Etats ACP exportateurs traditionnels de viande bovine et notamment aux pays africains, de maintenir leur position sur le marché de la Communauté, le Protocole n° 7 relatif à la viande bovine comporte une diminution des droits à l'importation qui porte, « par année civile et par pays, sur les quantités suivantes exprimées en viande bovine désossée :

Botswana	:	18.916 tonnes
Kénya	:	142 tonnes
Madagascar	:	7.579 tonnes
Swaziland	:	3.363 tonnes
Zimbabwe	:	9.100 tonnes »[11]

(11) Articles 1, 2 et 3, Protocole 7 relatif à la viande bovine, Convention de Lomé IV.

– le protocole sur la banane est reconduit, mais il est bien précisé dans la Déclaration figurant à l'Annexe LXXIV que les fournisseurs traditionnels maintiendront leurs positions acquises même après la réalisation complète du Marché unique.

d) Les règles d'origine

Des améliorations ont été faites dans le domaine des règles d'origine. Désormais, la marge de tolérance pour les intrants non originaires est portée à 10 % ; la règle du double-seuil est abandonnée pour plusieurs produits africains et le pourcentage de la valeur ajoutée est abaissé.

S'agissant des produits de la pêche, la possibilité est offerte aux ACP d'affréter des navires de pays tiers et d'ouvrir un contingent de dérogations automatiques pour les conserves de thon.

La Convention de Lomé IV prévoit également qu'un produit est considéré comme produit originaire des Etats ACP s'il a été soit entièrement obtenu, soit suffisamment transformé dans ces Etats. La liste de ces produits figurant aux articles 2 et 3 du Protocole n° 1 a été entièrement remaniée et élargie afin de prévoir un maximum de produits des Etats d'Afrique, des Caraïbes et du Pacifique associés à la Communauté.

Enfin, il convient de noter que pour favoriser le commerce des produits de base entre l'Afrique et la nouvelle Union Européenne, les procédures permettant aux exportateurs ACP d'obtenir des dérogations aux règles de base ont été entièrement revues pour rendre le système plus accessible, plus rapide et plus transparent : la dérogation sera quasi-automatique si la valeur ajoutée locale atteint 45 % du produit fini ; elle sera réputée acquise en l'absence de réponse de la Communauté dans les trois mois; elle sera accordée en principe pour cinq ans, et pourra être prolongée en cas de besoin.

2. – La stabilisation des recettes d'exportation des produits de base

Le mécanisme de stabilisation des recettes d'exportation des produits de base des Etats africains qui fonctionnera entre l'Union Européenne et l'Afrique est le nouveau stabex qui fait d'ailleurs l'objet d'un titre spécifique dans Lomé IV. Celui-ci ne se limite pas aux produits de base agricoles, comme c'était le cas sous Lomé III, mais il est élargi à l'ensemble des minéraux et des métaux. Par ailleurs, l'accent est mis, dans la nouvelle Convention, sur la nécessité de réduire la dépendance des économies des pays ACP vis-à-vis des produits bruts, par la diversification et le soutien aux activités TCDT. [12]

---

(12) Transformation, commercialisation, distribution, transport.

2.1. – Un stabex profondément rénové

L'expérience acquise après quinze années de coopération entre la CEE et l'Afrique et les difficultés financières rencontrées dans la gestion du système du stabex en 1988 et 1989 ont amené les deux parties à revoir en profondeur le fonctionnement de ce système unique, et à lui apporter une série de modifications importantes :

a) la couverture des risques offerte par le stabex se trouve désormais étendue, avec l'inclusion de trois nouveaux produits (les poulpes et seiches, plusieurs dérivés primaires du cacao et la totalité des huiles essentielles), l'abaissement des seuils de dépendance à 5 % en règle générale et à 1% pour les pays les moins développés, insulaires et enclavés (PMDEI), le choix d'une nouvelle période de référence (6 années moins les deux résultats extrêmes), le passage des données FOB aux statistiques CAF, un accroissement très important de la dotation financière (+62 % par rapport à Lomé III) et la renonciation au principe du « remboursement » des transferts, dont n'étaient exemptés jusqu'ici que les PMDEI.[13] *Ce dernier aspect est à l'évidence lié au problème plus général de la dette.*

b) le fonctionnement du Stabex a aussi été rendu plus transparent et plus équitable par l'introduction de mécanismes nouveaux.

La base de transfert est désormais constituée par la différence entre le niveau de référence et les recettes effectives de l'année civile d'application, réduite d'un montant correspondant à 4,5 % de ce niveau de référence (article 197, alinéa 3).

Une franchise s'appliquera donc à tous les transferts, de 4,5 % en règle générale et 1 % pour les ACP les moins développés, cette innovation conduisant à la disparition des seuils de fluctuation ; le mécanisme de correction des taux de change introduit dans Lomé III (souvent appelé le TUNNEL), qui avait conduit à des distorsions importantes au détriment des pays qui dévaluent fortement leurs monnaies, est supprimé et les calculs seront faits désormais sur la base de données en écus.

La clause de dérogation permettant de couvrir dans certains cas les exportations des ACP en dehors de la Communauté est désormais assortie de critères automatiques de déclenchement ou de retrait, garantissant l'égalité de traitement entre les ACP.

---

(13) Voir articles 186 à 197, Titre II, chapitre I, Convention de Lomé IV.

c) le stabex a enfin gagné en rapidité et en efficacité, grâce au changement des bases de calcul – qui dispensera les pays africains de devoir présenter des demandes pour enclencher le fonctionnement du système – et à un suivi plus attentif et plus rigoureux de l'utilisation des fonds transférés. Dans chaque cas, un « cadre d'obligations mutuelles » sera conclu entre l'Etat bénéficiaire et la Commission, qui précisera les affectations envisagées et servira de guide pour les deux parties, en faisant le lien si nécessaire avec les efforts d'ajustement en cours.

L'article 212 précise très clairement que le délai de présentation du rapport sur l'utilisation des ressources, par un Etat ACP bénéficiaire est de douze mois. Passé ce délai, la Commission demande des justifications à l'Etat ACP concerné, qui est tenu de les fournir dans un délai de deux mois, faute de quoi elle pourrait « surseoir à l'application des décisions relatives à de nouveaux transferts ».

Le nouveau stabex, qui est en vigueur entre la Communauté Européenne et l'Afrique, semble donc équitable et plus efficace, avec en outre, une dotation financière de 1.500 millions d'écus.

2.2. – *Le sysmin clarifié*

Par rapport à Lomé III, la Convention de Lomé IV clarifie les composantes du sysmin qui, du reste, est désormais centré sur le concept de viabilité.

Les objectifs du sysmin, aux termes de l'article 214, sont de contribuer à la mise en place du développement des Etats ACP, en appuyant les efforts de ces pays « pour sauvegarder leur secteur de production et d'exportation minière par des interventions curatives ou préventives qui visent à remédier aux conséquences graves pour leur économie de la perte de viabilité résultant d'une baisse de leur capacité de production ou d'exportation et/ou des recettes d'exportation des produits miniers, suite à des modifications technologiques ou économiques importantes ou à des perturbations temporaires ou imprévisibles, indépendantes de la volonté de l'Etat concerné et de l'entreprise gestionnaire du secteur affecté ».

Le recours à la facilité de financement spécial pour les produits miniers est possible lorsque la viabilité sus-évoquée se traduit par une baisse significative des revenus pour l'Etat ACP concerné, celle-ci s'appréciant en particulier en fonction d'une baisse des capacités de production ou d'exportation du produit concerné se situant autour de 10 % – et/ou par une détérioration de sa balance des comptes extérieurs. Ce recours est désormais étendu au cas où une forte baisse des recettes d'exportation minière d'un des produits concernés compromet sérieusement la réalisation de projets ou programmes de développement déjà engagés.

Il convient également de relever que d'après la Convention de Lomé IV, les interventions préventives du sysmin et celles orientées vers la diversification seront facilitées. Les seuils de dépendance actuels n'ont pas été modifiés, mais deux produits nouveaux ont été inclus dans le système : l'uranium (dans la liste des minerais couverts au titre de la « première fenêtre ») et l'or (dans le calcul de la dépendance globale).

Telle est, présentée très brièvement, la réglementation et le fonctionnement du commerce des produits de base entre l'Afrique et l'Europe depuis la création de la Communauté en 1992, notamment les aspects les plus positifs.

Certes, il s'est écoulé un laps de temps relativement court depuis la signature du Traité de Maastricht le 7 février 1992, et il serait prématuré de mesurer avec précision les conséquences négatives sur le commerce extérieur des produits de base des Etats africains. Mais une analyse prospective demeure possible, en se fondant notamment sur les silences et les lacunes de la Convention de Lomé et du Traité de 1992, ainsi que sur les données statistiques déjà disponibles.

II. – LES IMPLICATIONS NEGATIVES DE LA CREATION DE L'UNION EUROPEENNE SUR LE COMMERCE EURO-AFRICAIN DES PRODUITS DE BASE

Au regard des textes en vigueur, des silences du Traité de Maastricht et à l'analyse des statistiques du commerce des produits de base ACP-Union Européenne, il apparaît clairement que la Communauté a changé de priorités, privilégiant l'Europe de l'Est, et que les questions fondamentales liées à la question des prix demeurent non-résolues.

1. – La question de la détermination d'un juste prix

Malgré la création de l'Union Européenne, les prix des produits de base continueront d'être instables et de subir les aléas du fonctionnement du (non) – système monétaire international actuel.

Le Traité de Maastricht évite soigneusement la question de la détermination des prix des produits de base, ainsi que celle de l'indexation des prix des produits qu'achètent les pays en développement à ceux des produits qu'ils vendent. Bien au contraire, en favorisant le marché intérieur et l'union monétaire, l'Union Européenne rend difficile l'accès des produits des économies africaines les moins compétitives, ce qui réduit par ricochet les ressources utiles au développement des pays africains qui du fait de l'extraversion de leur économie, de la mauvaise gestion et de la corruption ne disposent pas d'une structure économique nationale compétitive.

La seule question qu'aborde vraiment l'Union Européenne est celle de la stabilisation des recettes d'exportation des produits de base des pays ACP vers la Communauté. Mais là aussi, de nombreuses questions demeurent en suspens.

Le but poursuivi par le Stabex est l'augmentation des recettes en devises étrangères tirées de l'exportation des produits de base pour pouvoir financer les achats d'équipements destinés au développement. Mais pour que le système fonctionne au profit des pays ACP et des Etats africains, il faut que les prix soient stables, et donc à l'abri des courants spéculatifs qui caractérisent les marchés de matières premières ; qu'ils soient rémunérateurs, c'est-à dire suffisamment élevés pour permettre l'équilibre et le développement des entreprises productrices; qu'ils soient justes et équitables au niveau des rapports entre les prix des matières premières, des produits primaires, des articles manufacturés et semi-finis exportés par les pays en voie de développement et les prix des produits importés par eux.[14]

Or, en raison du renforcement des économies des pays occidentaux par la création d'un espace économique unique et la mise à l'écart de la question du juste prix, les prix des produits de base continueront en fait à être déterminés par les exigences de l'économie des pays développés et donc de l'Europe des 12 également, leur bas niveau profitant aux importateurs et non aux producteurs africains. Il s'agit là d'une implication négative sur le commerce euro-africain, au détriment bien sûr de l'Afrique, que le nouveau stabex ne peut corriger.

En effet, la stabilisation – même sous sa forme la plus complète, – n'est qu'un élément d'un problème beaucoup plus vaste et représente finalement une concession relativement peu coûteuse de la Communauté aux revendications des pays en développement. Elle n'aborde pas le fond du problème et permet à la balance des paiements d'éviter des crises trop graves. Comme l'a relevé le doyen BENOUNA, « il ne faut voir dans le stabex ni une panacée, ni l'origine de tous les maux, mais un mécanisme destiné, non à soigner la maladie, mais à calmer provisoirement la douleur. »[15]

Les objectifs déclarés de la stabilisation visent à garantir un certain niveau de prix, mais comment déterminer ce niveau ? Par rapport à quoi ? Ou bien il s'agit du prix du marché résultant de la « loi » de l'offre et de

(14) Voir article 4 (j), Déclaration relative à l'instauration d'un nouvel ordre mondial.

(15) BENOUNA, M. Droit International du Développement, Berger-Levrault. Paris, 1983, p. 177.

la demande, étant entendu que cette « loi » est très sensible aux rapports de force et aux stratégies qui visent à compenser les inégalités de ces rapports. Ou bien on adopte un système d'indexation reposant sur un consensus des parties dans le cadre d'une solidarité internationale aboutissant nécessairement à des redistributions au profit des moins favorisés. Or, ce n'est pas cette deuxième voie qu'a choisie l'Union Européenne, même si le Stabex s'y oriente timidement.

En instituant le marché unique, et donc le marché international, l'Union Européenne contribue au renforcement des forces du marché qui empêchent la détermination d'un prix rémunérateur pour les produits de base africains.

Comme on le sait, la rémunération d'une marchandise ne peut être la même dans les pays à niveaux économiques différents. Le blé et les automobiles produits aux Etats-Unis doivent être rémunérés en fonction du coût de la main d'œuvre à des tarifs beaucoup plus élevés que les bananes ou le sisal. « Hormis le capital, facteur mobile et résiduel, dont la rémunération est tendanciellement égale dans le monde entier, les autres facteurs – mobiles et primaires – obtiennent la rémunération spécifique de leur région respective ». Faut-il dès lors accepter cette situation, ou bien faut-il considérer que le prix du marché mondial est le résultat de certaines situations modifiables ? « Le prix d'une marchandise reflète le niveau de développement du vendeur. On n'est pas riche ou pauvre parce qu'on vend cher ou bon marché, mais, si paradoxal que cela puisse paraître, on vend cher ou bon marché suivant qu'on est riche ou pauvre ».(16) Les pays sous-développés, et notamment les pays africains, qui n'entendent pas rester pauvres, ne peuvent admettre le prix du marché ; ils exigent donc une rémunération qui doit contribuer à les acheminer de la catégorie des sous-développés vers celle des riches. Or, la logique de l'Union Européenne, les dispositions du Traité de Maastricht et le renforcement du marché unique ne peuvent justement faciliter la fixation de prix rémunérateurs pour les produits de base africains ou autres.(17)

---

(16) ARGHIRI, E,. *Tiers Monde,* n° 66, p. 260.

(17) Pour plus de détails, consulter BENCHIKH, M., *Droit international du sous-développement, nouvel ordre dans la dépendance.* Berger-Levrault, Paris, 1983, chapitre 1 ; FURTADO, C., *Développement et sous-développement,* PUF, Paris, 1968 ; AMIN, S., *Le développement inégal* (essai sur les formations sociales du capitalisme périphérique), Editions de Minuit, Paris, 1973.

2. – Le changement des priorités et l'absence de compensation

La création de l'Union Européenne a été conçue comme une réforme intérieure de la Communauté, destinée essentiellement à lui permettre d'atteindre les objectifs initiaux fixés par les traités des Communautés européennes. En théorie donc, cet événement historique serait, comme la chute du Mur de Berlin, sans incident direct sur le commerce des produits de base des pays africains vers la Communauté.

Mais une analyse plus serrée de la réalité des échanges euro-africains démontre que les conséquences de ce traité de 1992, sur les ACP, ont été d'une nature et d'une importance différentes selon leur structure économique, leur souplesse commerciale et la compétitivité de leur économie.[18]

Comme le relevait le Vice-Président de la Commission des Communautés Européennes chargé de la coopération et du développement dans un article paru à la revue « courrier » en 1990, « il faut éviter de considérer a priori que tout progrès de l'intégration européenne représente nécessairement un danger pour le tiers-monde. »[19] Mais il est tout de même certain que même si le grand marché intérieur offrira de nouvelles perspectives à l'Afrique, il n'en est pas moins que les pays dont le niveau de développement est le meilleur et dont les capacités de production sont les plus souples en tireront davantage parti.

Ceci est d'autant plus vrai qu'avec le changement des priorités de l'Union Européenne qui privilégie l'aide « aux frères de l'Europe de l'Est »,[20] comme le remarquait encore Monsieur Manuel MORIN, les produits des anciens pays socialistes européens bénéficieront de nombreuses facilités sur le marché de la Communauté, se situant ainsi dans une concurrence totale et pratiquement déséquilibrée avec les produits de base des Etats africains.

Déjà, dès la signature de la Convention de Lomé IV, le Général EYADEMA avait exprimé des craintes quant aux répercussions du marché unique européen sur les pays ACP compte tenu du fait que d'après de nombreux analystes, l'Europe, devenue une entité économique et monétaire unique, allait probablement inciter à un protectionnisme préjudiciable aux nations de l'hémisphère sud, en s'ouvrant d'avantage aux pays de l'Est qui constituent un marché potentiel plus attrayant. Il avait alors proposé l'adoption de mesures de sauvegarde ou de compensation, en ce qui concerne les préférences tarifaires, le traitement

---

(18) *Le Courrier, Afrique, Caraïbes, Pacifique,* n° 120, cité, p. 12.

(19) *Ibid.*, p. 12.

(20) *Ibid.*

spécial réservé aux produits ACP, la libre circulation des capitaux et des services, le transfert de technologies, etc.

Bien évidemment, ces craintes exprimées par le Président togolais au nom des Etats africains, ne furent pas prises en compte dans l'élaboration du Traité de Maastricht et de la Convention de Lomé IV.

Le Traité de Maastricht définit des conditions d'admission de nouveaux membres, et organise les bases d'une coopération dense et diversifiée aussi bien entre les Etats membres de la Communauté, qu'entre celle-ci et les Etats de l'Europe de l'Est. Mais il ne comporte aucune disposition sur les incidences de ce nouveau flux commercial sur les prix et l'accès des produits de base africains.

Bien au contraire, l'article 177 de la Convention de Lomé IV dispose qu'en cas de perturbations graves dans un secteur d'activité économique de la Communauté ou d'un ou de plusieurs Etats membres, la Communauté ou l'Etat membre concerné n'est pas tenu d'exécuter ses obligations vis-à-vis des pays ACP, et cela, sans le devoir de verser quelque compensation que ce soit.

En cas d'application des mesures de sauvegarde sus-évoquées, il est bien précisé à l'article 178 que les consultations qui devraient s'ouvrir entre la Communauté et les pays ACP à cet effet, « ne font pas obstacle à des décisions immédiates que pourraient prendre la Communauté ou les Etats membres, conformément à l'article 177 ». Autrement dit, non seulement rien ne sera entrepris pour réduire les effets néfastes de la création de l'Union Européenne sur le commerce des produits de base africains, mais les Etats membres de la Communauté sont libres, à tout moment, de privilégier l'accès de tel ou tel produit venant de l'Europe de l'Est, en invoquant « des circonstances exceptionnelles » ou des « perturbations graves », sans avoir à solliciter l'accord préalable des ACP ou même à leur verser quelque compensation que ce soit.

Avec la création de l'Union Européenne triomphe donc en Europe la loi de l'offre et de la demande, qui repose sur le libre échange et favorise par le fait même les pays de l'Europe de l'Est dont les économies sont plus compétitives que celles d'Afrique, des Caraïbes ou des Etats du pacifique liés à la Communauté. L'on comprend aisément alors, l'ouverture des marchés de certains pays, comme la République Fédérale d'Allemagne et l'Italie, aux pays de l'ex-Europe de l'Est, accompagnée d'un appui financier substantiel à la restructuration de l'économie de ces pays.

Il est évident que les préférences commerciales accordées aux pays ACP, et donc aux pays africains, seront fortement érodées par les conclusions des négociations de l'Uruguay Round, par les nombreux accords de produits signés par les Etats membres de la Communauté avec les pays d'Europe de l'Est et d'Asie, et par le soutien de la politique agricole dans chaque Etat membre. Déjà, l'on note une baisse importante de la part des produits ACP dans le marché de la Communauté, qui est passée de 7,5 % en 1990 à 5,1 % en 1993. Et les Ministres africains du Commerce réunis au Swaziland en mai dernier n'ont pas pu inverser cette tendance à la baisse ou même sauvegarder le régime commercial préférentiel qui avait été accordé à certains de leurs produits par les Conventions de Lomé.

La conclusion des négociations de l'Uruguay Round, la création du marché unique en Europe et l'avènement d'une Europe de l'Est démocratique sont des événements historiques dont on n'a pas encore fini de mesurer tous les effets, notamment les conséquences sur le commerce des produits de base entre l'Europe et l'Afrique, ainsi que sur le rôle et la place de l'Afrique dans le prochain millénaire.

LE DROIT INTERNATIONAL AFRICAIN DU DEVELOPPEMENT : SOURCES, PRINCIPES ET MISE EN ŒUVRE*

L'œuvre normative de l'OUA ne comporte pas seulement un ensemble de normes appelées à régir les relations entre Etats africains ainsi que les rapports de ces Etats avec le reste du monde. L'Organisation continentale a développé, au fil des ans, un corps de règles visant le développement économique, social, culturel et scientifique de l'Afrique.

L'OUA s'est ainsi efforcée de rechercher des solutions aux problèmes économiques, sociaux et culturels du continent africain, non seulement en édictant des normes de comportement obligatoires pour les Etats africains, mais aussi, en créant des institutions appelées à contribuer à la mise en œuvre des règles et des solutions élaborées par les divers pays du continent.

I. – LE DROIT AFRICAIN DE L'ENVIRONNEMENT

Dès 1963, les leaders africains avaient pris conscience de la dégradation du milieu naturel dû à la sécheresse, à la désertification, à la propagation des insectes et autres ennemis des végétaux. Dans les années 1980, l'OUA s'est mobilisée contre le déversement des déchets toxiques en Afrique. C'est ainsi que les normes du droit africain de l'environnement telles qu'élaborées par l'OUA portent essentiellement sur la conservation des ressources naturelles et l'interdiction du déversement des déchets toxiques sur le continent africain.

(*) Rapport de synthèse présenté à la 1re session plénière du 7e congrès annuel de la Société Africaine de Droit International et Comparé tenu à Johanesbourg en Afrique du Sud du 7 au 11 août 1995. Voir Actes du VIIe Congrès Annuel de la Société Africaine de Droit International et Comparé, Londres, 1996, pp. 75-99.

A. – La protection de la santé des plantes

Cette question a fait l'objet d'un débat animé au cours de la neuvième session du Conseil des Ministres réuni à Kinshasa du 4 au 10 septembre 1967, qui a finalement décidé d'approuver la Convention Phytosanitaire pour l'Afrique et de demander aux Etats membres de la ratifier.

Cette convention qui devait être amendée au cours de la quarantième session du conseil, a pour but d'empêcher l'introduction de maladies, insectes nuisibles et autres ennemis des végétaux dans toutes les régions de l'Afrique, de les éliminer ou de les combattre lorsqu'ils sont présents, d'empêcher leur propagation à d'autres territoires appartenant à ces régions et enfin, de mettre un terme à la commercialisation et à la diffusion incontrôlées des pesticides à usage agricole.

Il convient de relever qu'avant les indépendances, les questions phytosanitaires étaient réglées en Afrique par les dispositions de la Convention Phytosanitaire pour l'Afrique au Sud du Sahara faite à Londres le 29 juillet 1954 par les puissances coloniales et amendée dans la même ville le 11 octobre 1961.

Compte tenu des indépendances africaines, il fallait désormais confier aux institutions nationales et interafricaines la poursuite de la lutte contre les maladies des plantes sévissant sur le continent, en maintenant telles quelles ou en adaptant les normes contenues dans les conventions sus-évoquées ainsi que celles prévues par la Convention internationale pour la protection des végétaux signée à Rome le 6 décembre 1951.

Les mesures de protection des plantes préconisées par la convention signée à Kinshasa le 10 septembre 1967 s'exercent aussi bien au niveau national qu'à l'échelle du continent.

Au niveau national, chaque Etat membre de l'OUA s'engage à exercer les contrôles que l'OUA estime nécessaires pour l'importation des végétaux, et il prend à cet effet, à l'intérieur de son territoire, les mesures législatives ou réglementaires appropriées. Les autres règles prévues par la convention portent sur l'inspection, le contrôle des organismes vivants, des végétaux, semences, terreaux ou matériels d'emballage dont l'OUA aura déclaré l'importation dangereuse pour l'agriculture dans toute la région de l'Afrique, les dispositions à prendre pour lutter efficacement contre les maladies, insectes nuisibles et autres ennemis de végétaux déjà introduits en Afrique.

Au niveau continental, il s'agit de développer la coopération entre les diverses institutions nationales chargées de la protection de la santé des végétaux, et de renforcer la capacité de l'OUA à assurer la coordination de la lutte contre les maladies des végétaux sur le continent.

Les objectifs définis par la Convention Phytosanitaire pour l'Afrique ont été mis en œuvre individuellement par les États africains, et collectivement au sein de l'OUA, par la création d'un bureau spécialisé dans ces questions, qui est basé à Yaoundé, et l'institution au Centre universitaire de Dschang au Cameroun, d'un cycle de formation de spécialistes africains de la protection des végétaux.

– ***Le Conseil phytosanitaire interafricain***

Suite à l'adoption par l'OUA de la Convention phytosanitaire pour l'Afrique et à l'issue de tractations laborieuses entre l'Organisation et les Etats parties à la Convention phytosanitaire pour l'Afrique au sud du sahara établie à Londres le 29 juillet 1954 [1], la Commission interafricaine phytosanitaire fut transférée à l'OUA qui décida de l'installer à Yaoundé, en 1967.

Cette commission, devenue Conseil Phytosanitaire Interafricain (CPI), est l'un des bureaux extérieurs de l'Organisation de l'Unité Africaine. Elle dépend sur le plan administratif de la Commission scientifique, technique et de la recherche basée à Lagos, qui elle-même relève du département de l'Education, de la Science, de la Culture et des Affaires Sociales de l'OUA (ESCAS).

Le CPI assume donc, une mission essentiellement scientifique dont les objectifs peuvent être résumés de la manière suivante :

a) empêcher l'introduction de maladies, d'insectes nuisibles et d'autres ennemis de végétaux dans toutes les régions d'Afrique ;

b) les éliminer ou les combattre dans toutes ces régions ;

c) promouvoir des pratiques rentables et saines de la protection des cultures et des produits végétaux en Afrique ;

d) servir de point focal d'informations scientifiques et techniques dans le domaine phytosanitaire en Afrique ;

e) former des cadres phytosanitaires d'exécution, de recherche et de conception pour les Etats membres de l'OUA ;

f) conseiller et exécuter les opérations de police phytosanitaire en Afrique ;

---

(1) Il s'agit des pays suivants : Belgique, France, Portugal, Union Sud-Africaine, Royaume Uni de Grande Bretagne et d'Irlande du Nord.

g) coopérer avec les institutions de recherche scientifique régionales et internationales, ainsi qu'avec les organisations phytosanitaires régionales et internationales(2).

Pour réaliser ces objectifs, le CPI dispose des organes ci-après :

- une Assemblée Générale ;
- un Comité Exécutif ;
- un Secrétariat Scientifique ;
- un Comité Scientifique Consultatif ;
- des groupes de travail.

Le CPI est dirigé par un Secrétaire scientifique nommé par le Secrétaire général de l'OUA. Outre la direction politique et administrative du Secrétariat Scientifique, il est chargé particulièrement de :

1. établir la liaison entre le Conseil phytosanitaire africain, les gouvernements participants et la Commission scientifique et de la recherche ;
2. préparer un rapport pour chaque session ordinaire, sur les activités scientifiques, administratives et financières du conseil ;
3. participer aux délibérations du Comité Scientifique Consultatif, du Comité Exécutif, de l'Assemblée Générale dont il assume le secrétariat ;
4. diffuser aux Etats membres les informations reçues sur la présence de nouveaux ravageurs ou de toute nouvelle maladie affectant les plantes ;
5. assurer l'exécution du programme de travail du conseil ;
6. exécuter les accords phytosanitaires techniques à la demande des Etats membres ;
7. concevoir et étudier des projets à caractère multirégional et les soumettre à l'approbation de l'Assemblée Générale avant leur mise en exécution ; et
8. développer la coopération avec les institutions phytosanitaires internationales.

---

(2) Pour de plus amples informations sur le CPI, consulter les rapports du CPI au Conseil des Ministres de l'OUA, qui portent les références CPI (1967, 68...) ; voir également les rapports d'activités présentés par le Secrétaire Général à chaque session du Conseil des Ministres, ainsi que la thèse de doctorat de 3e cycle en relations internationales de François-Hervé MOUDOUROU, *le Cameroun et l'Organisation de l'Unité Africaine*, IRIC, Yaoundé, 1992, pp. 129-138.

L'Assemblée Générale quant à elle comprend les délégués de tous les Etats membres qui doivent être des experts phytosanitaires. Elle est responsable de la politique générale du CPI qu'elle adopte sur proposition du Comité Exécutif.

Ce comité est composé de douze experts phytosanitaires représentant les cinq régions de l'Afrique et sélectionnés sur la base de leur formation académique, des travaux publiés et de leur expérience pratique.

Quant au Comité scientifique consultatif, il est composé de spécialistes dans les domaines de la pathologie végétale, de l'entomologie, de la nématologie et autres domaines apparentés. Il informe l'OUA des différents problèmes touchant la protection de la santé des plantes.

Consciente de l'importance de ce bureau, l'Organisation panafricaine lui a toujours alloué des ressources annuelles consistantes, de l'ordre de 600 000 dollars des Etats-Unis ($638135 pour l'exercice 1991-1992 ; 696 220 USD pour 1992-1993, 575 479 USD pour 1993-1994).

Avec ces ressources financières, le CPI a déjà mis en place un certain nombre de réseaux d'études, de recherches et de contrôle afin d'étudier les contraintes inventoriées et de permettre ainsi l'amélioration qualitative et quantitative des productions agricoles, en vue de satisfaire les besoins économiques et alimentaires des populations africaines [(3)].

Le CPI coopère avec de nombreux Etats du continent dans la création et le renforcement de structures et infrastructures techniques de quarantaine en Afrique [(4)].

Ce centre organise régulièrement des cours de formation au profit des cadres d'exécution pour les programmes nationaux, et il assure la mise à jour constante de la cartographie de distribution des principaux

---

(3) On pourrait mentionner entre autres :
– Le réseau africain de phytovirologie des cultures vivrières, maraîchères et pérennes, qui regroupe les experts et organismes nationaux du Kenya, de la Tanzanie, du Zimbabwe, du Gabon, du Zaïre, du Congo, du Cameroun, du Burkina Faso, de l'Egypte et de la Tunisie ;
– Le réseau africain de micropropagation végétale dont le but est de produire des plantes saines de divers types afin de renforcer la résistance de celles-ci aux ravageurs ;
– Le réseau africain sur la lutte contre la cercosporiose noire du bananier plantain qui expérimente déjà avec succès en Afrique les méthodes et agents de lutte contre la cercosporiose, etc.

(4) La quarantaine végétale peur être définie comme l'ensemble des activités visant à la prévention de l'introduction, de l'établissement des organismes nuisibles et de leur éradication, voir à ce sujet CPI, *Document d'information présenté au Comité consultatif*, 1992, p. 3.

ravageurs, pathogènes et adventices des cultures et des produits végétaux en Afrique. Enfin, le CPI assure la supervision administrative du Centre africain de formation des cadres de recherches et de conception en matière phytosanitaire qui a été installé au Centre universitaire de Dschang au Cameroun.

– ***Le Centre Africain de Recherche et de Formation Phytosanitaire (CARFOP)***

Au cours de la quarante-et-unième session du Conseil, les ministres avaient estimé que la « réalisation des objectifs de la Convention phytosanitaire interafricaine passe par la formation de cadres africains spécialisés dans la protection des végétaux, le développement et la diffusion de connaissances et de technologies pouvant permettre de juguler les grands fléaux qui grèvent la productivité de l'agriculture africaine » (5).

C'est ainsi que le Conseil décida aux termes de la résolution CM/Res. 982 (XLI) du 4 mars 1985, d'accepter en principe la proposition de création d'un Centre africain de recherche et de formation phytosanitaire, « sous réserve de la soumission par le secrétariat, d'une étude de faisabilité des implications financières et en tenant en même temps compte des remarques formulées par les Etats membres » (6).

Conformément à cette décision du Conseil des Ministres, le Secrétaire général mena des consultations avec l'AUPELF (7) – qui avait alors son propre projet de création d'un cours africain de 3e cycle sur la protection des végétaux –, l'Institut International d'Agriculture Tropicale d'Ibadan, la F.A.O., et présenta à la cinquantième session réunie à Addis-Abeba du 17 au 22 juillet 1989 un rapport (Voir document CM/1558 (L) qui fut approuvé par la résolution CM/Res. 1238 (L) portant création effective du CARFOP et demandant au secrétariat de prendre toutes les dispositions nécessaires en relation avec le pays hôte, le Cameroun, pour le démarrage du projet dès octobre 1989.

Le CARFOP apparaît donc comme une « institution unique en son genre en Afrique, dans la formation et la spécialisation de cadres africains de conception dans le domaine de la protection des végétaux, des récoltes et de la recherche sur les contraintes phytosanitaires en vue de lutter contre

---

(5) Voir documents du Secrétariat Général, rapport 50e session du Conseil des Ministres, avril 1985.

(6) Paragraphe 2 du dispositif de la résolution CM/Res, 982 (XLI) du 4 mars 1985.

(7) AUPELF : Association des universités partiellement ou entièrement de langue française.

les parasites de tous ordres »[8]. Il est un instrument mis à la disposition des Etats membres pour les aider à former des cadres nécessaires pour la mise en oeuvre de la Convention phytosanitaire de l'OUA.

En dehors des activités de recherches, le CARFOP offre un enseignement de 3e cycle en protection des végétaux qui conduit les ingénieurs de conception en agriculture, eaux et forêts et les spécialistes de haut niveau des autres disciplines apparentées, au doctorat de 3e cycle dans les cinq option de formation suivante :

- phytopathologie ;
- Entomologie ;
- Nématologie ;
- Malherbologie ;
- Phytopharmacie.

D'une manière générale, il faudrait souligner que la formation dispensée au CARFOP à Dschang au Cameroun est polyvalente : comme le relève M. MOUDOUROU, « elle est conçue comme une formation finalisée de haut niveau, devant assurer une base théorique suffisante pour permettre la poursuite d'études ultérieures et des travaux de recherche, et être suffisamment pratique pour que les cadres formés soient opérationnels ; au terme de leurs études »[9].

Le CARFOP qui fonctionne normalement depuis octobre 1989, a livré sa première promotion de docteurs 3e cycle en protection des végétaux en 1992, avec l'appui constant de l'OUA qui, dès sa création, lui a toujours alloué des ressources financières pour ses activités.

- 72000 USD au cours des exercices 1990-1991 et 1991-1992, pour la formation de 12 étudiants, à raison de 6 000 USD par étudiant ;
- 112 000 USD au cours de l'exercice 1992-1993, répartis ainsi qu'il suit : Réunion du Conseil d'administration : 20 000 USD ; Missions de sensibilisation auprès des Etats membres et des partenaires du projet : 20 000 USD, frais de formation des étudiants (bourses, stages) : 72000 USD ;
- 400000 USD pour l'exercice 1993-1994, conformément à la résolution CM/Res. 1439 (LVII) du Conseil des Ministres du 19 février 1993 ;

---

(8) Voir préambule, paragraphe 3, résolution CM/Res. 1329 (III) du 1er mars 1991.

(9) MOUNDOUROU (F.-H.) *Le Cameroun et l'Organisation de l'Unité Africaine*, Thèse pour le Doctorat de 3e cycle en relations internationales, IRIC, mars 1992, p. 141.

– 450000 USD pour la période biennale 1994-1996, soit 300 000 dollars américains pour l'exercice 1994-1995 et 150 000 USD pour 1995-1996.

Comme on le voit, l'OUA n'a jamais cessé de manifester son appui au CARFOP qui du reste peut se flatter d'un bilan globalement positif, aussi bien au niveau de la recherche que sur le plan de la formation. Mais il convient ici d'insister sur les sombres perspectives d'avenir de cette institution africaine qui risque de fermer ses portes dans quelques années, en raison de l'incapacité du Département de l'ESCAS de l'OUA, du pays hôte (le Cameroun) et des Etats africains ayant des étudiants dans ce centre, à réaliser son autofinancement voire même, à asseoir l'institution sur des bases administratives, académiques et financières saines et définitives.

En effet, la question du statut administratif du Directeur, de l'intendant et des enseignants du Centre n'a toujours pas été résolue. En raison de la faiblesse de ses moyens financiers et compte tenu du fait que l'OUA n'est pas une agence d'exécution des projets, l'Organisation continentale ne saurait assurer indéfiniment le financement de projets régionaux, dont certains, tels le CARFOP, sont pourtant d'une importance capitale pour le développement de l'Afrique.

Un effort concerté devrait être entrepris par l'OUA, initiatrice du projet, l'Etat hôte et les autres pays africains concernés pour mobiliser les partenaires étrangers pourtant si nombreux, régler la question du barème de leurs contributions respectives au budget du Centre ainsi que les situations administratives en suspens.

Or, malgré les instructions données par le Conseil des ministres dans sa résolution CM/Res. 1439 (LVII), le Département de l'ESCAS n'a pas cru devoir présenter au Comité consultatif au cours de sa 59e session, l'étude recommandée sur les dispositions à prendre en vue du lancement définitif du CARFOP. Par ailleurs, l'Etat hôte, qui a pourtant consenti des sacrifices louables pour ce projet, n'a pas pu concevoir et appliquer une stratégie de viabilisation du projet. Bien au contraire, les querelles de personne et le manque de coordination entre l'Ambassade du Cameroun à Addis-Abeba et le Ministre des Relations Extérieures à Yaoundé ont empêché un suivi attentif des affaires du CARFOP au niveau d'Addis-Abeba, ainsi que la mobilisation indispensable des partenaires de cette institution universitaire et des autres Etats africains directement concernés.

Le fait que le budget du CARFOP ait connu un accroissement exponentiel et sans précédent dans les annales de l'OUA (entre 1992 et 1993), ne doit pas faire illusion. Cette augmentation substantielle est due aux initiatives personnelles des Chefs de Mission qui se sont succédé à l'Ambassade du Cameroun depuis 1989, avec le bienveillant appui de leurs collègues et amis du corps diplomatique africain (10).

Compte tenu de l'importance de ce centre qui seul peut permettre à l'OUA de doter les programmes nationaux phytosanitaires de cadres et d'experts qualifiés et en nombre requis, il est à espérer que le Département de l'ESCAS et le pays hôte sauront trouver les moyens de se concerter en vue d'adopter une stratégie pouvant à terme permettre au CARFOP d'atteindre sa phase de maturité.

B. – La conservation de la nature

Face à la dégradation et au pillage des ressources animales et végétales africaines entrepris depuis le 19e siècle par les puissances coloniales, les Etats africains décidèrent, dès le lendemain des indépendances, d'intégrer les préoccupations écologiques dans leurs délibérations, et notamment dans les réunions conjointes organisées par la CEA et l'UNESCO sur la protection de la faune et de la flore.

En effet, la Convention africaine relative à la conservation de la flore et de la faune adoptée le 8 novembre 1933 ne concernait en fait que la réglementation de la chasse de certaines espèces en Afrique, compte tenu par ailleurs de la concurrence entre Français et Anglais. Elle ne tenait « pas compte dans l'ensemble de l'équilibre fragile de l'écosystème et surtout de la relation naturelle entre la population africaine et le milieu environnemental dont elle dépend » (11).

C'est compte tenu de ces lacunes juridiques que la Conférence Internationale CEA/UNESCO sur l'organisation de la recherche en Afrique dans le domaine de la conservation et de l'utilisation des ressources naturelles, réunie à Lagos (Nigéria) du 28 juillet au 6 août 1964 réclama la révision de la convention de 1933 sus-évoquée et recommanda que l'OUA soit invitée à confier la préparation d'un projet de convention africaine à l'Union Internationale pour la Conservation de la Nature et des Ressources Naturelles (UICN) assistée par l'UNESCO et la F.A.O.

---

(10) Il s'agit de S. E. M, YONG Dominique, Ambassadeur du Cameroun en Ethiopie et auprès de l'OUA de 1989 à 1993, et de l'auteur du présent ouvrage qui a dirigé cette ambassade en qualité de Chargé d'Affaires depuis le 8 mars 1993, puis de représentant auprès de l'organe central de l'OUA de 1994 à 1996.

(11) MVOGO TABI (A. C.), *La protection de l'environnement dans la coopération des pays d'Afrique centrale* : le cas de la flore et de la faune, thèse de 3e cycle, IRIC, 1988, p. 53.

A l'issue de nombreuses réunions d'experts organisées par l'UICN et l'OUA, le projet de Convention africaine pour la conservation de la nature et des ressources naturelles fut transmis à la Conférence des chefs d'État et de Gouvernement qui décidèrent de le signer à Alger le 15 septembre 1968. Dès le 16 juin 1969, ce texte devait entrer en vigueur et il a été enregistré auprès du Secrétariat Général de l'Organisation des Nations Unies le 1er décembre 1978.

Cette Convention africaine peut être saluée à juste titre comme la première tentative de l'OUA de codifier les normes du droit international dans le domaine de la conservation du patrimoine naturel et de la protection de l'environnement en Afrique.

Les Etats contractants s'engagent à prendre les mesures nécessaires pour assurer la conservation, l'utilisation et le développement des sols, des eaux, de la flore et des ressources en faune, en se fondant sur des principes scientifiques et en prenant en considération les intérêts majeurs des populations.

La Convention contient en outre les mesures que les Etats africains doivent prendre collectivement ou individuellement, au plan national, pour les sols, les eaux, la flore et les ressources en faune.

Toutefois, l'un des aspects les plus importants de ce texte demeure l'institution des « espèces protégées ». Il s'agit des espèces animales et végétales menacées d'extinction ou qui seraient susceptibles de le devenir, ainsi que l'habitat nécessaire à leur survie. Ces espèces sont regroupées en deux classes qui obéissent aux règles suivantes :

a) les espèces comprises dans la classe A seront protégées totalement sur tout le territoire des Etats contractants. Sont interdits la chasse, l'abattage, la capture ou la collecte de leurs spécimens. Il s'agit entre autres, de tous les lémuroides de Madagascar, du colobe roux de Zanzibar, du chimpanzé pygmée, des gorilles, des civettes d'eau, du lamantin du Sénégal, des zèbres de montagne, pellicans, tortues marines, etc.

b) les espèces comprises dans la classe B bénéficient d'une protection totale mais peuvent cependant être chassées, abattues, capturées et collectées en vertu d'une autorisation spéciale délivrée par les autorités nationales compétentes. Il s'agit à titre illustratif, des espèces suivantes : parpassa ou potamogales de la famille des potamogalidae, pangolin géant, hyène brune, lion, léopard, kobus leche, girafe, élan du Cap, onyx de Libye, gnou bleu, bouquetin de Nubie, crocodiles, etc.

La Convention précise que pour toutes les autres espèces non classées, les Etats contractants devront réglementer le commerce de leur spécimen, de manière à éviter tout trafic de spécimens et de trophées illégalement capturés, abattus ou obtenus.

Enfin, les principes d'action ci-après seront appliqués par les Etats contractants :

– établissement de réserves naturelles ;
– harmonisation des droits coutumiers avec les dispositions de la convention ;
– promotion de la recherche en matière de conservation, d'utilisation et d'aménagement des ressources naturelles ;
– éducation des populations en matière de conservation ;
– création de services nationaux de conservation ; et, enfin
– intégration des facteurs écologiques dans les plans nationaux de développement.

Pour assurer le suivi et le contrôle de la mise en œuvre des dispositions de la Convention et des principes sus-évoqués, la Convention impose une obligation de coopération aux parties contractantes chaque fois qu'une coopération s'impose pour donner plein effet aux prescriptions de la Convention, et chaque fois qu'une mesure nationale est susceptible d'affecter les ressources naturelles d'un autre Etat. De même, le Secrétariat Général est appelé à jouer un rôle de coordinateur notamment par la convocation des réunions des parties contractantes chargées de l'examen de l'application de la Convention.

Selon le document de référence CAB/LEG/24.1 publié par la Division juridique de l'OUA en juin 1993, trente Etats africains ont déjà déposé au Secrétariat Général de l'Organisation les instruments de ratification de la Convention africaine pour la conservation de la nature et des ressources naturelles. Cette large adhésion aux normes du droit international africain relatif aux ressources naturelles nous permet d'affirmer qu'il existe à l'heure actuelle, dans le droit régional africain, un corps de règles autonomes appelées à régir les comportements des Etats et la coopération interafricaine dans le domaine de l'exploitation et de la gestion des forêts, de la faune, de la flore, des eaux et des sols.

Toutefois, comme dans toute étude portant sur une norme de droit international, il convient de distinguer l'existence de la règle, qui dépend de son degré de consécration par le droit positif, notamment au regard de l'examen des sources du droit international énumérées au désormais célèbre article 38 du statut de la Cour Internationale de Justice, de l'application de la norme édictée qui, elle, dépend de la volonté des sujets du droit international concernés.

Dans le cas d'espèce, la positivité des principes et règles du droit africain de la conservation et de l'exploitation des ressources naturelles ne saurait faire l'objet d'une contestation sérieuse. Les règles et normes édictées découlent d'un traité international, à savoir, la Convention africaine pour la conservation de la nature. Or, le traité est l'une des sources essentielles de droit international.

La Convention d'Alger de 1968 fonde pour ainsi dire en droit positif, qu'il s'agisse du droit international général ou du droit régional africain, la positivité d'un corps de normes africaines élaborées par l'OUA pour la conservation et l'exploitation des ressources naturelles en Afrique.

Mais en raison des bénéfices commerciaux, de l'explosion démographique, de l'intensification de l'agriculture et de l'essor de la technologie, les Etats africains n'ont pas toujours appliqué les dispositions de cette Convention.

En effet, lorsqu'on considère la période coloniale, suivie elle-même par les indépendances, l'on s'aperçoit bien vite que les préoccupations écologiques sont demeurées quasi-inexistantes, aussi bien sur les plans bilatéral et multilatéral, que conventionnel et institutionnel.

Le braconnage, la gestion anarchique de la flore, la priorité accordée aux intérêts des compagnies forestières et à ceux des chasseurs ont dominé la période coloniale. Situation qui est demeurée pratiquement la même après 1960, avec d'une part la pérennisation voilée des intérêts exclusifs des investissements d'origine extérieure dans les Etats nouvellement indépendants et, d'autre part, l'importance manifeste accordée aux industries forestières parmi les activités économiques dites prioritaires en Afrique post-coloniale (12).

Et à l'heure actuelle, la gestion rationnelle de la faune et de la flore ne semble pas constituer une priorité pour les Etats africains, malgré toutes les normes fixées par la Convention d'Alger et qui ont pourtant valeur obligatoire pour la majorité de ces Etats. Les habitats de la faune sauvage sont transformés en pâturage, en terres agricoles ou en monocultures forestières. La chasse et le braconnage atteignent des proportions alarmantes, souvent avec la complicité active des responsables gouvernementaux.

Comme le relève à juste titre M. MVOGO TABI, les bailleurs de fonds internationaux, de même que les autorités locales, sont encore trop enclins à supprimer les investissements – déjà insuffisants – destinés à

---

(12) Pour de plus amples informations, consulter la thèse de M. MVOGO TABI déjà citée, première partie, chapitre 1 et 2.

protéger et à reconstituer les forêts [13]. En raison des nécessités de survie et des efforts de développement, les populations rurales africaines et les sociétés étatiques agro-pastorales maintiennent une pression toujours plus accrue sur le monde végétal et animal. En outre, la cristallisation des égoïsmes nationaux et les dures lois de l'économie contemporaine, freinent considérablement les efforts entrepris pour régénérer et préserver la faune et la flore, notamment dans le cadre de la Convention d'Alger.

L'application stricte des dispositions de la Convention africaine pour la conservation de la nature et des ressources naturelles devrait certainement figurer parmi les questions prioritaires du processus d'intégration économique qui sera engagé avec la mise en oeuvre du Traité d'Abuja tout comme du reste, la préservation de l'Afrique des déchets toxiques.

C. – L'interdiction d'importer en Afrique des déchets dangereux

Alarmé par les pratiques de déversement de déchets industriels et toxiques dans certains pays africains en 1987, le Nigéria avait pris la tête d'une croisade visant à éviter que le continent ne soit transformé en un immense dépotoir de déchets produits ailleurs, et notamment dans les pays industrialisés.

La question fut alors inscrite à l'ordre du jour de la quarante-huitième session du Conseil des ministres qui, aux termes de sa résolution CM/Res. 1153 (XLVIII), déclara solennellement que le déversement des déchets nucléaires et industriels sur le continent était un crime contre l'Afrique et les peuples africains, et engagea tous les Etats africains à œuvrer activement au sein de l'OUA et de toutes les instances des Nations Unies en vue de parvenir à l'interdiction d'importer en Afrique tout déchet dangereux, et pour quelque raison que ce soit, ainsi qu'au contrôle effectif et strict des mouvements transfrontières des déchets dangereux produits en Afrique.

Au cours de sa quarante-neuvième session, le Conseil des ministres exhorta ses membres à prendre activement part à la Conférence des plénipotentiaires prévue à Bâle du 13 au 17 mars 1989 en vue de l'adoption d'une convention sur les déchets dangereux, afin de veiller à ce que les préoccupations de l'Afrique sus-évoquées soient dûment prises en compte dans le texte de cette convention.

Il convient toutefois de relever que des différences profondes devaient persister entre le groupe africain et les pays industrialisés tout le long de la Conférence sus-évoquée, notamment sur la question du

---

(13) MVOGO TABI (A.C.) thèse citée, p. 16.

transfert des déchets produits en Occident, vers l'Afrique. C'est ainsi que les Etats africains refusèrent de signer le texte de la Convention adoptée à Bâle (Suisse) le 29 mars 1989. Par la suite, le Conseil des ministres décida, par sa résolution de référence CM/Res. 1225 (L), de procéder à l'élaboration d'une Convention spécifique à l'Afrique sur l'interdiction du déversement des déchets dangereux en Afrique, car ce continent risquait « d'être transformé en poubelle des riches pour cause de pauvreté »[14].

C'est sur la base de cette résolution que le Secrétariat Général de l'OUA, en collaboration avec la CEA, le PNUE, le Comité juridique consultatif Afro-asiatique, Greenpeace et d'autres institutions internationales intéressées prépara le projet de convention qui fut approuvé par la cinquante-deuxième session du Conseil des Ministres[15] et renvoyé à la Conférence africaine sur l'environnement et le développement durable prévue à Bamako au Mali en décembre 1990.

Cette conférence qui regroupa les Ministres africains de l'environnement, se tint finalement à Bamako (Mali) du 28 au 30 janvier 1991 et s'acheva par l'adoption, entre autres, de la Convention de Bamako sur l'interdiction d'importer en Afrique des déchets dangereux et sur le contrôle des mouvements transfrontières et la gestion des déchets dangereux produits en Afrique.

Avant de procéder à l'examen des normes élaborées, il convient de dire un mot sur les raisons qui ont poussé l'OUA et les Etats africains à entreprendre l'élaboration d'un droit régional dans ce domaine, dérogeant ainsi aux normes générales prescrites par la Convention de Bâle.

Les questions qui avaient divisé profondément les négociateurs africains et occidentaux lors de nombreuses séances de travail à huis-clos organisées au cours de la Conférence de Bâle portaient sur le champ d'application de la Convention, le principe de l'interdiction d'importer des déchets dangereux en Afrique, l'étendue des obligations des Etats parties à la Convention, la gestion des déchets dangereux produits en Afrique, le règlement des différends, la question des pavillons de complaisance... Il s'agit là de questions de fond sur lesquelles les plénipotentiaires africains ne pouvaient transiger.

---

(14) Voir discours du ministre nigérian des affaires étrangères à la 48e session du Conseil des Ministres. Addis-Abéba, Ethiopie, 20 mai 1968.

(15) Voir résolution CM/Res. 1291 (LII) du 8 juillet 1990.

La Convention africaine élaborée ensuite par l'OUA s'est bien évidemment inspirée de la Convention de Bâle comme cadre global de référence. Mais en plus de nombreuses améliorations apportées par les experts africains, ce texte prend parfaitement en compte les préoccupations de l'Afrique en ce qui concerne notamment l'affirmation du principe de l'interdiction d'importer des déchets dangereux en Afrique, qui est érigé ici en norme impérative du droit régional africain, l'interdiction de l'immersion des déchets en mer et de la pollution des eaux continentales, la clarification des obligations de protection de l'environnement et de la gestion écologiquement rationnelle des déchets, la définition des modalités de mise en œuvre de la responsabilité des Etats...

Dans la rédaction de la Convention de Bamako, les experts africains ont en réalité :

- refondu complètement le préambule de la Convention de Bâle et étendu le champ d'application aux déchets radioactifs ;
- inclu dans les définitions, les mesures de prévention contre les déchets ;
- introduit le concept d'interdiction des importations dans les obligations générales ainsi que celui du système de surveillance dans les responsabilités des autorités compétentes ;
- introduit en outre la possibilité d'extradition en cas d'importation illicite ;
- étendu le champ de la coopération interafricaine ;
- reformulé les chapitres de la Convention de Bâle relatifs aux questions financières, à la conférence des parties conçue comme un mécanisme de suivi de l'application de la Convention, à la vérification, au règlement des différends, à la ratification et enfin, à l'entrée en vigueur.

Au total, quatre principes juridiques fondamentaux ont été établis par la Convention de Bamako :

- interdiction d'importer des déchets dangereux en Afrique :
- interdiction de déverser des déchets dangereux en mer et dans les eaux intérieures ;
- limitation de la production des déchets dangereux en Afrique et contrôle strict des mouvements transfrontières de ces déchets ;
- responsabilité des auteurs de violations de la Convention qui seront poursuivis en justice conformément à la législation nationale des Etats contractants et/ou au droit international.

La Convention consacre en outre l'obligation de réimporter à la charge des Etats producteurs de déchets toxiques, étend les conditions dans lesquelles tout mouvement transfrontière de déchets dangereux peut être considéré comme un trafic illicite, et prévoit l'établissement d'un protocole régissant la responsabilité et l'indemnisation en cas de dommages résultant d'un mouvement transfrontière de déchets dangereux.

L'un des aspects les plus significatifs de la Convention de Bamako est l'institution d'une Conférence des parties composée des Ministres africains de l'environnement, et qui est chargée de surveiller l'application des règles fixées par la Convention.

En effet, cette Conférence des parties se réunira selon la fréquence qu'elle aura déterminée à sa première session. Elle adopte son propre règlement intérieur et celui de tout organe subsidiaire qu'elle pourra créer, ainsi que le règlement financier qui doit déterminer la participation financière des parties à la mise en œuvre de la Convention.

La Conférence des parties examine en permanence l'application de la Convention et en outre :

a) encourage l'harmonisation des politiques, stratégies et mesures nécessaires pour réduire au minimum les dommages causés à la santé humaine et à l'environnement par les déchets dangereux ;

b) examine et adopte les amendements à la Convention ;

c) examine et prend toutes les mesures nécessaires à la poursuite des objectifs de la Convention ;

d) procède à l'adoption des protocoles, à la création des organes subsidiaires jugés nécessaires et statue elle-même sur le règlement pacifique des différends suscités par le mouvement transfrontière des déchets dangereux...[16].

Notons enfin qu'aux termes de l'article 19, toute partie qui a des raisons de croire qu'une autre partie agit ou a agi en violation de la Convention doit en informer le Secrétariat Général de l'OUA ainsi que la partie faisant l'objet des allégations. Le Secrétariat vérifie le bien-fondé de cette allégation et soumet un rapport à ce sujet à tous les Etats parties.

Compte tenu de l'importance de cette Convention dans les efforts de l'OUA pour préserver l'Afrique et ses populations des déchets dangereux, le Conseil des Ministres, réuni en sa cinquante-quatrième session ordinaire à Abuja, capitale de la République du Nigéria, du 27 mai au ler juin 1991, a lancé un appel pressant à tous les africains qui ne l'ont pas encore fait, afin qu'ils puissent la signer et/ou la ratifier, en même temps qu'il a chargé le Secrétariat général de l'Organisation d'en assurer une large diffusion.

---

(16) Article 15, Convention de Bamako adoptée le 30 janvier 1991.

II. – LE DROIT DE L'INTEGRATION ECONOMIQUE EN AFRIQUE

En dehors des règles et mesures destinées à accélérer le développement de l'Afrique par le renforcement de la coopération interafricaine dans les secteurs de l'assistance technique et de l'agriculture, les organes politiques de l'OUA ont élaboré et adopté des normes visant la promotion de l'intégration économique régionale, par le canal du Traité instituant la Communauté économique africaine et de la Charte constitutive de l'association des organisations africaines de promotion commerciale.

– *Harmonisation des politiques commerciales et promotion des échanges intra-africains*

L'une des directives essentielles de l'OUA à ses membres est de réaliser l'harmonisation des politiques commerciales et de renforcer les échanges intra-africains, en vue de parvenir à l'intégration économique du continent. Pour ce faire, l'Organisation a encouragé la création d'une Association des Organisations Africaines de Promotion Commerciale (A.O.A.P.C.) dont les statuts, signés à Addis-Abéba le 18 janvier 1974, sont entrés en vigueur le 24 avril 1984.

L'A.O.A.P.C. qui a son siège à Tanger au Maroc, compte à présent trente membres.

Placée sous le double patronage de l'OUA et de la CEA, elle a pour objectif principal de favoriser les contacts entre pays africains, de renforcer l'échange d'informations, de renseignements et de communications d'ordre commercial, et d'aider à l'harmonisation des politiques commerciales des pays africains. L'association doit servir en outre d'instrument pour la promotion des échanges, des études de marché et des investissements orientés vers l'exportation, en particulier en Afrique.

Pour ce faire, elle mène un certain nombre d'activités prioritaires qui consistent à aider les Etats membres à créer des organisations ou des associations nationales de promotion commerciale, à formuler à l'intention des Etats membres des recommandations relatives à l'expansion du commerce intra-africain, à favoriser les contacts entre les hommes d'affaires africains, à promouvoir l'organisation de centres sous-régionaux pour la diffusion de renseignements d'ordre commercial parmi les Etats membres.

La structure de l'A.O.A.P.C comporte comme dans la plupart des institutions internationales, un organe plénier, l'Assemblée Générale, et un organe permanent chargé de l'exécution des décisions de l'organe plénier et de la gestion administrative quotidienne de l'association, qui est le Secrétariat.

L'Assemblée se compose de représentants de tous les Etats membres. Elle se réunit en session ordinaire une fois tous les deux ans. Elle définit la politique générale de l'association, et décide en outre des questions administratives, budgétaires et financières, en même temps qu'elle examine et approuve le programme de travail de l'association. Enfin, l'Assemblée élit le Secrétaire général de l'A.O.A.P.C. dont la mission est de diriger le Secrétariat, d'assurer le suivi des décisions de l'Assemblée, d'exécuter le programme de travail approuvé, dans les délais prescrits, et enfin, d'assurer la liaison avec les conférences sous-régionales et les associations nationales.

Les statuts de l'A.O.A.P.C, reconnaissent en outre un rôle majeur aux conférences sous-régionales et aux associations nationales. Les premières, qui réunissent les représentants des Etats membres de chacune des cinq sous-régions de l'Afrique, apparaissent comme des organes d'exécution des décisions de l'Association au niveau sous-régional. Quant aux secondes, elles font office de centre d'information, au niveau de chaque Etat membre, au sujet des activités poursuivies par l'Association et s'acquittent des autres fonctions que l'Assemblée Générale peut leur confier.

La première phase du programme d'activités de l'A.O.A.P.C., approuvé par la 28e session ordinaire du Conseil des ministres et qui portait sur la création de centres nationaux de promotion commerciale est à présent achevée. Des associations nationales et des chambres de commerce fonctionnent avec plus ou moins d'efficacité, dans la quasi-totalité des Etats du continent.

Dans sa seconde phase, le programme d'action de l'Association des Organisations Africaines de Promotion Commerciale sera articulé autour des thèmes suivants :

- harmonisation des politiques commerciales des Etats membres en relation avec les organisations sous-régionales chargées de l'intégration économique ;
- organisation des foires et des expositions commerciales ;
- appui aux missions de prospection menées en Afrique par les hommes d'affaires africains ;
- contribution à l'établissement des accords bilatéraux portant sur le commerce, entre Etats africains voisins.

Il convient enfin de relever que l'A.O.A.P.C. continue de produire des études et autres manuels sur la situation du commerce interafricain, la levée des barrières tarifaires, douanières et fiscales au développement de ce commerce, le fonctionnement des centres nationaux de promotion commerciale, la diversification du commerce extérieur des Etats africains, etc.

– *Création d'une communauté économique africaine*

L'intégration économique en Afrique, de l'avis de l'OUA, passe par la mise sur pied d'une véritable communauté économique. C'est l'une des principales décisions prises par l'OUA depuis le Sommet d'Alger en 1968, en application des dispositions pertinentes de la Charte (voir préambule, ainsi que les articles 1, 2 et 3).

En effet, au cours des sommets de l'OUA tenus à Alger en septembre 1968 et à Addis-Abeba en août 1970 et en mai 1973, les chefs d'Etat africains avaient adopté de nombreuses résolutions stipulant que l'intégration économique du continent est une condition essentielle pour la réalisation des objectifs de l'Organisation.

A Libreville, en juillet 1977, ils décidèrent d'entériner la Déclaration de Kinshasa adoptée par le Conseil des ministres en décembre 1976 et qui envisage la création d'une Communauté Economique Africaine dans les plus brefs délais possibles.

Il convient de relever que l'idée de la création d'un marché africain, prélude à la Communauté économique africaine, était déjà mentionnée dans la « Déclaration d'engagement de Monrovia sur les principes directeurs à respecter et les mesures à prendre pour réaliser l'auto-suffisance nationale et collective dans le domaine du développement économique et social en vue de l'instauration d'un nouvel ordre économique international ».

Poursuivant sur la même lancée, le plan d'action et l'acte final adoptés à Lagos en avril 1980 réaffirment l'engagement des leaders africains à créer, d'ici à l'an 2000, une Communauté économique africaine afin d'assurer l'intégration économique, sociale et culturelle du continent. Et à l'occasion du 25e anniversaire de l'OUA, les chefs d'Etat et de Gouvernement ont adopté une déclaration qui pose en réalité les fondements du processus de négociations qui a conduit à la signature, à Abuja au Nigéria, le 3 juin 1991, du traité instituant la Communauté économique africaine qui vient juste d'entrer en vigueur[17].

Comme on le voit, les Etats africains ont déployé des efforts constants en vue de la mise en œuvre du principe de l'intégration économique régionale, prescrit par l'organisation depuis 1968. L'adoption du Traité d'Abuja constitue, à n'en point douter, une étape décisive pour l'application de cette norme du droit international africain de développement.

---

(17) La 35e ratification, celle du Cameroun, est intervenue le 22 décembre 1993. Il convient de souligner que les instruments de ratification du Traité d'Abuja par ce pays ne sont pas encore déposés au Secrétariat Général de l'OUA.

La Communauté économique africaine, dont le but essentiel est de promouvoir la coopération et le développement dans tous les domaines de l'activité humaine en vue d'élever le niveau de vie des peuples africains, de maintenir et de promouvoir la stabilité économique, d'instaurer des relations étroites et pacifiques entre les Etats membres et de contribuer au progrès, au développement et à l'intégration économique du continent, fonctionnera sur la base des principes suivants : égalité et interdépendance des Etats membres ; solidarité et autonomie collective ; coopération inter-Etats, harmonisation des politiques et intégration des programmes ; promotion d'un développement harmonieux des activités économiques entre les Etats membres ; respect du système juridique de la communauté ; règlement pacifique des différends et respect des droits de l'homme.

Elle sera progressivement mise en place au cours d'une période de transition de Trente-quatre années au maximum subdivisée en six étapes de durée variable, dont la dernière verra l'intégration de tous les secteurs économiques, la création d'un marché intérieur unique ainsi que d'une union économique et monétaire panafricaine, le parachèvement du processus d'harmonisation et de coordination des activités des communautés économiques régionales, le parachèvement de la création d'un Fonds monétaire africain, la création d'une banque centrale unique ainsi que d'une monnaie africaine unique.

Mais, avant de se concerter sur la meilleure stratégie à adopter pour construire l'intégration économique en Afrique, les Etats africains devraient tout d'abord organiser l'espace politique et économique national, par l'élaboration consensuelle de normes juridiques et politiques claires et acceptées par tous, l'instauration de l'état de droit, le respect des droits de l'homme, la responsabilisation des agents économiques, et la transparence dans la gestion de la chose publique.

Seules des entités nationales viables parce que fondées sur la tolérance et la reconnaissance de la diversité culturelle et ethnique peuvent réellement s'engager dans la construction de communautés économiques régionales fortes qui serviront de véritables fondements à la future Communauté économique africaine.

Et dans ce contexte, l'OUA pourrait avoir un rôle prépondérant à jouer, à condition que ses fonctions économiques soient clairement définies par le Comité spécial pour la révision de la Charte qui devrait fusionner, dans les meilleurs délais possibles, le Traité d'Abuja et la Charte de l'organisation adoptée en 1963.

III. – LES NORMES AFRICAINES RELATIVES AUX DROITS DE L'HOMME

Le principe universel du respect des droits de l'homme a été repris et adapté aux réalités africaines par les organes politiques de l'OUA qui ont ainsi élaboré de nombreux principes, règles et directives portant non seulement sur la protection des droits de l'homme et des peuples en Afrique, mais aussi, sur la protection de certains groupes fragiles et souvent défavorisés que sont les enfants, les handicapés et les réfugiés.

A. – Les droits de l'homme et des peuples

De 1963 à la signature de la Charte africaine des droits de l'homme et des peuples, les chefs d'Etat africains n'avaient pas manifesté, au sein de l'OUA un grand intérêt pour la protection des droits de l'homme en Afrique. C'est au Sommet de Monrovia que le lien entre développement, droits de l'homme et démocratie a été reconnu solennellement par l'organisation qui a alors décidé non seulement de codifier les normes africaines visant le respect des droits de l'homme, mais aussi et surtout, de mettre en place un mécanisme interafricain chargé de la protection effective de ces droits.

1. – L'OUA et la protection des droits de l'homme de 1963 à 1981

La Charte de l'OUA ne consacre que peu de ses dispositions à la question des droits de l'homme. Dans le préambule, ses signataires se déclarent « persuadés que la Charte des Nations Unies et la Déclaration universelle des droits de l'homme », aux principes desquels ils réaffirment leur adhésion, « offrent une base solide pour une coopération pacifique et fructueuse » entre leurs Etats. A l'article 2, les pères fondateurs assignent pour mission à l'OUA, de « favoriser la coopération internationale, en tenant dûment compte de la Charte des Nations unies et de la Déclaration universelle des droits de l'homme ».

Comme le souligne Kwam Kwassi, la Charte de l'OUA est « très laconique sur la question des droits et libertés »(18), dans la mesure où à l'exception des brèves allusions à la Charte des Nations Unies et à la Déclaration universelle des droits de l'homme, elle privilégie au niveau des objectifs et principes de l'Organisation, le renforcement et la garantie de l'assise territoriale des Etats membres, la sécurité des Etats et de leurs dirigeants ainsi que la lutte contre le colonialisme. « De toute évidence,

---

(18) KWAM KWASSI, *Organisations Internationales Africaines, op. cit.*, p. 221.

la Charte de l'OUA ne constitue pas une consécration solennelle des droits de l'homme africain. Elle est une sauvegarde impérative des Etats érigée en système, en particulier par les alinéas 2, 3 et 5 de l'article 3. Elle n'a prévu aucune possibilité de contrôle ou d'intervention en matière des droits de l'homme, et semble au contraire exprimer un net recul dans le processus d'internationalisation de ces droits »[19].

En effet, au moment même où les chefs d'Etat africains réunis à Addis-Abeba s'étaient décidés à signer la Charte de l'OUA, le processus d'internationalisation des droits de l'homme entamé en Europe à la suite de la seconde guerre mondiale et amplifié par le système des Nations Unies avait déjà pris corps sur les autres continents.

En Europe occidentale, qui a du reste eu un rôle de pionnier dans ce domaine, l'on peut mentionner, au point de vue normatif, en plus de la Convention des droits de l'homme entrée en vigueur en 1953, la Charte sociale européenne adoptée à Turin en 1961, l'institution de la Cour de justice des communautés européennes, la Déclaration de Copenhague de 1973 sur « l'identité européenne » ainsi que la déclaration commune du 5 avril 1977 par laquelle les trois organes principaux de la communauté s'étaient engagés à sauvegarder les droits fondamentaux de l'individu dans l'élaboration du droit communautaire.

Ce schéma européen de protection des droits de l'homme avait dans le même temps été étendu à l'Amérique latine par la Convention de San José de Costa Rica du 22 novembre 1959 qui prévoit, comme moyens de protection, la Commission interaméricaine des droits de l'homme et un organe juridictionnel, la Cour interaméricaine des droits de l'homme.

Au regard des avancées opérées par le concept des droits de l'homme en Europe et en Amérique, la Charte de l'OUA apparaît avant tout comme un hymne à la sacralisation des régimes politiques en place au mépris des droits des peuples, à tel point que le Président Mwalimu Julius NYERERE n'avait pas hésité à traiter l'OUA, à l'époque, de « syndicat de Chefs d'Etat qui ne protège plus les peuples »[20].

Mais ce silence de la Charte n'a pas empêché à l'OUA de s'intéresser aux droits de l'homme, notamment dans les territoires coloniaux portugais, en Rhodésie, en Namibie et en Afrique du Sud. Toutefois, il faudrait souligner que l'Organisation continentale s'est bornée à dénoncer leurs

(19) AIT-AHMED (H.). *L'Afro-fascisme, les droits de l'homme dans la charte et la pratique de l'OUA*, Paris, l'Harmattan, 1980, p. 195.

(20) Voir P. DANIEL, op, cit., p. 316 cité par JOUVE (E.), *L'Organisation de l'Unité Africaine, op. cit.*, p. 221.

violations dans ces territoires, oubliant la situation de ses propres membres – déjà indépendants –, qui a surtout été examinée par les églises et les organisations de défense de droits de l'homme.

C'est dans les années 1980 que l'OUA a pris conscience qu'elle devait participer, à son tour, à la mondialisation inévitable des droits de l'homme. En effet, c'est au cours de la 26e Conférence au Sommet réunie à Monrovia du 17 au 20 juillet 1979, que les Chefs d'Etat et de Gouvernement décidèrent de demander au Secrétaire général d'organiser une conférence restreinte d'experts de haut niveau, en vue d'élaborer un avant-projet de Charte africaine des droits de l'homme et des peuples (Voir décision n° 115, adoptée à Monrovia le 20 juillet 1979).

En application de cette décision, le Secrétaire général, à l'invitation du Gouvernement sénégalais, organisa à Dakar du 28 novembre au 8 décembre 1979 une réunion de juristes africains pour la rédaction d'un projet de convention qui fut bâti autour d'une idée maîtresse : à savoir que la Charte africaine des droits de l'homme doit être le reflet de la conception africaine des droits de l'homme.

Cet avant-projet devait donc présenter une certaine originalité par rapport aux autres conventions universelles et régionales sur les droits de l'homme dans la mesure où les experts africains avaient estimé nécessaire « de donner une place de choix au principe de non-discrimination, de mettre l'accent sur les règles relatives aux objectifs de l'OUA tels qu'ils sont déterminés dans l'article 2 de la Charte, et notamment le devoir de solidarité et de coopération pour la souveraineté et la lutte contre la domination étrangère, d'énoncer les droits des peuples à côté des droits des individus, de déterminer les devoirs de chaque personne vis-à-vis des communautés dans lesquelles elle vit et plus particulièrement vis-à-vis de la famille et de l'Etat, de montrer que les valeurs africaines ont encore une grande importance dans les sociétés africaines et enfin, de donner aux droits économiques, sociaux et culturels la place qu'ils méritent »[(21)].

L'avant-projet de la charte tel que rédigé par les experts a été ensuite examiné par deux réunions ministérielles tenues à Banjul, à l'invitation du Gouvernement gambien, du 9 au 15 juin 1980, puis du 7 au 19 janvier 1981. Et c'est d'ailleurs au cours de la seconde session à laquelle prirent

---

(21) Voir Rapport du Secrétaire Général sur le projet de Charte africaine des droits de l'homme et des peuples, 37e session ordinaire du Conseil des Ministres, Document CM/1149 (XXXVII), pp. 1-2.

part quarante Etats membres de l'OUA que le projet de charte, comprenant 60 articles regroupés en trois parties, fut définitivement mis au point avant d'être présenté à la dix-huitième session de la Conférence des Chefs d'Etat et de Gouvernement qui l'adopta à Nairobi en juin 1981 en tant que Charte africaine des droits de l'homme et des peuples.

2. – La protection des droits de l'homme en Afrique depuis 1981

La Charte africaine des droits de l'homme et des peuples, qui est entrée en vigueur le 21 octobre 1986, peut être considérée à juste titre comme un événement majeur car « cette charte constitue un apport fondamental au développement du droit régional africain, en ce sens qu'elle complète la charte constitutive de l'OUA, très laconique sur la question des droits et libertés »(22).

Comme le relève François RIGAUX, la Charte africaine a ceci de particulier qu'elle établit un double lien entre les droits de l'homme et les droits des peuples, et consacre les peuples comme sujet de droits fondamentaux dans l'ordre juridique international(23). A côté des droits de l'homme stricto sensu, elle garantit en fait les droits des peuples (à la décolonisation, à l'existence, à la paix, à la libre disposition de ses ressources naturelles, etc.).

La Charte comprend trois parties consacrées respectivement aux « Droits et devoirs », aux « mesures de sauvegarde » et aux « Dispositions finales ».

Dans la première partie, la Charte protège d'abord les droits civils et politiques de l'homme africain : totale égalité devant la loi (article 3), inviolabilité de la personne humaine (article 41, droit à la liberté et à la sécurité de la personne humaine (article 6), droit de défense (article 7), droit à l'information (article 9), liberté de conscience (article 8), droit de constituer librement des associations (article 10), liberté d'aller et de venir (article 12), droit de participation à la direction des affaires du pays (article 13).

Le contenu de la Charte traduit ensuite le désir de sauvegarder les valeurs traditionnelles africaines, d'où l'importance spéciale accordée à la famille (articles 18 et 27), à la défense des valeurs morales (article 17), ainsi qu'à la définition des droits et des devoirs respectifs des peuples et des individus.

---

(22) KWAM KWASSI, *Organisations Internationales africaines, op cit.*, p. 233.

(23) Pour une évaluation détaillée de la Charte africaine des droits de l'homme et des peuples consulter l'étude de F. RIGAUX, « La Place de la Charte africaine dans la reconnaissance des droits des peuples » in *Revue Africaine de Droit International et Comparé*, décembre 1989 Volume 1, n° 4, pp. 584-594.

Enfin, dans cette première partie, la Charte met l'accent sur les droits économiques, culturels et sociaux, considérés dans la conception africaine comme les déterminants des droits politiques. c'est ainsi qu'elle affirme et protège le droit au travail (article 15), les droits de la famille (surtout en ce qui concerne la protection de la mère et de l'enfant, article 18), le droit à la santé (article 16), le droit de propriété (article 14), le droit à la paix et au développement, etc.

Après avoir énuméré les droits des peuples (de l'article 19 à l'article 24), la Charte se distingue des autres textes en vigueur dans ce domaine par le fait qu'elle comporte un chapitre entier consacré aux devoirs de l'individu vis-à-vis de la communauté, traduisant ainsi sur le plan juridique, la tradition africaine selon laquelle tout individu a des obligations vis-à-vis de ses semblables, de sa famille, de la société, de l'Etat ainsi que de la communauté nationale et internationale.

Dans la seconde partie, qui traite des mesures de sauvegarde, les rédacteurs de la charte ont prévu la création d'une Commission des droits de l'homme et des peuples, composée des onze membres élus par la Conférence des chefs d'Etat et de Gouvernement parmi les nationaux des Etats parties, et qui est chargée de promouvoir et de protéger les droits proclamés, de recevoir les communications des Etats parties et de traiter les cas de violations de droits de l'homme qui sont portés à son attention suivant des procédures précises et sous certaines conditions.

La Commission s'inspire du droit international général et du droit régional africain relatif aux droits de l'homme pour déterminer les règles de droit applicables. Elle examine en outre les rapports qui doivent lui être présentés tous les deux ans par chaque Etat partie, et soumet à chacune des sessions ordinaires de la Conférence des chefs d'Etat et de Gouvernement, un rapport sur ses activités assorti de ses recommandations.

Il convient enfin de relever que la troisième partie de la Convention comporte les dispositions finales classiques que l'on retrouve généralement dans les traités multilatéraux et qui portent sur la signature, l'adhésion, la ratification et l'entrée en vigueur.

Comme on le voit, la Convention adoptée en juin 1981 à Nairobi fixe non seulement les normes relatives aux droits de l'homme en Afrique, mais prévoit également un mécanisme chargé de leur protection qui du reste commence à s'affirmer sur la scène africaine.

En effet, depuis sa création, en 1982, la Commission a tenu quatorze sessions ordinaires. En plus de l'élaboration et de l'adoption de son règlement intérieur et de ses méthodes de travail, elle a examiné les rapports des Etats parties, entrepris des activités de promotion dans plusieurs États africains et procédé à l'étude des communications reçues au titre de l'article 47 de la Charte.

Il convient toutefois de relever que jusqu'à la tenue de sa onzième session du 8 au 15 octobre 1991 à Tunis (Tunisie), huit Etats seulement avaient soumis leurs rapports périodiques, à savoir la Jamahiriya Arabe Libyenne, l'Egypte, le Nigéria, la Tunisie, la Tanzanie, le Rwanda, le Togo et le Zimbabwe. A ce jour, ce nombre s'élève à quatorze, avec le Ghana, le Bénin, le Cap Vert, la Zambie, le Mozambique et le Sénégal qui ont présenté leurs rapports au cours des douzième, treizième et quatorzième session de la Commission.

Dans le même temps, la Commission a enregistré cinquante-cinq communications au titre de l'article 55 de la Charte, c'est-à-dire les communications émanant de sources autres que les Etats [24]. Elle a organisé de nombreux séminaires de formation sur le respect des droits de l'homme en Afrique et publié une brochure pour assurer la dissémination des principes de la Charte africaine des droits de l'homme et des peuples.

A ce jour, seuls quatorze Etats africains sur les 50 ayant ratifié la Charte ont soumis les rapports exigés au titre de l'article 62 de la Charte. Or, il s'agit là d'un engagement fondamental des Etats parties car c'est le seul moyen pour la commission de vérifier que ces Etats ont effectivement pris les mesures d'ordre législatif ou autres ayant pour but de donner effet, sur le plan national, aux droits et libertés reconnus et garantis par la Charte africaine.

Cette lenteur manifeste des Etats africains dans l'application de la Charte, ajoutée à la confidentialité des mesures prises à l'issue de l'examen des communications, font peser quelques doutes sur l'efficacité du système de la Charte africaine des droits de l'homme et des peuples, et notamment sur sa capacité à garantir la protection de ces droits sur le continent, d'autant plus que même les recommandations de la commission sur les cas qui lui sont soumis, doivent être présentées à la Conférence des Chefs d'Etat qui seule peut décider de leur publication.

Or, lorsqu'on connaît la rapidité avec laquelle tout Etat africain réagit aujourd'hui aux rapports des O.N.G. telles que Africa Watch ou Amnesty International, l'on comprend l'importance du droit de publication des rapports et toute la charge morale que ces derniers comportent. Il serait donc souhaitable qu'une révision de la Charte puisse conférer à la Commission le droit de rendre publiques les recommandations qu'elle prépare

---

(24) *Sixième Rapport annuel d'activité de la Commission africaine des droits de l'homme et des peuples* 1992-1993. Présenté à la 29e session de la Conférence au Sommet des Chefs d'Etats et de Gouvernement, 28-30 juin 1993, Le Caire, Egypte.

à l'intention de la Conférence des chefs d'Etat, ce qui aura le double avantage non seulement d'en faire un organe crédible et sérieux, mais surtout, de faire peser une menace morale et psychologique sur les Etats parties qui s'efforceront alors de respecter d'avantage les droits de l'homme ou du moins d'éviter la survenance des cas les plus flagrants, pour éviter la réprobation de l'opinion publique.

Il est évident que l'existence d'une commission chargée de la promotion et de la protection des droits de l'homme, constitue en elle-même un progrès certain dans la promotion d'une véritable culture des droits de l'homme en Afrique. Mais le système de la Charte de Banjul aurait été plus efficace si cette commission avait la possibilité de publier ses rapports sans subir la sanction de la Conférence au Sommet, et si un organe juridictionnel avait également été prévu, à l'instar de la Cour européenne des droits de l'homme ou même de la Cour Interaméricaine des droits de l'homme dont le statut est entré en vigueur en 1980 et qui a rendu sa première décision le 13 novembre 1981.

L'on pourrait peut-être tirer argument du fait que ces deux instances judiciaires sus-citées ne sont pas habilitées à recevoir directement les plaintes des parties lésées, pour justifier la décision des rédacteurs de la Charte africaine de ne pas inclure une cour de justice dans le système africain de protection des droits de l'homme.

Mais cet argument ne saurait résister à la critique dans la mesure où dans le système européen par exemple, la Cour apparaît comme l'instance de dernier recours lorsque la Commission n'a pu aboutir à une solution amiable à son niveau. Dans ce cas, la Commission rédige un rapport et émet des avis motivés qu'elle transmet, au Comité des Ministres et aux Etats intéressés. Ceux-ci pouvant à leur tour déposer un recours à la Cour qui dès lors, et à condition que les Etats intéressés aient accepté par déclaration unilatérale sa juridiction obligatoire, peut prendre contre l'Etat fautif des mesures qu'elle juge nécessaires et qui auront un caractère juridiquement contraignant [25].

Le système de promotion et de protection des droits de l'homme inscrit dans la charte signée à Banjul le 27 juin 1981 mérite donc d'être revu et amélioré, afin de garantir avec toujours plus d'efficacité le respect des droits de l'homme et des peuples sur ce continent qui continue de briller par l'absence de démocratie, l'aggravation des clivages ethniques

---

(25) La Cour s'est prononcée pour la première fois à la suite d'une requête étatique, dans l'affaire irlandaise, par son arrêt du 18 janvier 1978 (V., les commentaires de P. MERTENS, *Mélanges Dehousse,* Nathan-Larbor. Paris-Bruxelles, 1979. pp. 209-218).

et politiques, la désintégration des économies ployant sous le poids de la dette et de la corruption, la gestion à courte vue, la sacralisation des droits des Etats au détriment de ceux des individus et des peuples.

Il convient toutefois de relever que malgré ce contexte politique et économique difficile, l'OUA ne s'est pas découragée pour autant : sa quête des droits de l'homme s'est étendue aux droits spécifiques des enfants, des handicapés et des réfugiés qu'elle a cherché à définir et à protéger par de nombreuses conventions, et notamment par la Charte africaine des droits et bien-être de l'enfant.

B. – Les droits de l'enfant

La Charte africaine des droits et du bien-être de l'enfant, adoptée par l'Assemblée des Chefs d'Etat à Addis-Abéba en 1990 est le résultat d'une action conjointe du Secrétariat Général de l'OUA, du Réseau africain pour la prévention et la protection contre l'abus et la négligence de l'enfant (RAPPANE) et de l'UNICEF.

Déjà, lors de leur seizième session ordinaire à Monrovia (Libéria, 17-20 juillet 1979), les chefs d'Etat avaient « noté avec inquiétude que la situation de nombreux enfants africains, due aux seuls facteurs socio-économiques, culturels, traditionnels, de catastrophes naturelles, de poids démographique, de conflits armés, ainsi qu'aux circonstances de développement, d'exploitation, de la faim, de handicaps, reste critique et que l'enfant, en raison de son immaturité physique et mentale, a besoin d'une protection et de soins spéciaux » [26].

C'est ainsi qu'ils adoptèrent la « Déclaration sur les droits et le bien-être de l'enfant africain » (AHG/ST.4 XVI) par laquelle ils s'engageaient à codifier, dans un instrument juridique régional africain, les droits de l'enfant africain et les mesures à prendre pour en assurer la protection, compte tenu évidemment des conventions universelles existantes dans ce domaine, mais tout en s'inspirant des vertus de l'héritage culturel, du passé historique et des valeurs de la civilisation africaine. La Charte africaine avait donc été conçue, dès le départ, comme un instrument juridique appelé à compléter la Convention des Nations Unies sur les droits de l'enfant [27], étant donné que toutes les réalités spécifiques africaines ne pouvaient être couvertes par une convention de portée universelle.

---

(26) Le texte de la Déclaration figure dans les Déclarations et Résolutions de la 16ᵉ session la Conférence des Chefs d'Etat et de Gouvernement, Documentation de l'OUA, p. 12.

(27) Cette convention a été adoptée par l'Assemblée Générale des Nations Unies le 5 décembre par sa résolution A/Res/44/25.

En août 1989, l'OUA, l'UNICEF et le RAPPANE organisèrent à Nairobi (Kenya) un séminaire sur la formulation de l'avant-projet de la Charte africaine des droits et du bien-être de l'enfant. Cet avant-projet fut ensuite transmis aux Etats membres, puis réexaminé et définitivement mis au point par la réunion intergouvernementale d'experts qui se tint à Addis-Abéba du 17 au 21 avril 1990.

C'est ce projet de charte qui fut ensuite présenté par le Secrétariat Général de l'OUA à la 52e session ordinaire du Conseil des Ministres puis à la 26e session de la Conférence des Chefs d'Etat et de Gouvernement (Addis-Abéba, 9-11 juillet 1990) qui décida de l'adopter par sa résolution AHG/Res. 197 (XXVI) en tant que Charte africaine sur les droits et le bien-être de l'enfant.

La même Conférence avait également « exprimé son appréciation pour l'action des gouvernements du Mali, de l'Egypte, du Canada, du Pakistan, du Mexique et de la Suède, qui ont pris l'initiative de convoquer le Sommet Mondial pour l'enfant qui doit se tenir au siège des Nations Unies à New York les 29 et 30 septembre 1990 » (28), et invité tous les États africains à prendre part à ce sommet où la Charte serait présentée « comme contribution de l'Afrique à la cause de ses enfants » (29).

Sur de nombreux points, la Charte africaine des droits et du bien-être de l'enfant et la Convention des Nations Unies relative aux droits de l'enfant présentent des similitudes frappantes : les deux textes adoptent la même définition de l'enfant, défini comme « tout être humain âgé de moins de dix-huit ans ». Ils reconnaissent, précisent et protègent un ensemble de droits que l'on pourrait valablement qualifier aujourd'hui de droits universels de l'enfant : priorité de l'intérêt supérieur de l'enfant dans toutes les décisions le concernant ; droit inhérent à la vie ; droit à un nom et à la nationalité ; droit de l'enfant de préserver son identité ; droit de l'enfant séparé de ses deux parents ou de l'un d'eux d'entretenir régulièrement des relations personnelles avec ses deux parents ; droit à la liberté de pensée, de conscience et de religion ; droit à la santé et à la sécurité sociale ; droit à un niveau de vie suffisant pour permettre son plein développement ; droit à l'éducation ; droit de l'enfant d'être protégé contre l'exploitation économique et enfin, droit de l'enfant à la protection contre toutes les formes d'exploitation et de violence sexuelles.

---

(28) Paragraphe 1 du dispositif de la Résolution AHG/Res. 192 (XXVI).
(29) Voir Résolution AHG/Res. 197 (XXVI), 2e paragraphe du dispositif.

La Charte africaine, à l'instar de la Charte onusienne, précise les règles que les Etats parties s'engagent à prendre sur le plan national pour mettre en œuvre les droits reconnus aux enfants. En outre, elle institue un mécanisme chargé de promouvoir et de protéger les droits et le bien-être de l'enfant, dont la composition et les procédures sont pratiquement identiques à celles de la Commission africaine des droits de l'homme et des peuples que nous avons examinées dans nos développements précédents.

Ce qu'il faudrait surtout mentionner ici, c'est qu'en plus de ce « régime juridique commun », la Charte africaine incorpore des règles spécifiques découlant notamment de la prise en compte de la situation particulière de l'enfant en Afrique, continent en proie aux troubles politiques, victime de catastrophes naturelles et subissant les affres de la pauvreté. C'est ainsi que des mesures sont prévues pour la protection des droits de l'enfant d'un parent déplacé ou réfugié (article 23), la garantie et la sauvegarde des droits de l'enfant en cas de conflits armés (article 22), de catastrophes naturelles ainsi que dans les situations d'extrême pauvreté où existent de réels risques de vente, d'enlèvement, de trafic d'enfants ou même d'utilisation de ceux-ci dans la mendicité (article 29).

Les rédacteurs de la Charte, qui n'oublient pas que certaines coutumes ancestrales africaines peuvent être contraires à l'épanouissement de l'enfant, ont prévu « l'abolition des coutumes et pratiques négatives, culturelles et sociales qui sont au détriment du bien-être, de la dignité, de la croissance et du développement normal de l'enfant... », l'interdiction des mariages d'enfant ainsi que des promesses de garçons et jeunes filles en mariage (article 21), et enfin, diverses mesures de protection des droits des enfants des filles mères et des mères emprisonnées (article 30).

Dans le même souci de respecter les réalités africaines, la Charte consacre le devoir des Etats parties de fournir assistance et protection aux enfants qui vivent sous le régime d'apartheid (article 26), ainsi que les responsabilités de l'enfant envers « sa famille, la société, l'Etat et toute autre communauté reconnue légalement ainsi qu'envers la communauté internationale », (article 31) compte tenu notamment du fait qu'en Afrique l'individu fait partie intégrante de la communauté.

Depuis l'adoption de cette Charte, l'OUA et ses Etats membres ont engagé une série d'actions aussi bien au niveau de l'ONU, de l'UNICEF que sur le plan purement africain, pour contribuer à la promotion des droits de l'enfant tels que définis par la Charte, et soutenir la cause des enfants d'Afrique auprès de la communauté internationale.

C'est ainsi que l'OUA a veillé, de manière tout à fait remarquable, à ce que les Etats africains prennent chaque année des dispositions pour célébrer le 16 juin la journée africaine de l'enfant. De même, au cours de sa cinquante-quatrième session ordinaire tenue à Abuja, en mai 1991, le Conseil des ministres avait lancé un appel pressant en vue de la convocation en 1992 d'une Conférence internationale des donateurs sur l'assistance aux enfants d'Afrique.

A l'issue de nombreuses séances de travail tenues à New York et à Addis-Abeba entre des représentants de l'OUA et ceux de l'UNICEF, le Secrétaire Général de l'Organisation panafricaine convoqua à Dakar, du 25 au 27 novembre 1992 et à l'invitation du Gouvernement sénégalais, la Conférence internationale de l'OUA sur l'assistance aux enfants africains.

D'après le Secrétariat Général de l'OUA, les résultats attendus de la conférence étaient, entre autres : agir comme un catalyseur pour les pays africains pour la préparation des plans d'actions nationaux ; encourager les pays africains à réorienter et si possible à augmenter leurs allocations budgétaires concernant les programmes dont bénéficient les enfants et les femmes ; intensifier le dialogue entre les pays africains et la Communauté internationale sur la survie, la protection et le développement des enfants en Afrique ; élever le niveau de l'assistance officielle au développement orientée vers des programmes qui permettront d'atteindre les objectifs des Plans nationaux et ceux du Sommet mondial pour l'enfance ; développer davantage une prise de conscience et un intérêt envers l'Afrique afin d'assurer la mise en place de politiques favorables et de maintenir le soutien au développement humain sur le Continent[30].

En fait, cette Conférence de Dakar qui a regroupé des chefs d'Etat et ministres africains, des représentants des pays industrialisés, des ONG africaines et internationales, des institutions des Nations Unies, des organismes financiers internationaux, des comités nationaux pour l'UNICEF et des personnalités éminentes aura eu le grand mérite d'attirer l'attention de la Communauté internationale sur la situation des enfants d'Afrique, de permettre la mobilisation de ressources pour l'exécution des plans nationaux présentés par les Etats africains et contenant des projets, des stratégies et autres objectifs en faveur de l'enfance, et de redynamiser l'action des comités nationaux pour l'UNICEF qui, en 1991 par exemple, avaient déjà réussi à récolter plus de 24 millions de dollars

(30) Note de référence ES/SW/29/34.92 en date du 10 novembre 1992 adressée par le Secrétariat Général de l'OUA à tous les Etats membres.

destinés aux projets exécutés en Afrique avec l'appui des services centraux de l'UNICEF[31].

Cette conférence a également adopté le « Consensus de Dakar », qui contient une stratégie de mise en valeur des ressources humaines par les Gouvernements africains et leurs partenaires étrangers, en accordant la priorité à l'enfant africain. Elle a demandé au Secrétariat Général de l'OUA de procéder à la création d'un mécanisme de suivi du Consensus et du Plan d'action de Dakar, avec le soutien de l'UNICEF, de la CEA, de la BAD et des institutions compétentes des Nations Unies. Ce mécanisme continental et multisectoriel sera chargé de suivre, d'examiner et d'évaluer la mise en œuvre des Plans d'Action nationaux à tous les niveaux, et de soumettre des rapports intérimaires à la Conférence au Sommet des chefs d'Etat et de Gouvernement.

Il convient en outre de mentionner, parmi les résultats de la Conférence internationale de l'OUA sur l'enfant africain, l'accord conclu en février 1993 entre la Banque africaine de développement et l'UNICEF et qui porte sur l'augmentation des ressources financières au titre des programmes prioritaires de développement social, en faveur des Etats africains.

Soulignons enfin que la cinquante-huitième session ordinaire du Conseil des Ministres de l'OUA qui s'est déroulée au Caire du 21 au 26 juin 1993 a voté, sur proposition du Secrétariat Général de l'OUA, la Résolution CM/Res. 1464 (LVIII) aux termes de laquelle l'Organisation entérine le Consensus de Dakar, invite les Etats membres à accélérer la mise en œuvre des mesures préconisées pour la survie, la protection et le développement de l'enfant et demande enfin au Secrétariat Général, en coopération avec les autres institutions internationales concernées, de mettre en place un mécanisme de suivi.

Il est à espérer que ce mécanisme sera rapidement créé et qu'il se donnera les moyens de fonctionner d'une manière efficace, afin d'amener l'OUA, les Etats africains et la Communauté internationale à réaliser les nobles objectifs définis dans le Consensus de Dakar pour la survie des enfants d'Afrique.

---

(31) Pour plus de détails sur cette Conférence, on pourrait consulter le Document « la Conférence sur l'assistance aux enfants en Afrique. Dakar, 25-27 novembre 1992, Questions et Réponses », publié par l'UNICEF en septembre 1992.

C. – La protection des réfugiés et des personnes déplacées sur le continent

Outre les droits de l'homme proprement dit et ceux de l'enfant, l'OUA a également déployé de nombreux efforts en vue de juguler le phénomène des réfugiés et des personnes déplacées en Afrique.

L'Organisation continentale a en effet créé, au sein du Secrétariat, une Division chargée de l'encadrement des réfugiés. Elle a institué, parmi ses organes délibérants, une commission ad hoc de vingt Etats chargée de l'examen de l'ensemble des questions ayant trait au statut des réfugiés et des personnes déplacées dont elle a tenté également de fixer et de protéger les droits par une Convention régissant les aspects propres aux problèmes des réfugiés en Afrique, adoptée à Addis-Abéba le 10 septembre 1969 et qui est entrée en vigueur depuis le 20 juin 1974.

La question des réfugiés figure à l'ordre du jour des Conseils des Ministres de l'OUA pratiquement depuis 1963, date de la création de l'Organisation. Pour saisir la quintessence du droit de l'OUA relatif aux réfugiés ainsi que cet acharnement de l'Organisation à combattre ce fléau en Afrique, il convient tout d'abord d'examiner la situation des réfugiés sur le continent.

1. – Le diagnostic : Une situation alarmante

Comme on le sait, les concepts de réfugiés, d'apatrides et de personnes déplacées recouvrent des situations clairement distinctes en droit international. « Les premiers sont des étrangers placés dans une situation spéciale vis-à-vis de l'Etat d'accueil qui leur accorde sa protection du fait des persécutions dont ils sont victimes dans leur propre pays » ; les seconds sont des personnes « qu'aucun Etat ne considère comme ses ressortissants par « application de sa législation » (Convention de 1954 relative au statut des apatrides, article 1, paragraphe 1) [32]. Quant aux personnes déplacées, ce sont pour ainsi dire, des réfugiés dans leur propre pays.

Toutefois, il convient de relever que si le statut juridique des uns et des autres est bien différent, les trois situations ont souvent une cause unique: la fuite des personnes concernées à cause d'un conflit, des persécutions pour des raisons ethniques, politiques, religieuses, raciales ou encore, du fait de catastrophes naturelles. En outre, pour des raisons pratiques, l'OUA et les Nations Unies abordent ces trois situations (distinctes sur le plan juridique mais en réalité fort semblables sur le

(32) NGUYEN (Q. D.) et autres, *op. cit.*, p. 608.

sur le plan politique et sociologique) sous un même angle et leur appliquent des solutions identiques. C'est pourquoi notre diagnostic de la situation des réfugiés en Afrique comportera également les divers aspects du problème des personnes déplacées.

Comme le soulignait le Président du Comité ad hoc des 15 sur les réfugiés, l'Ambassadeur BOMINA, dans son allocution devant la 59e session du Conseil des Ministres, le phénomène des réfugiés et des personnes déplacées a pris, ces dernières années, des proportions alarmantes.

« La situation des réfugiés en Afrique, avait déclaré l'Ambassadeur BOMINA, n'a connu aucune amélioration depuis la dernière session de notre Conseil... La période sous examen a été marquée par une recrudescence de la violence dans certains Etats membres de l'OUA, ce qui a entraîné un accroissement du nombre des réfugiés et des personnes déplacées en Afrique. L'intolérance politique, le déni des droits de l'homme, les calamités naturelles, les difficultés économiques qui génèrent la raréfaction d'emploi, le népotisme, le tribalisme, voilà tout court les facteurs qui créent les gueux de notre continent, qui du reste, bat encore une fois le record du plus grand nombre de réfugiés du monde. Ils sont aux alentours de 7 000 000 présentement et les personnes déplacées se chiffrent à 15 000 000. On croit rêver devant ces chiffres. C'est déshonorant pour le continent, c'est infâme[33] ! »

L'on comprend aisément ce cri du cœur de l'Ambassadeur BOMINA à la lecture du tableau ci-après, qui retrace la situation des réfugiés en Afrique.

Réfugiés par pays d'accueil

Algérie	2 19 300
Angola	11 000
Botswana	500
Burkina Faso	5 700
Burundi	271 700
Cameroun	42 200
Républicaine Centrafricaine	19 000
Congo	9 500
Côte d'Ivoire	174 100
Djibouti	28 000

(33) Introduction de l'Ambassadeur BOMINA-NSONI Lolange, Président de la Commission des 15 sur les réfugiés, sur le rapport de la Commission des 15, Document CM/1806 (LIX), Addis-Abéba, 2 février 1994.

Égypte	5 500	
Éthiopie	431 800	
Gambie	3 600	
Ghana	12 100	
Guinée	478 500	
Guinée-Bissau	12 200	
Kenya	401 900	
Libéria	100 000	
Malawi	1 058 500	
Mali	13 100	
Mauritanie	37 500	
Niger	3 700	
Nigéria	4 800	
Rwanda	25 200	* 408 000
Sénégal	7 1 600	
Sierra Leone	5 900	
Somalie	500	
Soudan	725 600	
Swaziland	55 600	
Tanzanie	292 100	* 481 496
Togo	3 400	
Ouganda	196 300	
Zaïre	391 100	* 75000
Zambie	142 100	
Zimbabwe	137 200	
Population totale de réfugiés en Afrique	5 128 500	* 964 496

* Nouveaux réfugiés burundais au Zaïre, en Tanzanie et au Rwanda.

Source *: H.C.R., 1993. Les pays ayant moins de 500 réfugiés ne* figurent pas sur cette liste.

Si la situation des réfugiés en Afrique du Nord demeure stable, il convient en revanche de souligner que le nombre des réfugiés et des personnes déplacées a sensiblement augmenté en Afrique centrale, en raison de la tentative de coup d'Etat survenue au Burundi le 21 octobre 1993 et de la reprise de la guerre civile en Angola et au Rwanda. C'est ainsi que 300 000 angolais ont trouvé asile en Zambie et au Zaïre, tandis que plus de 700 000 Burundais ont fui leur pays pour chercher refuge au Zaïre, au Rwanda et en Tanzanie, et que plus de 2,5 millions de rwandais sont réfugiés dans les pays voisins.

La corne de l'Afrique demeure l'une des zones les plus touchées par le problème des réfugiés en Afrique. La guerre civile au sud-Soudan et la disparition de l'Etat en Somalie ont provoqué l'afflux de centaines de milliers de somaliens et de soudanais vers l'Ouganda, le Kenya, l'Ethiopie et Djibouti. En fin novembre 1993, la Tanzanie, à elle seule, a reçu 481 496 nouveaux réfugiés burundais, qui sont venus s'ajouter aux 200 000 réfugiés qui avaient déjà demandé asile dans ce pays.

En Afrique occidentale, la situation des réfugiés n'est guère plus brillante qu'au Nord ou au Sud du continent : il y aurait, selon la Commission des 15 de l'OUA sur les réfugiés, 300 000 togolais au Bénin et au Ghana, tandis que la Côte d'Ivoire, la Sierra Leone, le Nigéria et le Ghana continuent d'abriter les réfugiés libériens (34).

Comme on le voit, le phénomène des réfugiés constitue aujourd'hui, après celui des conflits, un des fléaux qui gangrènent le continent et freinent assurément les efforts de développement.

Face à cette situation, l'OUA, par le canal du Comité des 15 et en coopération avec le H.C.R., a organisé de nombreuses missions sur le terrain pour évaluer les problèmes des réfugiés ; elle a apporté une assistance financière aux principaux Etats concernés, tout en essayant de mobiliser la communauté internationale, dans le cadre notamment des diverses sessions du Comité exécutif du Haut Commissariat des Nations Unies pour les Réfugiés (35). L'Organisation a enfin élaboré une convention sur le statut des réfugiés en Afrique, afin d'apporter une réponse juridique à ce drame humain.

2. – L'OUA et la protection juridique des réfugiés

La Convention de l'OUA régissant les aspects propres aux problèmes des réfugiés en Afrique a été signée à Addis-Abéba le 10 septembre 1969. Entrée en vigueur le 20 juin 1974, elle a été enregistrée au Secrétariat général de l'ONU le 1er décembre 1978 sous le numéro de référence 14691.

Selon l'état des ratifications de cette convention établi par la Division Juridique de l'Organisation panafricaine (36), quarante-et-un Etats africains ont déposé auprès du Secrétaire général, au 31 décembre 1990, leurs instruments de ratification.

---

(34) Voir Document CM/1806 (LIX), 59e du Conseil des Ministres de l'OUA, Addis-Abéba, 31 janvier – 4 février 1994.

(35) Pour plus de détails, consulter le Document de référence CM/1806 (LIX), Secrétariat Général de l'OUA.

La Convention de l'OUA de 1969 doit constituer, pour l'Afrique, « le complément régional efficace de la Convention de 1951 ». Elle tend donc à adapter le régime juridique contenu dans le texte de 1951, aux réalités du continent africain.

Il convient en effet de rappeler qu'au plan universel le statut de réfugiés est organisé par la Convention du 28 juillet 1951 et le Protocole du 31 janvier 1967. En vertu de ces instruments, les Etats parties s'engagent à accorder aux réfugiés une couverture légale et certains droits sur leur territoire (liberté religieuse, accès aux tribunaux, droit au travail, etc.) ainsi que les droits habituellement accordés aux étrangers en matière de propriété, de logement, d'éducation et de circulation. Les Etats parties s'engagent en outre à délivrer aux réfugiés des pièces d'identité et des titres de voyage reconnus par les autres Parties contractantes.

Ce sont ces textes à vocation universelle que l'OUA a précisés et complétés par les règles et les mesures préconisées par la Convention de portée régionale signée par 41 Etats africains à Addis-Abéba en septembre 1969.

Dès le préambule, les signataires de la Convention proclament « leur désir d'établir des normes communes de traitement des réfugiés », dans l'esprit de la Charte de l'Organisation de l'Unité Africaine. (Préambule, paragraphes 8 et 9). Les normes élaborées doivent s'inspirer de la Convention des Nations Unies du 28 juillet 1951 modifiée par le Protocole du 31 janvier 1967, que l'OUA considère comme « l'instrument fondamental et universel relatif au statut des réfugiés » (Préambule, paragraphe 9). Enfin, les signataires de la Convention se déclarent désireux d'établir une distinction entre un réfugié qui cherche à se faire une vie normale et paisible et une personne qui fuit son pays à la seule fin d'y fomenter la subversion à partir de l'extérieur (Préambule, paragraphe 4).

La Convention reconnaît ensuite aux réfugiés, aux Etats d'accueil et aux pays d'origine, une série de droits et de devoirs au rang desquels se situe le droit d'asile.

Comme on le sait, « le statut des réfugiés est indissociable du droit d'asile territorial, c'est-à-dire du droit de toute personne persécutée de chercher et de trouver asile dans un autre pays »[(37)]. Ce droit qui fut proclamé par l'article 14 de la Déclaration universelle des droits de l'homme est repris et précisé par la Convention de l'OUA sous examen.

Aux termes de son article premier, « les Etats membres de l'OUA s'engagent à faire tout ce qui est en leur pouvoir, dans le cadre de leurs législations respectives, pour accueillir les réfugiés... » L'octroi du droit d'asile aux réfugiés constitue un acte pacifique et humanitaire et ne peut être considéré par aucun Etat comme un acte de nature inamicale...

---

(36) Document de référence CAB/LEG/74.3.

(37) NGUYEN, DAILLIER et PELLET, *op. cit.*, p. 608.

A ce droit d'asile s'ajoute une clause de non-discrimination : « les Etats membres s'engagent à appliquer les dispositions de la présente Convention à tous les réfugiés, sans distinction de race, de religion, de nationalité, d'appartenance à un groupe social ou d'opinions politiques » (Article IV).

Les autres principes établis par la Convention sont le rapatriement volontaire et le droit à un titre de voyage. « Le caractère essentiellement volontaire du rapatriement, comme le stipule l'article 5, doit être respecté dans tous les cas et aucun réfugié ne peut être rapatrié contre son gré. » En outre, les Etats membres délivreront aux réfugiés résidant régulièrement sur leur territoire des titres de voyage conformes à la Convention des Nations Unies relative au statut des réfugiés et à ses annexes, en vue de leur permettre de voyager... » (Article 6).

La Convention de l'OUA de 1969 reprend, sur de nombreux points, le régime juridique universel inscrit dans la Convention de 1951. Mais elle y apporte tout de même quelques restrictions, compte tenu notamment de la situation fragile des Etats africains et de la nécessité de lutter contre la subversion.

C'est ainsi que les articles 1 et 3 posent des restrictions aux droits reconnus aux réfugiés : interdiction de toute activité subversive, perte du statut de réfugié au cas où l'Etat d'accueil découvre que le réfugié avait commis des crimes graves de caractère non politique dans l'Etat d'origine ou ailleurs, obligation de se conformer aux lois et règlements en vigueur et aux mesures visant au maintien de l'ordre public dans l'Etat d'accueil.

Enfin, la Convention de l'OUA de 1969 énonce les mesures à prendre aussi bien par les pays d'origine que ceux d'accueil en cas de retour volontaire des réfugiés (Article 5), et précise en outre la collaboration qui devra s'instaurer entre les Etats membres, l'OUA et le H.C.R. pour la mise en œuvre des diverses normes convenues.

Depuis l'adoption de cette Convention, l'OUA a pris de nombreuses initiatives dans le domaine de l'identification des réfugiés, de la sensibilisation des Etats africains et de la communauté internationale, de l'encadrement des réfugiés et de la scolarisation de leurs enfants ainsi que dans le lancement de projets générateurs de revenus en faveur des réfugiés.

C'est ainsi qu'en 1979, le Bureau pour le placement et l'éducation des réfugiés africains (BPERA) avait pris en charge 14 étudiants, dont les parents avaient le statut de réfugié. L'OUA avait également organisé au cours de la même année, du 7 au 10 mai, une Conférence panafricaine sur les réfugiés africains qui a permis le renforcement de l'assistance aux réfugiés installés dans les Etats de la ligne de front, la transformation du BPERA en division avec le recrutement de deux nouveaux fonctionnaires, l'évaluation de la mise en œuvre des résolutions et recommandations de la Conférence d'Arusha sur les réfugiés, etc.

Le nombre de bourses allouées aux réfugiés est passé à 30 en 1981 et à 41 en 1984[38]. Dans le même temps, l'OUA n'avait pu trouver des emplois qu'à 10 % des 864 demandes d'emplois reçues. En 1985, l'Organisation avait dégagé un crédit de 370 000 dollars américains pour créer de petits projets générateurs de revenus en faveur des réfugiés, dans plusieurs Etats d'accueil. Ces projets, tels l'élevage de volaille, le maraîchage, la menuiserie, l'artisanat, la couture, avaient pour but de créer des emplois pour les réfugiés au chômage et de leur permettre de subvenir à leurs propres besoins[39].

Les activités de l'OUA en faveur des réfugiés se sont poursuivies en 1986 avec l'octroi de bourses à 34 étudiants pour un montant total de $ 177 718 et le financement de projets générateurs de revenus au Botswana, au Burundi, au Swaziland, au Zaïre et en Zambie pour un montant total de 175 787,87 dollars des Etats-Unis[40].

De 1986 à 1993, l'OUA a continué de soutenir les pays d'asile, de participer aux efforts menés par la Communauté internationale pour la survie des réfugiés africains, de financer des bourses d'études et de recherches sur le continent, et de rechercher, avec beaucoup de difficultés, des emplois pour les réfugiés et les personnes déplacées.

A ces efforts de l'OUA, il convient d'associer ceux de nombreux pays africains qui, en dépit de multiples difficultés économiques et sociales, ont continué à faire preuve de générosité à l'endroit des populations à la recherche d'un asile, et à supporter ce fardeau au nom de la fraternité africaine.

Certes, cette contribution demeure modeste, au regard des immenses besoins des millions de réfugiés en Afrique. Mais elle traduit l'engagement de l'Organisation de l'Unité Africaine, à mettre en œuvre sa Convention sur les réfugiés et à rechercher l'éradication de ce fléau sur le continent, en dépit de ses maigres ressources financières.

La question des réfugiés et des personnes déplacées ne pourra toutefois être résolue ou tout au moins résorbée, que lorsque les Etats africains s'attaqueront résolument aux causes profondes du mal, à savoir le tribalisme,

---

(38) Voir, Rapport du Secrétaire Général a.i., Document CM/1233/XL/Part.II.

(39) Pour d'amples informations, consulter le Rapport du Secrétaire Général à la 41e session ordinaire du Conseil des Ministres, Document CM/1247 (XLI), Part. II.

(40) Voir Document CM/1337 (XLIII), Part. II, p. 33 et 36.

le manque de liberté, les violations des droits de l'homme et l'absence de démocratie. Faute de quoi les efforts de l'OUA, de certains Etats africains et des Organisations internationales tarderont à porter des fruits.

IV. – LE DROIT A LA CULTURE ET A L'INFORMATION

Le droit à la culture et à l'information figurait déjà parmi les préoccupations des pères fondateurs de l'OUA qui s'étaient engagés à Addis-Abeba, aux termes de l'article 2 de la Charte, à coordonner et harmoniser leurs politiques générales, en particulier dans les domaines de l'éducation, de la culture, de la science et de la technique.

Par la suite, l'Organisation continentale a élaboré un corps de règles destiné à assurer la promotion de la culture africaine, et la sauvegarde du patrimoine culturel de l'Afrique (Charte culturelle de l'Afrique, adoptée à Port-Louis le 5 juillet 1976). L'Organisation a également mené de nombreuses activités dans le domaine de la culture et de l'information : création de la PANA, soutien à l'organisation du festival mondial des arts nègres de 1965, contribution à l'élaboration du festival culturel panafricain d'Alger en 1969, participation, aux côtés de l'UNESCO, à l'organisation de la Conférence intergouvernementale sur les politiques culturelles, à Accra, du 27 octobre au 6 novembre 1975, etc.

Il convient donc d'examiner les principes juridiques inscrits dans la Charte culturelle de l'Afrique, avant d'aborder la question de leur mise en œuvre aussi bien par l'OUA elle-même que par les Etats africains.

A. – Elaboration, contenu et portée de la Charte culturelle de l'Afrique

Le principe de l'élaboration d'une Charte culturelle africaine avait été adopté par la 23e session du Conseil des Ministres de l'OUA réunie à Mogadiscio du 6 au 11 juin 1974. En effet, cette session du Conseil avait entériné les recommandations de la Commission de l'Education, de la Science, de la Culture et de la Santé de l'OUA qui, au cours de sa troisième réunion tenue à Reduit, (Ile Maurice), du 10 au 14 décembre 1973, avait décidé « de convoquer une Conférence africaine sur la culture avant la Conférence régionale de l'UNESCO prévue pour 1975, en vue d'examiner en profondeur les problèmes actuels de la culture et de la coopération culturelle en Afrique, d'harmoniser les positions des Etats membres et d'élaborer une Charte de la culture africaine[41]. »

A l'issue des travaux de la Conférence africaine de la culture sus-évoquée, le Secrétariat Général de l'OUA mit au point en coopération avec l'UNESCO, un avant-projet de Charte culturelle qui fut examiné par la Conférence intergouvernementale sur les politiques culturelles en Afrique, organisée conjointement par l'OUA et l'UNESCO à Accra (Ghana) du 27 octobre au 6 novembre 1975.

Deux décisions importantes pour la poursuite du processus d'élaboration de la Charte culturelle de l'Afrique furent adoptées à Accra : la convocation d'une Conférence des ministres africains de la culture pour la deuxième lecture de l'avant-projet et la transmission de ce texte aux États membres pour examen.

C'est ainsi que le Secrétariat Général organisa à Addis-Abeba du 24 au 27 mai 1976, une Conférence des ministres africains de la culture qui, après avoir examiné et amendé l'avant-projet de Charte culturelle africaine, recommanda au Secrétaire général de le présenter à la treizième session ordinaire de la Conférence des chefs d'Etat et de Gouvernement pour adoption.

Le rapport élaboré à cet effet par le Secrétaire général et contenant le projet de la Charte (Rapport CM/764 (XXVII) fit l'objet d'un examen approfondi par les Chefs d'Etats africains réunis à Port-Louis (Ile Maurice) du 2 au 6 juillet 1976. Et au cours de la séance de clôture, la treizième session de la Conférence au sommet adopta le 5 juillet 1976 la résolution AHG/Res. 82 (XIII) par laquelle elle :

« 1. exprime ses vives félicitations aux Ministres de la culture pour les efforts qu'ils ont déployés pour élaborer la Charte Culturelle de l'Afrique ;

2. décide d'approuver la Charte Culturelle de l'Afrique ;

3. invite le Secrétaire général administratif à communiquer le texte de la Charte Culturelle aux Etats membres pour qu'ils le ratifient et le mettent ensuite en application ».

La Charte culturelle adoptée à Port-Louis (Ile Maurice) par le 13e Sommet de l'Organisation est entrée en vigueur le 19 décembre 1990. Selon l'état des ratifications établi par le Secrétariat Général de l'OUA le 31 décembre 1992 (42), cet instrument juridique a déjà recueilli 34 ratifications, et la procédure d'enregistrement auprès de l'ONU est en cours.

En adoptant cette Charte, les chefs d'Etat africains ont voulu préserver l'identité culturelle de l'Afrique, dans un monde en pleine mutation et qui est devenu un village planétaire en raison du prodigieux développement des moyens de transport et de communications.

---

(41) Paragraphe 1 du dispositif de la Résolution CM/Res. 371 (XXIII).
(42) « *Liste des pays qui ont signé, ratifié ou adhéré à la Charte culturelle de l'Afrique* », 31 décembre 1992, Document CAB/LEG/24.5.

C'est ainsi que dans le Préambule, les chefs d'Etat se déclarent convaincus « que toute culture émane du peuple et que toute politique culturelle africaine doit nécessairement permettre au peuple de s'épanouir pour plus de responsabilité vis-à-vis du développement de son patrimoine culturel ». Ils réaffirment « le droit au respect de toutes les cultures du monde » ; ils rappellent en outre que durant la période coloniale, « la domination sur le plan culturel a entraîné la dépersonnalisation d'une partie des peuples africains, falsifié leur histoire, systématiquement dénigré et combattu les valeurs africaines, tenté de remplacer progressivement et officiellement leurs langues par celles du colonisateur… »

Pour les leaders africains, le moment était donc venu de réaffirmer l'identité culturelle des peuples d'Afrique, qui est facteur d'unité, de prise de conscience de soi et d'épanouissement. Il s'agit en outre, pour l'OUA et ses Etats membres, d'édifier des systèmes éducatifs qui intègrent les valeurs africaines de civilisation, d'assurer la promotion des langues africaines, de renforcer la coopération culturelle et la compréhension entre les peuples africains, de procéder à l'inventaire des patrimoines culturels et enfin, de faire de la culture le ciment de l'unité nationale.

C'est pourquoi les objectifs ci-après ont été assignés à la Charte culturelle :

> « *a) libérer les peuples africains des conditions socio-culturelles qui entravent leur développement pour recréer et entretenir le sens et la volonté de développement ;*
>
> *b) réhabiliter, restaurer, sauvegarder et promouvoir le patrimoine culturel africain ;*
>
> *c) affirmer la dignité de l'homme africain et les fondements populaires de sa culture ;*
>
> *d) combattre et éliminer toutes les formes d'aliénation, d'oppression et de domination culturelle partout en Afrique, notamment dans les pays encore sous domination coloniale et raciste dont l'apartheid ;*
>
> *e) favoriser la coopération culturelle entre les Etats africains en vue du renforcement de l'unité africaine ;*
>
> *f) favoriser la coopération culturelle internationale pour une meilleure compréhension entre les peuples dans laquelle l'Afrique apportera à la culture humaine sa contribution originale et de qualité ;*
>
> *g) favoriser dans chaque pays la maîtrise par tout le peuple de la science et de la technique, condition de la nécessaire maîtrise de la nature ;*

h) développer dans le patrimoine culturel africain toutes les valeurs dynamiques et rejeter tout élément qui soit un frein au progrès. »

Pour réaliser ces objectifs ambitieux qui consistent en fait à traduire dans les faits le lien étroit entre la culture et le développement, la Charte culturelle énumère quatre principes que les Etats membres s'engagent à appliquer : accès de tous les citoyens à l'éducation et à la culture ; respect des spécificités nationales ; intégration de la science et de la technique dans la vie culturelle ; renforcement de la coopération culturelle inter-africaine.

La Charte culturelle reconnaît en outre le principe de la diversité culturelle au sein des Etats (article 3), donne des directives précises aux parties contractantes pour la formulation et la mise en œuvre de politiques culturelles nationales (article 6), rappelle l'importance du processus de démocratisation de la culture (article 7), organise la protection du patrimoine culturel africain (article 17 à 22) et, enfin, précise les modalités de la coopération culturelle entre Etats africains sous les auspices de l'OUA (articles 30 à 32).

Depuis l'adoption de la Charte culturelle à Port-Louis en 1976, de nombreuses activités ont été menées par l'OUA ou même par certains Etats membres, dans le cadre de la mise en œuvre des diverses dispositions de ce texte fondamental.

B. – La mise en œuvre de la Charte culturelle de l'Afrique

Parmi les nombreuses mesures prises par l'OUA et ses Etats membres en application de la Charte culturelle, il convient de mentionner l'organisation de foires et de festivals, la création de la PANA, l'organisation de plusieurs conférences ministérielles sur les divers aspects de la culture, la contribution de l'Afrique à la décennie mondiale du développement culturel et la création du Fonds culturel interafricain.

– *Le Fonds culturel interafricain*

Ce fonds a été établi par la dix-septième session ordinaire de la Conférence des chefs d'Etat et de Gouvernement tenue à Freetown (Sierra Leone) en juillet 1980, conformément aux dispositions de l'article 31 de la Charte culturelle qui préconise « la création d'un Fonds culturel interafricain pour soutenir et promouvoir les études et programmes culturels ».

Selon l'article 2 de ses statuts, le Fonds doit soutenir diverses activités culturelles telles que la transcription, l'enseignement et le développement des langues nationales, la création populaire, la construction des musées d'art africain, la recherche dans le domaine de la médecine populaire et de la pharmacopée africaine.

Le Fonds est intégré dans les structures du Secrétariat Général de l'OUA. Ses opérations peuvent prendre diverses formes (assistance intellectuelle ou technique, aides financières...) compte tenu des besoins exprimés au Conseil d'Administration et de la disponibilité des ressources qui proviennent essentiellement des contributions obligatoires des Etats membres de l'OUA, des contributions volontaires des Etats et institutions non africains ainsi que des intérêts provenant des ressources du Fonds.

Depuis sa création, le Fonds culturel interafricain a reçu du Bénin, du Congo, de Djibouti, du Gabon, du Kenya, de la Libye, du Sénégal et de l'UNESCO, des contributions financières d'un montant total de 155 558,92 dollars U.S. A ces contributions statutaires il convient d'ajouter les dons en nature fournis par l'Algérie, l'Ile Maurice, le CELHTO, l'ALECSO et l'ONUDI, ainsi que les subventions annuelles allouées par l'OUA qui s'élèvent à présent à 765.000 dollars U.S.[43].

Outre le financement de la réunion d'experts convoquée en août 1984 pour examiner un programme d'action à titre transitoire, les interventions les plus significatives ci-après sont à porter au crédit de ce Fonds en cinq années de fonctionnement :

- subvention de 10 000 dollars U.S. à un cinéaste tunisien pour la coproduction d'un film avec le Sénégal ;
- subvention de 3 000 dollars U.S. à l'Association pour les Traditions Orales en Afrique Australe (OTASA) basée à Lusaka (Zambie) pour la publication des actes du Séminaire de Harare sur les industries culturelles ;
- subvention de 10000 dollars U.S. pour l'organisation d'un festival régional du Film en Afrique Australe ;
- organisation du IIIe Séminaire régional sur les industries culturelles en Afrique centrale et orientale (Tananarive, novembre 1989) avec le soutien de l'ONUDI ;
- subvention de 10000 dollars accordée à l'Institut culturel africain pour la formation des personnels de la Culture au C.R.A.C, de Lomé (Togo) ;
- participation pour 40 000 dollars U.S. à l'organisation du Congrès constitutif de l'Association Panafricaine des Ecrivains à Accra, au Ghana (novembre 1988) ;

---

(43) Voir le « Rapport sur le Fonds Culturel Interafricain », Document CMAC/005 (III) présenté à la 3e Conférence des ministres africains de la culture qui s'est tenue à Yaoundé, au Cameroun, du 14 au 18 mai 1990.

- participation de 15 000 dollars U.S., à l'organisation du premier congrès des hommes de science en Afrique, Brazzaville, 1988 ;
- copublication (avec l'UNESCO) et diffusion d'une étude sur le racisme, l'apartheid et les ethnies en Afrique du Sud, et des actes du Congrès scientifique africain ;
- subvention de 5 000 dollars à la Revue Afrique-Histoire ;
- subvention de 10 000 dollars au Centre chargé des langues et traditions orales en Afrique de l'Est (EACROTANAL) basé à Zanzibar, en Tanzanie, pour l'organisation d'un atelier de traduction de la Charte culturelle en Kiswahili.

Il convient également de souligner que c'est grâce au Fonds que le Secrétariat Général de l'OUA a pu financer l'organisation de diverses Conférences des ministres africains de la culture, ainsi que la participation d'un fonctionnaire de la Division Education/Culture de l'Organisation à des rencontres, séminaires et colloques organisés par l'UNESCO, l'ALECSO, le CICIBA, l'ICA et l'EACROTANAL.

Comme on le voit, les interventions du Fonds demeurent fort modestes, en raison de la faiblesse des moyens financiers mis à sa disposition par les Etats membres de l'OUA. Compte tenu de l'importance de ce Fonds dans la mise en oeuvre du programme d'activités culturelles de l'Organisation, le Secrétariat général devrait être autorisé à entreprendre une campagne de sensibilisation auprès des Etats africains eux-mêmes puis des donateurs éventuels, pour mobiliser des ressources additionnelles qui lui font défaut. Par ailleurs, la possibilité d'entreprendre des activités génératrices de ressources devrait être envisagée, notamment dans le domaine des industries culturelles. Enfin, il serait souhaitable d'instituer, auprès du Secrétaire général qui assure la gestion du Fonds, un Comité ou Conseil des programmes dont la composition serait arrêtée en consultation avec la Conférence des ministres africains de la culture, et avec l'UNESCO qui est le principal partenaire de l'OUA dans l'exécution de divers projets entrepris en Afrique dans le domaine de la culture.

– *La promotion des industries culturelles*

L'adoption en 1976 de la Charte culturelle et la création simultanée du Fonds culturel africain de même que l'institutionnalisation de la Conférence des ministres africains de la culture ont donné un nouvel élan aux efforts déployés pour une large reconnaissance du rôle prépondérant que doit jouer la culture dans le processus du développement des Etats africains.

L'impact économique des industries culturelles et leur place dans tout processus de développement avaient été perçus dès 1979 par des savants africains et leurs collègues de la Communauté internationale qui, tirant la sonnette d'alarme sur « les résultats négatifs de stratégies de développement adoptées par la plupart des pays » du fait que ces stratégies étaient généralement en contradiction avec « la création d'un environnement matériel et culturel propice à l'épanouissement et à la participation créatrice », avaient recommandé lors du Colloque de l'OUA de Monrovia sur les perspectives futures de développement de l'Afrique en l'an 2000, que les Chefs d'Etats africains puissent « faire du développement un processus interne et auto-entretenu » et qu'ils mettent tout en œuvre pour « élaborer des politiques et stratégies fondées sur les traditions africaines et nationales ».

Les experts réunis à Monrovia avaient également souligné le fait qu'étant donné que l'Afrique doit nécessairement participer à la compétition économique et à la coopération culturelle internationales, les Etats africains se devaient conformément à la Charte culturelle de promouvoir les industries culturelles et, par conséquent, accorder une attention particulière à la fabrication et à la diffusion en série de produits qui véhiculent les idées, des messages, des symboles, des informations, des valeurs culturelles, morales et esthétiques.

C'est sur la base de ces recommandations que l'Assemblée des chefs d'Etat et le Conseil des Ministres ont demandé au Secrétaire général en 1985, d'organiser conjointement avec l'UNESCO et les partenaires africains et internationaux de l'Organisation, dans le domaine de la culture, un cycle de séminaires régionaux sur les industries culturelles, suivi d'une réunion d'experts pour en tirer les conclusions et élaborer un plan d'action.

Le Secrétaire général a alors organisé des séminaires régionaux à Conakry (pour l'Afrique de l'Ouest) en 1985, à Harare (pour l'Afrique Australe) en février/mars 1988, à Tananarive (pour l'Afrique Centrale et Orientale) en novembre 1989, à Nairobi (pour l'Afrique Orientale également) en novembre 1990.

Le but principal de ces rencontres était d'entreprendre une réflexion approfondie sur certaines questions cruciales touchant à la fois à la culture et au développement (importation et consommation de produits culturels étrangers en Afrique ; organisation de la production et de la commercialisation de biens culturels en Afrique ; croissance et compétitivité de la production africaine et pénétration effective de marchés non africains ; organisation du marché culturel africain...) puis, d'élaborer un plan d'action qui devrait déterminer avec précision les objectifs, les conditions, les obstacles et les moyens d'un véritable développement des industries culturelles africaines.

A l'issue de ce cycle de séminaires, l'OUA a organisé à Nairobi du 20 au 24 janvier 1992 conjointement avec l'UNESCO et avec le soutien du PNUD, de la Fondation culturelle et sociale CEE/ACP, de la CEDEAO, de la SADEC, de l'ICA et de l'EACROTANAL, une réunion d'experts de haut niveau chargée de l'élaboration du projet de plan d'action demandé par les instances suprêmes de l'OUA.

Ce document a ensuite été présenté à la cinquante-sixième session ordinaire du Conseil des ministres de l'OUA réuni à Dakar (Sénégal) du 22 au 27 juin 1992 qui l'a adopté en tant que plan d'action pour la promotion des industries culturelles ou Plan d'Action de Dakar (voir paragraphe 2, Résolution CM/Res, 1411 (LVI) du 27 juin 1992).

Ce Plan d'Action de Dakar passe en revue les différents secteurs d'industries culturelles les plus significatifs pour l'Afrique et en relève les enjeux et défis. Il se situe très clairement dans le cadre de la décennie mondiale du développement culturel (1988-1997) et du Traité d'Abuja. En outre, il recommande à l'OUA et à tous les opérateurs économiques de mener une campagne de sensibilisation sur la dimension économique des industries culturelles, la nécessité d'adopter des mesures juridiques, institutionnelles et pratiques en faveur de la production et la libre circulation des biens culturels africains et sur les stratégies éventuelles de conquête des marchés étrangers par les mêmes produits culturels.

Notons enfin que le Plan d'Action pour le développement des industries culturelles en Afrique comporte des mesures spécifiques de promotion des secteurs ci-après, que les Etats membres et les opérateurs économiques sont invités à mettre en oeuvre : audiovisuel, mass-média et arts ; industries de l'imprimé ; artisanat et créativité endogène ; droits d'auteur et piratage.

Depuis le Sommet de Dakar, le Secrétariat Général a mis un accent particulier sur l'exécution du Plan d'Action de Dakar. C'est ainsi qu'il a soumis à l'UNESCO une requête pour le financement des diverses opérations nécessaires pour le lancement du Plan. Les financements reçus de cette organisation par le Secrétariat Général s'élèvent à 17 500 dollars des Etats-Unis [(44)]. Par ailleurs, une délégation du Secrétariat a participé à la première édition du Marché des arts et des spectacles (MASA) qui s'est déroulé à Abidjan du 27 mars au 1er avril 1993, afin de discuter avec les spécialistes de la culture, des arts et des industries culturelles de la création d'un marché culturel africain ; le Secrétariat Général devrait présenter un rapport plus détaillé sur la mise en œuvre du Plan d'action de Dakar aux prochaines sessions du Conseil des ministres.

– *La création de la PANA*

La Charte culturelle de l'Afrique dispose, en son article 20, que « les Etats africains reconnaissent qu'il ne saurait y avoir de politique culturelle sans politique d'information et de communication adéquates ». A cet effet, « ils doivent établir une coopération afin de briser le monopole détenu dans ce domaine par des pays non africains ».

Les rédacteurs de la Charte culturelle avaient résolument opté pour la décolonisation de l'information, la transformation des mass-média en instrument de libération de l'homme et de tout l'homme, bref, l'instauration d'un nouvel ordre mondial de l'information.

Le Secrétaire général de l'OUA convoqua à Kampala, du 2 au 11 novembre 1977, la première conférence des Ministres africains de l'information qui institua un Conseil intergouvernemental de l'information en Afrique, chargé entre autres d'examiner les modalités de création de l'Agence Panafricaine d'Information, conformément aux dispositions précitées de la Charte Culturelle de l'Afrique.

Le projet de convention portant établissement de l'Agence Panafricaine d'Information (en anglais PAN-African News Agency, PANA) élaboré par le Conseil Intergouvernemental de l'Information en Afrique, fut définitivement mis au point par la Deuxième session de la Conférence des ministres africains de l'information [(45)] et entériné par le Sommet de Monrovia en juillet 1979.

La PANA est l'institution spécialisée de l'OUA chargée entre autres de la promotion d'une information correcte sur l'Afrique, d'assurer une circulation rapide et permanente d'informations objectives, de contribuer au développement des agences nationales d'information et de corriger l'image déformée de l'Afrique, de ses pays et de ses peuples par suite d'informations souvent partielles et partiales diffusées par les agences de presse étrangères [(46)]. Son siège est fixé à Dakar [(47)].

---

(44) Voir *Rapport du Secrétaire Général sur les activités du Secrétariat Général* pour la période allant de février à juin 1993, 58e session du Conseil des Ministres de l'OUA, le Caire, 21-26 juin 1993, Document CM/1765 (LVIII). Part. II, p. 72.

(45) Cette conférence se tint à Addis-Abeba, Ethiopie du 4 au 9 avril 1979.

(46) Voir article 2, Convention portant établissement de l'Agence Panafricaine d'Information.

(47) Suivant la résolution adoptée par les Chefs d'Etat à Monrovia le 20 juillet 1979, sur la base du Document AHG/95 (XVI), « Rapport de la deuxième session ordinaire de la Conférence des Ministres africains de l'information ».

Selon l'article 4 de la Convention, chaque région dispose d'un pool. Tout pays africain qui en a la possibilité peut transmettre directement des nouvelles à l'Agence Panafricaine d'Information. Les sources d'informations de la PANA, d'après l'article 5 de la Convention, sont les agences nationales d'information des Etats membres, les autres organes officiels d'information des Etats membres et les correspondants choisis par l'Agence en accord avec les autorités gouvernementales concernées.

En tant qu'institution spécialisée de l'OUA compétente en matière d'agences de presse, la PANA jouit de l'autonomie juridique et financière et maintient avec l'Organisation des rapports définis par un protocole d'accord (article 17). Les ressources de l'agence se composent des revenus propres, des contributions des Etats membres et de toute assistance financière qu'elle pourrait recevoir de sources non africaines, sous réserve de l'approbation de la Conférence des Ministres africains de l'information.

La PANA est devenue opérationnelle le 25 mai 1983. Les modalités pratiques de fonctionnement ont été définies par les Ministres africains de l'information au cours de leur troisième réunion tenue à Addis-Abeba du 27 au 30 mars 1985. Mais c'est lors de la Conférence extraordinaire des mêmes ministres organisée par l'OUA au Caire du 20 au 25 novembre 1985 que les dossiers des huit candidats au poste de Directeur Général ainsi que le Plan quinquennal d'action furent examinés. L'agence bénéficie en outre des tarifs réduits au niveau de chaque Etat membre depuis la décision prise en ce sens par le Comité intergouvernemental de l'information lors de sa 7e session à Dakar les 8 et 9 décembre 1988.

Il convient cependant de souligner que l'Agence Panafricaine d'Information traverse depuis quelques années une grave crise financière due à l'accumulation des arriérés de contributions des Etats membres, au manque d'imagination de la Direction générale, à la concurrence impitoyable des grandes agences étrangères d'information et aux égoïsmes nationaux.

C'est dans ce contexte et pour sauver cette institution de la paralysie complète que la République de Tanzanie et le Sénégal ont saisi la 48e session ordinaire du Conseil des Ministres de la question de la « crise financière de l'Agence pan-africaine d'information ».

Après un débat serré, marqué notamment par la proposition de certains Etats de procéder à la fusion de la PANA et de l'URTNA, le Conseil des Ministres a décidé, par sa résolution CM/Res. 1175 (XLVIII) du 23 mai 1988, de lancer un appel aux Etats membres pour régler les arriérés de contributions, de convoquer le Comité Intergouvernemental de la Communication en vue de trouver une solution à cette situation financière critique et de confier le suivi des questions liées à la revitalisation de la PANA au Secrétaire Général de l'OUA.

En application de cette résolution, le Secrétaire Général a contribué à l'organisation à Dakar, du 5 au 8 avril 1993, de la première réunion du Conseil d'administration intérimaire de l'agence à laquelle ont également assisté tous les membres du Conseil au niveau des directeurs des agences d'information nationales sur une base régionale à savoir l'Egypte, le Cameroun, le Nigeria, le Zimbabwe et le Sénégal. Le conseil a adopté un ensemble de mesures visant à poursuivre la rationalisation du fonctionnement de l'agence, la réduction des effectifs et, d'une manière générale, le redressement de la situation financière. Il a en outre demandé au Coordonnateur général de la PANA, récemment nommé, de saisir le Secrétaire Général de l'OUA de la question des arriérés de contributions des Etats membres, afin que la question puisse être examinée par le Sommet des Chefs d'Etat.

Il convient de relever, pour le déplorer, que le Secrétariat Général de l'OUA n'a pas suscité un large débat sur cette question au cours de la 29e session de la Conférence des Chefs d'Etat de l'OUA qui s'est déroulée au Caire en juin 1993. On pourrait peut-être relever, à sa décharge, que le Sommet fut dominé par des questions politiques extrêmement importantes pour l'avenir de l'OUA et du continent (élection du Secrétaire Général, adoption d'un mécanisme pour la prévention, la gestion et le règlement des conflits, opération de l'OUA au Burundi, etc.).

Toutefois, il eût été souhaitable que le Secrétaire Général puisse élaborer un rapport précis sur la crise financière de la PANA, assorti de propositions concrètes.

- ***Les initiatives des Etats membres et des autres organisations internationales***

S'inspirant de la Charte Culturelle de l'Afrique, plusieurs Etats et organisations ont initié des projets de résolutions et/ou des programmes nationaux d'activités dans le domaine culturel.

C'est ainsi qu'à l'initiative du Sénégal, la 56e session du Conseil des Ministres a adopté une résolution relative à la lutte contre la piraterie des œuvres musicales, littéraires et artistiques (CM/Res, 1418 LVI) et une autre résolution instituant la Journée internationale des Ecrivains africains (CM/Res. 1419 LVI).

Le Bénin a proposé un projet inter-régional appelé « la route de l'esclave ». La Résolution CM/Res. 1392 (LVI) de l'OUA invite les Etats membres à soutenir ce projet interculturel susceptible de favoriser une meilleure connaissance et appréciation des conséquences de la traite sur les relations internationales contemporaines, et de promouvoir une coopération culturelle mieux éclairée entre l'Afrique, sa diaspora et les partenaires des rives atlantiques notamment.

Le Chef O. ABIOLA du Nigéria a fait adopter à la 54e session du Conseil des Ministres de l'OUA, un projet relatif aux réparations du préjudice subi par l'Afrique du fait de la traite et de l'exploitation des esclaves ; un Comité d'éminentes personnalités a été établi pour examiner tous les aspects techniques de ce dossier et l'on s'attend à ce qu'une Conférence internationale se tienne avant la fin de cette année à ce sujet.

Le mémorial Gorée-Almadies, projet initié par le Sénégal, se présente comme symbolisant le lien ombilical entre l'Afrique et les communautés négro-africaines. Il s'inscrit dans le cadre de la réhabilitation et de la restauration de l'Ile de Gorée. C'est aussi un projet de développement culturel et économique. Sa mise en œuvre avait été approuvée par le Sommet de l'OUA en 1986, et l'OUA y collabore activement.

Dans le même ordre d'idées, il convient de relever que les Etats de la ligne de Front ont, en juillet 1990, organisé à Harare (Zimbabwe) le premier festival de film de l'Afrique Australe. Par ailleurs, le Ghana a accueilli en décembre 1990 la première Foire Panafricaine des Arts et de la Culture.

A côté de ces manifestations culturelles, il convient également de mentionner :

- la première Foire commerciale afro-arabe qui s'est déroulée à Tunis du 22 au 31 octobre 1993 et en marge de laquelle un colloque sur le thème : *Pourquoi investir dans la Culture ?* a été organisé ;
- le Séminaire de formation sur les actions culturelles au service du développement s'est déroulé à Cotonou (Bénin) du 17 au 22 août 1992 à l'initiative de deux ONG : l'Action Culturelle pour le Développement Africain (ACDAF) et l'Association « Afrique ça nous intéresse ».

Il faudrait enfin citer, dans le domaine des sites et monuments historiques :

- la mise sur pied, à Dakar, d'un Centre de recherche et de promotion pour la sauvegarde des sites et monuments historiques ; et
- la création à Debre Zeit, en Ethiopie, d'un Musée d'Art africain et d'un institut de formation.

Il apparaît donc clairement que l'Organisation de l'Unité Africaine a déployé des efforts constants et louables, depuis sa création, pour l'élaboration et la mise en œuvre d'un droit africain de la culture et de l'information. Dans le même temps, l'Organisation a tenté d'harmoniser diverses législations nationales africaines relatives au transport aérien.

V. – L'OUA ET LE DROIT DES TRANSPORTS

L'intérêt de l'OUA pour le développement des transports en Afrique s'est manifesté dès 1964 avec l'organisation d'une Conférence régionale sur les transports aériens sur le continent[48].

En dehors des résolutions portant sur le développement des divers secteurs du transport (maritime, terrestre, ferroviaire...), l'organisation a porté une attention particulière au transport aérien en Afrique : c'est ainsi qu'elle a formulé un ensemble de normes relatives au régime de la navigation aérienne, et qu'elle a favorisé la création d'une organisation interafricaine chargée de leur application.

A. – L'OUA et le régime de la navigation aérienne en Afrique

Ayant constaté que la situation du transport aérien en Afrique était marquée par l'insuffisance des liaisons aériennes entre Etats africains, et que cette absence de liaisons s'expliquait en particulier par les difficultés rencontrées par les compagnies aériennes à jouir des droits de circulation, notamment ceux de la 5e catégorie, l'OUA a demandé à la Conférence des Ministres africains des transports et des communications de prendre les mesures nécessaires pour restructurer le réseau intra-africain, afin que les compagnies aériennes africaines ne soient plus obligées d'exploiter un réseau orienté nord-sud.

Les Ministres des transports, des communications et de la planification ont adopté, lors de leur première conférence réunie à Addis-Abeba du 9 au 12 mai 1979, un projet de déclaration de politique générale en matière d'aviation civile ainsi que deux autres résolutions (Résolutions E/CN/UNTACDA/79/6 et 79/7) portant respectivement sur la libéralisation des droits de trafic et la création d'une conférence africaine des tarifs aériens.

---

(48) Pour plus de détails sur cette conférence, consulter la Résolution CM/Res. 130 (IX) du Conseil des Ministres, en date du 10 septembre 1967 ainsi que le rapport de cette conférence établi par le Département de l'EDECO de l'OUA.

La déclaration de politique générale en matière d'aviation civile fut entérinée par la 35e session du Conseil des Ministres (Document CM/1069/XXXV) et approuvée par la 17e session de la Conférence des Chefs d'Etat et de Gouvernement à Freetown en juillet 1980. Cette déclaration qui porte sur tous les domaines d'activités de la Commission Africaine de l'Aviation Civile, comporte également les principes directeurs de l'action des Etats membres de l'OUA dans le domaine du transport aérien en Afrique :

- nécessité d'une action vigoureuse et coordonnée des Etats africains en vue de parvenir au meilleur développement possible des services aériens internationaux africains dans tous les domaines, notamment les structures des réseaux, la fréquence des vols, la coordination des horaires, les accords de coopération entre les compagnies aériennes ainsi que la mise en œuvre de services frêt intra-africains ;
- ré-examen de la notion de cabotage et de ses implications sur le transport aérien international en Afrique ;
- création d'une banque de données visant à recueillir, analyser et diffuser dans les délais les plus raisonnables possibles, les renseignements nécessaires à l'application d'une politique coordonnée de développement des services aériens.

La Résolution ECA/UNTACDA/Res. 79/6 approuvée par la trente-septième session ordinaire du Conseil des Ministres de l'OUA [49], tente quant à elle, de réglementer l'application des cinq libertés de l'air dans la navigation aérienne en Afrique.

Il convient ici de rappeler que les diverses libertés de l'air, qui s'exercent dans le cadre de la souveraineté de l'Etat sous-jacent sont régies par les accords adoptés lors de la Conférence de Chicago.

C'est ainsi que les aéronefs civils n'assurant pas un service de transport commercial bénéficient du droit de passage qui s'exerce au moyen de deux libertés : liberté de transit sans escale et liberté de faire des escales non commerciales. Les trois autres libertés reconnues par l'accord sur le transport aérien international adopté lors de la Conférence de Chicago (article 1er, section 1), s'appliquent essentiellement aux aéronefs assurant un service de transport commercial régulier :

- droit de débarquer des passagers, du courrier et des marchandises embarqués sur le territoire de l'Etat dont l'aéronef possède la nationalité ;

(49) Résolution CM/Res. 890 (XXXVII) du 26 juin 1981.

– droit d'embarquer des passagers, du courrier et des marchandises à destination du territoire dont l'aéronef possède la nationalité ;
– droit d'embarquer des passagers, du courrier et des marchandises à destination du territoire de tout autre Etat contractant et le droit de débarquer des passagers, du courrier et des marchandises en provenance du territoire de tout autre Etat contractant.

Enfin, le régime juridique établi à Chicago porte également sur le cabotage, c'est-à-dire le service commercial par des vols intérieurs d'un point à un autre du territoire d'un même Etat.

Dans le but de développer les réseaux de transport aérien entre pays africains, l'OUA a décidé de déroger au régime juridique de la navigation aérienne tel qu'il ressort des conventions et accords de Chicago. Elle a adopté une approche de type protectionniste compte tenu de la fragilité des compagnies aériennes africaines.

Aux termes du paragraphe premier de la résolution ECA/UNTACDA/ Res. 79/6, chaque Etat africain « doit faciliter l'octroi de droits de trafic, et en particulier, des droits de cinquième liberté, en Afrique, aux compagnies aériennes de tous les autres Etats membres ». Il ne s'agit pas d'exclure les compagnies non africaines, mais de privilégier celles des Etats membres de l'OUA et de protéger le marché africain. Le paragraphe 4 de la résolution interdit d'ailleurs aux Etats africains d'accorder les droits de cinquième liberté, en Afrique, aux compagnies aériennes non africaines, « à moins que les compagnies africaines ne jouissent des droits du même ordre en dehors de l'Afrique »

L'Organisation continentale déclare en outre que « le droit de transit et d'escale technique (première et deuxième libertés de l'air, tels que stipulés dans la Convention de Chicago et dans l'accord international de transit), doit être garanti sans restriction à l'ensemble des compagnies aériennes des Etats membres de l'OUA ».

Enfin, le principe de la rentabilisation optimale du cabotage par et au profit des compagnies aériennes africaines est retenu. Les Etats africains devront certes ouvrir le transport aérien à l'intérieur de leurs frontières nationales aux autres compagnies, mais sous réserve de la réciprocité et compte tenu par ailleurs des intérêts de leurs compagnies nationales respectives.

Après avoir établi le régime de la navigation aérienne en Afrique, l'OUA a favorisé la création d'une organisation interafricaine chargée de veiller à son application et « de poursuivre l'effort d'uniformisation des normes et des procédures qu'exigent les besoins de la sécurité et de la technique »[50]. Il s'agit de la Commission Africaine de l'Aviation Civile dont la constitution, signée à Addis-Abéba le 17 janvier 1969, est entrée en vigueur le 13 mars 1972.

B. – La CAFAC

La Commission Africaine de l'Aviation Civile est une institution spécialisée de l'OUA[51]. L'article 3 de sa constitution lui assigne deux objectifs : il s'agit, d'une part, de fournir aux autorités de l'aviation civile dans les Etats membres, un cadre de concertation et de dialogue ; la CAFAC doit d'autre part assurer la coordination, l'utilisation optimale et le développement ordonné des systèmes de transports aériens en Afrique.

Les fonctions de la CAFAC sont en particulier les suivantes : réaliser des études sur la normalisation du matériel volant, l'intégration des services de transport aérien en Afrique, et l'harmonisation des tarifs ; encourager l'application des normes et recommandations de l'OACI ; encourager et coordonner des programmes en vue du développement des institutions de formation existantes ou à créer pour répondre dans la région africaine aux besoins actuels et futurs en personnel dans tous les domaines de l'aviation civile.

La CAFAC tient ses sessions plénières ordinaires une fois tous les deux ans. Des sessions extraordinaires peuvent toutefois être convoquées par le Bureau, si celui-ci est saisi d'une demande émanant de la majorité des deux tiers des membres.

La direction, la coordination et l'orientation des programmes de travail entre les sessions plénières ordinaires sont assurées par le Bureau de la CAFAC qui joue également un rôle crucial dans la gestion quotidienne de la Commission, dans la mesure où le Secrétariat est placé sous sa responsabilité directe.

Pour assurer le financement de ses activités, telles que celles-ci figurent au programme de travail approuvé par l'Assemblée plénière, la CAFAC établit et approuve un budget annuel. Toutefois, en ce qui concerne les dépenses indirectes, elles sont à la charge de l'OACI selon la pratique suivie par celle-ci dans le domaine du financement collectif prévu au chapitre XV de la Convention de Chicago.

---

(50) NGUYEN (Q. D.) et autres ; *op. cit.* p. 1062.

(51) Le statut d'institution spécialisée de l'OUA a été accordé à la CAFAC par la résolution CM/Res. 439 (XXV) adoptée par la 25e session ordinaire du Conseil des Ministres à Kampala (Ouganda) le 25 juillet 1975.

Depuis sa création, la CAFAC a joué un rôle déterminant dans les domaines ci-après :

- assistance aux Etats africains dans la négociation et l'établissement des accords bilatéraux et multilatéraux de transport aérien ;
- mise en œuvre du mécanisme de négociation de tarifs en ayant recours à la convention portant création de la Conférence Africaine des Tarifs Aériens (CAFTA) ;
- harmonisation des procédures de délivrance des licences du personnel navigant technique et de techniciens d'aéronefs ainsi que l'homologation de centres d'entretien et de révision d'aéronefs.

Au cours de la cinquantième réunion du Bureau de la CAFAC tenue à Dakar du 10 au 11 décembre 1992, l'accent a été mis sur les activités rentables et génératrices de revenus, compte tenu des moyens financiers limités de la Commission. Le budget approuvé pour le triennat 1993-1995 s'élève à 345 723 dollars des Etats-Unis pour 1993, 335 332 dollars en 1994 et 397 569 dollars en 1995.

Le programme futur de travail de la CAFAC adopté à Dakar porte essentiellement sur l'harmonisation des politiques relatives à la rentabilité et à la mise en œuvre des infrastructures aéronautiques, l'identification des problèmes techniques liés à l'exploitation et à l'entretien des avions vieillissants (environ 80 % de la flotte africaine), l'élaboration des principes visant la mise en œuvre des activités de soutien relatives au contrôle de navigabilité, la définition des conditions d'utilisation, de financement et de gestion des centres de formation dans le domaine de l'aviation civile, l'adéquation des programmes de formation avec les besoins des utilisateurs, l'élaboration d'un cadre scientifique approprié en vue de l'organisation du colloque africain de médecine aéronautique et, enfin, l'élaboration d'une position commune africaine concernant les modalités d'applications de systèmes futurs de communications aéronautiques et de nouveaux concepts de navigation aérienne.

En plus de ce programme très chargé, la cinquantième réunion du Bureau avait assigné à la CAFAC, pour les trois années futures, la mission de suivre les questions ayant trait aux transports aériens dans le cadre de la deuxième décennie des Nations Unies pour les transports et les communications, en coopération avec l'OUA et la CEA.

Il convient enfin de noter que la CAFAC maintient son assistance technique aux centres multinationaux de formation des pilotes et des techniciens d'entretien des avions qu'elle a contribué à créer à Addis-Abéba (Ethiopie) et à Mvengué (Gabon), avec l'appui technique et financier du PNUD.

Comme on le voit l'OUA a tenté de promouvoir un droit africain des transports. Dans le même temps, elle a apporté une contribution appréciable à l'œuvre de codification et de développement progressif du droit international engagée par les Nations Unies dans les années 1970 sous l'impulsion des Etats d'Afrique, d'Asie et d'Amérique Latine.

Tels sont, présentés de manière succincte, les sources, principes et mécanismes de mise en œuvre du droit international africain de développement élaboré par l'OUA, et que j'ai l'honneur de soumettre à votre auguste attention.

Johannesbourg, le 7 août 1995.

569324 - Juin 2014
Achevé d'imprimer par

1livre.com
du rêve à la réalité !

Printed in Dunstable, United Kingdom

91337293R00227